普通高等教育“十一五”国家级规划教材
中国人民大学“十三五”本科规划教材

新编21世纪新闻传播学系列教材
—— 广告学与媒介经营管理系列 ——

广告学教程

第5版

主 编 倪 宁
副主编 王树良 谭宇菲

Introduction to Advertising

中国人民大学出版社
·北京·

内容简介

本书深度融入新媒体与新技术浪潮对广告业的整体影响，力图全方位呈现行业调适与变革，绘制完整清晰的广告业发展图景。书中各章节紧扣时代脉搏，从对融合、流动的广告概念的界定到新媒体广告与传统广告媒介的转型探索，从数字广告的各种形态到人工智能对广告业的生态重构，从经典创意理论到元宇宙、虚拟现实、户外装置等新型创意表现手段，将新媒体、新技术的冲击与广告业的应对和发展贯穿全书。

本书兼顾创新理论与前沿实践、本土知识与全球视角、技术思维与人文素质，可作为高等教育本科、专科以及中等职业教育广告相关专业的教材，也可供广告、市场营销、媒介经营与管理、创意传播等行业从业者和爱好者参考阅读。

编者简介

倪　宁　中国人民大学新闻学院教授，博士生导师。曾任教育部高等学校新闻传播学类专业教学指导委员会副主任，中国广告协会学术委员会副主任，中国人民大学校长助理、新闻学院执行院长、校图书馆馆长等职。现任中国高等教育学会广告教育专业委员会副理事长。

王树良　中国人民大学新闻学院广告与传媒经济系主任，教授，博士生导师。中国广告协会学术与教育工作委员会副主任，中国高等教育学会广告教育专业委员会副秘书长，北京市广播电视和网络视听行业领军人才。

谭宇菲　首都经济贸易大学副教授，毕业于中国人民大学新闻学院，传播学博士。首都经济贸易大学广告研究所秘书长，中国广告协会学术与教育工作委员会委员，《广告研究》期刊学术编辑。

图 1-2　微信支付公益营销《把书翻烂，把梦翻新》

图 2-2　世界上最古老的广告实物

图 2-19　无印良品广告

图3-2 “喜茶×原神”跨界营销

图4-4 全球最大的广告传播集团达邦

图5-3 欧派防盗门“门都没有”

图6-1 安踏#爱运动 中国有安踏#主题海报

图 6－2　奥妙的“塑料雪山”

图 7－3　哈特威衬衫的形象——右眼戴眼罩的男人

图 7－4　万宝路香烟的形象——粗犷的牛仔

图 7－5　沃尔沃《史诗一字马》

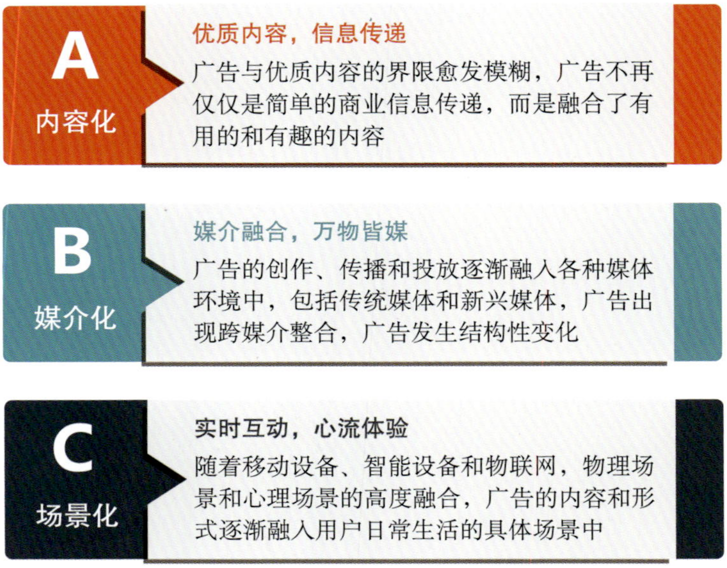

图 8-1　新媒体环境下广告的变化

图 8-4　王老吉的广告标题“怕上火喝王老吉”

图 9-2　日本朝日啤酒的二连版广告

图 9-5　Viva 果汁视频广告故事板（Jordan Brankovski 绘制）

图 9-6 名创优品的“夹缝中的笑脸”

图 10-1 成都裸眼 3D 大屏

总序

中国人民大学出版社策划出版的“新编 21 世纪新闻传播学系列教材”，是一套在新闻传播学领域内密切联系新闻传播工作的实际，广泛吸收新闻传播学的最新研究成果，高挹遐揽，取精用宏，供21世纪的高等院校新闻传播院系教学使用的系列教材。

20 世纪初以来的 120 年，是世界新闻传播事业飞速发展的 120 年。这一百多年来，随着科学技术的不断发展，继报纸、期刊、通讯社之后，广播、电视、网络、自媒体等多种新媒体相继问世，新闻传播的媒介日趋多元化，新闻传播的手段日趋现代化，“地球村”变得越来越小，新闻传播事业对世界政治、经济和文化的影响则变得越来越大。

这 120 年，也是中国新闻事业飞速发展的 120 年。尤其是中国改革开放以来的 45 年，发展进入快车道。

21 世纪以后，中国新闻事业发展的势头更为迅猛。报纸、期刊、通讯社、广播电台、电视台的数量在宏观调控下，虽无大变化，但软硬件的实力都有了很大的提高。进入新时代，媒体融合发展有序进行。据 2022 年 5 月中国记协发布的《中国新闻事业发展报告》和 2023 年 2 月国家新闻出版署发布的《2021 年新闻出版产业分析报告》的最新统计数字，2021 年全国共出版报纸 1 752 种，总印数 283 亿份，共出版期刊 10 185 种，总印数 20.1 亿册。全国共有广播电视播出机构 2 542 家，地市级以上广播电视播出机构开办的广播电视频率频道 2 366 套，其中广播频率 1 166 套、电视频道 1 200 套，另有各级教育电视台开办的 38 套教育教学类频道，中央广播电视总台和全国 25 家省级电视频道基本实现高清化，全国地市级台电视频道已有 73%实现高清化。

另外 2023 年 3 月中国互联网络信息中心（CNNIC）发布的《第 51 次中国互联网络发展状况统计报告》显示，截至 2022 年 12 月，中国网民规模已达到 10.67

亿，互联网普及率达到75.6%。其中，手机网民数量为10.65亿，网民中使用手机上网的比例为99.8%。网络新闻用户规模达7.83亿，占网民整体的73.4%，短视频、生活平台、“两微一端”成为网民获取新闻信息的重要渠道，抖音、快手、小红书等应用逐渐从娱乐、生活、社交平台转变为具有新闻属性的信息平台，成为网民获取新闻信息的重要渠道。2022年上半年，新华社、中央广播电视总台、《人民日报》等八家主要央媒机构累计生产1.5万篇爆款短视频内容，“央视新闻”微博开设党的二十大相关话题，总阅读量突破147亿。网民个人、自媒体等也纷纷利用短视频、生活平台等跟进舆论热点，传播新闻信息，为人民群众及时获取热点资讯创造了条件。

这样大的发展规模，这样快的发展速度，在世界和中国新闻事业史上都是空前的。回顾既往，盱衡未来，新闻传播事业在新时期还将保持旺盛的发展势头。新闻传播，作为上层建筑中意识形态的一个重要组成部分，在全面准确地宣传党的基本理论、基本路线和基本方针以及各项决策，反映人民群众的伟大业绩和精神风貌，以及推动改革开放和社会主义现代化建设等方面，必将继续发挥重要的作用。

与新闻传播事业的发展相配合，这120年来，为中国的新闻战线培养和输送人才的中国新闻教育，也有了相应的发展。中国的新闻教育起始于20世纪初，迄今有110年的历史。中华人民共和国成立前的30年，虽然先后在个别院校中设立了新闻系或新闻专科，但规模都不大，设备也不够完善，在校学生人数，最多的时候不超过400人，30年间累计培养出来的毕业生还不到3 000人。中华人民共和国成立后，为了给新闻事业培养人才，新闻教育有了新的发展，但到20世纪60年代中期为止，全国的新闻教育机构也还只有14家。当时全国只有343家报社、78座广播电台和13家电视台，革命老区来的新闻工作骨干正当盛年，足以支撑大局，新闻系和新闻专业的学生统招统分，基本上能够满足中央和省市以上新闻单位梯队建设方面的需要。“文化大革命”爆发后，新闻事业进入低谷，新闻人才的培养也被迫中辍。拨乱反正之后，新闻事业有了飞速的发展，但新闻工作的人才却出现了断层，明显供不应求，因而极大地推动了新闻教育的发展。中国的新闻教育得以重整旗鼓并得到空前迅猛的发展，主要是改革开放以来的这40多年的事情。40多年来，中国新闻教育和中国新闻事业同步发展。根据教育部数据，截至2021年，全国设有新闻传播学类院、系、专业的高校已由改革开放之初的两三所增加到727所，本科专业布点在全国共计1 439个，覆盖以下10个专业：新闻学、广播电视学、广告学、传播学、编辑出版学、网络与新媒体、数字出版、时尚传播、国际新闻与传播、会展（交叉专业）。新闻专业的教学已从单一的大学本科教育，发展到博士生、硕士生、本科生、大专生、成人教育、函授教育等多层次的格局，不少院系还设置了新闻传播学方向的博士后流动站。改革开放之初，全国在校新闻系科学生总共只有500来人，现在仅在校本科生就有14万人左右，硕士和博士研究生4万人左右，办学层次、办学规模、办学水平都有了很大的提升。进入21世纪以后，随着新闻传播事业的加速发展和新闻战线人才需求的不断增加，中国的新闻教育将由规模扩张迈向高质量发展。

一般说来，新闻教育质量的高低，起决定作用的主要是两个因素：一个是师资，一个是教材。两者之间，教材的作用更大。这是因为，师资的多少和良窳，往往受办学主客观条件的限制，而教材一旦完成，就可以直接嘉惠于学子，风行四海，无远弗届。进一步说，一部好的教材，不仅可以满足教学的需要，培养出一大批人才，而且还可以同时拥有一定的学术含量，推动新闻传播学研究的发展。1919 年出版的徐宝璜的《新闻学》，1927 年出版的戈公振的《中国报学史》，就是这方面的很好的例子。这两本书都是作者在高等学校从事新闻学理论和新闻史教学时作为教材编写出来的，出版之后，立即引起世人的关注和推崇，一再重版，历久不衰，至今仍然是公认的新闻学理论和新闻史方面的传世之作和经典之作。正因为这样，新闻教育的前辈们，历来十分重视教材的建设。中华人民共和国成立初期的十来年，坊间出版的新闻学方面的书籍，绝大部分是教材。改革开放以后，新闻传播学研究空前繁荣，新闻学方面的书籍大量问世，但教材仍然在其中占了很大的比重。这些教材，覆盖了新闻传播学的方方面面，经过出版家和众多作者的长期努力，门类和品种基本配套齐全，曾经为同时期的新闻教学做出过重要的贡献。但是，随着时间的推移和新闻工作实际的飞速发展，这些教材的体例日显陈旧，观点和内容也亟待调整和更新。一些属于学科前沿和科技含量较高的新开课程的教材尚付阙如，使现有的教材出现了不少缺口。在 21 世纪已经到来之际，集聚力量，重新编写出一套体系完整，门类齐全，能够为 21 世纪的新闻教育和新闻人才培养服务的新闻传播学的系列教材，已经成为人们的共识和新闻业界与新闻教育界的迫切需求。

呈现在读者面前的，就是应这样的需求产生的一套系列教材，它将涵盖新闻学、传播学两个二级学科的方方面面内容，满足新闻、广播、电视、广告、媒体经济、新媒体等多个专业的教学需要。负责这些教材编写工作的，是中国人民大学、复旦大学、北京大学、清华大学、中国传媒大学等多所著名院校长期从事新闻传播学方面教学与研究工作的专家学者，其中有相当大的一部分编写者是相关学科的国家级的学术带头人，堪称一时之选。收入本系列的教材中，既有国家级重点教材，也有部级重点教材，其他的也是经过严格筛选的精品，所以，本套系列教材的质量是有保证的，其权威性也将得到社会的认同。

21 世纪是一个高度信息化的时代，是信息经济和知识经济占主导地位的时代。信息经济和知识经济有两大支柱，一是以高科技为代表的传播技术产业，二是从事新闻和信息产品生产的媒体产业。新闻传播学作为将这两大领域有机联结的桥梁，在今后的国家建设和社会发展中必将发挥越来越重要的作用。中国人民大学出版社经过精心策划，隆重推出这套系列教材，是具有高度的前瞻性和战略眼光的。在这里，我谨代表编委会和全体作者向中国人民大学出版社表示由衷的感谢。

这套系列教材开始策划于 20 世纪的最后一年，21 世纪初起陆续问世，迄今已编写出版了 180 余种。在体例和内容的创新和开拓等方面，远远超过同时期出版的同类教材。其中有些教材，还根据整个新闻传播理论与实践的发展和新闻传播学教学与研究的发展，陆续做了必要的补充和修订，重新出版，实现了内容的与时俱进。

这批教材的问世，将会为新闻传播事业和新闻教育事业的发展和繁荣、为21世纪新闻传播人才的培养做出它应有的贡献。这是出版者和全体作者共同的一点希望。是为序。

方汉奇
2023年7月
于中国人民大学宜园

第5版前言

时光飞逝，距离上一版次，倏忽已过去十年。当前，新一轮科技革命和产业变革深入发展，我国站在了新的历史起点上。广告作为我国国民经济的有机组成部分，进一步发挥着服务生产、引导消费、构筑社会文化等重要功能。与此同时，基于广告媒介的嬗变，广告传播环境发生了翻天覆地的变化。曾经作为主体的报纸、杂志、广播、电视等传统媒体日渐式微；社交媒体、流媒体、短视频、播客、各类平台应用等新媒体方兴未艾，虚拟现实、增强现实、元宇宙、生成式人工智能等高新技术正在急速发展，并逐步渗透到人们的社会生活中，似乎在改变着眼前的一切。广告行业作为连接生产与生活的关键节点和应用媒介创新的前哨，不断探索新的航路，破浪前行势所必然，成就也是斐然的。

在这样的大潮之中，本书长时间没有进行修订，我们有一种内疚感，也有一种负重感：担忧不能精当地概括正在发生深刻变革的广告行业，不能准确地诠释受到媒介变化等多重因素影响的广告理论。幸有正在广告学科从事教学和研究的部分青年学者踊跃承担重任，挑起本版修订的大梁。本次修订坚持马克思主义的基本立场和观点，着眼于社会主义市场经济的发展实际，以中国本土广告业的变革为基础，兼顾全球性的观察视角，努力构建新时代中国广告学的完整知识体系。

本次修订，更多地侧重考量媒介环境变革、广告信息传播方式多样等方面对广告行业的影响，力争将这种来自新媒体、新技术的冲击以及广告行业自身的调适与变化融入每一个章节之中。同时，习近平总书记在党的二十大报告中强调，“社会主义核心价值观是凝聚人心、汇聚民力的强大力量”。广告宣传也要讲导向，本次教材修订坚持广告的经济效益与社会效益相统一，强化思政引领，坚定引导学生通过广告践行和传播社会主义核心价值观，树立正确的广告伦理观、创意观和提升职业素养，积极服务社会主义市场经济建设。

编者

2024 年夏

于中国人民大学新闻学院

第4版前言

本次改版，全书总体框架没有变动，主要根据近几年我国市场环境和传播环境的变化，特别是以互联网为主体的新媒体的发展对广告传播、市场营销的影响和冲击，以及广告传播实务运作和理论研究所取得的相应成果，做了适当删减，特别增加了网络传播方面的内容。改动大的章节主要有：

在第三章中，对消费者消费行为的介绍分析，特别加入网络消费行为的内容。互联网日益影响着人们的社会生活，包括消费行为的变化，人们坐在家中，守在电脑前，甚至借助手机，就能把许多生活日用品的消费搞定。网络消费行为的变化，也直接影响着广告营销传播策略的制定及运用。加进这些内容，有助于对广告环境的变化有新的认识。

第五章广告策划，对广告提案部分做了一些补充和完善。广告提案做得好不好，关系到整个广告策划是否会功亏一篑。因此，广告从业人员特别是广告策划人员，既要能运筹于帷幄之中，更要能决胜于千里之外，最终取得客户的认可，而做好广告提案是重要环节，需要掌握有关事项，把握好节点。

第六章第四节做了较大的修改。原来这一节主要是介绍整合营销传播的。整合营销传播理论自21世纪进入我国以来，曾经产生过较大的影响，对于启迪我们如何融合各种传播工具开展营销传播，发挥过并且现在仍然发挥着重要作用。但是，随着传播理论与实践的发展，越来越多的营销传播策略应运而生，读者应该了解更多的有关营销传播方面的知识，开阔眼界，发散思维。因此，对有关整合营销传播方面的内容，做了精简压缩，保留了关系营销部分，增加了事件营销和社会营销等内容。当然，对于如何构建品牌，所运用的营销传播策略远不限于此。

做较大补充的还有第十章。随着互联网广告的发展，网络广告的形式也发生了很大变化，一段时间之后，有关的内容阐释就会显得陈旧。本次修订，尽可能地对新近兴起的新型互联网广告进行介绍，展现其移动、互动、社交、多屏、富媒体、多色彩等特点。

其他各章均有调整。一是注意吸取近年来在广告营销传播方面的实践和理论研究成果，调换一些新的案例，加进或调整了一些新的观点；二是注意结合近年来数据化、网络化的影响，在遣词用句、表述上做了一些修正，力求更具时代色彩。

尽管如此，遗憾还是存在的。非常感谢广大读者多年来对本书的关爱，也再次恳请赐教，提出批评建议，以期能够更好地修改，将遗憾化为最小。

作者谨识

2014年5月

第3版前言

《广告学教程》第 3 版将以全新的面貌与读者见面。

第 3 版仍安排十二章，但内容有了较大的调整，几乎每个章节都有一些增删变动。近些年来，由于科技进步、经济变革、社会变迁等诸多因素的影响，现当代广告事业发展变化很大，特别是在我国，无论是广告实际作业，还是广告的理论研究，都给广告学教材的编写增添了丰富的营养，也给广告教学内容的更新提供了新的思路。因此，本版的修订，一是注意吸纳近些年广告学的理论成果和业界新近的实际运作经验；二是试图从新的视角来认识、把握广告活动；三是力求全书的结构安排更流畅一些，更富有逻辑性；四是争取文字表述上更具有可读性，更为精练准确，做到富有时代特征和气息，内容新颖适当，学理性、应用性都比较强。但是否能够实现以上目标，还有待广大读者和方家的指正。

在第一章中，除对一些表述进行凝练外，添加了一些民国时期的广告研究成果，一方面是为丰富知识，另一方面也是为加强历史连贯性的印象。对广告活动的阐释做了较大改动，主要是从传播和营销两个维度来探讨其与广告活动的关系，以期对广告活动的认识、把握更有广度和深度。新增加了“对广告影响和作用的不同认识”这一部分内容，希望能引起读者对广告作用的多位思考，加强广告批评。此外将原来的第四节和第五节合并，集中表述广告的基本理论问题，既吸收第 2 版中这两节的精华，更注意将近些年国内外的广告理论研究动向和特点加以概括和总结，力图使读者有更为清晰、更有条理的认识。

第二章，有两点希望得到读者的关注。一是有关最古老的广告实物“纸莎草纸”的表述，多数广告教材对此语焉不详，本书这次做了较详尽的解释，并提供了图示。二是增加了“现当代的广告活动”一节，从四个方面归纳了 20 世纪以来的广告发展，既全景式展示，又做概括和提炼，以期读者能够对现代广告特别是当代广告的发展特点有重点地进行把握。

新增加的“广告环境”（第三章）和“广告与品牌传播”（第六章）两章，是从第2版的“广告机会分析”一章衍生扩展而来的。在当代，环境问题对于任何一个行业的经营管理都日益重要，因此，专设一章讨论广告环境很有必要，这可能会有助于读者加深环境对于广告业发展的影响的认识，从更高层面上把握广告活动，更自如地做好广告策划。消费者行为也可以作为广告环境的一个要素来认识，因而也放在这一章。读者在了解这部分内容时，也可与第五章“广告策划”和第十一章“广告受众”中的内容联系起来。如今，品牌营销越来越成为企业经营的重点，广告传播，说到底，是为品牌建设服务的。在当代大传播、大广告这样的概念下，如何进一步加强广告与品牌建设关系的认识，通过广告传播，进而把握现行的营销战略如整合营销传播、关系营销等，都是读者需要具备的知识及技能。同时，第3版也弥补了第2版的一些不足，第2版中这方面的内容略显单薄。

广告主体的机构组织如何构建并运作？经过反复考虑，作者决定应用“广告产业”这一概念，于是就有了现在第四章“广告产业”的内容。这种提法是否妥帖，也有待广大读者的检测和认可。

第五章除文字的一些修饰外，没有大的改动。只是在“广告调查”这一节中，补充了一些关于广告效果测定的内容，而删去了第2版“广告效果的测定”一章。

第七章“广告表现战略”主要是系统地梳理了广告创意理论及其应用，加强了如何运用名人做广告的阐述。改革开放以来，我国广告创作的一个大的变化，就是各种名人在广告舞台上粉墨登场，引起的议论较多。故本章在这方面多花了一些笔墨，以期能在正确运用名人做广告方面有所帮助。

需要一提的是，活跃在19世纪末20世纪初的意大利社会学家，也是经济学家Vilfredo Pareto，其创意理论在广告学界多有流行，译为“巴瑞多理论”。较早应是出现在中国友谊出版公司出版的《怎样创作广告》（卷三）第三章，本书也一直沿用这种译名。而在中国大陆的经济学界，则译成“帕累托”，有名的“二八定律”提出者。为引起读者警醒，本书未做统一改动，而是加了注释。

第八章主要对第四节“广告口号”做了较大的修改，充实了一些内容，增加了一些案例，使其更具条理，更容易理解和掌握。

第九章的改动主要体现在后面部分。有三方面的内容应引起关注：一是添加新近被应用的设计制作技术；二是将第2版本章第四节和第五节中对设计技术的运用，与具体的广告形式如户外广告等结合起来表述；三是加入植入式广告的内容。植入式广告近年在我国的关注度日高，本书没有做充分展开，期待读者延伸和深入。

由于科学技术进步的推动，应用于广告传播的新媒体不断涌现，这也是第十章修改的重点。原先本章只是单一介绍互联网络这一媒体，现增加了目前比较活跃的手机、移动和楼宇电视等。相信随着数字化、信息化进程的加快，还会有新的广告传播媒体出现，这只能待后补苴罅漏。

第十一章，总体上阐述了在新的传播条件下广告受众的特点与变化，在表述上加以注意，特别增加了“广告受众的变动与应对”这部分内容。由于传播环境和社会环境的变化，广告受众也在变化，需要重新认识、研究、把握、应对。这也是将近几年的有关研究做一个描述。

第十二章的修订，期待我国广告法规管理体系的进一步健全和完善。

修改后的《广告学教程》，虽然内容上补充增加较多，但篇幅上较第 2 版没有加大。作者在修改过程中尽量注意把握信息的含金量，力争减轻读者阅读学习的负担，以较小的成本获取较大的收益。

本书是普通高等教育“十五”和“十一五”国家级规划教材，作者不敢懈怠，仍然一如既往，努力使本教材名实相符，希望仍能得到读者的偏爱。由于种种原因，特别是作者学识有限，本书定然还有诸多不足之处。就目前感觉到的，比如结构框架可以更新颖活泼一些，案例可以更多一些，等等。所以，在此也恳望读者赐教，并再次感谢诸多专家学者、广告界精英和广大读者对本书的关爱。

作者
2009 年夏日
谨识于中国人民大学

第2版前言

也就是相隔两年多的时间，本书再次修订出版。两年多的时间，不算长，也不算短。按照一些发达国家教材出版的“年轮”，教材一两年就修订一次是较为平常的事情，在我国则可能略显短暂了。但是，我们国家正面临着重要的战略机遇期，一切都在发生着重大的变化。就作者所在的学校来说，校园建设、学科建设，包括教师的教学研究环境方面，这两三年的巨变让中国人民大学复校以来就目睹其建设发展并身处其间的本人，只能惊呼不已。这与我们伟大祖国欣欣向荣、蓬勃向上是同步的。想来，教材的编写修订，也要适应这种速度。特别是现在，身处宽敞明亮的新居室，能够独拥一方书屋，读书写作，心情自是不一般，尽力把事情做得好一些，有一种责无旁贷的感觉。

我国广告业的发展也在迅猛向前。这几年，为适应培育更多的新型广告专门人才的需求，我国广告教育改革、广告学研究做出了许多有益的探索，取得了骄人的业绩。但是，怎样培养出符合新世纪广告业发展要求的广告人才，如何与国际广告业接轨，如何进行广告学科的建设、广告教育理念和体制的创新，尚需进一步探索，需要突破。其中，教材建设是重要方面。所以，虽然时隔两年多，但是把求变求异、快速发展的广告业实践梳理、总结出来，并且把最新的教学和研究成果吸纳进本书，仍然是艰巨的任务。

本书有幸忝列普通高等教育“十五”国家级规划教材，从一个方面反映了中国人民大学广告学理论教材建设的些微成绩，体现了教育部和同行学者专家对中国人民大学新闻学院的信任。也正因为这样，作为作者，倍感责任压肩，难荷其重。欣慰的是，作者的领导悉心指导，同事精诚合作，敦促本人尽力从事本书的修订，并期求尽可能地使补缀的工作做得完美一些。原书共有十一章，现对各章的文字、内容都做了进一步的修饰、增删，个别章节几乎重新写过。增加了一章“广告受众”，列在第十章。按照广告活动作业的流程，原书结构也稍做调整，将原书的第十章“广告组织与经营”调至第三章。

本书自初版以来，一直得到广大读者的厚爱，也不断得到热心读者和专家的指点，这里再表谢忱！这次再版，仍然恳请广大读者、专家不吝赐教。

作者
2003年国庆日
于世纪城远大园

第1版前言

党的十一届三中全会以来，我国社会主义广告事业得到迅速的恢复和发展，特别是20世纪末的最后十年，我国广告业驶进快车道，进入高速发展时期，广告在我国经济、社会、文化等诸方面产生着重要的作用，影响不断增强。与之相适应，我国广告学方面的研究也不断向纵深拓展，广告教育突飞猛进。据不完全统计，全国已有近百个广告学专业教学点，为推动我国广告事业的发展进步做出了贡献。

中国人民大学新闻学院是我国培养新闻传播类人才的重要基地，为我国新闻传播事业输送了大批专门人才，许多毕业生成为本单位的领导和业务骨干。随着我国广告事业的发展，人大新闻学院（系）早在改革开放之初就开设了广告选修课程，到20世纪90年代，广告课程已被列为必修课程。1995年，经国家教委（部）批准，正式成立了广告学专业。中国人民大学应该也必须成为我国广告高级专门人才的培养基地，因此，加强广告学科的建设是21世纪的重要任务之一。本书的编写，即试图为此做些添砖加瓦的工作。

本书共十一章，包括概述、广告简史、广告机会分析、广告策划、广告表现战略和媒体策略、广告文案、广告设计与制作、广告效果测定、广告组织与经营、广告管理等章节内容，还属于概论性的著述。在编写过程中，力图吸纳众家之长，希望能够为新闻传播类包括广告学专业在内的大专院校学生提供较全面的广告知识，作为引入广告学殿堂的学习用书，也希望能够成为广大广告爱好者和实务人员的参考读物。

本书有幸作为21世纪新闻传播学系列教材之一，作者不胜惶恐。由于作者才学有限，书中定然多有疏漏，恳望得到批评指正。

作者

于陋室

目录

第一章
广告概述

本章要点

- 广告的基本特征
- 广告的类别与作用
- 广告学基本理论的构成
- 广告学与相关学科的融合

在现代社会中，广告是一种非常普遍的现象，已经成为人们日常生活中不可缺少的一部分。在我国，随着市场化程度的提高，广告活动深入社会、经济、文化等各个层面，其作用和影响日益彰显；数字技术和人工智能技术的快速崛起，促使广告形态、运作及产业不断革新，数字广告更是作为数字经济、现代服务业和文化产业的重要组成部分，在促进宏观经济增长、推进经济结构转型升级、引导扩大消费、繁荣社会文化等方面持续发挥着积极作用。因此，了解、学习并掌握广告学这门学科知识，是非常必要的。

第一节　广告的基本特征

一、广告词义的演变

广告活动是随着商品经济的产生、发展而出现、进步的。国内外很早就有关于广告活动的记载。而广告一词，则是随着商品经济发达至一定程度后出现和流行的，其含义也有着一个演变、深化的过程。

据有关资料介绍，广告这个词汇，最早源于拉丁文"advertere"，意思是引起注意、进行诱导。1300—1475年，中古英语里有了"advertise"，其含义为"某人注意到某事"，后演变为引起别人注意，通知别人某件事。在17世纪（一说18世纪），由于英国工业革命的兴起和发展，"advertise"开始被广泛使用，且"实施广告"的词义变为静止的名词"广告"。在当时的报纸上，就经常出现"advertisement"的字样，作为标题，表示"通告"的意思，以引起读者的注意。这里的"广告"一词，更多地包含了心理的意义。据《牛津英语词典》的解释，首次出现该词的例句来自1750年一位市民的公告，说谁能找到偷他60基尼的人，将给予奖赏（a citizen had advertised a reward for the discovery of a person who had stolen sixty guineas）。[①]“广告”逐渐具有了近代的含义。

19世纪末期到20世纪20年代，资本主义经济已经有了很大的发展，作为商品促销的一种方式，广告亦相应地有了较大的变化，其特征主要是由对消费者进行告知，演变为对消费者进行说服。广告通过说服来影响消费者的购买行为而显现其功能。1904年，广告文案撰稿员约翰·E. 肯尼迪给予并经美国现代广告之父阿尔伯特·拉斯克认可的“广告是印在纸上的推销术”的定义，即这一时期对广告基本含义的一种归纳和总结。

20世纪50年代后，随着科学技术和经济的发展，市场竞争越发激烈，信息传播更加畅通，广告的作用进一步发展为说服性沟通。在现当代，广告更作为企业、部门机构与社会和公众进行交流的重要方式，以沟通（communication）为目的，向目标消费者进行告知、诱导和说服以促成购买。

从20世纪90年代起，以互联网技术作为基础要素的新媒体不断涌现，广告与营销、公关等行业的边界不断模糊，基于大数据、算法和人工智能技术的“实时”“精准”的程序化广告以及人工智能广告内容生产成为新的潮流，且数字智能的发展仍在快速地推进之中，市场经济运行方式的巨大变化，现代广告活动又在一个新的层面出现飞跃，其含义更加丰富。广告在信息交流中的地位和作用、广告的传播特点和表现方式、广告的经营内容和运作体制等，都需要采用新的视角、建立新的观念来加以把握。

在汉语体系中，最初多把“advertising”译成“告白”“告帖”等。最早的中文近代报刊《察世俗每月统记传》，就有“告帖”等字样。《申报》开办之初，就使用“告白”求售广告版面。日本则用“公告”“告示”等词表示。日本的一些广告学者认为，汉字中的“广告”一词最早在日本出现。铃木保良在《现代广告手册》中称，大约在明治五年至明治二十年（1872—1887年）日本开始流传“广告”这个词。日本广告专家八卷俊雄等也认为，日本约在19世纪80年代，“广告”一词开始流行，并得到公认。他们同时指出“广告”一词源于中国，在日本江户时代，还没有使用这个词，当时在日语里相当于广告的词叫“广目”。[②]

我国20世纪前后，“广告”一词开始使用和流行。据考，在日本创刊的中文报纸《清议报》，在1899年4月30日的一则招揽告白中，最早使用了“广告”一词。而在国内出版的《申报》，1901年10月18日（光绪二十七年九月初七）始刊出一份报纸创刊的广告《商务日报馆广告》，出现了“广告”字样，连载数日。当时，广告也与告白等几个词同时混用。1907年刊发的《政治官报》章程中，“广告”一词的运用就比较正式了。[③]广告的含义起初也往往按照字面意思进行理解：广，是广大、广远、广博等义，告，有告白、告知等义，是广而告之，广泛劝告，向公众说明、告知某件事的意思。随着我国社会经济的发展变化，这个词义在不断引申、扩展。在20世纪三四十年代，已有对广告能够创造需求、维持销路、参与竞争的认识。引进新词“publicity”“public relation”等

---

① 田中洋，丸冈吉人．新广告心理．台北：朝阳堂文化事业公司，1993：4.

② 八卷俊雄，梶山皓．广告学．广州：广东人民出版社，1986：1.

③ 陆梅僧．广告．上海：商务印书馆，1940：6.

时，也将其作为广告词义的延伸。[①] 在我国计划经济时期，广告变成大家不能完全认同的词，甚至被曲解，作为贬义词使用。20 世纪 80 年代以来，随着我国改革开放不断深化，社会主义市场经济体制日益完善，广告活动在我国逐渐深入和成熟，“广告”这个词的使用频率越来越高，其真正含义也越来越被社会和公众所认知。2013 年《哈佛商业评论》刊发封面文章《传统广告已死》，指出广告业的未来是基于大数据分析与 App 形态的广告，但创意仍然是好广告的灵魂，由此揭示了广告新时代的来临。

二、广告的定义

如同“广告”一词词义的演变一样，诠释广告的概念也在不断地演进中趋于科学和准确。

广告活动起源于商业活动，应用于商品交换，但随着社会进步、经济发展，广告所具有的特质，其影响已经远远超越了商业自身的范畴，其角色已经跳出商品销售的领域。因此，一方面要从广义上认识广告：一切为了沟通信息、促进认知的广告传播活动，不论是否作用于商业领域，是否将盈利作为运作的目标，只要具备广告的基本特征，都是广告活动。从大的分类来看，可分为商业广告和非商业广告。另一方面也要探究、了解围绕商业活动而展开运作的广告，这就是狭义的广告即指商业广告，在传统广告学中它是主要的研究对象，也为广义的广告研究奠定了基础。本书在阐述中，如果不做特别说明，一般是以商业广告作为研究对象的。

人们很早就试图给予广告一个较为理想的定义。1932 年，美国《广告时代》曾举行过有关广告定义的征文活动，应者如云。由于人们对于广告认识的侧重点不同，定义广告，或从广告表现内容出发，或以广告表现方法为主线，或以广告目标为表述主旨，等等，多从一个侧面概括了广告的某些特征，不尽如人意。直至现代，国内外有关广告的定义仍然各色各样。国外广告研究比较发达的国家如美国和日本，就有许多种对广告的定义。现摘录其中对我国影响比较大的几种，以供参考：

> 广告是商业公司、非营利性组织、政府机构和个人，在一定的时间或空间，将有关他们的产品、服务、组织或观念，向特定的目标市场或受众进行传播或说服的活动。[②]（美国市场营销协会）
>
> 广告是付费的大众传播，其最终目的是传递信息，改变人们对广告商品的态度，诱发其行动而使广告主获得利益。（美国广告协会）
>
> 广告是一项销售信息，指向一群视听大众，为了付费广告主的利益，去寻求经由说服来销售商品、服务或观念。（哈佛《企业管理百科全书》）
>
> 广告是广告客户为实现企业目的而针对特定对象进行的信息传播活动，其传播内容包括商品、服务、意图（想法、方针、意见）等。信息传播是通过媒体实现的。

① 吴铁声，朱胜愉．广告学．上海：国立编译馆，1946：3.

② 2007 年，美国市场营销协会将其对广告的定义由“广告是由明确的广告主在付费的基础上，采用非人际传播的形式，对观念、商品或服务进行介绍、宣传的活动”进行了重新定义。

企业的广告目的是满足消费者的需求，并起到创造社会经济效益的作用。（小林太三郎的《新型广告》）

所谓广告，就是收费使用媒介物的报道活动。（八卷俊雄）

广告是被明确表示出的信息发送方，作为一种信息活动，针对想要呼吁（诉求）的对象，所进行的有偿信息交流。（日本广告行业协会）

我国对广告概念进行阐释亦早已有之。如著名新闻学者徐宝璜20世纪初在《新闻学》中就说过："广告者，乃有力之商业媒介……又广告者，人事之媒介也。"[①] 著名新闻史学家戈公振认为："广告为商业发展之史乘，亦即文化进步之记录。……有促进人生与指导人生之功能。"[②] 到20世纪三四十年代，广告已经有了较为成熟的定义了。如"广告是为某一种商品或服务而作的有计划的广大的宣传，意在产生、维持，并扩展商品的销路或服务的范围"[③]。广告"为资本主义制度下一种产物"，是旨在"促进商品或劳务分配的合理化，成为经营经济的机能之一，使用各种有计划的手段，以达其增进销路或树立商誉为目的之一种活动"[④]。对广告的性质、特点、任务、作用等，已做出比较精当的表述。

20世纪80年代后，我国加强了对广告的研究，有关广告的定义见仁见智。有的定义从单一内容的角度表述，如"广告是一种牟取盈利的传播手段""广告是一种有助于商品与劳务销售的公开宣传"；有的定义涵盖数项内容，如"广告是以说服的形式，直接或间接有助于商品与劳务销售，由广告主付酬的公开传播"。《辞海》（第7版）对广告的释义是："为某种特定需要，通过媒体向公众传递信息的一种宣传方式。一般指介绍商品、劳务和企业等信息的商业广告。"

21世纪以来，新的广告形态引发了讨论广告概念更新的热潮。有的认为"广告从本质上讲，就是商业信息的传播与扩散，传播是广告的基本特征，也是广告的基本功能"[⑤]；有的提出"广告本质上是一种营销传播，追求'信息'向'效能'的转化，具体而言，是'以传播的手段推进由生产向消费的转化'"[⑥]；有的提出以三分法客观看待广告，认为"广告以人为本，即是以新世纪消费者为主导，运用多种媒介与消费者建立和维系关系的观念"[⑦]；有的认为"广告是由一个可确定的来源，通过生产和发布有沟通力的内容与生活者进行交流互动，意图使生活者发生认知、情感和行为改变的传播活动"[⑧]。在数字产业和数字经济的商业逻辑与经营模式的影响下，将"互联网广告""新媒体广告""数字广告""计算广告"等加入界定性定语之中的广告概念不断涌现。

总的来说，美国市场营销协会对广告所下的定义得到了较多的赞同和认可，经常被

---

① 徐宝璜．新闻学．北京：中国人民大学出版社，1994：85.
② 戈公振．中国报学史．北京：生活·读书·新知三联书店，1955：220.
③ 陆梅僧．广告．上海：商务印书馆，1940：1.
④ 吴铁声，朱胜愉．广告学．上海：国立编译馆，1946：5.
⑤ 丁俊杰．广告的新时代．中国广告，2018（2）：96-97.
⑥ 姚曦，郭晓譞．逻辑与本质：技术赋能的未来广告．现代传播，2022（6）：122-131.
⑦ 饶德江．论大众媒介广告的消亡与演进．现代传播，2000（6）：112-115.
⑧ 陈刚，潘洪亮．重新定义广告：数字传播时代的广告定义研究．新闻与写作，2016（4）：24-29.

人们所应用。根据这个定义，结合我国的实际情况，我们对“广告”做如下表述：

> 广告是广告主为了推销其商品、服务或观念，在付费的基础上，通过传播媒体向特定的对象进行的信息传播活动。

三、广告的基本特征

根据以上定义，我们可以看出，广告是一种为企业营销服务的信息传播活动，一方面以企业营销作为终极目标，一方面与传播媒体紧密相连，同生共荣。广告具体有这样几个基本特征：

（一）为广告发起者服务

广告活动的发起者，也就是广告主。政府机关、社会团体、企业、个人等都可以成为广告主。在商业广告中，广告主通常是企业。

广告主发起广告活动，是为达到某种目的，为谋取或商业的，或社会的，或政治的利益服务的。因此，广告与利益相关，广告直接服务于广告主。同时，在一则广告中，广告主必须得到明确，具有可识别性。这样，才有可能使广告所产生的效益服务于发起者，也才能够确认广告传播过程中的地位和关系，分清广告责任。

（二）传递特定的信息内容

广告传播的内容具有一定的规定性，即具有营销的内涵。随着社会经济发展和市场营销活动的变化，广告的信息内容在向着深广开拓。现代商业广告传播的信息，不仅包括商品或服务方面的信息，而且涉及形象、观念方面的内容。需要注意的是，广告信息内容不仅要求真实、简洁、生动、具体、精彩，能够吸引目标消费者注意，产生营销效果，同时，广告诉求的内容还要符合法律法规、社会规范和道德伦理的要求。

（三）传播对象具有选择性

广告传播活动不是以所有的消费大众为传播对象，而是选择特定的目标市场展开。目标市场是由企业根据营销目标来确定的，目标市场的消费者即广告的传播对象。而选择确定好广告传播的目标对象，又为开展恰当的广告创作活动、制定正确的广告媒介策略提供依据，使企业的目标消费者与媒体受众之间相对重合、一致。广告传播具有针对性，就能降低成本，增加效益。绝不可盲目地认为广告通过一定的媒体刊播出去就达到目的了，实际上，这样的传播是难以实现有效沟通的。

（四）非人际传播方式

广告的发展和媒体的进步联系在一起。广告需要通过一定的媒体完成其传播过程，采用的是非人际传播方式。广告所借助的载体，从一般的媒介物到大众传播媒体，再到媒体数字化时代的互联网和移动互联网。随着现代科学技术水平的提升，新的媒体还在增加，推动当代广告活动发生翻天覆地的变化。

也正是这样的非人际传播方式，适应了人们现代生活中获取信息的需求。一般来说，人们获取商业方面的信息主要通过两种方式：一是人际传播方式，即个人与个人之间的信息交流，如推销员上门推销，消费者之间相互转告等；二是非人际传播方式，即通过一定的媒体间接获取有关的信息。网络社群等广告形式虽然带有一定人际传播方式的特征，但其离不开互联网的支持，受众覆盖面和受众总数远远大于人际传播方式。因此，现代社会中，人们身处快节奏、高信息量和数字化的生活环境中，更多的是通过广告这种非人际传播方式低成本、高效率地传播与获取信息的。

（五）进行说服性沟通

广告的最终目的，是使目标消费者接受广告发出的信息，从而影响其消费行为，促进销售。这样，就要运用各种各样的方式来表现广告信息。消费者接触广告信息，往往是处在一种不经意的状态，被“强迫”接受的。而随着生产能力的增强，商品同质化的现象越发严重，广告信息要想引起注意、产生效果，就需要进行说服。在当代物质供给丰富，消费需求迅速变化，不同品牌和不同品类竞争加剧的情况下，说服是广告的一种特有沟通方式。

说服要有一定的技巧。说服实际上就是广告主与消费者进行交流、沟通的过程，诱导消费者在一种愉悦的状态下，接受广告信息，产生心理变化，采取相应的购买行动。因此，广告要达到说服的效果、目的，要有艺术性和较强的表现力，使消费者易于和乐于接受有关信息。按照心理学的观点，适当的重复能达到有效的说服。广告通过不断地重复，提醒、强化某些消费信息，促使消费者建立某些消费观念，产生某些消费行为。但是，这种重复要符合人们的心理过程，要讲究策略，要把握好广告的频次、频度等。

近年来，数字平台上强调转化效果的效果广告虽然在艺术性上有所缺失，但能在锚定用户痛点的基础上，以直击人心的解决方案说服用户，促成消费行为的转化。

（六）一种付费的传播

广告活动的整个过程，包括市场调查，广告策划、创意与制作、媒体投放，效果测评等每一个环节，都需要支付一定费用。这不同于一般的公共关系活动、新闻报道等信息传播方式。付费者是广告主。既然付出费用，广告主就购买了对广告信息传播的某些权益，在法律法规和道德伦理允许的情况下，获得对广告传播的信息内容、表现方式、信息发布的时间和空间等的决定权以及广告效果产生的回报。

在数字媒体时代，广告主向广告公司和广告媒体付费的特征从某种程度上被弱化了。“自媒体”等形式为广告主直接面对用户赋能，智能投放与AIGC在广告策划、创意、设计、制作、投放等环节替代了广告公司的作用，数字平台“无限量”的媒体资源消除了为争夺传统媒体有限的广告版面和时段而支付的高额溢价。但事实上，信息爆炸促使广告主争相向MCN机构或明星、达人等KOL或KOC个人付费，以通过其代言吸引用户关注；程序化广告“精准”“定向”投放的实现，也离不开付费获取用户的多维度“画像”；广告主虽然可以通过“自媒体”直接面对用户，但往往需要通过付费的方式向数字平台争取更多的“流量”支持。因此，广告仍是一种付费的传播。

还应该认识到，为塑造品牌和企业形象的广告所付出的费用往往不会直接产生效益，其效益是积累的。企业应把广告作为企业整体营销活动的构成部分，从长效投资的角度，合理、准确地做好广告预算。数字平台的效果广告虽能产生直接的消费行为转化，但广告费用持续增长，不仅给企业带来巨大的经济压力，从长远看，也可能因为忽视品牌形象的塑造而对未来效益产生消极影响。

虽然广告主是广告费用的直接付出者，但是消费者在进行实际消费时也承担了计入产品成本的广告支出，是广告的间接付费者。因此，作为共同出资者，广告主要对消费者负责，不仅要努力开展成功的广告活动，促使商品销量上升，使所投入的广告费用不会增加企业的商品成本，加重消费者的负担，而且应负有法律的、伦理的责任，多为社会做贡献。

四、广告活动

广告是一种特殊的信息传播活动和营销活动。作为一种营销工具，它的起点和落点都作用于经济领域，为企业的营销目标服务。但其整个活动过程却表现在传播领域，通过一定的传播媒体与目标消费者进行沟通。因此，要进一步了解广告的基本特征，还应对广告活动及其与营销和传播的关系做些分析。

（一）广告活动的含义及其特点

广告活动是指广告信息传播的全部过程，涉及广告内容、表现方式、运作行为及其所产生的效果。广告活动在人类社会中自产生以来发展到今天无处不在、无时不有，深入社会生活、经济、文化等各个方面，显现出了强大的生命力以及在社会发展过程中的独特作用。

随着社会和广告业的发展进步，现代广告活动逐步形成了自身的特定内容和规律。大体来说，完整的广告活动包括广告调查、制订广告计划、创作广告作品、传递广告信息、测评广告效果等内容。

广告活动有如下特点：

1. 广告是一个动态的过程

广告活动是一个不断运动的过程。从广告主有做广告的需求和愿望到目标消费者接受广告信息，采取一定的消费行为，这是一个动态过程。广告活动中的各种要素，各个阶段，如广告主委托广告公司代理广告业务，广告公司制定广告战略和策略，通过一定的广告媒体将相关信息传递给广告受众，广告受众产生反应等，都处在活跃、互动的状态。

广告活动的动态过程，还体现在多样性上。为了增强传播效果，广告活动的运作是多种多样的。这既可以从时间上把握，也可以从形式上表现。广告业务机构可以根据需要，运用多种形式开展广告活动。

2. 广告是不断发展变化的

广告活动在人类社会中自产生以来，就一直不断地发展变化。这种变化，与社会经济发展和科技进步密切相关。原始的广告活动伴随着商品交换的出现而产生。随着社会发展和商业活动增多，广告活动开始变化和进步。而由于欧洲活版印刷术的发明、产业革命的发生、大众传播媒体的出现，广告活动发生了质的飞跃。现代阶段，科技水平日益提高，社会经济更加繁荣，新的传播媒体不断涌现，广告活动、新的广告理论与实务随之改变。

还应该看到，广告活动的发展变化，受到当时的社会、政治、经济等环境的影响和制约。社会进步，政治昌明，经济繁荣，广告活动就会活跃，反之则会低迷。在一个很长的历史阶段中，这种影响非常明显，而在一个较短的时期内，这种影响也较为突出。

3. 广告是一个相辅相成的构成体系

广告活动由一个环环相扣、互相联系的各分支活动所构成，通过一个相互作用的组织机构系统来运作。广告活动主要涉及广告主、广告公司、传媒机构、消费者等机构和群体，以及对广告活动进行监控和支持协作的连带机构。企业开发生产产品，通过包括广告活动在内的营销活动，最终促使消费者来购买。企业开展广告活动，需要广告公司、媒体和调研机构等的支持；而企业则提供开展广告活动以及这些机构持续发展所需的资金，并对广告活动进行必要的指导。政府行政部门要对广告活动进行监督管理，广告调研公司、广告制作公司等则依附于广告公司开展业务活动。所有这些，既有分工，更有合作，构成一个相互制约、相互促进的整体。

在这个体系中，作为广告主的企业为上游单位，处于主动地位。而位居下游的广告公司、媒体等，并不完全被动，可以通过主观努力，激发企业开展广告活动的积极性，提升广告活动的水平，增大广告活动的规模。广告管理部门通过对广告市场的有效监管，确保广告活动沿着健康、有序的轨道前行。而它们最终又都是为消费者（广告受众）服务，围绕广告受众来各司其职的。广告主以他们为转移，广告经营者和广告发布者受其检验，广告管理者以其为终极服务对象，消费者实际上位于中心的位置。

（二）广告活动与营销

什么是营销？不少有关营销学的教科书对其有内容近似的不同表述。简言之，营销就是一个通过为客户创造价值并从中获取收益，与客户建立营利性的关系的过程。① 营销是由销售发展而来的含义更为宽泛的企业经营理念。

企业的营销理念是不断发展的。企业在特定时期和特定环境下，针对目标市场实施营销战略，要运用各种策略和手段，组合成一个系统化的整体营销策略，以实现经营目标，这就是市场营销组合。在以产品为导向的时期，营销理念主要由四个要素构成，即产品（product）、价格（price）、销售地点（渠道）（place）、销售促进（promotion），又称为“4P”。随着市场经济的进一步繁荣和成熟，20 世纪 90 年代以后，以美国为首的一些市场营销学者提出，应由“4P”转向以消费者为导向的“4C”。要研究消费者的需求

① 阿姆斯特朗，科特勒．市场营销学：第 7 版．北京：中国人民大学出版社，2007：36.

和欲望，生产和销售的不是企业能够制造的产品，而是消费者希望购买的物品，产品（product）转向消费者（consumer）；要研究消费者对产品的价值感以及愿意支付的成本，摒弃传统的价格策略，成本（cost）代替价格（price）；要从消费者的立场出发，考虑怎样使购买消费方便，销售地点（渠道）（place）转向便利性（convenience）；为此，要能以满足消费者的需要为目的，与消费者保持持久性的联系，做好整合营销传播和互动传播，销售促进（promotion）转向传播或沟通（communication）。

作为市场营销组合或者整合营销传播的一个要素，无论是进行促销还是注重沟通，广告活动一直扮演着重要的角色，是企业面向社会、面向消费者交流信息的重要手段和方式。广告是运用一定的媒体传递信息的，是"扩散的销售促进"，可以超越空间、时间的限制，利用报纸、杂志、广播、电视等大众传播媒体，以及通信卫星、光纤电缆和网络媒体，把商品或服务等信息及时、有效地传达渗透到目标消费者，缩小供求两端的信息差。当下，广告借助数字平台的营销工具，极大地促进了即时销售目标的达成，其影响效果绝非人员推销等所能比拟。由此可见，在现代市场条件下，进入数字营销和智能营销的新阶段后，广告仍然是有效的沟通交流手段，有助于为客户创造价值，有利于与客户建立关系。

（三）广告活动与传播

广告活动的过程就是广告传播的过程。广告活动从广告主为推销商品、提供服务，或树立形象、建立观念而倡导发起，到委托广告公司为其策划、运作，再通过一定媒体传播覆盖消费者，将有关信息传达给目标受众这样的一个周期，即一般的传播过程。这个传播过程（见图 1-1）包括：

（1）广告信源，即广告信息的生产者，由广告活动的发起者（广告主）、广告代理商以及广告文案中的代言人（广告人物）所组成。

（2）广告信息，即广告所表达和传递的内容。

（3）广告信道，即传递广告信息的载体，也就是广告媒体。

（4）广告信宿，即广告信息传播的到达地，广告信息的接收者。

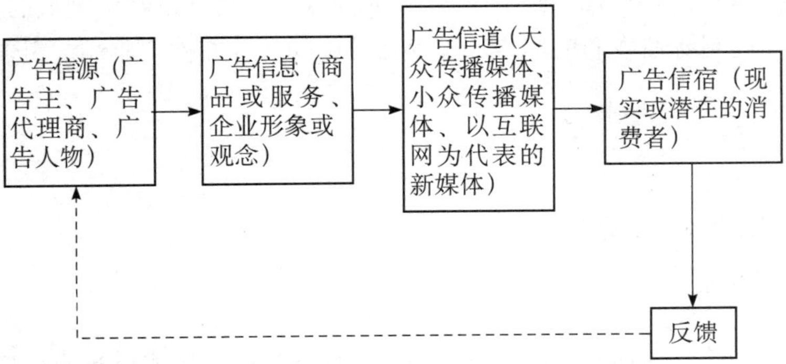

图 1-1　广告传播的过程

这里，广告主是广告传播的源头，没有广告主运用广告的意愿和行动，广告传播就无从谈起。而广告主必须具备传递给目标消费者的确实信息，必须对传播过程负有法律责任。接受委托的广告代理商，以及通过广告创作人员虚构出现的广告人物，都与广告主一起，组成了广告信源，也同样对传播过程承担相应的责任和义务。

广告信息有一定的规定性，商业广告尽管停留在商品或服务、形象或观念的层面上，但可以有多样的表现形式。广告应力求有一个好的创意，发现新颖、精练、生动的广告诉求重点，使广告信息得到有力的表达，能够打动消费者。同时，也要注意选择适宜的广告媒体，确保广告信道的畅通，使消费者有充分机会接触到有关信息。

消费者接受广告信息的情形是复杂和多样的。能否使消费者接收到有关信息，能否从接收变成接受（理解），能否使假定的消费者成为现实或潜在的消费者，都是广告传播过程中的落点所在，也是衡量广告效果的关键。因消费者的个体差异，对于广告信源所发出的信息，其认识、理解以及相应产生的行动也会有所不同。因此，要充分了解消费者的个性特点，诸如思维和行为方式、价值观、文化、媒体接触等，以采取相应的传播策略。

广告不是单向传播，而是互动传播。大数据和算法让广告实现了实时、客观、精准的反馈，丰富的互动渠道和手段让广告主与消费者的联系变得更加密切。这就需要广告主进一步与消费者建立良好的互动关系，及时、准确地了解、把握广告传播过程中出现的问题，保证广告活动的良性运行。

第二节　广告的类别

由于受到社会经济制度、市场特点、商品或服务的交换方式、分配制度、流通渠道等多方面因素的影响，广告按照不同的标准，可以划分成若干种类型。对广告进行分类，有助于进一步认识把握广告的基本特征，加深对广告研究对象具体内容的了解，为进行正确的广告策划、采取相应的战略策略奠定基础，为开展新颖独特的广告设计制作、运用不同的传播技巧提供依据，也便于进行有效准确的资料统计和研究分析。

从总体上来说，广告可分为两大类：商业广告和非商业广告。商业广告是以盈利为目的所开展的广告活动，亦称“经济广告”；非商业广告是不以经济利益为直接目的，而是为实现某种宣传目标所发布的广告，不存在盈利问题，亦称“非经济广告”。

一、非商业广告

非商业广告主要包括三类：

（一）政治广告

政治广告即为政治活动服务而发布的广告，如通过广告形式公布或宣传政府的政策、法令，传播各级政府部门的各类公告。在广告业比较发达的国家，运用广告进行竞选更成为一种特色。美国总统竞选，在很大程度上就是运用政治广告为候选人摇旗呐喊的，谁的钱财丰足，广告就可能做得更多一些，影响选民的机会就会更大一些。我国在不同历史时期，实际上也有很多类似政治广告的活动，比如对有关政策法令的宣传等。随着我国广告活动的不断深化，有意识地运用政治广告这种形式发布推广有关信息，在我国逐渐开展、普遍起来。

（二）公益广告

公益广告也可称为“公共广告”。一般来说，公益广告是指为维护社会公德，帮助解决社会公共问题而组织开展的广告活动。这类广告所传播的信息内容，主要是有关道德、教育、环境、健康、交通、公共服务等，涉及人们当前关心的社会问题，与公共利益密切相关。公益广告的主要特征，一是不以盈利为目的，二是为公共利益而不是为某些团体或组织服务。随着社会精神文明建设的加强，公益广告的地位越来越重要。

公益广告一般由特定的行政部门、公益组织或群众团体发起，可由企业、广告公司、媒体或政府机构出资赞助广告活动经费，还可由媒体免费提供时间、空间或流量资源。如中央电视台播出的《广而告之》、北京电视台播出的《广角镜》等，就是传统公益广告性质的节目。当下，腾讯公益、字节跳动公益、阿里巴巴公益等互联网公益平台也快速发展起来（见图 1－2，文前彩色插图）。

20 世纪 40 年代美国成立了战时广告委员会，成为承担公益广告活动的主要机构，拉开了现代意义的公益广告发展的序幕。在我国，随着具有中国特色的社会主义广告业不断发展和完善，公益广告的发展也取得了可喜的成绩。1986 年，由贵阳电视台播出的《节约用水》公益广告，成为我国现代公益广告的发端。此后，具有专业性质的公益广告在我国发展迅猛。如有关机构和部门组织开展主题公益广告活动，产生了较好的社会影响。2003 年为配合抗击“非典”，2008 年、2013 年为助力四川汶川、芦山抗震救灾等拍摄的公益广告都发挥了较大的作用。互联网公益平台作为公益广告的新兴力量，在传播公益理念、促进公益捐助等方面产生了重要的积极影响。

在广告活动比较活跃的一些国家，还出现了一种与公益广告类似但性质不同的广告类型，叫“倡议广告”。这是广告主为获取社会更多的理解和支持，以在经营过程中出现的某些重要的现实问题为依据，通过广告形式解释和倡导自己的想法和主张，以间接达到有助于企业经营、产品销售等目的。根据广告诉求主题的不同，还有与倡议广告类似的广告形式，如意见广告、问题广告、抗议广告、争论广告等。2000 年 1 月 23 日，我国《中华工商时报》首次刊载了一则抗议日本大阪举行“南京大屠杀——20 世纪谎言”集会活动的广告；2002 年 10 月 3 日，美国《纽约时报》刊登一个自称“美国人反对同伊拉克开战”组织的整版广告，反对美国总统布什要再次对伊拉克动武，宣称“投票进行战争就是投票反对美国人民”；2008 年 4 月 25 日法国家乐福连锁超市在《广州日报》上刊登广告，宣称“我们一如既往，立足中国，积极参与，共同发展”。这些都可谓此类广告。

（三）个人广告

个人广告是指为满足个体单元的各种利益和目的，运用媒体发布的广告。广告主一般为个体，如个人启事、声明、征婚、寻人、婚丧大事等广告。这类广告为各类媒体特别是纸质媒体带来一定的市场契机，要注意开发挖掘。

二、商业广告

商业广告是广告学的主要研究对象。对商业广告进行分类，可根据营销战略、目标市场、目标受众、传播目的和范围、信息内容、表现方式等多重因素加以细分。其种类可谓五花八门、多种多样。现做一些归纳和分析。

（一）按广告的诉求对象划分

商业广告按诉求对象的不同，可以分为三类：

1. 消费者广告

消费者广告也可称为“B2C广告”，此类广告的诉求对象是一般消费者。根据购买者的特点以及购买商品的目的来对市场进行分类，有一个为满足个人生活需要而购买商品的消费者市场，由个人和家庭组成。这是产业市场乃至整个经济活动都为之服务的最终市场，理所当然也是广告活动的服务对象。向广大消费者进行诉求的广告主多是生产和销售日常及耐用的生活用品的企业。在整个广告活动中，这类广告要占绝大部分。

2. 工业用户广告

工业用户广告也可称作“产业广告”“B2B广告”。在商品流通领域，同时还存在着生产资料的交换活动，提供原材料、机器设备、办公用品及相应的服务的企业需要面对使用和消费这些产品的企业、社会团体、政府机关等组织用户进行诉求，这些用户构成一个产业或组织市场。接受广告信息的目标对象，往往是比较特殊的消费群体，可能是某一方面、某一领域的专业人员，有一定影响的意见领袖等。

3. 商业批发广告

商业批发广告主要以小商店和批发商为诉求对象，主要针对流通行业。商品流通过程中，销售渠道是重要环节，这类广告也是经常出现的。一般由生产企业向批发业和零售业发布，或在批发业之间发布，或由批发业向零售业发布。广告所诉求的对象，多与这些行业机构的采购进货的决策人员有关。他们应是流通领域中商品经销单位与广大消费者的牵线人和守门人。

向不同的目标对象进行广告信息传播，所采取的广告战略和策略会相应有所不同。一般来说，消费者广告的应用非常广泛，因而研究以消费者为主要诉求对象的广告理论和实践也相对比较受关注。工业用户广告实际上是针对产业市场的广告，产业市场并非最终用户的市场，运行机制和购买者行为有其自身的特点，在广告形式和媒体选择等方面会受到一定的限制，需要与其他的信息交流活动如展会、公共关系等活动相配合，广告策略要从产业市场中的购买对象和购买者行为的特性来考虑。商业批发广告也要根据流通行业诉求对象的特征，来开展相应的广告活动。这样，特别是后两种类型的广告活动，在理论和实践方面，需要更深入、系统的研究和探讨。

（二）按广告的诉求地区划分

根据广告市场的情况以及广告传播区域的范围，商业广告可划分为四类：

1. 国际性广告

国际性广告又称为“全球性广告”，是广告主为实现国际营销目标，针对某国家或地区，通过跨国传播媒体或者海外传播媒体，策划实施的广告活动。制定国际性广告战略要从各国、各地区的社会人文状况的特殊性出发，选择的媒体要与所采取的广告策略相一致。随着全球化进程和全球传播媒体的发展，跨国经济贸易和文化交流活动越来越频繁，国际性广告已成为人们习以为常的事物。特别是我国在全球经济和文化体系中的重要性日渐增强，中国企业经营理念和发展目标不断提升，越来越多的中国企业借助国际性广告这一市场利器，在全球市场开拓出新的机遇。

2. 全国性广告

此类广告信息传播面向全国范围。这类广告适用于销售产品和提供服务遍及全国的企业，产品和服务一般通用性强、销售量大、选择性小，或者专业性比较强、使用范围广、区域分散。广告主要选择覆盖全国的媒体。就传统媒体而言，报纸如《人民日报》《经济日报》，杂志如《半月谈》《读者》，广播电台如中央人民广播电台，电视台如中央电视台、各省区市电视卫星频道均适用于全国性广告。各类互联网平台也都适用于全国性广告。

3. 区域性广告

区域性广告是指以特定地区为传播范围的广告。这类广告的诉求对象限定在某个地区如华北地区、西南地区，或者某个省区市如山东省、北京市。所选择的媒体一般是发行于或在某一地区播放的地区性媒体，如山东电视台、北京人民广播电台等。

4. 地方性广告

地方性广告是指针对当地社区或地方商业圈发布的广告。多数由商业零售业或地方企业或服务行业作为广告主，广告往往选用覆盖当地、县市级以下的各类媒体，如地铁、户外、商场超市、电影院等。

（三）按广告的诉求目的划分

由于广告目标的不同，广告有着不同的诉求目的。从大的方面看，可以将商业广告分为三类：

1. 以推销商品为目的的广告

广告的诉求着重于突出商品的特征与魅力，其目的是使广告商品能够给消费者留下深刻的印象，进而吸引消费者购买该商品。

受到市场竞争和产品生命周期的影响，这一类广告又可细分为三种：

（1）报道式广告。

通过向消费者介绍商品的性质、用途、价格等，诱导消费者对该商品产生初步的印象和需求。在开发一个新市场或将一个新产品投放市场时，较多采用这类广告，属于开拓性广告。

（2）说服式广告。

强调商品的特殊性，突出商品与同类商品的差别，对消费者进行说服，加深消费者对某一品牌商品的印象，刺激选择性需求，属于竞争性广告。

（3）提醒式广告。

消费者已经有了使用和购买某种商品的习惯，广告的目的是提醒消费者不要忘记这一商品，从而刺激消费者重复购买，提高指名购买率。

当下，数字平台将开屏广告、信息流广告、搜索广告等形式与销售链接等电商变现手段相结合，极力促成从产品曝光到销售转化，成为以推销商品为目的的广告的新模式。

2. 以树立形象为目的的广告

这类广告主要以树立商品及企业的形象为诉求目的，是20世纪60年代以后出现的，也可称为“企业广告”。广告以塑造企业和商品的形象为主要内容，70年代以后则着重宣传企业的社会存在价值以及商品的公共性，以提高企业的声誉，增强消费者对企业的信任感，寻求社会和公众的理解和支持，而以促进商品销售为间接目的。

以树立形象为目的的广告（企业广告），根据美国哈佛大学鲍丁教授的划分法，又把它细分为三类：

（1）惠顾企业广告。

宣传企业的优点、长处，以吸引顾客光临。

（2）公共关系广告。

通过广告宣传，为企业树立起良好的外部和内部形象，沟通企业与社会的关系。

（3）公共服务广告。

从企业的经济和社会责任方面，着重宣传企业对社会所做出的贡献、服务等，如企业对社会公益活动的支持，赞助教育、各种福利和慈善事业等。

这类广告一般包括与企业相关的各方面内容，如企业的历史与现状，企业的生产情况，企业的规模、销售量、职工福利，企业的经营财务与经营政策，企业的新产品开发，企业的社会经济责任等。近年来与企业的CI战略结合起来，在诉求内容上又有了新的变化。也有专家认为，以树立形象为目的的广告，其核心是公共关系广告，其他类型的广告是其分支。

3. 以建立观念为目的的广告

这类广告通过广告信息传播，帮助消费者建立或改变对一个企业、一种产品的认识或印象，建立或改变一种消费观念。作为企业面向社会进行全方位信息交流、加强对消费者的教育培训的一种方式，这类广告在不断增多，也需要我们加以重视。

（四）按广告的诉求方式划分

商业广告按诉求方式的不同，主要可以分为两类：

1. 情感广告

这类广告采用感性诉求的方式，强调以情动人，向消费者传之以情，打动消费者的情感，使消费者对广告商品产生良好的态度和感情，进而采取购买行动。化妆品、家用电器等商品多采用这类方式。

2. 理性广告

采取理性的说服方法，通过向消费者说明购买广告商品的优点和长处将会带来哪些好处，让消费者用理智权衡利弊，做出判断，听从劝告并采取购买行动。高档耐用的商品，针对文化层次较高的目标消费者，往往采用这类广告。

（五）按广告的传播媒体划分

传播广告信息的媒体很多，如果按照媒体的不同来进行细分，则可以分成很多种。总体上来看，可以有下面三类：

1. 大众传播媒体广告

大众传播媒体广告又可分为视听广告和印刷广告。视听广告有电视广告和广播广告等，也可称为“电波媒体广告”。印刷广告主要有报纸广告和杂志广告等。电影广告也是一种大众传播媒体广告。

2. 小众传播媒体广告

小众传播媒体广告主要有三类：户外广告、直接广告、销售现场广告。另外还有促销广告（SP 广告）、交通广告、报纸夹页广告等。

3. 新媒体广告

随着现代科学技术的发展进步，作为广告信息传播载体的新媒体不断涌现。这既包括面对大众、分众的传播媒体，也包括面对小众的传播媒体。如今，互联网、移动互联网、互联网电视（OTT TV）等随着逐步应用和普及已成为传播广告信息的新的载体形式，发展势头良好。在当代广告传播和未来社会中，还将会有新的媒体涌现。

按照媒体类别进行广告费投放统计，也是国际通用的分析各媒体的广告费投放情况，以及反映全年度总的广告收入的统计方法，对分析广告趋势和实际运营也起到一定的指导作用。

除了上述分类外，广告还可运用其他方法来划分类别，以便从不同角度、不同侧面来认识广告。在具体分析和理解广告时，我们应加以通盘考虑，以对广告活动有更好的了解和把握。

第三节　广告的影响和作用

广告的基本职能，是通过传播媒体向消费者传递有关商品、服务、观念等方面的信息，以促进销售。随着广告活动的日益发展，广告已深入人们社会经济生活的各个方面，由经济领域扩展到社会和文化等领域，产生的影响和作用越来越大。

一、广告对宏观经济的影响和作用

（一）映射经济状况，折射市场预期

广告在经济方面的作用和影响毋庸置疑。从宏观上看，广告往往是一个国家或地区经济发展的风向标和晴雨表。

广告业与社会经济活动息息相关，在产业创新、消费市场、竞争格局等方面对宏观

经济的发展起到调节和促进作用。同时，广告业直观反映各经济体对市场的心理预期，当经济活动受到重大危机、国际形势等诸多影响时，广告业也会被快速波及。

（二）嵌入数字经济，助力经济发展

数字经济时代，数字广告作为数字经济的重要构成要素，深度嵌入数字经济和信息化发展重大战略。数字广告是指在互联网平台投放，以广告横幅、文本链接、多媒体等形式，为外部客户提供宣传推广服务的活动。它被归于数字要素驱动业，与数字产品制造业、数字产品服务业、数字技术应用业共同作为数字经济发展的四大核心产业。

数字广告是数字经济的重要产业基础，中美两国排名前列的互联网企业，其广告收入均是其营收的主要来源。数字广告也是新质生产力未来发展的重要内容之一，在已经到来的新一轮人工智能竞争中，广告收入将为互联网企业的技术创新及应用提供最直接、有力的支持。

二、广告对企业经营的影响和作用

具体而言，企业的经营离不开广告，现代广告业与众多企业共同经历了一百多年的风风雨雨，正是因为广告有利于企业经营。

（一）沟通产销信息，促进商品销售

广告活动是伴随着商品经济的繁荣而逐步兴起的。企业生产的产品和提供的服务，需要尽可能地让消费者知晓和消费。现代企业生产能力的不断提高实现了多品种、大批量生产，使生产与消费之间的矛盾更加突出。一方面，企业生产什么，消费者就购买什么的供销模式早已不复存在。企业不仅在产品开发生产阶段需要通过沟通了解消费者需求，而且就已有的产品和服务需要向消费者充分传播。另一方面，由于开发、升级的速度越来越快，产品的更新、换代以及诸如新产品的种类、用途、质量等许多信息难以被目标消费者获悉。而广告在降低企业与消费者之间有关商品或服务的信息不对称方面有较大的作用。在现代生产条件下，广告仍然是企业不可或缺的沟通工具。

（二）激发竞争活力，推动企业发展

竞争是商品经济的产物。当市场上有多个企业生产和销售同一类产品或服务时，就必然产生竞争。竞争实际上是一种较量，广告能增加竞争的声势、向消费者提供选择、进行比较、激发活力。

广告大师大卫·奥格威在《一个广告人的自白》中曾引用利弗兄弟公司前董事长海沃斯勋爵的话说："随着广告的实施，带来的是节省的效果。在销售方面，它使资金周转加速，因而使零售价得以降低而不致影响零售商人的利润。在生产方面，这是使大规模生产得以实现的一种因素。谁又能不承认大规模生产导致成本下降呢？"[①] 事实确实如此，

① 奥格威．一个广告人的自白．北京：中国物价出版社，2003：181.

广告把生产信息公之于众，必然促进企业开发市场，扩大市场容量，大量生产并大量销售，从而降低成本、降低售价，提高市场竞争力。

通过大量可信、有效的广告传播，企业更有机会获得目标消费者的认同和喜爱，在激烈竞争的市场中得到生存和发展的空间。而广告传播的质量和力度与企业的竞争力是相辅相成的。只有生产出有竞争力的产品，才可能创造出有吸引力的广告，才可能产生理想的传播效果，才能保证广告投入得到较好的产出。由此，广告也能对企业产生一种反推力，激发企业提升核心竞争力，得到更好的发展。

三、广告对消费者的影响和作用

无处不在、无时不有的广告，在潜移默化中会对消费者产生巨大的影响。

（一）提供商品信息，帮助消费者进行选择性消费

消费者在采取购买行为之前，往往首先要了解有关的商品信息。消费者获取商品信息的渠道，一般来说，主要有三个：一是通过亲身接触；二是通过人际传播，如亲友、同事之间互相转告，推销员介绍等；三是通过传播媒体。众多传播媒体作为传递广告信息的载体，速度快捷、范围广泛。对于新的商品上市，新的品牌出现，新的服务提供，广告是一个让消费者知晓和学习的良好渠道。在现代消费社会，人们的生活节奏加快，希望在消费上节省时间、减少失误，希望在购买上得到更多的便利和选择机会，广告恰好能够提供这方面的服务。特别是新的商品上市，这方面的效果更为明显。

我国实行改革开放 40 多年来，随着社会主义市场经济体制不断完善，城镇化速度加快，广大城乡居民的生活水平有了大幅度的提高，消费热情逐渐高涨。同时，新的消费群体成长起来，需求发生了重大变化。现在，人们多是根据个性化需求来进行选择性消费，而商品种类也日益繁多，过去主要依靠亲身接触和人际传播来决定自己的消费行为已远远不够。形态多样的广告满足了人们日益增长的对消费信息的需求，在了解消费信息方面，广告越来越占有主渠道的地位。

（二）刺激和引导消费，影响消费观念变化

根据市场营销理论，人们购买行为的产生主要取决于三个因素，即人的需要、欲望和需求。需要是人们感到某些基本满足被剥夺的状态，这些需要存在于人本身的生理需要和自身状态之中；欲望是指人希望得到更深层次的需要的满足，人的欲望的不断形成和再形成要受到各种社会因素的影响；需求是指针对特定产品的欲望，必须具备支付能力且愿意购买这两个条件。① 这样，人们对产品需求的产生，又受到各种因素的影响。信息传递强的，必然能够形成刺激，产生引导作用，而广告在传递信息方面的功能是比较强的，或说服，或诱导，或提醒，总是在强化人们的需求，促使人们产生消费动机和购买欲望，采取购买行动。即使经济运转出现障碍、问题时，广告依然能够较好地发挥刺

① 科特勒．市场营销管理：亚洲版．北京：中国人民大学出版社，1997：9.

激消费的作用。

我国处于社会发展转型过程中，城乡居民的生活水平和消费能力均有较大提升，居民购买力的增强，个性消费、潮流消费的涌现，这些消费水平和消费层次的提升、消费习惯和消费观念的改变，与广告的沟通传播、说服诱导不无关系。

（三）构建消费文化，降低消费成本

随着消费社会的到来，广告在建设消费文化方面功不可没。广告可以创造流行趋势、引领时尚，提倡和推动新的生活方式。许多流行商品的出现，与广告传播是分不开的。虽然这有可能造成消费单一化的现象，但广告可以创造名牌，引导人们认牌购买，使人们的选择性需求得到满足。一种新的商品问世，一种新的消费方式诞生，一经广告推广，即会被消费者学习、仿效、接受，从而使生活质量不断提高。

表面上看，企业支出一定量的广告费会增加成本，进而转嫁到消费者身上，加重消费者的负担。但实际上正是由于广告促进了大量销售，助力企业降低了生产、销售和营销管理的成本，节省了开支，降低了商品价格，从而减轻了消费者购物的负担。美国曾有过广告对眼镜售价影响的调查，发现在禁止做广告的各州，每副眼镜平均销售价是33.04美元，在允许做广告的各州是26.34美元。换句话说，广告可使消费者每副眼镜少付6.70美元，节省约20%的费用。

广告还具有对消费者进行宣传教育的功能。作为社会教育的一种形式，大量的广告信息传播实际上也在进行有关企业和商品等方面的知识教育，能够补充家庭教育和学校教育的不足。广告传播有关的信息，能够潜移默化地把新的商品知识、消费知识以及科技知识等，渗透到消费者的脑海之中。

四、广告对社会文化建设的影响和作用

广告在社会文化方面的影响和作用是多样的，总的来说，既有积极的一面，也有消极的一面，如引起争议、产生负面作用。对于积极的方面，我们要加以肯定，具体来说包括：

（一）促进传媒业的发展

广告与传媒业同荣共生。传媒业的兴起和发展，是广告传播不断发展创新的环境和基础；反之，广告作为媒体机构主要的营收来源，为其提供生存和可持续发展的条件，使之有条件更新技术和设备、丰富媒体内容生产。媒体为广告提供了大量的受众，广告将受众培育、转化成为消费者，推动了我国媒体发展不断进入新阶段。就数字媒体来说，丰厚的广告收入在整个媒体经营中所占的比例较大，实现了互联网企业从数量到规模的成倍增加。所有这些，在很大程度上要归功于广告的有力推动。

广告还促使媒体注重传播质量的改进，以期得到企业、广告公司和目标受众的青睐。因此无论是在传播内容还是表现形式上，媒体都力求变化和创新。如今，社交媒体、视频网站、短视频平台的多元化发展，都与广告的发展是密不可分的。QuestMobile发布

的《2024 年中国营销市场年度报告》显示，中国互联网广告市场规模已突破 7 583.6 亿元，同比增长 6.1%，预计 2025 年将达到 7 930 亿元。

（二）推动文化事业的进步

伴随着商品经济的高度发展，现代广告已成为社会大众文化的组成部分，和人们的生活联结在一起。为了更好地传递信息，吸引和打动目标消费者，广告要具有较强的艺术感染力，这便需要广告创作人员不断创新。广告的艺术水平提高，具备一定的欣赏价值和文化品位，也把艺术创作不断推向一个个新台阶。许多广告作品对营造健康活泼、积极向上的文化氛围，丰富大众文化生活做出了贡献，已被人们所接受。广告文化已融入并推动着社会大文化的发展。

广告也作为一种文化现象，影响着大众文化和流行文化。一些优秀的广告语被广为传颂，丰富了大众语汇，如“农夫山泉，有点甜”，“不在乎天长地久，只在乎曾经拥有”等，甚至已成经典。广告歌曲增添了通俗音乐的内容，美国人史提夫・卡文创作的广告歌《我爱纽约》，由于受到广大群众的喜爱，还成为纽约州的州歌。

广告也成为现代化城市的一个重要标志。竖立在高楼大厦上的广告牌、闪烁变幻的霓虹灯、各大商场陈列商品的橱窗等等，都构成了城市亮丽的风景，把城市装点得更加热闹繁华。成都太古里的裸眼 3D 广告大屏、香港街头的各色招牌，甚至成为一座城市的象征。西安、重庆、武汉、长沙等热门城市的消费热潮与设立其间各具特色的霓虹灯广告密不可分。

近年来，一种与广告业密切相关的新兴产业引起了人们的关注，这就是文化及相关产业。根据国家统计局颁布实施的《文化及相关产业分类（2004）》，文化及相关产业即为社会公众提供文化、娱乐产品和服务的活动，以及与这些活动有关联的活动的集合。《文化及相关产业分类》经 2012 年、2018 年修订后，文化及相关产业的概念略有变化，即为社会公众提供文化产品和文化相关产品的生产活动的集合。20 世纪 90 年代初，美国提出“文化产业”的概念，之后，英国又提出“创意产业”的新概念，这是在全球化的消费社会背景下发展起来的“朝阳产业”或“黄金产业”。广告业是文化产业的重要组成部分，广告业的发展直接催动文化产业的壮大。

（三）助推社会文明建设

广告对于社会文明建设的作用，也是显而易见的。通过广告的形式，弘扬社会文明、倡导社会良好风气、树立高尚的道德情操、促进公益事业的发展、处理公众关注的社会问题（如交通、酗酒、吸毒、艾滋病、环境污染）等，往往起到其他宣传教育形式所起不到的作用。广告能够日积月累地对社会大众加以培养熏陶，特别是公益广告，更是直接进行诉求，可谓照亮社会文明建设道路上的一盏明灯。在我国，广告逐步成为建设社会文明、加强社会公德教育等的一种有效工具。

五、对广告影响和作用的不同认识

广告到底有没有作用，有什么样的作用？作用有多大？自大规模的广告活动出现以后，讨论、争议就没有停止过。人们从不同的角度看待广告，有着不同的认识。这些认识有助于我们对广告进行更深层次的思考。

（一）从企业的角度

从企业的视角看，广告到底有多大效果？能够推销商品吗？在实际消费过程中，消费者果真按照广告的指引、诱导去购买、消费吗？美国广告大师威廉·伯恩巴克创作的甲壳虫小轿车广告“1971年的车型是丑陋的，但它的性能是最好的”，虽被人们所推崇，但正赶上该款车热销，因此并不能证明此广告的效果。企业每年投入巨额广告费，所得到的回报难以评估，但企业如果不做广告，或者半途而废，其负面效果却又是非常明显的。

（二）从消费者的角度

消费者从广告中获取了有关消费信息，这是就现实或潜在的消费者而言的。而对于一般的受众，广告提供的可能是一种文化、一种观念、一种知识，抑或一种偏向、一种厌恶。如家庭安装安全门的广告，有这种需求的家户会觉得“安全到家”，而过多这样的广告则可能使公众对社会安全产生怀疑。人们往往会因陷在广告的包围之中而感到厌烦，也会因为有些品牌价格偏高而对广告产生抱怨，甚至会因受广告误导上当受骗而对广告产生畏惧心理和愤怒情绪。

（三）从传媒业的角度

传媒业能够从广告活动中谋取较多的好处和利益。可以说，传媒业发展的一个动因，就是尽可能地争取到更多的广告资源，因此有时难免出现过分夸大广告作用的现象，甚至不顾法律法规与道德伦理的约束，放任不良广告的传播。所以，如何加强传媒业的行业自律，是社会关注的问题，也是传媒业加强自身建设的重要方面。

（四）从社会的角度

从这个角度审视广告，议论就更多一些。人们从来就没有停止过批评广告对社会发展所产生的负面影响。如广告一味提倡追求利润，可能使文化低俗化、商业化的现象抬头；广告片面强调商品的高档化，可能产生引导消费者盲目追求物质享受的效果，广告的欺骗问题、广告的信息拥堵问题、广告引发的伦理问题等，更使广告遭到人们的声讨、指责。

由此，我们要对广告活动正确地加以认识和把握，在广告传播过程中，尽力消除有可能产生负面影响的因素。特别是广告活动的主体，更要时时警醒，努力发挥广告积极的功能和作用。

第四节　广告学的基本理论

什么是广告学？我们可以这样认为：广告学是一门探讨研究广告活动运作方式和基

本规律的学科。从时间上说，广告学是一门年轻的应用学科；从内容上说，广告学是综合了心理学、市场学、传播学、社会学、法学、统计学、计算机与人工智能科学等多门学科的交叉学科。它既有一定的理论体系，又具有较强的实践性和应用性。

一、广告学的产生与发展

（一）广告学产生的条件

广告学是广告活动发展到一定阶段的产物。18 世纪中叶以后，蒸汽机及电力和内燃机的相继问世，使生产力水平得到很大提高。两次产业革命使资本主义商品生产空前活跃，市场竞争加剧，广告也步入了现代化进程。广告实践需要从理论上予以总结、归纳和指导，广告学研究由此应运而生。

广告学最早创立于美国。19 世纪中叶以后，美国经济有了快速发展，广告业也迅猛成长起来。据统计，1867 年，美国的国民生产总值是 74 亿美元，广告费为 0.5 亿，占国民生产总值的 0.68%。而到了 1904 年，美国的国民生产总值已达 229 亿美元，广告费为 8.21 亿美元，其占国民生产总值的比例达到 3.5%。这标志着广告已在经济发展中占有举足轻重的地位，研究广告的特点、规律等已成必然。

（二）广告学的形成过程

1. 自史而始

有些学者首先从研究广告史开始了对广告学的探讨。1866 年，美国的 J. 劳沃德和 C. 哈特编著了《路牌广告史》；1874 年，H. 辛普森编著了《广告的历史》。这些著述对广告的演进进行了系统的研究。

2. 理论基础源自心理学

广告学真正成为一门独立的学科，是在 20 世纪初，代表人物为美国西北大学心理学家瓦尔特·狄尔·斯科特。1901 年，他在芝加哥的一次集会上，第一次提出应把现代广告活动发展为科学。到 1903 年，斯科特出版了《广告原理》一书，首次较系统地阐述了科学的广告活动应该遵循的一般原则。在此基础上，1908 年，他又撰写出《广告心理学》，从心理学的角度，初步构建了广告心理学的基本原理和广告的行为理论。以后，这类与行为科学联系紧密的书籍不断涌现，主要运用心理学、社会心理学等学科知识，探讨购买者行为、信息沟通过程以及二者之间的联系。

3. 市场学推进了广告学

市场学在美国建立发展起来后，市场理念注入广告活动，使广告学成为市场学的组成部分。经济学家席克斯编著了《广告学大纲》，对广告活动进行了较为系统的理论探讨。1926 年，美国市场学和广告学教员协会成立，为开展广告学的研究提供了较好的条件和环境，一大批有关广告方面的著述相继问世，广告学逐步从市场学中分离出来，成为独立的学科。之后，广告学又吸纳了营销概念，理论基础更加充实。

4. 传播学丰富了广告学

20 世纪四五十年代，传播学产生，广告学在吸纳心理学、市场学、统计学等学科的基础上，又引进传播理论，学科研究更加深入和广泛。同时，信息论、系统论、控制论等理论和研究方法，也在广告学的研究中有所应用。与社会、经济、文化等发展相适应，经过近百年的积淀，广告学逐渐发展形成了比较完整的现代体系。

5. 社会学等扩大了广告学的研究视野

在现当代，广告学更多从社会学、哲学、宗教、政治等视角，以对广告持批判的态度展开研究，进一步扩展了广告学研究的视野。就一些论题如广告责任、广告伦理、广告的正义之战、广告烟幕等，专家学者、商人、公众、管理者等均持有有力但常常是矛盾的观点，亦从一个侧面反映了广告学科的综合性和矛盾性。

6. 计算机与人工智能科学重构了广告学的结构

最近十余年来，广告学对新兴技术极具开放性，统计学、信息学、计算机与人工智能科学等多门学科与广告学充分融合，以计算广告为代表的新方向快速崛起。借助数据的高效计算和应用，计算广告在消费者身份画像、场景画像、智能投放、策略优化等方面颠覆了传统广告的运作逻辑和运营模式。人工智能的加入，加速了广告从市场调查、策略规划、广告创意、内容生产等全流程的自动化。尽管技术还未达到尽善尽美的程度，但人们已对其可能带动的广告生产效率和生产能力的提升给予了充分期待。

需要指出的是，广告教育对于广告学科的形成和发展，起到了不可忽视的作用。倡导建立广告学科的源头是大学；首先开展广告方面研究并有成果的，也是在大学承担教席的学者；美国一些著名大学如纽约大学、加州大学、密歇根大学等，都早在19世纪末20世纪初就开设了广告学课程，进而在新闻传播或商学类学科中设置广告学专业。日本早稻田大学1914年创立了广告研究会，开始开设广告学课程。我国北京大学1918年也成立了新闻学研究会，开始研究报纸广告；20年代初上海圣约翰大学、北京燕京大学等开设有广告学方面的课程，讲授有关内容。这些都是对广告学发展的有力推动。自1983年厦门大学创办了中国第一个广告学本科专业起，中国广告学专业教育已结出累累硕果。

二、广告学的构成体系

广告学是一个整体概念，以传播学理论和营销学理论作为基础，形成广告学的基础理论，包含广告传播系统理论层面、营销传播系统理论层面和社会化系统层面，构成了广告的基本理论体系，具体体现在以下几个方面：

（一）理论广告学

这是广告学的核心内容和理论基础，研究广告学中带有根本性、指导性的理论和原则，主要涉及以下内容：

（1）广告的基础理论。

包括广告的基本概念、构成要素和基本特征；广告的功能、类别和表现形式等。

（2）广告的基本范畴。

如广告主体与客体、广告信息与广告符号、广告创意与广告设计制作、广告传播与目标对象等。

（3）广告活动的过程、规律和原则。

探讨现代广告运作的基本原理和方法，总结和归纳已经形成的几种广告理论，如独特的销售主张（USP）理论、企业形象（CI）理论、广告定位理论、研究消费者接受广告信息的心理反应的AIDMA理论、研究广告扩散传播的扩散传播（CS）理论和广告螺旋理论，以及整合营销传播（IMC）理论等。

（4）广告学和诸学科之间的关系，以及广告所引发的社会问题等。

广告学是综合市场学、传播学、心理学等学科知识的交叉学科，应该厘清广告学与相关学科的关系。广告主要是活跃在经济领域的传播学现象，但也会引起社会文化等方面的变化，需要关注。

（二）历史广告学

历史广告学主要探讨研究广告活动产生、演进的过程及其规律，应包括这样几个方面：

（1）广告的基本发展进程。

如广告发展经历古代、近代、现代等几个基本阶段，其历史分期的特征和依据等，即以钱币或实物昭示、口头叫卖为主的古代广告时期，以印刷广告为主的近代广告时期和以运用现代技术为主的现代广告时期。

（2）广告发展的条件。

如广告发展与当时经济、社会、科技进步的互动影响和联系，广告活动成长进步的环境因素等。

（3）广告实务运作的发展脉络。

如广告业的发展过程、广告媒体的发展过程、广告创作设计的演变等。

（4）现代广告活动的主要表现及其特点。

通过对这些方面的研究，能对现代广告的特征有更深入的把握，为广告活动的进一步发展提供历史经验。

（三）实务广告学

实务广告学主要涉及广告运作的基本原理和策略等实务方面的内容，应包括以下几个方面：

（1）广告战略的制定与实施。

如如何开展广告调研与市场预测，如何进行广告计划与决策等。

（2）广告媒体的选择与运用。

如了解和把握广告媒体的种类、各类广告媒体的传播特点，以及如何进行媒体评价，如何做好广告投放等。

（3）广告表现的策略与方法、广告创意和广告定位。

如怎样寻求广告诉求点，有哪些广告表现方法，如何确立广告定位等。

（4）广告作品的设计和制作。

如广告设计的原理与方法、广告符号的运用、新技术制作方法的采用等。

（5）广告业的经营。

包括广告组织的类型、设置和职能，各类广告组织的运行与管理，广告交易制度等。作为一个产业，广告业又需要引入现代市场经营理论、企业经营理论、组织管理理论等，被纳入产业经济学范畴来开展研究。

（6）广告业发展的新方向。

就目前来看，以计算广告为代表的广告业新方向引人注目。计算广告是广告学对技术变革的积极回应，解决了数字化和智能化场景下广告营销逻辑、关键技术、运营模式、主要产品、交易机制等方面的问题。

（四）管理（制）广告学

这是广告学的一个重要组成部分，即对广告法律法规与道德伦理问题展开研究，主要探讨广告他律与自律以及与之相联系的问题。广告他律是研究国家和政府制定的法律、专门法规和行业法规以及行政管理制度，包括消费者及其组织对广告活动所形成的社会监督管理机制如何建立并有效运行。广告自律主要是对广告业、传媒业和广告主的行为规范，在行业道德的约束方面进行探讨。

这些年来，广告学的研究不断在向纵深发展，广告学的构成和内容得到拓展和延伸，并衍生出新的分支学科，如广告心理学、广告经济学、广告社会学、广告传播学、广告美学、广告文化学、广告法学等。近年来还有学者运用生态学理论对广告活动和广告业进行研究。这些研究的展开和深入，为广告学的构成增添了新的内容。

三、广告学的研究方法

广告学研究是天然的交叉性研究。广告学研究依托于心理学、社会学、计算机科学等多门其他学科，这使得广告学研究更具有丰富性，也更富有挑战性。

例如，作为广告学研究重要方面的广告效果研究可大致划分为实证研究、非实证研究以及基于大数据的计算研究。典型的实证研究均为定量研究，包括内容分析、问卷调查、实验室实验、现场实验以及二手资料分析。非实证研究多为定性研究，包括文本分析、焦点小组、深度访谈、批评分析、历史研究以及法律研究。基于大数据的计算研究包括社会网络分析、语义网络分析与情感分析、智能反馈与监测等。

具体来说，一些特殊的研究方法被用于广告学研究。

（一）运用“三论”

即运用系统论、信息论、控制论的方法来开展研究。运用系统论的研究方法，就是把整个广告活动看成一个系统。这个系统，既统领广告策划、广告表现、广告媒体、广告调查等广告运动的全过程，又属于企业经营、市场营销等大系统中的子系统。系统论中的整体性、目的性、最优化原理等，均可运用于广告学研究中。把广告活动过程看成一种信息传播过程，这是运用信息论的研究方法。运用信息论研究广告信息的采集、加工、处理和传送、接收过程，能够为广告传播活动的目标选择、内容生产、传播路径和效果测定提供支持。广告活动运用控制论方法特别是反馈方法来研究，能够对广告传播的各过程、各阶段进行检测，加以控制，能够确保其计划性和针对性，提高广告效益。

（二）调查研究方法

做好调查研究，是进行广告学研究和开展广告活动的基础和前提。传统调查研究方法主要有访谈、问卷调查、现场观察等。随着科学技术和研究方法的进步，依托大数据、算法和人工智能技术的程序化调查研究方法相较传统调查研究方法，在数据的真实性和准确性上已实现了较大提升。

（三）模拟实验方法

借鉴运用心理学、社会学的一种研究方法。一般在室内或实地小范围内，把受众分成不同的小组和类型，对广告活动进行模拟实验，以检测了解其对广告信息传播的注意、感觉、记忆、认知和理解程度，把握可能产生的影响和效果。这种方法在广告业比较发达的国家或地区经常被运用，特别是开展大型的广告活动，做好模拟实验更为重要。这有助于广告实务研究的深入，有助于加强广告策划的前瞻性，降低广告成本。

不管是采用哪种研究方法，都要能适应广告学应用性和实践性都比较强的特点，持有求实、严谨的态度，既有创新，更要脚踏实地，注意广告活动的实际发展，使广告学研究切实取得成果。

四、广告学与相关学科的融合

广告学发展到现今，是与相关学科互相渗透、互相融合的结果。要认识广告学，就要了解广告学与这些学科彼此影响、相互联系和包容的过程。前文已有简单的说明，下面再做进一步的阐述。

（一）与心理学的融合

广告学的建立，首先是与心理学产生了密切的联系。广告要取得理想的传播效果，研究消费者的心理活动是非常重要的。心理学是研究人的心理现象和心理活动规律的科学，当然也包括消费者在内。消费者在购买过程中，具有什么样的心理状态，有哪些欲望和需求，会产生哪些购买动机，采取什么行动等；在接触广告信息的过程中，消费者又有什么样的心理变化，如认知度、态度、理解度、记忆度、喜爱度等，都需要运用心理学的知识。早在19世纪末期，美国广告学家E. S. 路易斯就注意到消费者接受广告信息的心理活动过程、顺序，认为广告的说服功能是通过广告信息刺激受众而实现的。一个广告要引起人们的关注并取得预期的效果，必然要经历引起注意（attention），唤起兴趣（interest），刺激欲望（desire）和促成行动（action）这样一个过程。从心理学的角度，也就是从广告受众的心理活动过程这个视角，来探讨如何提高广告在营销过程中的效果问题，引起了人们的高度重视。后来，在此基础上加以补充完善形成的AIDMA理论，现今仍然有理论意义。与AIDMA理论相关的CS理论和广告螺旋理论等，亦是心理学与广告学的结晶。

20世纪40年代在美国流行的“需要与动机”理论，需要包括生理需要、安全需要、社交需要、尊重需要、自我实现的需要等。这个理论对现代广告学也产生了重大影响。它强调广告要有针对性的诉求，不断深化目标受众的潜意识，使其一旦遇到适当的条件即能转化为购买动机和行为。其理论基础也是心理学。

（二）与市场学的融合

广告活动和市场营销都是商品经济发展到了一定程度的产物。它们各自作为一门学科的建立，都是市场经济孕育的结果。市场营销即市场学是在19世纪末20世纪初资本主义经济迅速发展时期创建的，广告学亦在这一时期兴起。从一开始，这两门学科就紧密地结合在一起。1905年，美国纽约大学首次独立开设的广告课程，就是由该大学的贸易、财会及金融学院的教师来共同教授的。20世纪前半期，“推销主义”广告流行，20世纪50年代后，“独特的销售主张”“形象至上”“定位理论”等广告创作主张推行，以至20世纪90年代后整合营销传播理论盛行，广告活动的每一级台阶，广告理论的每一次升华，都得到市场营销理论的滋养。

市场营销是个人和群体通过创造并同他人交换产品和价值以满足需求和欲望的一种社会管理过程。它涉及需要、欲望、需求，产品、效用、交换、交易、关系，市场、市场营销、市场营销者等核心概念。① 而这些概念对于广告活动的理论和实务是至关重要的。市场营销里的4P、4C也是广告学中的重要内容。20世纪90年代后出现的整合营销传播理论，使市场营销与广告学的联系更加紧密。

广告是一种信息传播活动，但它的起点和落点都是在经济领域，营销目标决定着广告目标。传播什么样的信息内容以及如何进行传播，需要研究市场，了解营销环境，研究消费者，从满足消费者的需要和欲望出发，也需要研究产品，以适应不同的市场环境，制定相应的广告策略，取得较好的传播效果。研究广告学，离不开对市场营销理论的探讨。

（三）与传播学的融合

广告活动基本上是在传播领域完成的。广告学和传播学之间存在着必然的纽带关系。在今天，美国约90%的广告专业设在新闻和大众传播院系里，我国的广告学专业也被列入新闻传播学科。广告人才的培养，需要传播学方面的理论基础和知识储备。广告研究中的许多理论模式和概念都基于传播学的研究。比如借助5W模式，对广告传播的五个要素进行研究：广告主、广告信息、广告媒体、广告受众、广告效果。又如广告传播的若干模式：线性传播模式、螺旋传播模式、互动传播模式、扩散传播模式，以及网络传播模式等。广告传播过程中经常令人困扰的信息散漏问题，往往更多依靠传播理论来解决。

“反馈”原是控制论中的一个概念，应用到传播学里便成为研究传播过程中受传者对

---

① 科特勒．市场营销管理：亚洲版．北京：中国人民大学出版社，1997：8.

信息反应的重要内容。“反馈”在广告学中的地位和在传播学中一样重要，对于研究完成广告主（源头）和消费者（接收方）间的交流循环，构成互动，同时确保广告信息按其意图被消费者接收到，都具有理论意义和应用价值。在广告实务中，运用“反馈”有多种表现方式，比如使用优惠券、打电话或发邮件咨询、参观店铺、要求更多信息、提高销售量，以及完成问卷调查等。这些都是广告学融合了传播学研究的成果。

在广告学研究中，还经常应用一些传播学的理论或概念，如扩散理论、“使用与满足”理论、社会认知理论、系统理论、文化研究理论等，这些都丰富了广告学的研究内容和方法。

（四）与公共关系学的融合

公共关系活动产生于19世纪末20世纪初，公共关系学也在此时萌芽，在20世纪50年代兴起，是融合了新闻学、传播学、社会学、经济学、管理学、心理学等多种学科而形成的一门新兴学科。广告学与公共关系学有诸多领域的融合与交叉。早在20世纪40年代初，由吴铁声等人所著的《广告学》一书，就把公共关系（public relation）阐释为“以博得好感、增进声誉为主的广告运动”。

公共关系学的理论与实践，使得广告传播有机会调整、修正、完善传统的广告活动。比如，现代广告以树立品牌的形象为侧重点，出现了诸如“公共关系广告”等类型的广告。这类广告以增进公众对企业（组织）的总体了解，提高企业（组织）的知名度与美誉度，使企业（组织）的活动得到公众信任与合作为目标，侧重于企业或组织的形象塑造，侧重于与公众进行情感交流，引发公众的好感。相比传统的商品广告，其效果更加持久、长远。

广告学吸收公共关系学的有关思想，进一步树立了“大广告”的概念。一方面，广告传递有关信息，更要注意为企业（组织）的长远利益和整体目标服务；另一方面，广告要与其他传播工具相配合，发挥整合营销传播的功效。

但是，广告学与公共关系学是两个不同的学科，两者之间不可相互替代。作为整合营销传播中不同的营销工具，其功能和任务均有差异，互助互补。广告活动需要公共关系理论的指导和推动，公共关系活动也需要广告活动的配合。

（五）和计算机与人工智能科学的融合

在数字技术革命的作用下，广告学和计算机与人工智能科学等充分交融，在互联网、大数据、云计算、物联网、数字虚拟、人工智能等技术深度融合的环境中，为广告的迭代升级创造了相比以往任何时代都无与伦比的条件和机遇。

计算广告就在这样的环境中应运而生了。计算广告的概念最早由雅虎研究院资深研究员兼副总裁安德烈·布罗德提出。他指出，计算广告的核心挑战是在指定文意（context）中实现特定用户与合适广告间的“最佳匹配”。[①] 计算广告是以数据为基础、以算

① BRODER A Z. Computational advertising and recommender systems. Lausanne，Switzerland：Proceedings of the 2008 ACM Conference on Recommender Systems，2008：1－2.

法为手段、以用户为中心的智能营销方式，围绕用户、内容、算法、场景以及优化展开，具有以细粒度用户洞察为逻辑起点、以智能化信息内容为重要载体、以智能算法为核心、以场景互动为关键驱动、以优化为品牌资产提供引擎的特征。[①]

2022年底，OpenAI研发的生成式人工智能大模型ChatGPT横空出世（见图1-3），带动了人工智能技术迭代和应用的加速发展。目前，全球互联网巨头微软和OpenAI、谷歌（Google）和DeepMind、亚马逊（Amazon）和Anthropic的组合以及芯片巨头英伟达等，都在生成式人工智能的相关项目中激烈竞争，全球竞争的帷幕就此拉开。尽管竞争形势并不明朗，竞争格局尚未形成，但令全球震撼的文生视频Sora世界模拟器、拥有更强智能的谷歌Gemini 1.5、Meta的世界模型的雏形V-JEPA以惊人的能力震撼了整个广告业。作为处于技术创新、应用与变现第一线的广告，也将迎来一场颠覆性的变革。

图1-3 ChatGPT界面

五、广告学研究的趋势及其特点

进入21世纪，社会在经济、文化等诸多方面都发生着巨大变化，同时也给广告业和广告学研究带来了许多机遇和挑战。从整体上看，广告学研究呈现出新的趋势和特点。

（一）研究的热点和重点

广告学研究的热点和重点主要有以下几个方面：

1. 消费者研究

消费者研究，是广告学研究的一个重点，而且还在进一步向纵深发展。这个方面的

① 段淳林. 技术变革背景下中国计算广告的发展趋势. 山西大学学报（哲学社会科学版），2022（5）：96-104.

很多研究加强了对影响消费者的诸多因素而不是消费者自身的关注，如社会环境、文化等对消费动机和行为的影响。不仅应用心理学，更从社会学、人类学，甚至人文学科等的背景下展开研究。同时聚焦特殊消费群体，如对老龄消费者这一“灰色市场”的研究。对未成年消费者行为进行研究也是这个方面的重要内容。这些都是受到普遍关注的研究领域，在欧美国家，在我国，包括香港地区，都有较丰硕的研究成果。

2. 消费者文化研究

消费者文化是指文化在消费领域的渗透和发展、对消费者的影响和作用。消费者文化在现代社会进程中起着重要作用。该研究起初由一些非广告学或非商学的研究人员发起，后来引起了广告和营销领域学者的兴趣。有两大研究方法受到欢迎：一是从文化历史入手，结合人类学和历史学，探究广告如何影响消费者的文化传统，解读历史上的消费者体验；二是从批判/文化着眼，结合社会学、文学理论、影视学、文化人类学等，研究社会中的文化现象，探讨消费与意识形态、种族、社会阶层、性别等有关方面的联系。

3. 整合营销传播研究

就目前来说，整合营销传播已成为广告和营销界津津乐道的一种理论，对于广告学研究、广告学教学和广告学实务都产生了广泛而深远的影响。但是，整合营销传播的过程、整合的复杂性与成本效益的评估、品牌构建与促销活动的关系等诸多问题的存在，使得整合营销传播在付诸实施中遇到很多障碍。现时研究主要集中于三个议题：整合营销传播如何在行业中应用，未来需要展开哪些研究，整合营销传播的教育问题。这些议题尚需进一步探讨。

4. 新媒体广告研究

相较于传统媒体，由于科技创新，新的广告形式层出不穷，变化令人瞠目。如今，新的广告信息载体已经替代了传统媒体。新媒体广告研究主要在两个方面要引起我们的注意：一是研究新的广告理念、结构和体系建构，如对“用户画像”“数字广告营销科学”等新兴概念，对各大互联网平台搭建的各具特色的广告营销科学体系和智能广告产品以及对智能广告“定向”“精准”广告的思考。二是采用新技术而出现的新广告形态，如游戏广告、短视频广告、AR/VR 广告等。

此外，在经济全球化的背景下，企业海外广告活动越加频繁，除了在传统媒体时代热议的全球化与本土化问题之外，全球化数字广告传播过程中涉及的诸如数据安全、个人隐私保护、全球性规范等成为各方产生矛盾和博弈的新问题。在此基础上，围绕广告学教育的创新变革与广告发展的适配性问题，也逐渐探索出一些新的路径和模式。

（二）开展研究的主要特点

1. 具有跨学科性

由于广告学是一门综合学科，目前开展广告学研究，需要依托传播学、心理学、营销学、信息学、人类学、社会学和历史学等多门学科知识。例如，整合营销传播理论植根于营销学和传播学，社会建制论的研究则以社会学为基础，批判论涉及政治经济学、符号学、传播学和历史学等学科，详尽可能性模式、社会认知论、消费者社会化论以及文化维度论又是从心理学派生出来的。只有进行这样的跨学科研究，广告学理论才能前进和发展。

2. 建构与批判并举

一方面，受欧美学术界青睐定量的实证研究的影响，广告学研究一直重视定量研究在用户分析、内容分析、效果测评等方面的应用，以提供更具参考价值的数据和结论。

另一方面，由于广告活动涉及社会、经济、文化等领域，因而广告学研究往往采取批判视角，或从深入的微观角度批评广告如何利用大众传播“诱导”“摆布”消费者，或从宽广的历史角度分析广告和大众传播对当前社会、经济、文化等领域所起的作用，如关注广告中的性别歧视和种族歧视问题、儿童产品广告等的合规性问题等等。

3. 注重技术逻辑成为未来趋势

如前所述，广告在新技术革命浪潮中，已充分与信息学、计算机与人工智能科学等学科相融合，广告学研究的趋向愈加带有浓重的技术逻辑，从数字和智能技术、数据与算法的角度切入的研究数量猛增。未来，随着人工智能技术进一步发展，通用人工智能技术的突破式创新与应用，将可能成为广告学研究下一阶段的重要影响因素和内容构成。

（三）我国广告理论研究的进展

我国20世纪初就开始了对广告的探讨和研究。20世纪三四十年代，已经有了较为成熟的成果，对广告的概念、广告的功能、广告活动的演进、广告与相关学科的联系等，已做出比较精当的表述。到中华人民共和国成立前夕，已出版有关教材、专著、辅助读物等20多种。

中华人民共和国成立初期，由于对广告的认识出现偏差，广告方面的研究几乎陷于停顿，或者对其持批判的态度。党的十一届三中全会后，我国实行改革开放，广告事业得到恢复和发展，理论研究也相应展开。在经历了启蒙与开创期和引进与对接期后，21世纪以来，广告理论研究进入了一个新的阶段——融合与超越期。

改革开放之初，我国的广告理论研究主要是对广告基本概念进行阐释和澄清，对建立具有中国特色的社会主义广告理论体系进行初步探索。跨进20世纪90年代，广告理论研究开始摆脱广告作为一般信息传播活动在内在运作流程上的制约，将营销学引入广告学，在逐步与国际广告业接轨的同时，注意与中国广告业发展的实际相结合，既提倡学术研究的理论性，更注重在新形势、新文化环境下解决现实问题。广告学研究领域得到延伸，特别是在经济全球化背景下的中国广告市场的特色和地位受到进一步的关注。

新的研究内容伴随着21世纪进入我国的广告理论研究领域，主要体现在几个方面：(1)围绕我国广告理论体系建立而展开研究，提出广告的传播理论层面、营销理论层面和社会理论层面等，更加明确传播学、营销学等学科与广告学的融合。(2)随着整合营销传播理论进入我国，研究领域掀起一股“整合”热。(3)有关品牌战略与品牌经营、品牌传播的研究相当丰富。(4)关于广告业发展趋势及其代理制等问题的研究受到关注，如我国本土广告公司的经营、提高核心竞争力的问题。(5)广告媒体特别是新媒体的研究日益兴盛。(6)消费者研究得到重视。(7)有关广告创意、广告创作策略等方面的研究更加深入。

我国现时的广告学研究，有些课题和方法已经与国际的广告学研究并行，有些则显示出中国理论研究的特点和本色。自 1994 年互联网技术应用于广告以来，应用范围的扩散、迭代升级的速度和创新产品的类型远超以往任何一种媒介形态，有关广告营销传播的新观念也不断被提出。但是，总体来看，我国的广告学研究还缺少严密性和完整性，对于如何建设具有中国特色的社会主义广告理论体系还有困惑。进入中国特色社会主义新时代以来，面对建设中国自主知识体系的要求，广告学研究还需依托相关学科加大研究力度，在研究对象和研究内容上需要扩展视野，在注意广告学自身研究的同时还应关注相关领域，要继续优化研究方法，更要注重研究的客观性、批判性和前瞻性，加强研究对广告业的引导，使研究更有说服力。

应该看到，广告学是发展的，有一个如何和时代脉搏合拍的问题，要用发展的眼光来看待和研究广告学。世界在不断变化，广告也是一样。它要面对不同的市场、不同的竞争对手、不同的客户、不同的价值观和不同的技术，变化永不停息。要学会预见变化，认识变化，并回应变化，就需要改革创新。我国广告事业正处在不断变化中，广告活动的实践必然会给广告学研究提出许多新问题。要能不断总结探索，发现问题，提出问题，解决问题，这样才能使理论之树常青。

思考题

1. 什么是广告？广告有哪些基本特征？
2. 如何对广告进行分类？广告分类的作用和意义何在？
3. 结合实际谈谈对广告的影响和作用的认识。
4. 试述广告学的形成过程，思考广告学如何与相关学科融合。
5. 结合我国实际，谈谈当前广告学研究的热点和重点。

第二章

广告发展过程

本章要点

- 广告的起源与演进
- 进入现当代的广告活动
- 中国的广告发展简况
- 美英日等国的广告发展简况

作为一种信息传播方式，广告是适应人类信息交流的需要而产生，伴随着商品经济的繁荣和传播媒体的进步而发展的。

第一节　广告的起源与演进

广告活动最早什么时候开始出现，根据现在的研究结果，还没有明确的结论。它发展到今天，大体经历了萌芽草创的初始时期、孕育时期、发展时期和全面发展的鼎盛时期。本节主要介绍前三个时期，后一个时期将用专节来讲述。

一、广告的初始时期

据史书记载和有关考证表明，人类早期的广告活动，一种是以社会行为为内容的社会广告。如古亚述帝国的迦勒底人就建有胜利纪念碑，碑上刻有宣传文字，实际上就是具有社会性质的广告形式。公元前196年雕刻的罗塞塔石碑（Rosetta Stone）（见图2-1），相传可能是为宣扬战功而制，也可能是将议会决议传告大众。① 我国原始社会后期，相传夏禹铸九鼎，象征国家政权，以示天下；周文王演八卦，让人刻成碑文，用以示众等。这些实际上都是为当时社会、政治服务的广告形式。

另一种是传递经济信息的商业广告。如把商品标志刻在石头、土块或木头上，把招牌悬挂在商店门楣上，用灌木为酒家做标示，将靴子作为鞋店的标志等。在古埃及，商

① 樊志育．世界广告史话．北京：中国友谊出版公司，1998：8.

图 2-1　世界上最原始的广告媒体——石碑

人们雇用呐喊者，穿越大街小巷，高声叫喊，通告商船的到来。船主还雇人穿上前后都写有船到岸的时间和船内装载货物名称的背心，让他们在街上来回走动。古罗马时代，经常有告知牌出示，表示出卖货物或公演戏剧。古希腊时代，商人通常用喊叫来发布出售奴隶或牲畜的信息。

公元 79 年，古罗马的庞贝城因维苏威火山喷发而被全部湮没。从发掘出的古迹看，那时的招牌或幌子之类的广告已相当发达。如卖葡萄酒的店门前挂着常青藤枝，奶牛厂前画着牛，饮料店的门前则悬挂着水罐的把手。诞生于恺撒统治时期的世界上最早的官报《罗马公报》，也刊载有广告形式的内容。

今天人们能够见到的最古老的广告实物，是现收藏于大英博物馆的一张写在纸莎草纸[①]上的广告（见图 2-2，文前彩色插图）。这则广告是约在公元前 1000 年前古埃及一名奴隶主为悬赏缉拿一个逃奴而散发张贴的。其内容如下：

> 男奴西姆从善良市民织布师哈布那里逃走。坦诚的善良市民们，请协助把他带回。他身长 5 英尺 2 英寸，面红目褐。有告知其下落者，奉送金环半副，将其带回本店者，愿奉送金环一副。
>
> ——能按您的愿望织出最好布料的织布师哈布

这则广告已具备了广告的几项基本要素：（1）广告主——织布师哈布；（2）信息——缉拿逃奴；（3）传播手段——运用媒体（纸莎草做成的纸）、张贴海报；（4）诱导——许以重赏（奉送金环）。同时，这则广告还不忘记宣传广告主自身。这种广告形式，直至现在仍有参考意义。

更晚些时候，大约在公元 900 年时，欧洲各国盛行由传报员沿街传报新闻。同时，这些传报员也被商人雇用，在市集上传告商品的优越性和价格，招徕顾客。1141 年，在法国的卜莱出现了一支由 12 人组成的叫卖组织，得到国王路易七世的特许，在大街小巷

① 纸莎草（Cyperus papyrus），英文名为“Bulrush”或“Paper reed”，又称“纸草”“埃及莎草”“埃及纸草”，连接成片就可以制成类似纸的薄片用于书写，是地中海地区一种通用的书写材料。

进行叫卖活动。他们与酒馆签订合同，吹着角笛，把人们召集在一起，一边品尝酒的味道，一边做广告。这支叫卖队伍已经有些职业化的意味了。

二、广告的孕育时期

从欧洲活版印刷术的发明应用到报纸杂志进入大众化阶段，可谓广告的孕育时期。

活字印刷术约在13世纪由我国传入欧洲①，15世纪四五十年代德国工匠谷登堡发明金属活字印刷术，从15世纪中叶起印刷在欧洲已成为一个行业。出版物得以大批量地印制，传单、招贴标语和商业名片这样的一些广告形式得到发展。1477年，英国印刷商威廉·卡克斯顿为了推销他开办的印刷所印制的《圣经》之类的图书，撰写了一份招贴广告，并用机器印刷，尺幅为12.5厘米×17.5厘米。② 这是世界上第一份用机器印刷的英文广告（见图2-3）。

这份招贴广告的内容是：

> 倘任何人，不论教内或教外人士，愿意取得适用于桑斯伯莱大教堂的仪式书籍，而其所用字体又与本广告所使用者相同，请移驾至西敏斯特附近购买，价格低廉，出售处有盾形标记，自上至下有一条红线纵贯以为辨识。

图2-3 世界上第一张用机器印刷的英文广告

机器印刷技术促使报纸杂志等得到发展。早些时候，在欧洲不少国家出现了被称为“新闻信札报”的手抄报纸，卖给需要当日新闻的贵族或有身份地位的人士。有了印刷机后，手抄报纸变成印刷报纸。印刷报纸起初不定期地进行印制，后来则能以期刊形式定期出版。17世纪初，德、法、英等国家先后出现了早期的印刷报纸。现存最早的早期报

---

① 大多数人认为，中国的活字印刷术是由意大利人马可·波罗带回欧洲的。他1295年回到威尼斯后曾详细地描述了中国的印刷方法。

② 第一张英文印刷广告出现的时间，我国不少教材中记述的是1472年，实际应为1477年。参见西沃卡．肥皂剧、性和香烟：美国广告200年经典范例．北京：光明日报出版社，1999：12。

纸《通告报》，1609 年出现在德国。1625 年，用英文出版的《英国信使报》，第一次在背面版上刊登了一则推销图书的广告。这被认为是世界上最早出现的报纸广告。而广告历史学家亨利・桑普逊则认为，第一则名副其实的报纸广告，应为英国《新闻周报》刊载的要求寻找被盗的 12 匹马的悬赏启事。当时，广告一般放在特定的商业性栏目中，为引起读者的注意，这些栏目往往采用“advertisement”（原意为通告）作为标题，以至于后来该词成为“广告”的专用词。进入 17 世纪中期以后，“广告”这一名词已经被普遍使用。经常做广告的商品有咖啡、茶、巧克力、药品等。招牌、标语、传单、小册子以及期刊等媒体也都已得到广泛的应用。

但是，早期的报纸和报纸广告并没有受到人们的充分重视。报纸的发行量小，广告也是可有可无的附属品，往往还带有欺骗性。如英国第一家被官方承认的报纸就声称，收费为书籍、药品等商品做广告“不是一份有理性的报纸的适当业务”，拒绝登载广告。1712 年起，英国议会决定开始对报馆增收印花税，每份报纸和每则报纸广告都要征税。这些都一定程度地影响和限制了报纸广告的发展。

三、广告的发展时期

（一）报刊进入大众化时代

18 世纪中叶，英国首先开始工业革命，欧洲各国也先后进入工业革命阶段，由此带动了印刷出版业特别是报业的发展。在此期间，资产阶级新闻出版自由的思想为报业的进一步发展创造了良好的条件。许多禁令、控制被解除，工商业迅猛发展起来，“创立了巨大的城市，使城市人口比农村人口大大增加起来，因而使很大一部分居民脱离了农村生活的愚昧状态”①。报纸的读者队伍迅速壮大起来，报纸大众化进展很快，廉价报纸（便士报）于 19 世纪 30 年代先后在美国、英国、法国等国家出现。廉价报纸是和广告联系在一起的。早在 1729 年，美国人本杰明・富兰克林等购买《宾夕法尼亚公报》后，就大量刊载广告并运用插图等以吸引读者和广告主。而在便士报出现后，广告则逐渐成为报纸收入的一项主要来源。

大众化报纸使广告主产生了特殊兴趣。报纸大量刊载广告，获取较丰厚的收入，在改进新闻报道和印刷发行方式等方面得到充足的资金，反过来又推动报业的进步，由此形成一种良性态势，报纸和报纸广告都有了较大的进展。如英国《泰晤士报》，1815 年发行量为 5 000 份，每天登载广告 100 多条；1844 年报纸发行量为 23 000 份，到 1854 年则达到 51 648 份，广告量在此时也达到每天 400 多条。

到 19 世纪中期，面对大众的现代杂志也纷纷登台亮相。据有关资料，1870 年时，美国约有 400 种月刊和 4 000 多种非宗教性的周刊刊载广告，这些刊物的周发行量约在 1 500 万份。具有代表性的杂志《青年之友》，版面设计和广告设计都远远走在时代的前面（见图 2－4）。

---

① 马克思恩格斯选集：第 1 卷．3 版．北京：人民出版社，2012：405.

图 2-4　登载在美国《青年之友》杂志上的广告

（二）广告行业逐步形成

在自然经济形态下的广告活动，往往是与商品生产者和经营者直接联系在一起的，因此，根本谈不上有什么行业。真正的广告行业，是在资本主义经济得到一定的发展，广告量不断增加，需要有专门从事广告活动的职业时产生的。

1786 年，英国人威廉·泰勒为《梅德斯通》杂志揽到一则广告，被视为英国广告代理商第一人。1800 年，詹姆斯·怀特建立了第一个广告公司。1812 年，曾为欧洲十大广告公司集团之一的查尔斯巴克的前身——劳森暨巴克广告公司成立。1841 年，被认为是美国第一位广告经纪人的沃尔尼·B. 帕尔默在美国费城开办自己的广告业务。他为报纸推销版面，并通过向广告主提供报纸资料信息服务，为广告客户撰写文案等，以吸引版面买主，然后从报社抽取 25%的佣金，后降至 15%。这种收取代理费的做法为后来所沿袭。这些“报纸掮客”一般与报社有着密切的联系。有些广告代理商甚至就是报社的下属组织。但这些机构和人员的大部分除了倒卖版面，不提供其他业务和服务，还处于“掮客”的经营水平。

随着广告市场的扩大和业务量的增加，广告代理业逐渐从媒体中分离出来。1865 年，美国出现了由乔治·P. 罗威尔创建的广告批发代理业务。他预先购买下上百家报纸的广告版面，然后再将广告版面以略高的价格分售给不同的广告主。1888 年，罗威尔还创办了广告专业杂志《印刷者油墨》（*Printers' Ink*）。罗威尔的这种经营方式，后来成为广告代理经营的一项共同的原则。1869 年，美国艾尔父子广告公司在费城创立，标志着现代广告公司的出现。这家广告公司不仅扮演“掮客”的角色，还为客户设计、撰写文案，建议和安排适当的媒体，并制作广告，扩大了服务的业务范围。英国的美瑟暨克劳瑟广告公司（奥美广告公司的前身）到 1894 年时，也已提供与艾尔父子广告公司类似的深度服务，并拥有上百名员工。这些都标志了现代广告业的雏形已逐步形成。

由于科学技术的进步，包括报刊广告在内的各种广告表现形式和手段有了较大的发展。1853 年，美国纽约的《每日论坛报》第一次用照片为一家帽子店做广告，摄影广告由此出现。1882 年，英国伦敦安装了世界上第一个灯光广告，为以后霓虹灯广告奠定了基础。随着高速公路的建设，路牌广告在美国出现了。户外广告的发展，不仅传递了信息，还美化了环境。

伴随着广告业的成长，围绕广告活动的学术研究、教育培训、监督管理等相应产生。在 20 世纪，广告进入全面发展的新阶段。

第二节 现当代的广告活动

进入 20 世纪后，社会、经济、科学、文化等诸方面在世界范围内都有长足的进步。从经济发展的视角看，正是工业化时期向工业时期和后工业时期推进的年代。这一时期，也是广告得到全面发展的鼎盛时期。

一、广告业机能的演变

17 世纪始，早期的广告代理活动出现，基本上扮演着“报纸掮客”的角色。19 世纪末期，现代广告代理业逐步形成。到 20 世纪，广告业开始突飞猛进，机能在逐步变革演进。

（一）由为媒体服务转向为广告主服务

1914 年，美国发行量审计局（Audit Bureau of Circulation，ABC）成立，对报刊发行量进行核查。报刊发行量的公开化和监督机制的实行，导致媒体之间的竞争加剧。广告代理业不得不相应调整经营方式，由原先专门为媒体推销版面，转向把业务重心放在广告客户上，通过提高为广告客户服务的质量，来争取更多的业务。代理业务从保护广告主的利益出发，树立为广告主服务的观念。广告界实行的“一种行业由一个公司代理”（one trade one agency system）和“一种商品由一个公司代理”（one product one agency system）的制度，就是在这一状况下形成的。

（二）由半服务向全面服务转化

在 20 世纪 60 年代前，广告代理业的业务活动，或者为媒体服务，或者为广告主服务，都是不全面的，故也称为“半服务”。美国马奇·恩利科松广告公司总经理在 1960 年提出“广告代理业向市场营销业过渡”的构想，适应了当时企业竞争和广告竞争都越加激烈，广告业必须转变功能的需求。约至 20 世纪 90 年代初期，广告公司逐渐成为能够提供多种服务的综合性机构。一方面，广告业由专业性服务向为企业市场营销战略提供综合性服务扩展，不仅仅做广告，而且参与制定产品开发、销售和流通战略，帮助筹划大型文化活动以及公共关系活动等；另一方面，广告业拓展服务范围，运用广告传播的手段和方法，为公共部门、政府机关等机构的活动（如政策宣传、选举）提供服务。

（三）由全面服务转向整合营销传播

随着 1990 年美国罗伯特·F. 劳特朋等“以消费者为中心”的 4C 营销理念的提出以

及广泛流传和应用，广告活动进入了信息传播代理业时期，重在整合营销传播，力图综合运用多种形式的传播工具与消费者沟通，广告公司逐步向信息交流公司过渡。如美国不少大型广告公司面对新的竞争压力，更加重视和发挥广告信息沟通的作用，并与其他信息传播手段进行整合。如日本电通提出综合信息服务的经营理念，公司名称隐去了原先的广告二字，意在为广告主提供全方位的信息交流服务。这些都昭示着广告代理业一个新时代的到来。整合营销传播虽然在理论与实践的结合上，在具体的运作过程中，还有诸多需要完善、解决的问题，但是推动着广告业、广告活动向一个新的局面变革。

二、广告媒体空前繁荣

20 世纪是科学技术腾飞的时代。以电气化为核心的第二次技术革命和以计算机为代表的第三次技术革命，使人类文明的发展步伐越迈越大。随着各种科技的发明创造，促进人类交流、沟通人们之间联系的工具和方式越来越多。传播广告信息的各类媒体，就是在这样的环境条件下得到空前发展的。

（一）电子媒体登堂入室

电子媒体，源于电磁学的研究与应用。20 世纪初，无线电通信技术开始得到应用，在其后的十年中，无线电广播技术取得了决定性进展。第一次世界大战结束后，1920 年 11 月 2 日，第一个取得营业执照的广播电台匹兹堡电台（KDKA）正式开播。1922 年，纽约广播电台（WEAF）播发了第一例广播广告，广告主是长岛的一家房地产公司。广告的播出使好几套公寓很快成交。

到 20 世纪三四十年代，广播事业进入黄金时代。广播成为听众最喜爱的媒体之一，人们痴迷于通过广播获取新闻，收听音乐、肥皂剧[①]、话剧、戏剧和体育比赛等。当时在美国，人们宁可不要冰箱、家具等，也要抱台收音机，以示过着像样一点的生活。1938 年，美国的广播广告收入开始超过杂志。到 1948 年，美国的广播电台已达到 1 621 座。1950 年，拥有收音机的家庭占全国家庭总数的 95%。由全国广播公司（NBC）、哥伦比亚广播公司（CBS）和美国广播公司（ABC）三大广播公司支撑美国广播业的格局形成，广播成为当时广告主最为青睐的媒体。[②]

电视广播也不甘落后。1929 年，英国广播公司（BBC）试验进行了世界上的第一次电视广播，1936 年开始正式播出电视节目。1939 年，美国的全国广播公司第一次正式开播电视节目，转播在纽约举办的世界博览会。1941 年，纽约 WNBT 电视台在转播棒球比赛时，插播了世界上第一则电视广告，传递关于宝路华钟表的信息。但在当时，拥有电视机的家户不过 4 000 个，只是在第二次世界大战结束后，电视才成为大众传播媒体新宠。

---

① 肥皂剧——夹杂肥皂广告的连续广播剧。以美国芝加哥的布莱克特-桑普尔-赫默特广告公司创制的一种长篇言情连续剧最为突出，这种言情剧针对家庭主妇，剧中主要角色不变，白天定时播出。

② 无线电广播在当时的英国和苏联发展也很快。但英国主要的广播机构 BBC 属于公共事业机构，而苏联的广播事业则属于国家机构，基本上不接受广告业务，在严格意义上，不属于广告媒体。

如同第一次世界大战后广播的崛起，电视在第二次世界大战后大放光彩。据联合国教科文组织1980年的报告，1950年，全世界有5个国家有定时电视节目，1955年达到17个，1960年则增加了4倍。20世纪80年代初，世界上已有138个国家播发电视节目，电视机总数达4亿台。美国在1946年只有6家电视台，不到1万台电视机，20世纪50年代初，电视已覆盖美国的大部分家庭，电视广告收入超过了广播。电视迅速大众化的同时，也迫使广播转向专业化道路。20世纪50年代末，通信卫星发射成功，光纤、光缆技术的发明与应用以至数字技术的普及等，又使得电视有了更多的发展空间。直至现在，有线电视、卫星电视、模拟电视、数字电视种类齐全，多频道、网络化、专业化、品牌化运作成熟，节目内容也有诸多变化，等等，使广告投放的机会更多，选择的空间更大。在网络环境下，电视仍有较强的媒体竞争优势。

（二）互联网异军突起

互联网的诞生源于冷战的需要。由于军事目的的推动，互联网不断得到改进。20世纪90年代，互联网开始转向民用，同时商业机构涌进，立即呈现出万马奔腾之势，迅速成为成长速度最快、发展势头最猛的新兴媒体。随着计算机终端的普及，新的传播形式不断涌现，一些门户网站已变成传统媒体，网络用户不断增加。2013年，我国互联网广告收入在超越报纸之后，再次超越电视，成为第一大媒体。截至2024年12月底，我国网民规模达到11.08亿人，是世界上网民最多的国家。由于是开放、多元、协同、共享的平台，互联网成为广告主与消费者进行沟通、互动的理想的有效媒体。

（三）新媒体风起云涌

新媒体是相对于传统媒体而言的。由于科学技术的推动，信息化、数字化趋势逐步高涨，带动了媒体革命，新的媒体不断涌现。由互联网派生出来的多种交流、沟通方式，如微博、微信、短视频、播客、游戏等，已不再局限于单一功能，而成为多种信息交流、传递的移动平台。此外，还有因数字电视、移动电视等而出现的利用公交、楼宇等进行信息互动的传播方式，利用虚拟现实、增强现实、生成式人工智能、元宇宙等新技术展开的创意沟通传播，等等。高新科技催生了许多能够传播广告信息的媒体。

（四）媒体组合屡掀浪潮

随着各类传播媒体纷纷登台亮相，媒体之间的竞争相应加剧，需要重新进行调整、组合。媒体重组，也使广告传播的格局发生变化。早在19世纪，报纸和杂志就因市场竞争需求进行过兼并，20世纪初，欧美的一些报业巨头组建了最早的“报团”。20世纪三四十年代后，广播、电视等电子媒体也先后进行调整并购。20世纪末，在全球范围内又掀起了兼并、组合的浪潮。一些国家放宽了对媒体垄断的限制，解除了媒体之间的经营壁垒。如英国就鼓励英国广播公司向商业化迈进。媒体的并购合法化又引发了新的兼并、组合浪潮。至21世纪，世界上巨型跨国媒体垄断集团纷纷涌现，其业务范围几乎囊括了现有媒体的所有功能，追求包括广告在内的最大利润。

如今，媒体的融合、互动、移动、智能持续深入发展。消费者在不同的屏幕之间流转，多媒体融合、媒体之间的互动呼应，各类媒体的传播特点不断优化，也为拓展广告的表现形式、增强广告的传播效果创造了条件。

三、广告运作更加成熟

随着经济发展和科技进步，广告活动的运作在一步步走向成熟。

（一）广告市场趋向全球化

20世纪始，欧美资本主义发达国家开始进入消费社会。消费经济使广告有了进一步发展的经济条件和社会环境，广告投入越来越大。同时，伴随着一些企业向海外扩张，广告也走出国门。最早出境的美国智威汤逊广告公司就与通用汽车合作，在欧洲各地开设分公司。第二次世界大战后，市场营销管理更深层地融入企业经营，经济高速发展，市场进一步扩大，美国等一些发达国家向海外渗透扩张的积极性更高，广告从本土走向国际的步伐加快。

20世纪80年代后，世界经济更加国际化，一大批跨国广告公司和集团相应而生。广告市场更呈现出集中化、集约化趋势。广告公司之间的合并、联合、兼并等，产生出若干巨型广告集团。目前世界最大的广告传播集团达邦（WPP）旗下拥有奥美、葛瑞、群邑、VML、朗涛等十多家广告代理和品牌设计机构，全球业务覆盖100多个国家或地区。另外，全球较大的广告集团还有电通、阳狮、埃培智、宏盟等。

（二）广告创作理念更为丰富

20世纪初，以约翰·E. 肯尼迪、克劳德·霍普金斯为首的“硬销派”一扫19世纪末广告“为艺术而艺术”的创作倾向，肯尼迪提出“广告是印在纸上的推销术”的概念，霍普金斯提出“广告也是科学”的理论，对广告业后来者都产生了重大影响。50年代，被视为“唯情派”旗手的威廉·伯恩巴克又强调广告是艺术，并创作出一批脍炙人口的广告作品。同时，罗瑟·瑞夫斯继承霍普金斯的衣钵，提出独特的销售主张理论。60年代后，以大卫·奥格威为代表，塑造品牌形象为广告创作一时之盛。80年代，广告定位理论崭露头角。里斯和特劳特的广告定位理论主张广告更应该关注品牌如何在消费者心目中确定位置。这一理论还把独特的销售主张和塑造品牌形象有机地联系在一起。90年代以来，整合营销传播理论风靡全球。

进入21世纪，电通提出的AISAS模型理论将消费者的心理和行为特征归纳为注意（attention）、兴趣（interest）、搜索（search）、行动（action）、分享（share）这五个阶段，解释了互联网环境中能动的新型消费者的行为模式。北京大学陈刚的创意传播管理理论主张通过人的智慧与技术的结合来解决企业面临的传播问题。中国人民大学王菲提出的品牌叙事理论则强调品牌需要构建系统的叙事体系，通过讲故事来与消费者对话，共同构筑品牌的核心价值。

围绕这些理论主张，广告创作策略、手法日益丰富和娴熟。广告运作已从20世纪初的为产品促销服务，发展到今天为企业的整体经营服务，更加注重品牌管理，为品牌建设发挥应有的作用。

（三）广告表现力逐步增强

在科技进步的推动下，20 世纪以来，新的广告形式不断涌现，花样翻新，表现力越来越强。20 世纪的二三十年代，户外广告有了进一步的发展，尤以霓虹灯为一时之新；路牌广告标准化、规格化了；空中广告如飞艇、气球等出现了；橱窗陈列等销售点广告争相媲美。

20 世纪 90 年代以后，高新科技成果，特别是计算机技术、数字化的运用，使广告创作表现更有力度，广告制作更有发挥的空间。不论是平面印刷广告，还是视听电子广告，抑或是看板、霓虹灯、灯箱等各种广告形式，都能使广告信息得到充分表现。

如今，以生成式人工智能等为代表的高新科技能使广告构思得到最大限度的实现，能精准地根据不同消费对象的需求，以不同的表现形式，适应不同的口味。2K、4K、3D、IMAX 等技术大幅提高了视听广告的质量，信息损耗与失真降到了最低；虚拟现实、增强现实、元宇宙等技术融合了虚拟世界和现实世界，创造出全方位沉浸式的创意体验；生成式人工智能技术进一步为创意插上了翅膀，在质与量的层面上推动着广告表现力的进步；生物识别、语音交互等技术使人与人、人与机器的距离又缩短一步。如此等等，使广大消费者接触到更加绚丽多彩的广告作品。

（四）广告的关注度越来越高

进入 20 世纪后，广告活动越来越被社会和公众所关注。人们在认识到广告在社会、经济、文化等方面所发挥的作用的同时，也对广告产生了诸多议论，对广告的争议、批评之声不绝于耳。正是这种高关注度，使广告业蹒跚向前。为保证广告活动能够沿着健康、有序的轨道运行，广告管理在现当代进一步系统、严密、规范了。为使广告业能够持续发展，广告学教育和广告学研究迈上了新台阶。近些年，全球广告市场在曲折中继续发展。新冠疫情之后，报纸、杂志、电视、广播等传统媒体广告进一步式微，但在数字化转型和技术创新的推动下，数字广告持续增长和创新。面向未来，广告业仍具有较大发展空间和活力。

四、公益广告的兴起

20 世纪 40 年代产生的公益广告，为广告活动开辟了一片新天地。作为一种有一定影响力的信息传播方式，广告被广泛地用于推动有益于社会、公众的行为和活动。广告仅是为盈利服务的传统做法被摒弃，这是广告事业的一大进步。

传递有关社会或公共事业信息的广告形式古已有之，但真正具有现代意义的公益广告始于 20 世纪 40 年代的美国。“珍珠港事件”宣告了太平洋战争的爆发。美国真正卷入了战争，美国广告界则为动员全国力量参战做出了自己的努力。于此时成立的战时广告委员会（后改为广告委员会）运用广告形式帮助募集了约 350 亿美元，动员了约 200 万妇女参加为战争服务的工作。战争结束后，美国广告委员会进一步确立了“挑选和确定若干重要的、公众关心的问题，并通过切实有效的传播交流来推动这些问题的改善和解决”的宗旨，运作推动公益广告的发展，使广告成为承担社会责任、对社会负责、使公众受益的一种工具。1944年美国发起历史上持续时间最长的防止森林火灾的公益广告运动，“烈火赤子”（Smokey the bear）以及“只有你能防止森林火灾”（Only you can prevent forest fires）的广告语，曾被95%的成人和77%的儿童认知。20世纪90年代，美国广告委员会组织开展了多达19项主题的、全国性或区域性的公益广告活动，时任总统的克林顿也出演了呼吁人们不要滥用枪支的电视广告片。

公益广告主要就社会和公众所关心的诸如环境、交通、道德危机、身心健康、种族等方面的问题进行正面推广和引导。由于这些主题具有共同性，公益广告很快成为无国界的宣传推广形式。继美国之后，欧洲如英法等国的企业和机构纷纷加入制作和发布公益广告的行列。开展公益广告活动，逐渐成为广告发达国家或地区的一个标志。在日本，1971年“关西公共广告机构”（公共即公益）成立，1974年正式登记为“日本公共广告机构”，2009年7月更名为AC Japan。1973年，日本三得利公司赞助发起全国爱鸟周活动，成为日本现代公益广告之肇始。

我国最早出现的现代公益广告是1986年贵阳电视台摄制的《节约用水》。之后，1987年10月，中央电视台开播《广而告之》栏目，揭开了我国公益广告新的一页。中央电视台公益广告始终观照中国社会，推动社会主义核心价值观的传播，助力和谐社会建设。1999年的《给妈妈洗脚》，2014年春节联欢晚会中插播的《筷子篇》等已经成为几代中国人的集体记忆，传承和弘扬中华优秀传统文化。近些年，我国各级组织、各类媒体等，也都注意发挥公益广告的公共传播功能，使公益广告成为推动社会文明建设的有效形式。

第三节　中国广告发展简况

中国广告的发展走过了漫长而又曲折的道路，其间可分为三个时期：古代广告活动时期、近现代广告活动时期和当代广告活动时期。

一、我国古代广告

我国至少有5 000年的文明历史，经历了长达2 000多年的封建社会。在这期间，虽然以自给自足的自然经济为主，但商品经济也有一定程度的发展。与此相适应，我国出现过一些形式简单但具有民族特色的广告活动。

（一）实物广告

运用实物做广告，应该是最简单也是最早出现的广告形式之一。早在公元前3000年，我国的农业、畜牧业、手工业就有了一定的发展，产品出现剩余，开始有了物物交换活动。《周易·系辞下》曰：“日中为市，致天下之民，聚天下之货，交易而退，各得其所。”这样的物物交换活动实际上促成了最原始的实物广告。

进入奴隶社会和封建社会后，实物广告逐渐多起来，像《诗经·卫风·氓》中的“氓之蚩蚩，抱布贸丝”，就揭示了用“布”和“丝”做广告的形式。据《战国策·燕策二》记载：“人有卖骏马者，比三旦立市，人莫知之。往见伯乐曰：‘臣有骏马欲卖之，比三旦立于市，人莫与言。愿子还而视之，去而顾之，臣请献一朝之贾。’伯乐乃还而视之，去而顾之。一旦而马价十倍。”这种实物广告形式还讲究传播技巧，运用名人效应来进行推销。公元610年（隋大业六年），“诸夷来朝，请入市交易。炀帝许之”，遂尽显大隋丰富物产，这就是运用实物对前来中原的少数民族商人做了一次很好的广告宣传。

（二）叫卖广告

叫卖广告也是我国古代最原始、最简单的广告形式之一。叫卖广告往往要与实物广告相配合，即售卖商品者在陈列物品的同时，通过叫喊来吸引买主，卖什么就吆喝什么。以叫卖来兜售商品，不同行业的吆喝叫卖往往有所不同，使人一听就知道在卖什么。与之相联系的是音响广告，有时二者相互配合。如卖布的一边摇“拨浪鼓”，一边叫卖；卖油的一边敲“油梆子”，一边吆喝。

早在屈原的《楚辞·天问》中，就记述了商纣时姜子牙在市肆“鼓刀扬声”、招揽生意的情景；宋代孟元老的《东京梦华录》中，曾详尽地追述了北宋都城汴梁的繁华景象。“是月季春，万花烂漫，……卖花者以马头竹篮铺排，歌叫之声，清奇可听。”此外，书中还提到当时杭州城小商贩卖糟羊蹄、糟蟹、香辣罐肺等都“各有叫声”。这些都再现了叫卖广告和音响广告的情形。

（三）招牌和幌子

招牌和幌子是经过漫长历史阶段逐步形成和完善的。早在唐朝就有很多有关酒幌的记载，如张籍诗“高高酒旗悬江口”、杜牧诗“水村山郭酒旗风”等。在北宋张择端所作的《清明上河图》上可以看到，仅汴梁东门附近的十字路口，各家设置的招牌、横匾、竖标等就有30多处，而且斗芳争妍，各显特色。明清古典市井小说中的插图绘图，多有显现店铺门楼、牌匾字号的内容。从明崇祯本《金瓶梅》中的插图“逞豪华门前放烟火”里，就可以看到店铺的招牌和幌子，显示出经营红火的情形。到晚清至民国，招牌和幌子这类广告形式已基本成熟（见图2-5）。直至现在，变异的招牌和幌子形式还在一些地方普遍得到运用。

招牌主要用来指示店铺的名称和字号，也称为“店标”（店铺的名称），有竖招、横招、坐招和墙招四类。竖招是指把竖写的木牌、铁牌等挂于墙、门、柱上；横招是指在门前牌坊上横题字号，或在屋檐下悬置巨匾，或将字横向镶于建筑物上；坐招是指设置在店铺门前柜台上的招牌，明代以前坐地式招牌较为常见；墙招是指在店墙上书写本店的经营范围和类别。

在我国古代，招牌实际上也成为经营者的品牌标识。如“全聚德”“六必居”“同仁堂”等，得到经营者的珍爱和传承。不少招牌还蕴含着丰富的人文故事，成为我国特色文化的一部分。

幌子主要用来表示经营的商品类别或不同的服务项目，也称为“行标”（行业的标

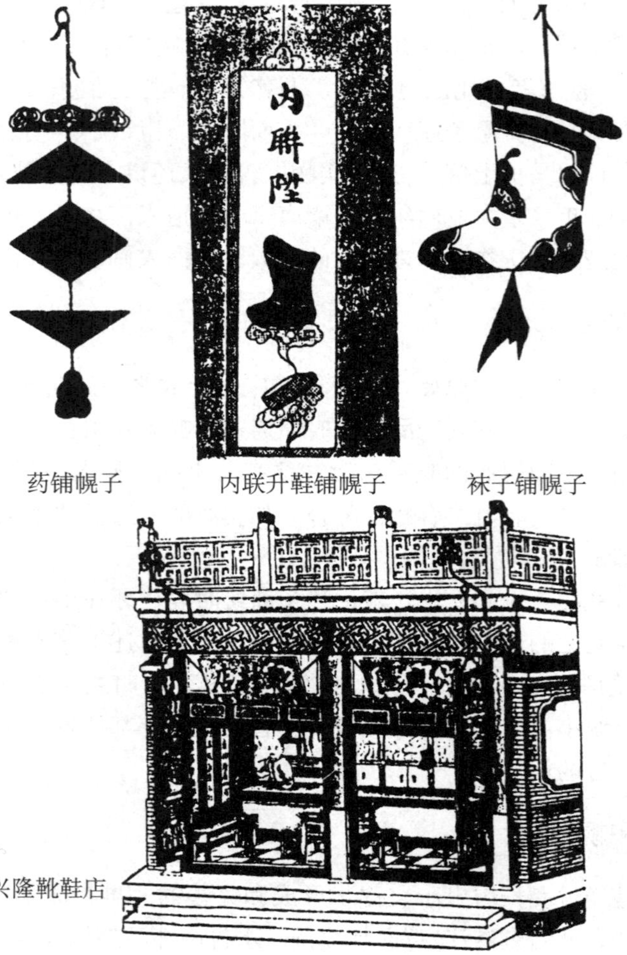

图 2－5　我国古代的广告——招牌和幌子

记），大致可分为形象幌、标志幌和文字幌三类。形象幌以商品或实物、模型、图画等为特征，使用比较多。标志幌主要是旗幌，尤以酒旗为多。以灯笼做幌子，悬挂于旅店、酒家、饭店，也是我国古代广告中运用较为普遍的一种形式。文字幌则是一种原始的招牌。

招牌和幌子往往结合起来运用，或一招一幌，或二招二幌，经常对称悬挂，有的还成套联用。比较讲究的招牌和幌子，往往由民间艺人、工匠设计制造，在造型、色泽、纹样、字体及悬挂方式等方面，都带有浓厚的民间特色。

（四）印刷广告

我国在两汉时便会造纸，隋唐时发明雕版印刷术，北宋庆历年间（1041—1048 年），毕昇发明了活字印刷术，印刷广告随之出现。

我国现存最早的工商业印刷广告，是收藏在中国国家博物馆的北宋时济南刘家功夫针铺的一块广告铜版。铜版约四寸见方，中间是白兔抱杵捣药的图案，分列左右两边的是“认门前白兔儿为记”8 个字，上方雕刻着“济南刘家功夫针铺”字样，下面文字说明商品名称、质量和销售办法："收买上等钢条，造功夫细针，不偷工，民便用，若被兴贩，别有加饶，请记白（兔）。"（见图 2－6）这则广告要比欧洲出现的第一张英文印刷广告早四五百年，我们从中可窥见当时印刷广告的一些原貌。

图 2－6 我国现存最早的印刷广告

元明时期，雕版印刷业有了明显的进步和发展，有关书籍的印刷广告也不断增加。1498 年刊本《奇妙全相注释西厢记》，底页上就刊印了广告，称此书"依经书重写绘图，参订编次大字魁本，唱与图合……得此一览始终，歌唱了然，爽人心意"。清代的民间木版年画颇为流行，也算一种印刷广告形式，直至中华民国建立以后，仍在宣传商品、经营等信息方面产生影响。木版年画的色彩艳丽，人物生动，多以民间故事人物、戏剧人物为题材，还有福、禄、寿、喜等画字。许多商人还用这些木版年画印刷品做商品包装，逢节日年关更甚。其又进而发展为包装广告。

另外，我国古代还有一些其他类型的广告形式，但都与以上列举的相似。总的来说，我国古代广告伴随着封建的自然经济的兴衰，缓慢地发展、变化，长时间处于一种原始、落后的状态。鸦片战争后，随着西方经济文化的东渐，我国近现代广告活动逐步发展起来，从而进入一个新的阶段。

二、我国近现代广告

这一时期是指自鸦片战争后直到中华人民共和国成立时止。我国这一时期的广告活动，以近现代报纸广告为主要特征。

（一）近代报纸广告的兴起

我国是世界上创办报纸最早的国家之一，但就我国古代的报纸而言，无论是"邸报"还是"京报"，受当时历史条件的制约，广告活动都无从谈起。鸦片战争前后，外国传教士在中国创办了一批教会报纸，包括第一批近代中文报刊。1815 年在马六甲创办出版的第一家中文期刊《察世俗每月统记传》，曾在其序后附有"告帖"。但总体上来看，这些报刊的宗旨在于阐发基督教义，商业色彩很淡，几乎不刊登广告。

鸦片战争后，西方商品和资本涌入中国。外国商人为了在中国推销商品，沟通中外商情，开始在中国创办商业报纸。先是有在香港兴办起来的英文商业报纸，继而中文商业报纸也纷纷出版。1853年创办的香港第一份中文报刊《遐迩贯珍》，首次用铅活字排版印刷，除经营广告业务外，还率先宣传广告对商业的作用。1857年创办的第一份中文商业报纸《香港船头货价纸》（后易名为《香港中外新报》《中外新报》），亦以商情、船期和广告为主要内容。[①] 中国人自己办的最早的一批近代报纸，也在广州、上海、福州、汉口等地出现。如《昭文新报》《循环日报》《汇报》等，模仿外商办的报纸，刊登商业广告。

19世纪60年代后，上海成为商业报纸的出版中心。创办于1861年11月的《上海新报》，创刊伊始即发表启事，诱导业者做报纸广告："开店铺者……似不如叙明大略，印入此报，所费固属无多，传阅更觉周密。"1868年2月起，《上海新报》为风琴、铁柜等当时新奇的商品做广告时，还"各绘一图，附以说明"，以增强报纸广告的传播效果。《申报》是在中国近代报刊史上发行时间最长的一份报纸。该报创办于1872年，初期发行量只有600份，1919年时已增加到3万份，广告在版面中的比例逐年上升，后达到50%左右（见图2-7）。

图2-7 《申报》创刊号和第一次刊有图片的广告

这一时期的报纸，起初以外商广告居多，一般是直译介绍外国洋行、商行的拍卖告示、商品等，表述半文半白，中西相杂（见图2-8）。进入19世纪80年代后，广告内容与一

① 方汉奇．中国新闻事业通史：第1卷．北京：中国人民大学出版社，1992：294，298.

般市民生活的关系逐步密切起来，涉及金融、书籍、药品等方面。广告的插图及说明文字等，渐现中国风格。戊戌变法前后，我国一些具有资产阶级思想的知识分子相继创办了具有商业性质的报纸，如《昭文新报》《苏报》《湘报》等。这些报纸都登载广告信息，主要为国货的内容。20 世纪初，清朝地方政府纷纷创办新式官报。1902 年率先在天津创办的《北洋官报》，每期都刊发公私告白（广告）。1907 年清廷创办的《政治官报》，在章程中亦提到"……均准进馆代登广告，酌照东西各国官报广告办法办理"①。但维新派和革命派所办的报刊，一般不刊登广告。

图 2－8　《中国日报》刊载的国外鱼肝油的广告

清末民初时，杂志广告也比较活跃。如《东方杂志》每期都刊有涉及中外商品信息的广告。但当时无论报纸广告还是杂志广告，在处理上都比较粗糙，广告内容往往由编辑稍加整理便直接刊发，不太讲究文字叙述和版面布局。广告名不副实的情况也时有发生。

（二）民国初年的广告发展

1912 年，中华民国建立，是年 11 月，工商部召开第一次全国工商会议，对于振兴我国工商实业有一定推动意义。第一次世界大战使帝国主义列强忙于欧洲战场，无暇东顾，我国民族工商业获得进一步发展的机会，使广告特别是国货广告的需求扩大。广告在社会经济活动中的作用日益显现，人们开始认识到并接受广告的存在和价值。广告内容及范围进一步扩大，百货、银行、卷烟、书籍、电影戏剧、医药等广告经常见诸报端（见图 2－9）。

---

① 陆梅僧．广告．上海：商务印书馆，1940：6.

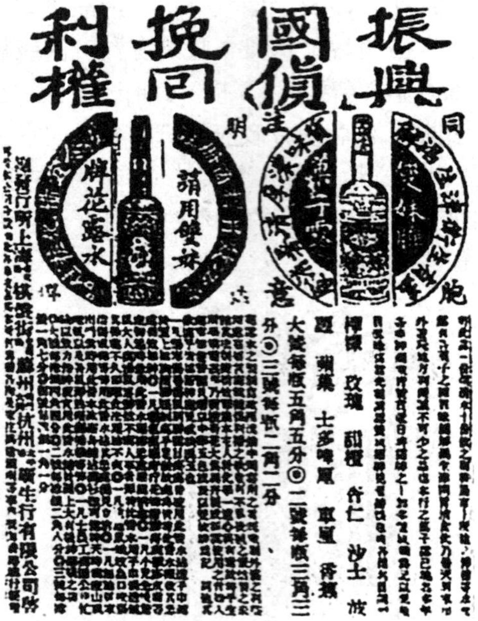

图 2-9　以“振兴国货”为己任——刊于《时报》的双妹牌果子露和花露水广告

报刊业也有较大的发展。据《申报》和“中外报章类纂社”当时的调查，1921 年全国定期出版物有 1 134 种，其中日报 550 种，到 1926 年日报增至 628 种，民（私）营报业发展迅速。一些外国人办的中文商业报纸，此时陆续转为中国人主办，均注重报业管理、广告经营，因而广告量大幅增加。据戈公振《中国报学史》记载：1925 年 4 月在京津沪汉粤发行的几种报纸中广告占据报纸版面的比例都在 40%～60%不等。[①] 据上海《新闻报》1923 年发表的 30 周年纪念册载：“近来广告几占篇幅十之六七”，“广告费的收入，每年几及百万元”。

除了广告营业额有了较快增长外，报纸广告也注意文字、绘图、编排等表现形式，加强了艺术性。广告专版和分类广告也开始出现。《申报》1912 年 3 月 21 日第 8 版就刊载了全版广告；《大公报》1918 年 5 月 1 日刊载了博利安电灯泡广告，这是我国第一次刊载的报纸系列广告，文图简洁实在，商标醒目突出（见图 2-10）。

值得一提的是，20 世纪二三十年代，中国卷烟工业空前繁荣，导致香烟广告成为当时一大亮点。当时的报刊上，香烟广告几乎无处不在。不同品牌的香烟选择相应的广告人物和场景，图文并茂，各具特色（见图 2-11）。

随着思想解放运动的高涨，宣传介绍先进思想的报刊纷纷创办起来。这些报刊为配合抵制洋货运动，曾大量刊登了民族工商业的商品广告。有些报刊为筹措办刊经费，如《每周评论》《湘江评论》等，也都刊载过广告。

除报刊广告外，其他一些形式的广告也陆续出现。这些广告形式在外国也才诞生不久，即很快移植到我国，主要有以下几种形式：

① 戈公振．中国报学史．北京：生活·读书·新知三联书店，1955：217.

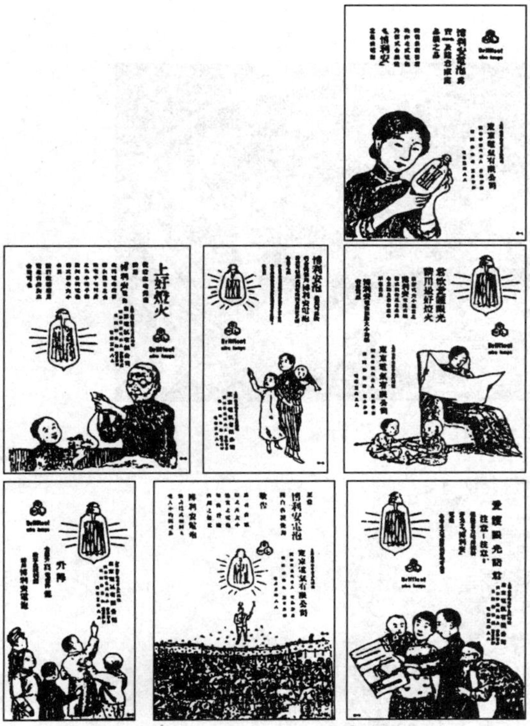

图 2-10　在《大公报》上第一次刊载的报纸系列广告

图 2-11　刊于《新申报》的大炮台香烟广告

(1) 广播广告。中国境内第一座广播电台由美国商人奥斯邦的中国无线电公司与英文《大陆报》于 1923 年在上海合作创办，接着美商新孚洋行和开洛公司的广播电台相继开播。中国人自己创办的广播电台 1927 年亦在上海出现。这些都是私营的广播电台，主要靠广告收入维持经营，广播广告由此在中国诞生。

(2) 霓虹灯广告。上海南京路伊文斯图书公司 1926 年在橱窗内开始设置“皇家牌打字机”霓虹灯广告。1927 年，用作招牌的露天霓虹灯广告首次在上海出现。

(3) 路牌广告。我国初期的路牌广告，多数涉及香烟、药品和电影等方面的内容，在 20 世纪 20 年代就已很盛行。路牌一般竖立在街边要道口、屋顶、铁路沿线和风景区。

(4) 橱窗广告。橱窗广告大约出现在 1925 年，上海等地此时已有了现代建筑，一般商店都设有大橱窗。旧上海的永安、新新、先施等几大百货商店都把大橱窗提供给厂家陈列商品，收取租金。橱窗广告的设计布置也比较讲究、美观（见图 2-12）。

(5) 月份牌广告。月份牌广告简称“月份牌”，这是外商入华与中国年画文化结合的广告形式，是把画、年历与广告糅合起来的艺术作品（见图 2-13）。一般是中间画画，画的内容多为美女；画的两边为日历表；画的上方或下方印上商号、洋行的名称或商品等。月份牌采用中国传统年画形式，附上商品的广告，由商家岁末年初赠送客户。《申报》就曾“随报赠送，分文不取”。这种广告形式初始于 19 世纪末，20 世纪二三十年代在上海特别盛行。

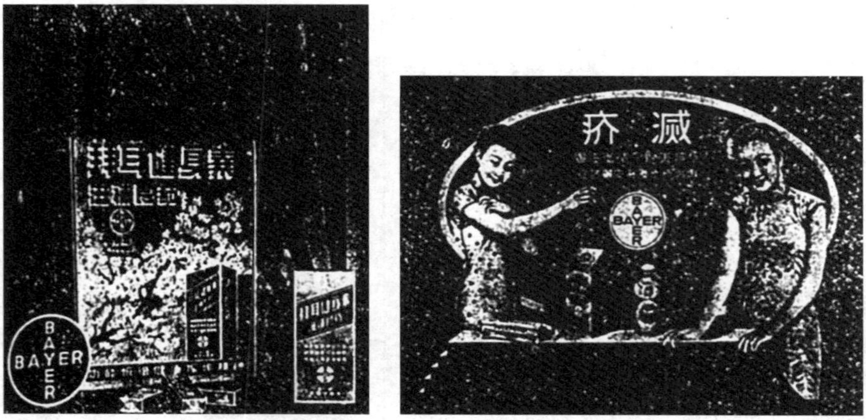

图 2-12　20 世纪二三十年代的橱窗广告

图 2-13　月份牌广告

这一时期，交通广告、样品广告等形式也出现了。而我国传统的招牌和幌子等广告形式又得到进一步的发展。当时一些大城市店铺林立，店门两侧各类招牌和幌子争奇斗艳，十分吸引人。

（三）旧中国广告行业的产生

20 世纪二三十年代，广告代理业开始在我国出现。最初，在当时经济最为繁华的上海，有些人以个人名义为报社承揽广告或为外商承办广告。广告业务增多以后，广告代理社等应运而生。20 世纪 20 年代前后，在上海设立广告公司的外商日渐增多，如克劳广告公司和美灵登广告公司。中国人办的广告公司中规模较大的有成立于 1926 年的华商广告公司和成立于 1930 年的联合广告公司。这两家广告公司的负责人都曾留学美国，专攻广告，重视画稿设计和文字撰写。华商广告公司的创办人林振彬，把美国广告经营方式引进上海，曾被誉为“中国的广告之父”。

由于创设广告公司不需要很多资金、设备和人员，因此，20 世纪 30 年代后广告代理商的数量增长很快。上海 30 年代时有 30 多家广告社和广告公司，抗日战争胜利后已增到近 100 家。北平有广告社 30 多家，当时北平社会局就组建了广告公司。其他城市如天津、重庆等地也有几十家大小不等的广告公司。广告公司一般以经营报纸广告和路牌广告为主，也有的以霓虹灯广告、橱窗广告等为主要业务。

许多国人开办的工厂也成立了广告部，特聘专业画家设计广告。像南洋兄弟烟草公司、中国化学工业社、信谊药厂都设有广告部，并拥有较强的广告设计和制作能力。

广告公司和工厂的广告部都重视广告文案撰写人员和广告画家，往往不惜重金竞相聘用他们，因此也罗致了一批优秀的广告创作人员，推出了不少广告佳作，一些广告作品至今仍被人称道。如不少广告采用绘画形式，增加了广告的表现力（见图 2-14）。

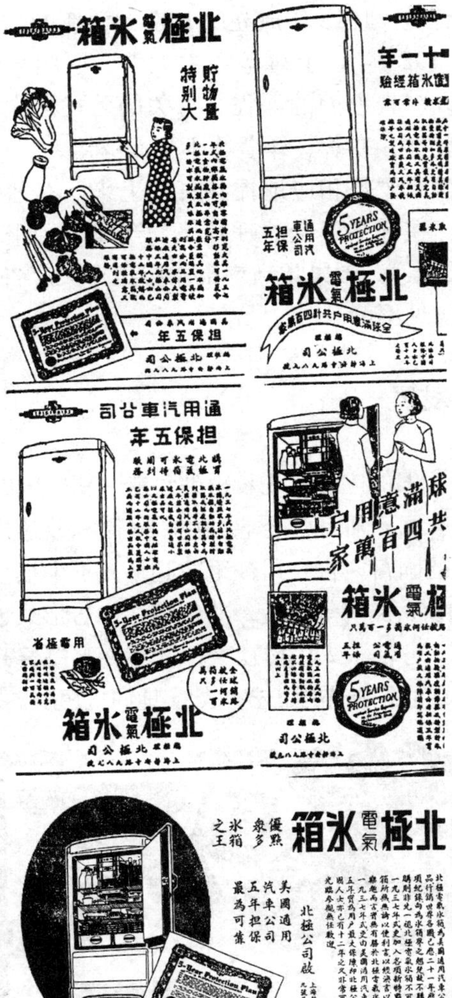

图 2-14　20 世纪 30 年代用绘画形式表现的冰箱广告

随着广告行业的发展，我国一些广告行业组织相继成立。1919 年在上海成立的“中国广告公会”，是我国最早的广告行业组织。1927 年，上海“维罗”“耀南”等六家广告社组织发起成立了“中华广告公会”，这个公会后来多次易名，1933 年改为“上海市广告业同业公会”，1946 年改称为“上海市广告商业同业公会”，有会员 90 多个，是当时规模较大、存在时间较长、产生了一定影响的广告行业组织。

旧中国广告行业的业务水平不高。一些广告公司不过停留在写写画画的层次上，缺少对广告活动的策划。报纸的广告业务，主要是通过聘用广告员来运作的。真正意义上的广告代理制还没有施行。

与广告业发展相适应，我国广告学的研究、教学也在五四时期开始起步。早在 1913 年，我国引进翻译了美国休曼的新闻学专著《实用新闻学》，其中第 12 章“告白之文”，对我国广告学研究有较大启发。1918 年成立的北京大学新闻学研究会，把广告作为其研究的内容之一。1920 年至 1925 年，上海圣约翰大学、厦门大学、北京平民大学、燕京大学相继设立报学系，开设广告方面的课程。有关的著述渐次问世，至中华人民共和国成立前，广告方面出版的教材、专著、译著等不下 30 种。

广告管理和社会对广告的监督相应地提到日程上来，有些报馆就对有碍社会风化的广告做出不予刊登的规定。在社会舆论的呼吁下，当时全国报界联合会还通过了《劝告禁载有恶影响于社会之广告案》。国民党当局也发布过有关广告管理的法令。但实际上不真实、不道德的广告还是屡见不鲜。

三、我国广告事业的新发展①

中华人民共和国成立后，旧的广告业逐步得到改造，新中国的广告事业在社会主义计划经济的基础上开始建设。随着国家对私营企业利用、限制和改造进程的推动，私营广告业渐次萎缩直至消亡，越来越多的国营广告公司被组建起来。不少报纸、广播电台等媒体都刊播商业广告（见图 2－15），橱窗、路牌等以及一些传统的广告形式也比较活跃，一定程度地服务于社会主义经济建设事业，方便了人民群众。1959 年在上海召开的商业广告会议，就肯定了广告在社会主义经济建设中的积极作用，要求如实地向人民群众介绍商品，指导人民消费。

图 2－15 我国 20 世纪 50 年代报纸广告仍很活跃

① 如果不是特指，本书在介绍我国广告业概况时，一般是指中国内地的情况。

20 世纪 50 年代末 60 年代初，我国对广告的认识观念出现偏差，广告被看成资本主义的产物，甚至被视为政治宣传的工具。因此，商业广告较少，广告内容政治色彩浓厚（见图 2-16）。再加上政策失误造成商品供应短缺，广告已逐步失去存在的意义。至“文化大革命”结束前，商业广告活动几乎陷入停顿的状态。党的十一届三中全会以后，随着改革开放的不断深化，我国当代广告事业才进入新的历史发展时期。

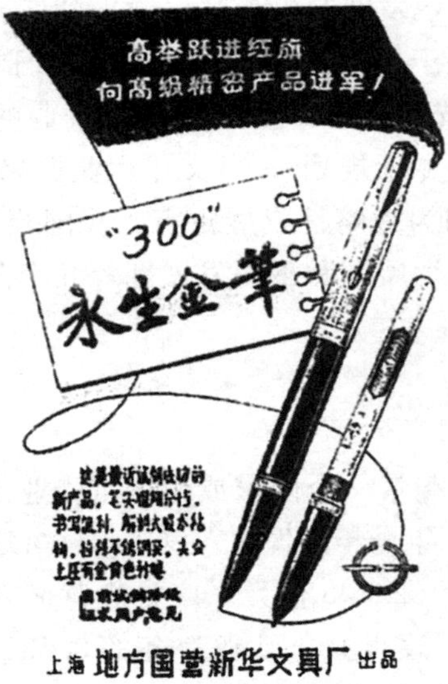

图 2-16 政治色彩浓厚的报纸广告

当代广告业的恢复和发展始于 1979 年。这一年，中共中央宣传部发出《关于报刊、广播、电视台刊播外国商品广告的通知》。各类广告竞相亮相。

（1）报纸广告。1979 年 1 月 4 日，《天津日报》首先恢复刊登商品广告，1 月 28 日，《解放日报》紧随其后。3 月 23 日，《解放日报》和《文汇报》同时分别用整版刊登美能达照相机广告和精工表广告（见图 2-17）。4 月 17 日，《人民日报》开始登载汽车、地质仪器的广告。

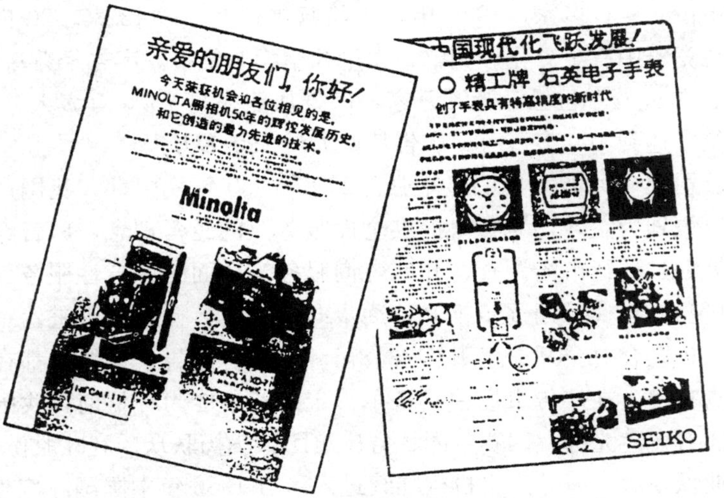

图 2-17 改革开放后刊载的外国商品报纸广告

（2）电视广告。1979年1月28日（农历正月初一），上海电视台播出了中国内地首条电视商业广告——参桂养荣酒广告，3月15日播出了中国内地首例外商电视广告——瑞士雷达表广告。

（3）广播广告。1979年3月15日，上海人民广播电台播出春蕾药性发乳广告。1980年1月1日，中央人民广播电台开始播发建台以来的第一条广告。

此后，我国广告业驶入持续发展的快车道。1993年7月，国家工商行政管理局和国家计划委员会共同制定了《关于加快广告业发展的规划纲要》，明确广告业是知识密集、技术密集、人才密集的高新技术产业，提出我国广告业的发展战略和重点目标。2009年，我国出台第一部文化产业专项规划——《文化产业振兴规划》，明确广告是文化产业的重要组成部分，并将广告列为战略性发展重点。我国当代广告业走过了40多年的历程，经历了快速发展期、调整发展期和平稳发展期等几个阶段，现已成为世界上第二大广告国。具体表现在以下方面：

（一）广告费持续增长

广告费投入的多少往往是衡量一个国家或地区广告业发达与否的重要指标。我国当代广告业刚刚恢复之时，1979年全年广告收入仅有1 000万元，而到1989年广告收入已达19.99亿元，1999年更增至622.05亿元。广告经营额在国民生产总值中的比例，由20世纪80年代初的0.024%，逐步上升到1990年的0.135%、1998年的0.689%。2010年，我国广告经营额达2 340.5亿元，超越日本成为世界第二大广告国。2023年我国广告业务收入13 120.7亿元，比上年增长17.5%。广告业的发展对于扩大内需、促进消费、品牌强国等都具有一定的积极意义。

（二）广告公司在发展中成长

我国当代广告业恢复之前，全国经营广告业务的专业公司不到10家，以经营户外广告、写写画画为主。1979年后，我国广告公司如雨后春笋般出现。到1981年我国已有各类广告经营单位1 000多家，1989年广告经营单位为11 142家。20世纪90年代后，广告经营单位在竞争中有了分化、调整，力量开始相对集中。广告经营单位的增速减慢。2002年，全国广告经营单位已达近9万家，广告从业人员75.6万多人。到2019年，全国广告经营单位已达到160多万家，广告从业人员590多万人。

本土广告公司的业务能力也明显增强。20世纪80年代中期，我国广告界提出“以创意为中心，以策划为主导，为客户提供全面服务”的经营理念，广告经营业务逐步转向以提供广告策划、进行市场调查、开展咨询服务等全面的综合性服务为重点。广告代理制也在20世纪90年代后期逐步推开，逐步向专业化、行业化迈进。一批有实力的广告公司如中国广告联合总公司、上海广告公司、广东省广告公司等，都在发展过程中形成了自己的经营特色，在广告市场中具备了一定的竞争能力。目前，我国体量较大的本土广告传播集团有蓝色光标、因赛集团、省广集团、华扬联众、利欧股份等。

我国广告业恢复后，海外广告机构陆续进入。自1986年中国国际广告公司与日本电通、美国扬罗必凯合资兴办我国第一家合资广告公司中国电扬广告公司始，跨国广告公司和集团纷纷来我国成立合资公司或办事处。2005 年，我国进一步准许境外资本全资进入我国广告市场。这些变化，一方面为我国本土专业广告机构的建设发展起到借鉴、示范的作用，另一方面更加剧了我国广告行业的竞争。

进入 21 世纪的第二个十年，随着新媒体不断为用户的传播能力赋权，以及生成式人工智能等技术的推动，创意内容生产的门槛越来越低，加之互联网的扁平化、智能化等因素，小而灵活的本土创意广告代理机构不断涌现。快速的反应能力和在垂直领域的深耕细作使这些小型广告代理机构更能适应数字营销时代瞬息万变的传播环境。与此同时，大型跨国广告集团亦乘着中国数字化的浪潮，不断探索着数字媒体时代的广告变革之路。

（三）广告媒体多重变化

我国广告业刚刚恢复时，全国仅有报纸 180 种、杂志 948 种、广播电台 93 座、电视台 32 家。1987 年时，报纸达 850 种、杂志 5 687 种、广播电台 386 座、电视台 366 家。20 世纪 90 年代中期后，我国大众传媒在调整中稳步发展。2007 年，有报纸 1 938 家、杂志 9 468 种、广播电台 263 座、电视台 287 家。大众传媒在竞争中不断提高广告信息传播的质量，网络广告等新兴媒体已经具有较大的发展空间。广告媒体无论在规模上还是在质量上都发生了翻天覆地的变化。

改革开放以来，媒体经营观念发生了根本性的改变。我国大众传媒机构原来多数单纯依靠国家财政拨款，20 世纪 90 年代后逐步变为主要通过自身经营收入来生存和发展，其主要收入来源于广告。如我国报业在 20 世纪 90 年代末期，广告收入要占整体经营收入的 69%。媒体分割广告市场的竞争加剧，广告经营在媒体产业运作中的分量加重，媒体竞争意识的加强，逐步改变了我国广告业恢复初期媒体的强势状态，使媒体为广告信息服务的意识和水平得以提高。

随着数字技术的不断发展，新媒体广告已经成为拉动广告业整体稳步增长的驱动力量。在 2023 年广告业 13 120.7 亿元的总体收入中，互联网广告收入 7 190.6 亿元，占比 54.8%。门户网站、视频网站、电子商务平台、搜索引擎、社交媒体、生活服务平台、短视频平台、播客平台、游戏等日新月异的新媒体样态为广告业的发展持续注入源源不断的活力。传统媒体则进入了媒体深度融合的探索阶段，积极融入数字化发展的浪潮之中。

（四）企业广告意识加强

党的十一届三中全会以来，我国进入改革开放的发展新时期。由计划经济向市场经济过渡转型的过程中，我国企业的广告意识不断觉醒，广告主意识不断加强。从最初的对广告持批评、怀疑态度，到一个广告能够救活一个产品、救活一个工厂，再到后来通过广告经营品牌、开拓市场，广告成为企业经营不可或缺的有效手段。1999 年，我国企业联合会正式加入世界广告主联合会；2005 年，中国广告主协会宣告成立。2014 年，第 43 届世界广告大会在北京召开，标志着我国正在深度融入国际广告行业。如今，中国已经是全球第二大广告市场和数字经济发展最快的国家之一，广告、品牌、公关等已经是企业发展必备的基础设施。2019 年中央广播电视总台启动品牌强国工程，着力培养能够代表中国参与国际经济文化交流的国家级品牌。品牌构建已成为新时代推动实现高质量发展的必经之路。

（五）广告管理不断完善

随着我国广告业的快速发展，我国当代广告管理工作从分散到系统，由单一的行政管理转向以法治为核心的综合管理，逐步规范化。

1980年，国务院正式把建设规范、有序的广告市场提到国家和政府的议事日程上，确定工商行政管理总局负责全国的广告管理工作。1982年，国务院颁布了我国第一部全国性的广告管理法规《广告管理暂行条例》，同时依据《暂行条例》还制定了《施行细则》；1987年，《广告管理条例》正式颁布。在这前后，与人民群众日常生活关系密切的，有关烟酒、药品、食品、文教、卫生、体育等的专项广告管理规定陆续出台。1995年，我国专门法律《中华人民共和国广告法》（简称《广告法》）正式实施，标志着我国广告管理进入新的阶段。目前，我国已出台广告专门法律法规和相关法律法规近60个，各种行政规章条例近百个，基本上形成以《中华人民共和国广告法》为主干，以《广告管理条例》为支撑，以一系列单项规章为具体规范的广告法律法规体系。

广告自律也在逐步走向纵深。广告经营单位、大众传播媒体和企业等广告主体，为加强行业自律，优化竞争环境，做出了许多努力。20世纪80年代以后，全国及地方的各级广告协会相继建立起来，不少有关行业、单位都制定出自我约束广告活动的规则、条例。1994年，中国广告协会、中国对外经济贸易广告协会等，分别制定通过了自律规则、自律守则。2008年，中国广告协会又推出了新的《中国广告行业自律规则》。《中华人民共和国广告法》也在2015年进行了修订，并在2018年和2021年经历了两次修正。

（六）广告学研究、教育进步较快

早在20世纪初，我国高等院校里就开设了广告方面的课程，并有了一定的研究成果。但广告学真正成为一个独立的学科，得以深入探讨和正规建设，并取得较大成果，还是在改革开放后的这40多年。

在广告学理论研究方面，经历了启蒙与开创、引进与对接、融合与超越几个阶段。20世纪80年代初，我国先后翻译出版了不少日本和美国广告方面的著述，然后台湾地区大批广告学论著也被介绍到祖国大陆。随着时间的推移，引进推广国外境外先进的研究成果逐步向系统、精深方向转变，出现了一批质量较高的丛书、译著。我国业内专家学者也撰写和编写了一批专著、教材，学术水平不断提高。到20世纪90年代后期，我国广告学研究内容的范围已向深广发展，注意广告学与经济学、市场学、传播学等学科的有机融合，具有中国特色的广告学理论体系已经初步形成。

与此同时，全国许多高等院校顺应广告业发展的需要，纷纷开设广告学系（专业）。1983年，厦门大学率先设立了广告学本科专业，开始招收本科学生。北京广播学院（现为中国传媒大学）、深圳大学等也于1990年前后成立广告学系（专业）。之后，新闻传播学类、工商管理类、艺术类等院系都竞相设立广告教学点。1998年和2012年教育部进行两次普通高等学校本科专业目录调整，都确立广告学为新闻传播学类本科专业之一。

据不完全统计，目前我国高等院校广告专业教学点已达330多个，广告学研究方向列入新闻传播学二级学科，已培养出大批硕士生和博士生。

应该指出，当前我国广告业正在加速数字化转型升级，大数据、云计算、人工智能等技术正在深度参与广告行业的发展。这一方面为广告行业提供了前所未有的数据支持和智能分析能力，另一方面也为广告的创意表现提供了更多可能。广告业集约化发展明显，北京、上海、杭州、深圳和广州是我国目前的五大广告中心。随着我国品牌实力的增强和国内市场竞争的加剧，“出海”已经成为中国企业的必选项，如何培养新时代的广告人才，更好地与全球消费者对话是品牌走出去需要深入探索的问题。

四、我国台湾和香港地区广告事业的发展

（一）台湾地区的广告业发展

台湾地区的广告业起步于20世纪60年代。以1960年参加在日本东京举行的第二届亚洲广告会议为契机，台湾地区开始了现代广告代理业的创建。

20世纪50年代，台湾地区的大众传播媒体以报纸为主，经济发展百废待兴，广告投放量不足，各媒体雇用业务员招揽广告，无“业”可言。到60年代，台湾地区的传播界、工商界等才意识到广告代理业的重要性。继东方广告公司创立后，台湾广告公司、国华广告公司等综合性广告公司纷纷成立，广告代理制逐渐推开。1966年，第五届亚洲广告会议在台北召开，进一步推动了台湾地区广告业的发展。20世纪80年代以后，台湾地区经济实力有了明显的增强，同时解除了海外广告业的投资限制，美国、日本等跨国广告公司纷纷进入台湾地区，以合资、独资和合作等形式开发广告市场，台湾地区广告业经受了广告国际化的挑战。如国华、联广等广告公司通过合资，增强了竞争实力，华懋国际广告公司、志上广告公司等在与国际性广告公司的竞争中形成了自己的经营特色，具有较高的作业水准。目前，台湾地区具有竞争力的广告公司包括台湾奥美、台湾电通、李奥贝纳台湾、BBDO台湾（黄禾广告）、雪芃广告、联广传播集团等。

20世纪60年代以后，台湾地区广告媒体发展变化较大。1962年，“台湾电视台”（简称“台视”）成立，后发展为电视公司；1969年，“中国电视公司”（简称“中视”）创建；1971年，“中华电视台”（简称“华视”）开播。三台鼎立的局面形成，并在整个台湾地区构成网络，电视覆盖率在95%以上。广告收入由此直线上升，到1973年就与报纸广告收入持平，90年代以后则超过报纸。目前，台湾地区主要的电视台包括民视、三立、TVBS、东森、台视、中视等。

20世纪80年代末台湾地区解除报禁，报业有了较大的调整和重新组合。目前，台湾地区主要的报纸包括《中国时报》《联合报》《自由时报》《苹果日报》等。在网络新媒体的冲击之下，报纸的广告收入减少，《中时晚报》《中央日报》《台湾日报》《星报》《民生报》等报纸纷纷停刊，存续的纸媒则正在加快数字化和移动化步伐，不断探索多元化的经营发展模式。

2002年，台湾地区的杂志品种最多时，曾达到8 140种。台湾杂志印刷精美，广告

表现力强，一些经营规模不大、广告预算有限的商家乐于在杂志上做广告。近些年来，台湾地区的杂志积极拥抱新媒体和数字化，超越传统纸本杂志探索经营转型，以线上订阅、有声内容、线上线下课程、活动策展、IP 开发运营、直播、短视频等多种形式拓展传播，获取收入。

台湾地区的广播业在广告市场中处于劣势。现包括“中国广播公司”“中央广播电台”等 180 多家电台，大多依靠自身业务人员经营广告，创造收益，广告播出与制播收入在台湾地区的电台营收中占比 62%。随着听觉文化的整体回归，播客平台等新的听觉媒介正在台湾地区崛起，台湾地区本地的播客平台包括 KKBOX、SoundOn、Firstory 等。

台湾地区的户外广告和直邮广告在 20 世纪 60 年代时比较活跃，此后发展进程不快。互联网广告的发展，同样对台湾地区的传统广告市场造成较大的冲击。2012 年，台湾地区的网络广告经营额已达到 116.01 亿元新台币。网页广告占据绝对优势，搜索引擎广告、社交媒体广告等紧随其后。根据台湾数位媒体应用暨行销协会的统计，2022 年台湾数位广告市场规模已达到 589.59 亿元新台币，比上年增长 8.3%，其中一般媒体平台为 364.35 亿元新台币，社交媒体平台为 225.24 亿元新台币。

与广告业的发展同步，台湾地区的广告学术研究和广告人才培育的成果较丰硕。台湾地区不少优秀学子在 20 世纪 70 年代去日本、80 年代赴美国深造，后纷纷归台，为台湾广告学理论研究和广告实务效力。自 1968 年以来，台湾地区的大学开始设立广告学科，讲授广告方面的课程，培养出为数众多的广告专业人才，具有代表性的如世新大学、政治大学、文化大学等。20 世纪 80 年代以来，台湾地区先后出版发行广告学方面的著述不下百种，有不少被介绍到了祖国大陆。

（二）香港地区的广告业发展

香港地区是我国近代报纸广告出现最早的地方。在很长一段时间内，报纸广告都是香港地区广告业的主打。

20 世纪 50 年代，香港地区进入工业化发展时期，经济持续增长，居民收入稳定，生活水平逐渐提高。广告活动亦随着经济成长的步伐日益活跃。到 20 世纪 70 年代，其广告收入每年递增约 15%。由于香港地区拥有自由港的特殊地位，转口贸易发达，外资如美国奥美、麦肯、葛瑞等大的广告集团（公司）都随之进港，对香港地区的本地广告业产生了一定的影响。2023 年，香港地区的广告开支总额达到 301 亿港元，比上年增长 5.4%，第一季度的广告费用比上年增长 21%。

香港地区的广告公司主要由四部分构成：一是跨国公司在香港地区设立的分支或联营机构，如奥美香港、DDB 香港、博报堂香港等；二是港资经营的广告公司；三是内地开办的广告公司，主要承担出口商品的广告服务；四是业务比较专一的小型广告代理商。前两部分的广告公司能为客户提供全面服务，重在策划，能为客户制定广告的战略和策略，提出广告的运作方案，业务竞争比较激烈，广告的创作和制作水平一般都比较高。

香港地区的报业广告市场竞争相当激烈和残酷。截至 2021 年底，香港地区共有 91 份日报，其中包括 60 份中文日报、13 份英文日报、15 份中英文双语日报和 3 份日语报章。目前较有影响力的包括《苹果日报》《东方日报》《南华早报》《明报》《头条日报》《am730》

《英文虎报》等。在新媒体的冲击之下，香港地区的报纸广告收入不断缩减，2019 年同比下降 14%，是有记录以来跌幅最大的一年。香港地区的报纸也在积极顺应全媒体转型，通过网上网下结合等策略，集成内容与广告服务平台，拓展更多收入渠道，发挥品牌价值。

1957 年 5 月，由丽的呼声（香港）创办的香港地区第一家电视台（有线）丽的映声开播。从 20 世纪 60 年代开始，香港地区的家庭电视机拥有率不断攀升。1976 年，电视广告市场占有率达到 53.8%，超过报纸成为最大的广告媒介。2016 年 4 月 2 日，曾经是全球第一家华语电视台的亚洲电视有限公司（简称亚视）正式停播。香港地区现有 3 家免费电视节目持牌机构，分别为：电视广播有限公司，经营翡翠台、TVB Plus、无线新闻台、明珠台、凤凰卫视香港台；香港电视娱乐有限公司，经营 ViuTVsix 和 ViuTV；有线宽频开电视有限公司，经营 HOY 国际财经台、HOY TV 和 HOY 资讯台。2019 年，香港地区的电视广告收入较上年下跌 10%，免费电视和收费电视的广告收入均呈下跌趋势。

香港地区的三大电台包括香港商业电台（简称“商台”）、新城电台、香港电台（简称“港台”），其中香港电台属政府部门，是香港地区的公营广播机构。香港地区的电台正在通过推出 App、扩展节目形态、创新服务等方式拓展经营业务，弥补广告收入的下降。

香港地区的杂志五花八门，有中文、英文和其他语种的杂志。不少国际机构在香港地区从事本地化改编、印刷、订阅、广告等业务。香港地区的杂志质量良莠不齐，通常以市场为导向，争夺眼球，竞争残酷。2019 年，香港地区的杂志广告收入下降了 23%，是跌幅最大的传统媒体。

香港地区的网络广告始于 20 世纪 90 年代末，其市场规模 1999 年为 1.36 亿港币，2010 年已突破 11 亿港币，呈稳步上升态势。香港地区的网络广告在过去 20 年内高速发展，2023 年社交媒体广告开支增长 14%，其中 Instagram 广告开支增长 39%。网络新媒体广告正持续受到广告主的重视。

2023 年，香港地区的户外广告开支增长 11%，在所有传统媒体中表现最好。

香港地区的大专院校提供广告学专业的学位课程和非学位课程，香港地区的广告专业团体也为广告业相关人才提供短期的培训课程。香港地区八所公立大学中，香港中文大学新闻与传播学院和香港浸会大学传理学院开设了广告学学士学位课程，香港大学、香港城市大学等其他学校设置有广告学相关的研究生项目。值得一提的是，香港浸会大学传理学院是大中华区首个获得国际广告协会（International Advertising Association，IAA）认可的院校。

第四节　外国广告发展简况

现代广告活动产生于产业革命发生最早的欧美地区，先是英法等国家，继而是美国成为世界广告的代表。除了作为全球第二大广告市场的中国外，几个主要的资本主义国家，如美国、日本、英国、德国、法国等国家，占据了世界广告市场的大部分份额。现对其中几个主要国家的广告发展概况做些介绍。

一、美国的广告

美国是世界上广告业最发达的国家，广告最早起源于沿街叫卖的小贩。在美式英语里，“小贩”（hawker）与“广告员”“撰写广播和电视的商业广告者”用的是同一词汇。美国广告的发展，是与媒体的兴盛联系在一起的。

（一）媒体的发展变化

美国出现的第一份报纸是在1690年创办的《国内外公共事件》，但它不久便夭折了。1704年出版的《波士顿新闻信》，在第三期的内页上刊登了三条告示，这是已知的美国第一份报纸广告。1728年，《宾夕法尼亚公报》创刊号的第一版刊登了一则肥皂的广告。杂志广告也于1741年在一份叫《民众杂志》的5月号上第一次出现。[①]

美国大众传媒的发展，以20世纪20年代为界，大体可分为两个阶段。20世纪20年代之前，主要是以报纸为主的印刷媒体。这一阶段，随着美国商品经济的繁荣昌盛、技术革新和民众信息需求的发展，大众化报纸发展迅猛，发展速度甚至比产生它的城市还要快。美国著名的廉价报纸如《纽约太阳报》（1833年）、《纽约先驱报》（1835年）、《纽约论坛报》（1841年）和《纽约时报》（1851年）等接踵而来。新型杂志在19世纪末加入广告媒体行列，到20世纪初已成为报纸的主要广告竞争对手。20世纪20年代后，首先是广播跻身广告媒体，并很快成为大众喜爱的传播工具。第二次世界大战结束后，电视成为新宠。随着科学技术水平的提升，电视又向有线、卫星、数字化等方面延伸。同时，美国的报业也组成“报团”，增强自身的竞争力。但近年来，美国报业前景黯淡，数家著名报社宣告停止纸质报纸的出版，转向网络经营。

随着通信技术、网络技术的进一步普及应用，特别是网络传播、电视数字化等的发展，美国传播和接收信息的方式和渠道已发生了重大变化。传统的大众传播媒体进一步集中化，产业经营趋向综合型。资本主义垄断后形成的少数报业集团，又在竞争中分化、吞并、扩展，更加大型化、综合化。根据美国西北大学梅迪尔新闻学院的调查，2005年时美国共有8 891份报纸，现仅存约6 000份，其中大部分是周报。2023年，美国的报纸正在以每周2.5份的速度消失。现在影响力较大的报纸有《华尔街日报》《纽约时报》《华盛顿邮报》等。报纸也办杂志、通讯社以及电台、电视台。美国广播公司（ABC）、哥伦比亚广播公司（CBS）、美国有线广播公司（CNN）等通过资本重组、产业联合等方式，进一步提高了广告传播的服务能力。

据不完全统计，目前美国的电视广告费用仍是所有传统媒体中最多的，在2022年占比约24.5%。报纸广告、杂志广告、广播广告收入均呈逐年下滑之势。

互联网广告1994年首次产生于美国。1999年，美国的互联网广告收入达到46.2亿美元。2013年，美国的互联网广告收入已增至428亿美元，首次超过广播电视广告收入。2023年，美国在线广告收入约2 250亿美元，比2022年增长约7.3%。

---

① 西沃卡．肥皂剧、性和香烟：美国广告200年经典范例．北京：光明日报出版社，1999：21。

美国的社区媒体既具区域特色，又有较宽视野的信息量，受到受众欢迎，在广告市场中也占有一定的份额。此外，美国的户外广告如路牌、电子显示板、霓虹灯、直接广告等都比较发达。

（二）广告公司的演进

以帕尔默1841年创立广告代理店为起点，1869年艾尔父子广告公司为雏形，美国现代广告业发展一直走在世界的前列。20世纪20年代以后，美国广告代理业经历了由半服务到全面服务、由全面服务到专业服务和综合服务的转变，逐步走向成熟。纽约是公认的世界广告中心。位于纽约的麦迪逊大道曾有10多家美国著名的广告公司集聚于此，因而成为美国广告业的代名词。多年后，芝加哥、洛杉矶等地也逐步发展为广告业的重镇。

20世纪90年代以后，随着经济国际化、全球化的进程，美国广告业加快了集团化、国际化的步伐，积极向海外扩展业务，大型跨国公司纷纷建立起来。如智威汤逊广告公司曾在50多个国家或地区建立了分支机构，麦肯环球公司也曾在近70个国家或地区设有分公司。广告公司的经营理念也有所变化，加强了为客户进行整合营销传播的服务。

20世纪50年代以来，美国一直处于世界头号强国的地位，广告发展亦然。这些年来，美国的广告营业额一直雄踞世界第一。世界上最大的广告公司（集团）分布在美国的最多。美国也最先进入广告综合代理时代。美国广告业实际上是世界广告业发展的旗帜和标志。

随着社交媒体、电子商务、人工智能、大数据等技术的不断发展，美国的数字广告业将继续迎来高速发展。同时，美国广告业也面临着数字化转型、隐私和数据安全、广告拦截、竞争加剧等挑战。

（三）广告运作水准

作为现代广告业的代表，美国的广告市场现已形成了科学的组织体系和严密的运行机制，服务水准和经营效率都很高。

广告公司的作业水准普遍较高。综合类广告公司都比较重视市场调查，建立与客户的密切联系；专业型广告公司也有自身的经营特色。广告公司内部一般分工精细，同时也注意各部门的协调统一。广告制作技术也有很大变化，程序化创意、生成式人工智能、虚拟现实、混合现实、元宇宙等很多高新技术都被应用到广告作品的设计制作上。广告主、广告公司、媒体传播机构、广告调查机构以及广告管理机构等相互依存，既有竞争，又相得益彰，构成了密不可分的有机整体，使广告活动有序、良性运行。

（四）广告创作表现

美国的广告一般会比较直接地展示商品信息，在形式上往往追求新奇，在风格上较为粗犷，竞争性较强。这是因为美国商品丰富，种类繁多，广告直接介绍商品的特性、使用方法、主要优点，就能有效地帮助消费者选择商品。美国又是一个多种族的国家，人们在宗教、生活习惯、风俗等各方面都有很大的差异，为使广告信息传播能被更多的人接受，广告语言多力求简练、准确，以免产生歧义。美国经常采用比较广告的形式，如商品使用前后的比较，一种商品和另一种商品的比较等。最典型的是可口可乐与百事可乐的广告战。这两种商品经常与对方做比较，显示本产品的竞争力。

二、英国的广告

英国是近代印刷广告的诞生地，最早的报纸广告也是17世纪20年代在英国出现的。但是，由于英国政府对印刷业实行控制，英国广告业很长一段时间内得不到充分发展，直至19世纪后随着产业革命的进程，才逐步繁荣发达起来。

英国的广告业受本国和美国等国家的经济影响而屡有波动。20世纪六七十年代，英国通货膨胀严重，加上受美国经济恐慌的牵连，英国许多企业大力削减广告费，曾使英国广告业跌入谷底，广告公司调整合并成风，人才流失严重，并殃及传媒业，20世纪70年代以后才逐渐恢复正常。英国现有各类广告公司17 000多家，其中经营数字广告业务的超过7 000家。英国最大的国际性广告公司是总部位于伦敦的达邦（WPP）集团，经过不断并购重组后，现在是全球最大的广告传播集团。另有为数较多的中型广告公司，还有一些规模不大的专业广告公司，在业务经营上以特色谋求发展。2023年，英国广告总花费达到366.2亿英镑，是世界第三大广告市场。伦敦和纽约、东京一起构成了世界三大广告中心。

英国现有11家全国性日报。这些报纸针对不同的读者对象，如《泰晤士报》是政界人物、知识分子的报纸，《镜报》《太阳报》为蓝领阶层的报纸，《每日邮报》等是一般读者阅读的报纸。《太阳报》是阅读量最高且影响力最大的报纸，目前已经停止公布发行量数据，最新的数据显示2020年3月《太阳报》的发行量为121万份。受新媒体的影响，英国的报纸广告费用近年来持续下降，2023年达到12.3亿英镑，约占广告总花费的3.4%。

英国杂志的平均月发行量也在逐年下降，2023年为2 300万份。2023年平均每期发行量最大的杂志是免费的超市出版物《乐购杂志》（*Tesco Magazine*），每期发行量约为150万份。发行量最大的付费杂志是《经济学人》的电子版，约为99万份（其纸质版约为50万份）。其次是电视类杂志《电视指南》，每期发行量约为92万份。英国杂志的广告费用也在连续下降，2023年约为5亿英镑，约占广告总花费的1.4%。

1920年，英国就开始了无线广播电台的试验，1922年马可尼公司等六家公司合资成立广播公司，正式播出节目。1926年12月，英国广播公司由私营改建为公营，此后英国广播业迅速发展。但直至1972年英国才准许开办商业广播。1973年，英国出现了第一家地方商业广播电台——伦敦广播电台。广播广告在英国的广告收入中所占比例很小，2022年约占2%。此外，英国对广播广告在播出时间上有严格的规定，每小时不得播出超过9分钟的广告。公共广播电视机构——英国广播公司不播放商业广告，主要靠政府征收的广播电视接收机执照费维持运作，由英国议会拨付。

英国1928年就开始电视广播试验，1930年英国广播公司试播有声电视剧，1936年建立了世界上第一座电视台，第二次世界大战时期停办，1946年才恢复播出。战后英国电视业发展很快，1957 年底电视覆盖率已达 97%。英国的商业电视起步于 1954 年，1955 年第一家商业电视公司开播。根据英国通信管理局（Ofcom）的报告，英国传统广播电视的每周收视率 2022 年出现了有记录以来最大的下降幅度，电视的核心受众老年观众的平均每日广播电视收视率下降显著，同比下降了 8%。BBC One 和 ITV1 是英国电视观众的首选频道。2023 年，英国电视广告花费为 49 亿英镑，同比下降约 8.9%。另外，奈飞（Netflix）是英国目前最受欢迎的流媒体视频平台。

英国网络广告起步较晚，2000 年其收入仅占全国广告收入的 1%，2005 年就已超越报纸，市场份额扩展到 13.3%。2008 年，英国互联网更成为全英第一大广告媒体。目前，网络广告已成为英国广告的主流，2022 年英国网络广告营收占总营收的 80%，远远领先于电视、报纸、户外、广播、杂志和电影。

英国的广告管理做得比较成功。主要通过政府管理和行业自律两个方面来进行，起较大作用的是广告行业内自我管理系统，由于成效显著，得到了广大公众的信赖。成立于 1926 年的英国广告协会（Advertising Association，AA）是英国最大的广告行业自律组织，目前协会的主要工作围绕广告行业相关的政策领域，包括广告信任、数据和网络隐私、数字广告、促进增长等。

英国广告的总体风格是表现比较细腻，具有较强的传统性和趣味性。和法国等欧洲国家一样，英国的电视广告片比较注意应用电影创作技巧和拍摄技术，欣赏价值很高。户外广告注意图文并茂，画面主体突出，文案简洁生动。

三、日本的广告

日本也是广告活动比较活跃的国家。近些年日本经济一直处于低迷状态，2023 年日本的名义国内生产总值低于德国，从世界第三降至世界第四。在广告市场方面，日本则被英国超越，成为全球第四大广告市场。

（一）明治维新以前的广告活动

明治维新以前，日本长期闭关锁国，虽有市场交易活动，但广告还是非常原始的。据记载，日本最早的广告始自公元 701 年。该年设市司，规定集市上的商品要有一定的标志，即所谓的招牌开始出现。这以后，陆续出现诸如集市、商品柜等原始的广告形式。江户时代，叫卖广告成为一种特色。当时，木（瓦）版印刷技术开始使用。有的商家雇人把社会上所发生的事件编撰为新闻、故事和笑话，用木（瓦）版印出，一面高声朗读，一面步行推销，用这样的“读卖”形式招揽生意。

17 世纪末，日本出现采用木版印刷的单页广告，类似传单。1853 年，美国的马休·佩里率舰队闯入江户湾相州浦贺海面，打破了日本的闭门锁国政策，以后，经过翻译的外国报纸在日本出现。1867 年，英国牧师贝里创办《万国新闻》报，最早报道日本国内新闻，插登广告。当时，日本具有阅读能力的人很少，对报纸处于一知半解的状态，曾用“珍闻罕闻”作为对该报的爱称。

（二）明治、大正时代的广告

19世纪下半叶，日本实行明治维新，幕府崩溃，西方文化生活方式被引进，教育被高度重视。日本在与中国的甲午战争和与沙俄争夺远东的战争中，以及在第一次世界大战中倒卖军火，捞取了巨额赔款、钱财和大片地盘，促使经济跃上一个新台阶，为广告业的飞速发展创造了良好条件。

19世纪70年代，日本一批近代报纸面世。1882年，由福泽谕吉创办的《时事新报》，大力宣传广告的必要性，在经营上主要依靠广告收入办报，起到了很好的带动作用。1923年关东大地震后，得到复兴的报社经过调整兼并，主要集中在《朝日新闻》《每日新闻》《东京日日新闻》（后与《读卖新闻》合并）等几家，报纸发行量大幅度增加，竞争能力增强，均重视广告经营。

这一时期的商品广告以药品、化妆品、书籍、食品等类别的占比较大。像仁丹、味之素、宇津救命丸等，往往在报纸上持续刊登广告（见图2－18）；花王香皂、狮牌牙膏等投放的广告量都较大；森永西点厂把销售额的1/4都用来做广告。

现代化的广告形式逐渐取代了传统的广告形式，新的广告技术得到应用。20世纪初，大型企业都开始设立专门的广告部门，之后又安排专司广告的宣传员。当时有不少名流都参与广告的版面设计和文稿构思，创作的一些广告语，如“今日帝国剧院，明日三越百货”“初恋的味道”（乳酸菌饮料可尔必思）、“一颗三百米”（格力高巧克力）等，至今仍被传诵。

日本的广告代理业也在此时产生。1884年，首家专门代理《时事新报》广告的广告代理店弘报堂创办。1887年，这家代理店在各地设立办事处，把广告业务扩展到《时事新报》之外。1890年，万年社创建；1895年，博报堂设立；1901年，现今电通的前身日

图2－18　20世纪初的日本报纸广告

本广告株式会社成立。这些都为日本现代广告业的发展奠定了基础。日本的广告学研究在20世纪初进入高潮。1914年，早稻田大学成立了广告研究会。此外，电通组织了广告座谈会，三越百货商场举办了广告创作展览会，日本广告学理论研究和广告实务逐步深入。

（三）现当代的广告

20世纪30年代以后，日本加快推行军国主义，发动了侵华战争和太平洋战争，成为第二次世界大战的元凶之一。在给人类造成巨大灾难的同时，日本的经济发展陷入了困境，广告活动几乎陷入停滞状态。20世纪50年代后，日本经济得到复苏，很快进入高速发展阶段，日本广告业因此得到相应发展，从而使日本进入世界广告大国的行列。

日本广告市场由电通和博报堂两家广告公司主导。2022年，电通的广告营收达到52 565亿日元，博报堂紧随其后，但仅有8 950亿日元。其他主要的广告公司还有CyberAgent、ADK、大广（DAIKO）等。随着国际化、信息化进程的加快，日本广告业面临着新的调整与变革。而日本一直处于低迷徘徊的经济状态，对广告经营有一定的影响，广告业难以摆脱不景气的阴影。2023年，日本总体广告花费为7.32万亿日元，比上年上升3.1%。

日本的大众传播媒体与广告公司的关系比较密切，在广告经营上往往互为依托。日本有五大全国性报纸，分别是《读卖新闻》《朝日新闻》《每日新闻》《日本经济新闻》《产经新闻》。日本人口老龄化程度较高，报纸、电视等传统媒体在日本享有比互联网更高的信任度。但日本报纸的发行量依旧呈下降趋势，2023年为2 859万份，同比下降7.3%。日本的电视台主要有半官方的公共电视台NHK，以及5家全国性的民营电视台，包括东京电视台、日本电视台、TBS电视台、朝日电视台、富士电视台。从20世纪70年代中期起，电视广告收入超越报纸而居于第一位。2023年，日本电视广告花费为17 347亿日元，是所有传统媒体中最多的，约为网络广告的一半。日本的杂志中，月刊约1 900种，周刊约1 000种，较有影响力的有《中央公论》《东洋经济》《文艺春秋》等。这些年来，日本互联网发展迅速，普及率已达90%以上。2009年，日本网络广告收入首次超过报纸。如今，网络广告已经成为日本最大的广告媒体。

日本广告表现内容随着时代的变迁而有所变化，与日本的文化特征相联系。总的来看，日本广告多以诉诸消费者的情感为主，着力塑造商品的形象，语言相对含蓄，力求避免强加于人（见图2-19，文前彩色插图）。

思考题

1. 简要回顾广告活动的产生和发展过程。
2. 我国古代广告主要有哪几种形式？
3. 我国当代广告的发展有哪些具体表现？
4. 简述我国台湾和香港地区的广告业概况。
5. 对美国、英国、日本等国家的广告业发展概况有一个基本的了解和判断，并在此基础上与我国做比较分析。

第三章
广告环境

本章要点

- 广告环境的基本含义
- 广告的宏观环境分析
- 广告的微观环境分析
- 消费者行为分析

广告作为整个社会系统的一个组成部分，是在一定的环境中生存和发展的，要受到各种环境因素的影响。因此，我们便有了一个如何认识和把握广告环境的问题。

第一节　广告环境的基本含义

一、什么是广告环境

作为一个名词，环境一是指周边、周围的地方，二是指所处的情况和条件。而作为一种学术概念，环境是相对于中心事物而言的。它作为中心事物的对立面而存在，是作用于该中心事物所有物质和力量的总和。环境因中心事物而异，它与中心事物相互呼应，又相互制约，既相互依存，又互相转化。简单地讲，与某一中心事物有关的周围事物即称该中心事物的环境。[①] 人们通常以人类作为中心主体，来认识、讨论人类生存、繁衍所必需的、相适应的环境。

从这个意义上说，广告环境即指广告业生存、发展的基础和条件，影响和制约广告活动策略、计划的各种力量和条件因素的总和。

广告环境有两个层面。一个层面是指影响广告活动产生、发展的宏观环境，也是任何社会组织或企业都面临的一般环境，是对一切行业和企业都会产生影响的宏观因素，主要包括自然环境、经济环境、人文环境、科技环境、政治环境等。

① 樊芷芸，黎松强．环境学概论．2版．北京：中国纺织出版社，2004：1.

另一个层面是指影响广告传播活动实施的环境，即广告行业、广告活动所直接面临的环境，可称为广告的微观环境。这些环境因素与广告行业自身经营有关，主要包括行业竞争环境、市场环境、人才环境、业务运作环境等。广告的微观环境，直接对广告活动及其成果产生影响与作用。广告活动既要从所处的微观环境中获取所需的各种资源，又要将所产生的成果输出给环境。

二、广告环境的特征

广告环境与其他行业、组织环境一样，具有一个显著的特征，就是不确定性。主要表现在两个方面：

（一）复杂性

广告所面临的环境影响因素很多。既有宏观层面的，又有微观层面的；既与整个国家、社会有关，也和某个行业、企业、个人相关。这些环境因素彼此之间相互关联、相互作用，每一个环境因素所带来的影响都不是孤立的。这样，就使得广告的环境因素变得十分复杂，存在着许多信息缺口。例如，全球经济未来发展趋势如何，对企业经营的影响究竟有多大，直至对广告活动可能产生什么样的影响，就有许多不确定的因素，有相当的复杂性。再如，房地产行业的进退，是大家关注的，其政策、需求、价格、资源等方面的变动，如何关系到广告市场的前景，人们也很难予以把握。

（二）动态性

随着时间的推移和人们的应对，广告所面临的环境因素正在发生变化。这些变化既有渐变也有突变，如自然地理环境变化较慢，而经济环境，特别是市场变化就很快。近年来，科技环境的快速变革对广告发展产生了巨大影响。大到国家法规政策，小到广告公司人员的去留，都处在不断变化之中，而由此引发诸如竞争对手、广告主、传播媒体等应对所发生的变化。这些变化是不确定的，变化无常的、不确定的环境因素对广告的影响是巨大的。一个百年品牌、老字号，因为社会转型、消费者偏好的变化，经营受到威胁，需要品牌升级或重建，就给包括广告传播在内的营销创造了机会。我国自 2005 年开始放宽境外资本进入我国广告市场的条件，使我国本土广告公司的经营受到新的挑战。但与此同时，我国在数字广告方面的迅猛发展，又重塑了中国广告业在全球竞争格局中的地位。

三、广告环境的作用

任何组织或企业的发展，都需要宽阔的视野和长远的眼光，这离不开对所处环境及其发展变化的认识和分析，这就是“审时度势”。只有通过“审时度势”，才能趋利避害，因势利导，抓住机遇。认清和把握广告环境，总的来说，就起到这样的作用。对于广告环境，具体可以从两个方面来看：

（一）从宏观环境上看

广告的宏观环境是指影响广告活动产生、发展的条件和制约因素。广告的宏观环境，既为广告活动提供各种宏观条件，又对广告活动产生宏观的制约作用；既为广告业的生存、发展提供宏观的条件和保障，也决定着广告业开展广告活动的内容以及方向。例如，我国在计划经济时期，广告的生存空间有限，随着实行改革开放，建设市场经济，广告业才获得了飞速发展。又如，自然环境的突变有时会给广告活动带来一些非常具有偶然性的变化。经济处于繁荣时期，广告市场就可能相应活跃；科学技术的发展，能为广告创作人员提供更广阔的创作空间，使广告作品的物质品质逐步提高，从而使广告对客体的作用和效果得到大幅度提高。

（二）从微观环境上看

广告的微观环境直接影响着广告业的发展和广告活动的开展。广告业所拥有的资源特别是人力资源对广告业的发展前景影响极大，几乎决定了某一个广告组织的存续。广告市场环境是关系到广告活动成果能否生成及输出的关键因素。例如，企业经营状况不好，压缩或砍掉广告预算，广告活动就成了无米之炊、无源之水。对此，就要认真加以分析、把握，以做应对。分析广告的微观社会环境也同样重要。例如，建立良好的广告意识环境，就能为广告活动的活跃开展提供有利的条件和空间。

四、广告与环境的互动

广告一方面要受到各种环境因素的影响与制约，而另一方面由于广告的传播活动及其所具有的特性，广告又对环境产生反作用，两者形成互动。

在经济方面，广告活动会受到经济环境的影响而相应发生变化，广告活动与市场竞争状况、企业发展前景、消费者的消费观念和购买行为等密切相关。同时，广告在社会经济生活中扮演了重要角色，对经济发展起到推动作用。

在社会文化方面，广告的信息内容一方面由广告商品或服务所决定，另一方面还要考虑人们的消费观念、生活方式、价值取向等诸多因素。但是，广告通过传播活动，又把广告中所蕴含的社会文化反作用于社会，对消费者的价值观念、行为方式等产生着潜移默化的影响。

在政策法规方面，一方面广告活动因一定的政策法规环境而受到激励或约束，另一方面广告业的发展，能给国家的广告政策法规体系提出新的要求，促进有关政策法规的形成和完善，还能对国家政策法规发挥宣传、普及等方面的作用。

在传播环境方面，优越的传播环境能够为广告传播活动提供广阔的天地。同时，广告也是传播媒体重要的经济来源。广告支持并促成新的科学技术嵌入传播媒体，从而激发或催生新的传播媒体。但过度的广告传播，则会造成传播环境的污染。

总之，广告在多方面对环境产生影响和作用。这些影响和作用，可能是正面的、积极的，也可能是负面的、消极的。我们在认识、把握广告环境时，也应看到广告与环境之间的互动关系。广告业需要加强优化环境意识，努力发挥广告的积极作用。

广告环境总是处在不断的变化之中。这些发展变化，使不确定因素不断上升，既形成许多机遇，也带来相应风险。因此，仔细考察广告所处的宏观环境和微观环境，做出正确的估量和判断，抓住机遇，规避风险，制定出相应的战略和策略，是广告活动取得成功的前提。本章所讨论的内容，既对广告行业的发展机遇提出一定的分析、研判方法，也为某个广告组织如何认识广告活动并做出相应的决策提供参考思路。

第二节 广告的宏观环境

广告的宏观环境可以归结为那些给广告业造成市场机会和环境威胁的主要社会力量。这些主要社会力量是企业经营无法控制的变量，同样，也是从宏观上影响广告经营活动的重要因素，主要包括以下方面。

一、人口统计环境

人口统计环境是指人口的规模和增长率、年龄结构、性别、家庭结构、受教育程度、民族构成以及地区分布与人口迁移变动等要素。人口统计环境会给企业经营和广告活动带来整体性和长远性的影响。归纳起来，要特别注意以下方面：

（一）人口的规模

一般情况下，人口规模与需求成正比。人口的数量越大，所形成的市场就越大，需求的绝对量也越大。现在有些经济发达的国家看好中国市场，在很大程度上是瞄准了中国十几亿的人口。

但是，过多的人口会对市场形成巨大的压力，使地球上有限的资源不能满足维持一定生活质量的需求，会给基本物品的供应、交通、住房、教育等带来一系列问题。现在，世界人口仍然处于增长趋势。2022 年 11 月 15 日，联合国宣布这一天世界人口达到 80 亿，而达到 90 亿将需要大约 15 年的时间，这表明全球人口的总体增长速度正在放缓。2021 年第七次全国人口普查数据显示，我国人口总量增速放缓，但仍然保持了平稳增长。2021 年，我国人口约占全球总人口的 18%，仍然是世界第一人口大国。

人口规模使机遇与挑战并存，既要预见它可能产生的消费潜力，也要看到它给社会发展所带来的沉重压力。事实上，只有在购买力有保证的前提下，人口规模才对市场有积极意义。

（二）人口的构成

在人口规模一定的情况下，应该对其自然结构进行具体分析。

1. 年龄构成

不同的年龄段有着不同的消费需求，中青年比例较大的国家或地区会产生旺盛的购买力，形成蓬勃向上的市场，而当老年人达到一定的比例时，市场总体购买力会下降，需求发生变化。例如，美国在第二次世界大战后出现的“婴儿潮”[①]，20 世纪 90 年代后处于需求的旺盛时期，就使市场机会和广告机会增多。现在世界上许多国家人口趋于老龄化，促使医疗保健商品或服务等方面的市场需要迅速增加，这样就给以老年消费者为目标的行业如医疗保健业提供了市场机会。

2. 家庭构成

家庭结构的变化，对企业营销和广告活动也会产生重要影响。世界各国家或地区家庭的组成，往往因社会文化背景不同而有着不同的方式。美国人普遍晚婚，婚后一般都不生孩子或少生孩子，妇女婚后参加工作的人数也在增加，且离婚率较高。美国家庭的这种变化，引起了市场需求的相应变化。就我国来说，传统的大家庭已不复存在，继之以小型化、多元化家庭模式。在城市人口中，拥有独生子女的三口之家更多一些，但随着国家生育政策的调整，四口之家、五口之家的数量有所上升。另外，丁克族以及独身、同居、集体户等非家庭住户也在迅速增加。这些都会形成新的独特的需求和购买习惯。

3. 地域构成

居住在不同地域的人口，由于所处的地理位置、气候条件、文化习俗等不同，人们的生活习惯、消费需求和购买行为等会出现差异。我国南方人和北方人就在饮食、服饰等许多方面有不同的需求。中心城市的消费者多把收入投在住宅上，农村的消费者则把收入主要花费在食品上。即使在同一区域，也会“十里一乡风”，显现出地方特点。我国农村地域广大，农村人口众多。国家推进社会主义新农村建设也会构成巨大的潜在市场，成为企业经营和广告活动的“蓝海”。

4. 民族构成

不同的国家或地区，往往有不同的民族构成情况。例如，在美国各种各样的民族杂居混合在一起，而日本则几乎由一个民族构成。民族构成不同，民族背景不一，所体现的文化、需求就会有所不同，从而构成多样化的市场，在从事企业经营、制定广告决策时，民族构成也是需要注意、把握的因素。

（三）人口的受教育程度

人口的受教育程度，与人口质量密切相关，关系到一个国家或地区的人力资源富足与否。现代社会的竞争，归根结底是人才的竞争。近年来，我国积极推进精英教育和大众教育相结合的高等教育，大力落实九年制义务教育，有效地提升了我国社会人口的受教育程度。但是，也必须看到，我国还有相当一部分人文化水平低下，这对消费需求的拉动和走向会产生不利影响。从个体消费的角度看，受教育程度会影响消费者的消费能力、消费层次、对品牌的辨识和选择程度等诸多方面。

在一个国家或地区，提高人口的受教育水平是一项长期的战略任务。因此，重视教

---

① 这里指美国 1946—1964 年出生的一代，有 7 700 万多人。

育，增加对教育的投入，为人民大众创造受教育的机会，是增强国力、繁荣经济、刺激消费、提高生活质量的长效工程。对于企业来说也要具有这样的战略眼光，可把一部分资金投入教育领域，一方面是对国家教育事业的支持，另一方面也是储备高层次的潜在消费者。

（四）人口的地理变动

人口的地理变动也会形成不同的市场需求。一般来说，人口的地理变动具有两个主要特点：一个特点是人口从农村移向城市；另一个特点是人口从城市流向郊区。人口集中在城市，会使居民需要和城市市场迅猛增长和扩大；人口从城市迁往郊区，会使城郊住宅区大量涌现，城市商业中心区的零售业外移。

当前，我国正在推进新型城镇化建设，带动着城市人口增加，推动着农村人口向城市流动的速度加快。同时，一些城里人又反向奔往郊区生活。还有为数不少的农民工，作为城市与乡村的两栖群体。这些社会群体的需求、消费，也是需要予以关注的。

二、经济环境

对经济环境进行分析，主要是考察社会购买力。所谓购买力，是指社会各方面在一定时期用于购买商品或服务的货币支付能力，是构成市场和影响市场规模大小的一个重要因素。一定规模的人口和较强的购买力结合起来，才能形成有前途的市场。

购买力主要由消费者的收入、支出、储蓄和信贷等因素影响和决定，因此可从这三个方面的变化进行考察。

（一）消费者收入的变化

消费者收入包括消费者个人的工资、奖金、红利、租金、赠予等收入。消费者收入的变化，直接影响到社会购买力、市场规模、消费支出等状况。一般来说，消费者收入增加，会引起消费支出增加，使市场销路扩大，也会使储蓄增加，产生潜在购买力，扩大社会总需求。

消费者的收入，又可分为货币收入和实际收入。在货币收入不变的情况下，如果物价下落，其实际收入便增加，如果物价上涨，则实际收入降低。消费者收入的波动，往往引起市场的波动，带来威胁或机会。从发展趋势来看，消费者收入总是要不断增加的，以刺激需求，进一步促进生产。2008 年爆发金融危机，一些国家或地区向居民发放消费券之类的举措，实际上是变相增加消费者收入，以拉动消费。

此外，就我国来说，不同地区、不同阶层的消费者收入是不平衡的，所形成的购买力、消费水平会相应有所不同。应注意把握，做出具体分析和衡量。

（二）消费者支出模式的变化

消费者支出受到其收入的影响，消费者支出模式会随着收入的变化而相应变化。

人们的总收入可区别为个人可支配收入和可任意支配收入。个人可支配收入是个人收入除去纳税和社会保障支出后的余额，可任意支配收入是消费者个人可支配收入除去用于维持日常生活支出和其他固定支出（如房租、水电等）之外所剩余的那部分收入。这部分收入以及消费兴趣的每一细微变化，都会引起消费者支出模式的变化，影响某些消费倾向。19世纪后半叶，德国经济学和统计学家恩斯特·恩格尔经过大量深入的调查研究，发现了关于工人家庭收入变化与各方面支出变化之间比例关系的规律性。家庭收入减少，饮食支出的比重就上升；家庭收入增加，饮食支出的比重就下降。一般情况下，维持家庭日常生活的支出基本上是稳定的，用于满足文化、娱乐等需要的支出的比重大小，可以衡量一个国家或地区的福利水平和富裕程度。这就是现在仍然适用的恩格尔定律。改革开放40多年来，我国人民生活总体上已超越温饱，达到小康水平，恩格尔系数越来越低。但与此同时，区域和城乡发展不平衡的问题仍然存在。

家庭生命周期所处的阶段对消费者支出模式也有较大影响。例如，没有孩子的年轻人家庭，往往把收入更多地用于购买电冰箱、家具、陈设品等耐用消费品。而有孩子的家庭，用于食品、教育、服装等方面的支出会增加。空巢家庭则可能把收入更多地用于医疗保健、旅游、奢侈品购置或储蓄。

进入新时代以来，我国消费支出对国民经济增长的贡献率几乎都在50%以上。近些年消费方式有了一些变化，特别是追求新的生活方式的年轻一代快速成长起来。在追求消费的实用价值之外，消费者也开始注重体验消费和情绪消费。伴随着数字化生活的加速发展，网络游戏等虚拟消费增长日益明显。

（三）消费者储蓄和信贷的变化

在其他条件一定的情况下，消费者的储蓄与购买成反比，储蓄额增加，购买量就减少，反之，购买量则增多。这些年来我国城乡居民收入均有所增加，然而由于受到消费习惯的影响和对住房、医疗、教育等支出增大的担心，人们更热衷于储蓄，这就会相对降低社会购买力。

通过信贷方式，社会购买力可以提高。通过信贷产生购房、购车等消费行为的城乡居民比例相较以往有明显增加，一定程度上使市场活跃起来，为企业经营和广告传播带来了生机和活力。但信贷会加重居民日常经济负担，也存在一定风险，要在政策、消费意识、教育等方面有所调整和引导。

一般来说，消费者的购买能力和欲望越强，对商品的品质要求就越高。企业营销可从消费者购买能力的变化中发现市场机遇，广告则应从这种变化中把握运作方向。例如，前些年我国房地产广告等支出不断攀升，近年来因为房地产价格涨幅过高，抑制了人们的消费欲望，房地产广告等支出出现下滑，反映出我国消费者的一些消费变化和需求方向。

三、自然环境

自然环境包括地理环境和物质环境两个部分，它的发展变化会给不同行业、不同产品造成威胁或机会，会影响广告的投放方向以及水平。

（一）地理环境

地理环境主要是指气候、地理位置、地形地貌等地理因素。这些因素会对一个地区企业的生产经营乃至人们的日常生活产生影响，是不可轻视的一个方面。例如，我国夏天全国普遍高温，冬天南北温差很大的气候特点，西高东低、梯形分布的地形走势，湖泊河汊、崇山峻岭的地貌等，都会对企业的生产经营提出不同的环境适应性要求。一般来说，某一个地区的地理环境相对比较稳定，企业在此投资兴业，通过有关资料就能对这一地区的地理环境有所了解认识，但同时也要注意地理环境变化。

地理环境一旦发生变化，就会对企业的生产经营产生影响。比如，气候冷暖变化就会影响到农业、渔业、服装业、旅游业等多种行业，或造成破坏，或产生机会。近年来，全球气候变化很大，世界极端天气频发，出现暖冬、夏季豪雨和大面积干旱等现象，相关产业就会受到牵连。

（二）物质环境

物质环境主要是指自然资源状况。从营销的角度看，世界上的自然资源呈现危机趋势。首先是原材料缺乏。例如，空气和水这些原本不会枯竭的资源变得稀缺或劣化。现在很多大城市空气污浊，许多国家或地区缺水。一些可再生资源如森林、粮食等变得越发紧张，而一些不可再生资源如石油、煤炭、金属等，面临着更加严重的匮乏问题。对于企业而言，即使有些资源可以获取，但又有经营成本不断增加的压力。

其次是污染日益严重。工业生产极大地破坏了自然环境。例如，大量使用化学品导致土壤、食品受到污染，海洋受到污染，一些不可降解的容器、塑料包装等废弃物大量产生等。

由此，政府对环境和资源保护的行政干预力度加大，群众性的绿色运动逐渐高涨，有责任的企业也在力图降低生产经营对环境的危害。这些做法都关系到广告战略和策略的制定实施。

四、科学技术环境

科学技术是社会生产力的表现，是企业把资源转化为符合人们需要的物品的基本手段。科学技术的进步，不仅对社会环境和经济环境产生重大影响，而且对企业、消费者，乃至广告行业自身产生巨大作用。新的科学技术的应用，在给企业创造新的发展机会的同时也会冲击和摧毁陈旧落后的产业，在使企业的营销手段更新升级、提高效率的同时也会影响人们的消费方式和购买习惯。

当前，由于现代信息技术的广泛应用，信息化、数字化、智能化所带来的技术革命和知识经济，使企业生产经营的变化更多更快。例如，面对产业扩展和转移的空间进一步开阔，生产和营销中的科技含量进一步增加，产品的研发周期进一步缩短，人们的消费需求进一步调整，等等，都要求企业随时观察了解科学技术的进步、发展，把握机会，因时而变，因势而动，以求得生存和发展。广告业也是如此。

五、政治法规环境

政治法规环境包括政治环境、政策法规环境乃至国际环境，属于不规律的环境系统。政治环境的变化常常给企业经营和广告活动带来灾难或生机。即使政治环境相对稳定，倘若政治气候出现细微波动，或某一政治性事件发生，也会给产品的销售环境乃至企业的经营环境带来微妙的影响。

国际环境的变化更是难以预测。必须经常关注国际情势的变化，通过国内外权威传播媒体了解新闻背景及前瞻，分析某些突发事件的前因后果，逐步认识、把握国际环境的变化。

政策法规环境对于企业准确判断经营环境、制定广告战略是至关重要的。一项法规的制定，一个政策的出台，都会直接影响到企业经营决策，影响到广告活动的开展。例如，2000 年 5 月，国家税务总局曾下发《企业所得税税前扣除办法》，规定企业每一纳税年度发生的广告费支出不超过销售（营业）收入 2%的在当年税前准予扣除，超过部分可无限期向以后纳税年度结转，结果挫伤了企业投放广告的积极性，造成了广告行业的经营困境。

对政策法规环境进行分析，要熟知政府颁布的任何一项新的法律、规定、条例、办法等，了解这些政策法规出台前的背景、经过，并注意跟踪、了解、掌握有关政策法规的实施细则、解释说明等。特别是与企业市场营销管理有关的经济立法，与广告活动关联的有关政策法规更要关注。另外，一些地方性法规以及半官方组织（如消费者协会）的典型案例裁决，亦不容忽视。

六、社会文化环境

社会文化是指一个社会的民族特征、价值观念、生活方式、风俗习惯、宗教信仰、受教育水平、语言文字、社会结构等的总和。它是一个社会经过长久的岁月刻在人们“骨子”里的烙印。一定的社会文化决定着人们独特的生活方式和行为规范，深刻地影响着人们的思想观念、需求态度、行为取向和消费习惯。

社会文化环境主要包括以下要素：

（一）价值观念

价值观念是人们对社会生活中各种事物的态度、评价和看法。在不同的文化背景下，人们的价值观念差别是很大的。不同的价值观念在很大程度上决定着人们的生活方式，影响着人们的消费行为。例如，在欧美等发达国家，大多数人喜欢追求生活上的享受，超前消费是司空见惯的事情。这与他们的价值观念是相一致的。而在我国，人们则崇尚勤俭节约，勤俭节约被视为中华民族的传统美德。

随着社会的发展变化，价值观念会相应有所调整变动。而因地区、年龄、社会阶层等的不同，价值观念呈现出多元化趋势。市场营销、广告传播应适时把握住这些趋向，采取不同的营销策略和传播策略。特别是我国现在正处于社会转型时期，尤应注意。

（二）宗教信仰

不同的宗教信仰会影响人们认识事物的方式、价值观念和行为准则，也会影响人们的消费行为，形成特殊的市场需求，这也与企业营销活动有密切的关系。据统计，全世界信奉基督教的人超 23 亿人，信奉伊斯兰教的人超 19 亿人，信奉印度教的人超 11 亿人，信奉佛教的人超 5 亿人。教徒所信宗教不一样，信仰和禁忌也会不一样。这些信仰和禁忌限制了教徒的消费行为。特别是在一些信奉宗教的国家或地区，宗教信仰对市场营销的影响力更大，宗教组织在教徒的购买决策中有重大影响。因此，了解和尊重消费者的宗教信仰，对企业营销活动具有重要意义。企业应充分了解不同地区、不同民族、不同消费者的宗教信仰，提供符合其要求的产品，制定适合其特点的营销传播策略，否则，就有可能触犯宗教禁忌，失去市场机会。

（三）风俗习惯

风俗习惯是人们根据自己的生活内容、生活方式和自然环境，在一定的社会物质生产条件下长期形成并世代相袭的一种风尚，以及由于重复练习而巩固下来并变成需要的行动方式等的总称。它在饮食、服饰、居住、婚丧、信仰、节日、人际关系等方面，都表现出独特的心理特征、伦理道德、行为方式和生活习惯。不同的国家、不同的民族有着不同的风俗习惯。风俗习惯影响着消费者的消费模式、消费行为和消费偏好。例如对图案、颜色、数字、动植物等，不同的国家、民族都有不同的喜好和不同的使用习惯。中东地区严禁带六角形的包装。英国忌用大象、山羊做商品装潢图案。中国、日本、美国等国家对熊猫特别喜爱，但一些阿拉伯人却对熊猫很反感。墨西哥人视黄花为死亡、红花为晦气，而喜爱白花，认为可驱邪。日本人在数字上忌用“4”和“9”，因日语发音的“4”同死相近，“9”同苦相近。我国是一个多民族的国家，各民族都有自己的风俗习惯如：蒙古族人喜穿蒙古袍、住帐篷、饮奶茶、吃牛羊肉、喝烈性酒；朝鲜族人喜食狗肉、辣椒，穿色彩鲜艳的衣服，食物上偏重素食，群体感强，男子地位较突出。市场营销和广告传播就要了解和注意不同国家、民族的消费习惯、爱好、禁忌等。如果不重视不同国家、民族的风俗习惯差异，就有可能造成难以挽回的损失。

（四）语言文字

不同国家、民族往往都有自己独特的语言文字；即使同一国家，也可能有不同的语言文字；即使语言文字相同，表达和交流的方式也可能不同。语言文字的不同对企业的营销活动有巨大的影响。一些企业由于其产品命名与产品销售地区的语言文字相悖，就给企业带来了巨大损失。美国一家汽车公司曾生产了一种叫“cricket”（奎克脱）的小型汽车，在美国很畅销，但在英国却不受欢迎，其原因就在于语言文字上的差异。“cricket”一词有蟋蟀、板球的意思。美国人喜欢打板球，提到“cricket”，便联想到蟋蟀，汽车牌子叫“cricket”，表示个头小，跑得快，所以很受欢迎。但英国人不喜欢玩板球，所以便认为

"cricket"就是板球，由此也不喜欢牌子叫板球的汽车。后来，美国公司把销往英国的产品改为"avenger"，意思是复仇者，说明它很有力量，结果很受欢迎，销量大增。

（五）审美观

审美观通常指人们对事物的好坏、美丑、善恶的评价。不同的国家、民族、宗教、阶层和个人，往往因社会文化背景不同，其审美标准也不尽一致，因审美观的不同而形成的消费差异则是多种多样。例如：欧美的女性结婚时，喜欢穿白色的婚礼服，认为白色象征着纯洁、美丽；而我国女性结婚时，则喜欢穿红色的婚礼服，觉得红色象征吉祥如意、幸福美满。我国女性常把饰品佩戴在耳朵、脖子、手指上；而印度妇女却喜欢在鼻子上、脚踝上佩戴各种饰物。不同的审美观对消费的影响是不同的，企业应针对不同的审美观所引起的不同消费需求，特别要把握不同文化背景下的消费者审美观及其变化趋势，制定良好的市场营销策略以适应市场需求的变化。

第三节　广告的微观环境

广告的微观环境，即广告的行业内环境。一般来说，影响微观环境的，主要有资源环境、市场环境和微观社会环境。对于广告的微观环境来说，主要包括广告资源环境、广告市场环境、广告微观社会环境和广告竞争环境。

早在1993年7月，国家工商行政管理局和国家计划委员会在印发《关于加快广告业发展的规划纲要》的通知中就指出：广告业在我国是一门新兴产业，属于知识密集、技术密集、人才密集的高新技术产业，是第三产业的重要组成部分。这一定性实际上从根本上明确了我国广告微观环境的核心内容。

一、广告资源环境

一般来说，任何组织或企业的资源环境都离不开人力资源、物力资源和无形资源。广告活动也是如此。

（一）人力资源环境

按照经济学的观点，企业的主要资源是资本、劳力、土地和企业家才干。而只有企业家才能把前三种资源进行科学而有效的配置，才能使企业盈利。因此，拥有丰厚的人力资源，是推动广告行业高速、优质前行的能动性因素，是广告发展中最为重要的战略性资源。广告业进入市场的壁垒较低，人力资源更占有重要的特殊地位。

广告人力资源环境主要有以下方面的因素：

1. 人才需求条件

人才需求条件主要指广告人员的基本素质如学历结构、专业技能、文化知识素养等，以及各类人才的构成状况、从业人员数量等。

人才素质是广告人才资源环境中的一个核心因素。广告业的发展能力及潜力，不在于广告从业人员的规模，而在于其创造价值的能力。相比于传统广告时代，依托数字化广告专业人才的贡献，中国数字广告产业发展迅猛。中美两国囊括了数字广告收入超过100亿美元的8家企业，各有4家，但中国广告收入与位居全球第一的美国仍有较大差距，从业人员的素质提升仍然任重道远。

人才结构也是广告人才资源环境中的一个重要因素。合理的人才结构能够保证广告活动顺利开展、广告作业有效进行。数字广告时代，除了传统广告时代以市场调查、文案、创意、设计、策划为主体的专业人员构成外，还应有具备大数据、算法、人工智能知识和技能的程序化广告、计算广告、智能广告领域的专业人才。目前看来，后者明显匮乏。

广告是综合市场营销、传播、艺术、心理、法律、社会学、计算机与人工智能科学等的专门性行业，因而需要更多的具有专业知识的复合型人才。例如，日本并没有广告学本科专业，由各家广告公司招聘有其他专业背景的人员，再经过广告方面的专业培训。广告从业人员具备多学科的知识，又有专业技能，其广告运作水平就较高。进入整合营销传播、数字化营销时期，企业对广告从业人员知识结构的要求更高。我国现有的广告从业人员中，经过专业训练、学历层次较高的复合型专业人才比例较小，一定程度上影响了广告服务能力和运作水平的提高。

2. 人才选择机制

人才选择机制指广告人才评估、选择的标准、方法和手段等。通过一定的人才选择机制，吸纳适宜从事广告行业的人才进入，是保证广告业人力资源质量的一个重要方面。不同国家或地区的企业都有一套对广告人员进行评判、选择的办法和措施。互联网广告平台、广告公司和广告创意热店等各类广告机构也都制定了自己的标准。

3. 人才流动状况

行业内外合理的人才流动，有助于人才的交流交融，有利于才干的进一步发挥。人才流动处在何种状况，也是影响行业发展的一个重要因素。广告业被称为人才跳槽最频繁的行业，对此有不同的观点和认识，见仁见智。尽管如此，但如流动过度，则势必影响广告队伍的相对稳定，加剧广告行业的不正当竞争，进一步影响广告业的秩序，因此也应有一定的规范约束。

4. 人才培养

人才培养包括人才培养的观念和方式等。人才培养的观念是指对广告人才培养的指导思想、重视程度等。人才培养的方式主要有培养途径、方法、机构等。不同国家或地区对此有不同的做法。例如，美国主要采取高等院校的专业教育与广告行业内培训相结合的方式。英、日等国则以业内培训为主。我国基本仿效美国的人才培养方式，但高等专业教育存在培养模式不清晰、培养方案滞后等问题，应给予相应的重视。另外，在广告业持续快速的变革过程中，行业协会在广告人才的继续教育培训方面还可发挥更大的作用。

（二）物力资源环境

广告活动以智力投资为主，对资金、场所等方面的资源要求不高。尽管如此，但还是要有一定的物质基础，比如：拥有比较丰厚的资金做后盾，能够增强业务运作能力和竞争能力；具备一定条件的办公设施，能够让客户产生相应的信任，也更具吸引力；需要一定的科学技术条件支持，特别在大数据、云计算和人工智能等科技方面。

（三）无形资源环境

无形资源是指企业所需的各种技术、专利、技术诀窍、商业信誉等方面的资源。企业的经营能力和管理水平，也属于无形资源。无形资源既可以从长期的经营过程中积累，也能够通过外部环境获取。无形资源环境对于企业加快发展速度具有重要意义。对于广告业来说，一方面要善于总结提炼广告经营运作经验，探索广告活动的基本规律，形成自身的服务特色和管理能力，另一方面也要努力争取得到有利的无形资源环境。例如，一些广告业发达的国家的广告公司，在长期的广告经营过程中形成了先进的经营理念、颇具特色的广告运作能力等，这些实际上都属于无形资源。我国曾采取与它们合资、合作等方式开办广告公司，从中获取了所需的一些无形资源，缩短了彼此之间的差距。

以上三方面的资源环境，实际上构成了广告组织的内部环境。

二、广告市场环境

广告市场环境主要由广告主体环境、广告客体环境和广告本体环境等组成。

（一）广告主体环境

广告主体包括广告公司、广告客户（广告主）和传播媒体。在广告主体环境中，主要是对广告客户环境和传播环境的分析。

1. 广告客户环境

广告客户，即广告主。对于广告业，企业就是顾客。广告主是广告活动的源头，其做广告的意愿和需求，直接关系到广告业的发展。这也与企业的宏观环境有关，与经济是否景气有关。一般来说，经济状况好的时候，企业的广告投入都会比较“慷慨”，而一旦经济出现萧条，大多数企业首先想到的就是减少广告预算。某一个行业、某一个领域的发展出现障碍，也会影响到广告市场的发展。消费市场处于萎靡状态，广告投放减少，就会造成一些媒体机构的广告收入锐减。而企业是否成为广告主，成为多大的广告主，还与企业的经营理念、所实行的营销战略相联系。例如，美国的特斯拉、苹果等公司都把广告作为重要的营销工具，每年的广告费用都很高。我国的华为、格力、小米等公司，也把广告作为企业营销的重要手段。

根据这些特性开展广告活动，就要对广告主进行细分，正视威胁，抓住机会，争取得到更多的广告客户，扩大经营范围。

随着市场竞争和营销战略的变化，广告在营销中的作用在弱化，这一现象应该得到高度重视，广告业应因势调整经营战略，强化“大广告”意识，优化广告客户环境。

2. 传播环境

传播环境是否良好，关系到与广告受众的接触机会能否增多，与消费者沟通的渠道是否畅通，也关系到广告运作流程是否顺畅。首先是看广告的整体传播环境，可从质和量两个方面分析。量的方面，是指了解把握传媒的种类、数量、分布等。质的方面，侧重于传播效果的分析，如传播方式、传播手段、传播特色等。其次是具体到某一类传媒、某一种媒介。改革开放 40 多年来，我国传媒无论是种类、数量、分布，还是传播方式、传播手段、传播特色等，都有了翻天覆地的变化，相当程度地满足了广告传播的需求，特别是进入 21 世纪以来，互联网、移动互联网、人工智能技术的应用，不仅是对广告传播媒介形式的丰富和发展，更是通过重塑广告运作模式、传播流程和运营生态，对广告业产生了颠覆性影响。但是，如何实现品牌、效果和销售的共同增长，如何处理广告与相关传媒的关系，如何把握好最为有利地与目标受众沟通的方式，等等，都需要对传播环境进行深入分析。

拥有较理想的传播环境，是取得较好传播效果的前提，也是争取更多广告机会的基础。传播环境理想，目标消费者能够充分接触到有关商品或服务的信息，反过来又能够使广告公司得到广告客户的认可，提高进一步合作的可能性。

（二）广告客体环境

广告客体就是广告作用的对象，也即广告受众、目标消费者。在广告市场环境中，广告客体扮演着检测广告信息、评估广告效果的角色，是广告活动中广告信息流通的最后环节。消费者的购买力、购买行为、对广告信息传播的态度、广告接触方式等，也是构成广告市场环境的重要因素。加强对广告客体的分析研究，对于认识和把握广告市场环境，非常必要和重要。因此，也有人把广告受众放在广告主体环境中来认识。

（三）广告本体环境

广告本体即广告作品，是广告信息的载体，也是广告市场中以实体形式出现的产品。通过传媒，广告作品连接了广告主与广告受众，广告公司等机构以广告作品作为业务经营的一个重要成果向外部环境输出。因此，对广告作品在生产和流通过程中所处的环境，也要认真分析，以充分发挥资源优势，创作出优秀的广告作品。

对广告市场环境进行分析，不仅要对现有市场环境展开分析，还要确定自身在市场竞争环境中所处的地位，对未来的市场环境做出预测。这样，才能适时调整广告活动的方向与内容，在市场竞争中努力保持有利的地位。

三、广告微观社会环境

广告不仅受到宏观社会文化环境的影响，更直接受到所处的社会环境的影响，即微观社会环境的影响。

广告微观社会环境主要包括广告意识环境、广告批评环境、广告监管环境等。

（一）广告意识环境

广告意识是对广告传播的认识、看法和评价。广告意识如何，对广告业的发展、广告机会的形成等有很大的影响。广告意识可包括三个方面。一是社会广告意识，即社会整体对广告所持的认识、看法和态度；二是消费者广告意识；三是广告主广告意识。整体社会对广告持有积极的、正面的态度，广告就能有良好的生存环境。消费者如对广告有正确的认识，能有效地获取有关消费信息，广告就能较好地发挥引导消费、促进消费的功用。企业具有较强的广告意识，就可能为广告活动提供更多的机会。

由于种种原因，我国现有的广告意识环境不是很理想。中华人民共和国已成立70多年，前30年实行的是计划经济，广告被看成资本主义的东西，是骗人的玩意儿。后40多年来，我国建设中国特色社会主义，逐步向市场经济过渡，广告有了用武之地，广告意识逐渐增强。但是，由于根深蒂固的观念，一些人仍对广告存有偏见。一些企业还未能形成完全的市场运作的观念，对广告的营销作用认识还不够，广告意识尚需加强。加上我国广告活动总体上运作水平不高，一些不规范的广告传播现象时有所见，这增加了人们对广告的负面认识。这都需要我们加以纠正，为营造优良的广告意识环境而努力。

（二）广告批评环境

广告批评是伴随着广告业发展而形成的一种评价和反馈机制。良好的广告批评环境，能够促进广告活动的良性运作，有利于广告业的健康成长，减少广告的负面影响，能够促使广告更好地为社会进步、经济繁荣服务，更好地为广大消费者服务。广告业最为发达的美国，广告批评的机制很早就建立起来。可以说，美国广告业就是在“骂声一片”的环境里不断历练、发展的。

广告批评既不是对广告活动的否定批判，也不是对广告单纯的褒扬，而是从不同角度、不同方面，如社会、经济、伦理、艺术等，对广告活动进行全景式的客观评价。其中，从社会、伦理、文化等方面对广告的评价分析，分量更重一些。我国现代广告业进入新的发展阶段，应该建立起比较系统、完备的广告批评体系，构建一个健康的、积极的广告批评环境。

加强广告批评，应是广告学理论研究的一个重点。与广告活动实际结合起来的理论研究，是获得成果的动力和源泉。对于我国广告学理论研究者来说，既是目标，也是职责。

（三）广告监管环境

除政府宏观的广告管理外，微观的社会环境也可形成对广告的控制、制约。例如，消费者对广告活动的监督，利益相关者如股东、客户、银行等对广告活动的影响。

四、广告竞争环境

按照《现代汉语词典》（第7版）的解释，“竞争”是“为了自己方面的利益而跟人争胜”。生物学意义上，竞争是需求量与供应量之间的相互作用。从经营的角度看，竞争是市场主体为了追求自身利益而力图胜过其他市场主体的行为和过程。任何组织或企业都面临竞争问题。随着经济全球化和信息化、数字化进程的加快，企业竞争、行业竞争等越发激烈。广告业在发展过程中，也面临着竞争，需要对广告竞争环境进行分析。

广告竞争环境主要包括竞争对手、替代品生产者、用户和供应商等因素。

（一）竞争对手

广告的竞争对手是复杂的，就参与广告活动的各方而言，广告主是广告活动的发起人和出资者，处于主动和优势位置。但同类企业也会因选择合适的广告代理和传播渠道，避免“业务冲突”“信息抵消”等产生竞争对手。广告公司为争取广告客户，为实现理想的媒体战略，为占有更多的广告营业额，彼此也有竞争。各类媒体也为得到更多的广告投放机会，多增加广告收入而竞争激烈。

广告行业的竞争对手，可分为现有竞争对手和潜在竞争对手。

1. 现有竞争对手

对现有竞争对手的分析，主要从三个方面入手：

（1）竞争对手基本情况的分析。

分析竞争对手的数量，地区分布状况，经营规模，员工、资金等资源的拥有量等，以及具备的优势和竞争实力。对竞争对手基本情况的分析了解，其根本目的是找出自己的主要竞争对手。

（2）主要竞争对手的比较分析。

在找出主要竞争对手的基础上，分析研究其优势所在，对自己能构成哪些威胁，进行比较，以制定相应的竞争策略。

（3）竞争对手的发展动向分析。

对竞争对手进行动态的分析，随时观察了解、密切注视竞争对手的发展动向，先行知彼，争取主动，夺取先机，占领竞争的制高点。

2. 潜在竞争对手

我国 2005 年以后放宽了外资进入我国广告行业的限制，我国广告业竞争对手潜入的可能性不断增大。带有强大的资金和经营运作能力的外资企业，在市场竞争中对本土广告企业具有强劲的威胁。数字智能广告时代，传统广告的竞争结构被打破，新兴的技术平台、数字营销公司等已经对老牌广告公司产生了极大冲击，这种潜在威胁还将不断强化。任何在广告业中的企业，都应顺应时代的变化，不断凝聚竞争实力。

（二）替代品生产者

广告业的主要特征是提供服务，生产信息产品，在组织或企业的营销传播中发挥作用。这种产业运作特征不可能具有不可替代性，相反，类似的生产信息产品、把传播作为运作方式、为营销服务的行业或活动还很多。例如，营销咨询、公共关系传播、促销、直播带货等，它们在效益、产值等方面均有特色。在新的技术环境和传播环境下，传统的广告运作几乎没有优势可言。广告业中的企业要充分认识到这种竞争威胁，不要轻易被“替代”，一方面要增强优质服务的内功，另一方面还要建立“大广告”的观念，加强与其他营销传播工具的融合。

（三）用户和供应商

广告竞争环境的用户和供应商因素，实际上就是参与广告活动的各方。广告主、广告公司、传播媒体和广告受众彼此之间存在着一种相互依存的关系。对于广告公司来说，广告主可能是供应商，传播媒体则可能成为用户。而传播媒体的供应商则可能是广告公司和企业，广告受众又成为用户。企业可以是广告公司或传播媒体的用户，却又需要有关信息传播的作用，依赖广告受众成为消费者，产生购买行为，采取购买行动。

正是这样的相互依存关系，使得广告竞争环境变得复杂，使规范、优化广告竞争环境显得更加重要。

对于用户和供应商的分析，主要是围绕有关需求方面，涉及总的需求、需求结构和购买力等内容。另外，也应分析价格谈判能力等方面的问题。

我国广告业面对着复杂而多变的竞争环境。本土广告公司在社会转型、科技突飞猛进的宏观环境下，一方面要参与与本土竞争对手的激烈竞争，另一方面要应对实力雄厚、优势明显的外资公司的挑战，专业广告机构遭受严重挤压。多种成分的经济结构也使广告源头多样化。传媒机构之间为争夺有限的广告费用，竞争此起彼伏，日趋激烈。我国广告业竞争在理念、条件、行为等方面既存在起步晚、发育不良的遗留问题，又面临着迎接新一轮技术浪潮冲击的重任，优化和规范广告竞争环境，任务相当艰巨。

对竞争态势的分析，有一个 SWOT 分析的基本方法，即对一个组织自身所具有的优势（strength）或劣势（weakness）的地位或条件，以及面临的环境所带来的机遇（opportunity）和威胁（threat）的情况，进行全面的分析。这里不赘述。

第四节　消费者行为分析

消费者是广告环境中的一个要素。消费者行为对于优化广告环境有着重要意义，需要对其进行分析了解。

一、消费者行为分析的意义

在数字化、信息化的推动下，当代市场营销领域发生了很大变化。市场营销者能够提供比以前更为丰富的产品或服务，市场营销者与顾客之间信息交换的交互性与即时性都增强了。市场营销者更容易获取消费者的相关信息，而消费者也能接触更多的消费信息，在消费过程中拥有更大的权力。这些使市场竞争更为激烈，市场营销受到更为严重的挑战。因此，消费者具有什么样的消费行为，成为人们十分关注的问题。

消费者行为是指消费者在寻求、购买、使用、评价和处理他们期望能够满足其需求的产品或服务过程中所表现出的行为。① 由此引发了两个概念：

---

① 希夫曼，卡纽克．消费者行为学：第8版．北京：中国人民大学出版社，2007：6.

（1）个体消费者。个体消费者是指购买产品或服务是为了自身和家庭的消费或作为礼物馈赠他人的个体。个体消费者对于产品的购买，一般都是最终消费，故又被称为“最终用户”或“最终消费者”。

（2）组织消费者。组织消费者是指购买产品、设备、服务等以维持组织运转的各类营利的以及非营利的企业、商业机构，各级政府机构，各种组织机构如学校、医院等。

在市场营销中，这两类消费者都很重要，最终都以个体接触消费信息，接受广告传播的影响作为结果。在各类消费者行为中，最终使用消费是最基本、最普遍的特征。

但是，消费者为什么会采取购买行动？他是如何做出决定的，经历了怎样的过程？影响购买决策的有哪些因素？他获取消费信息的渠道有哪些？他又是如何接触广告媒体的？怎样才能引起目标消费者的注意？这些问题都涉及消费者的消费行为。

在实际消费活动中，真正了解把握一个消费者的消费行为是困难的。因为，消费者采取购买行动，往往带有很大的盲目性。而且，其消费行为会因性别、年龄、职业、兴趣爱好等多方面的因素不同而存在很大的差异。一个人的行为经常处在不断变化之中，很难进行预测。

但是，消费者的消费行为还是有规律可循的，不少经济学家和心理学家对此进行研究，提出了各种理论和阐释。应用较多的，是一种根据心理学提出的刺激-反应模式，如图 3-1：

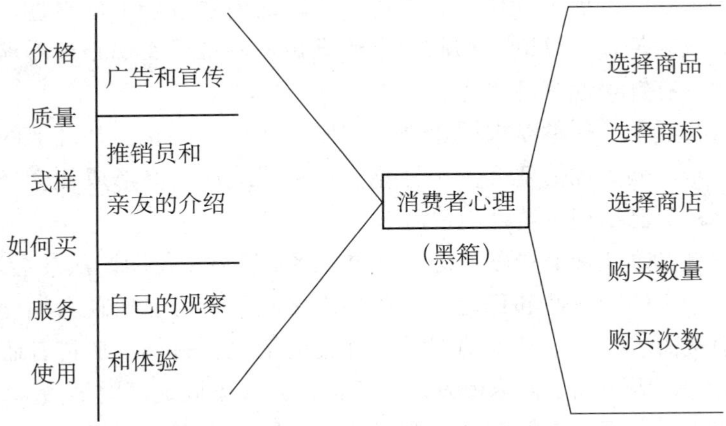

图 3-1　消费者采取购买行动的过程

从另外一个方面看，任何企业不论其生产规模多大，产品种类多丰富，也不可能满足所有消费者的各种各样的需求。在现代经营活动中，企业已由产品导向转向消费者导向。企业必须确定精确的目标市场的需要和需求，才能获取成功。从广告活动来说，需要根据企业目标市场来选择广告目标市场，并在此基础上制定广告战略和策略。这些都要以深入分析消费者行为为依据。

二、影响消费者行为的主要因素

消费者采取一定的消费行为，可能由各种各样的因素所致。归纳起来，可有下面几种主要的因素：

（一）经济因素

消费者的购买能力如何，是产生何种消费动机的最基本的因素。这可与经济环境联系起来分析：

1. 经济周期

经济周期反映了一个国家或地区整体的经济发展阶段与基本情况，对于整体消费市场与广告市场具有重要影响。在经济繁荣时期，消费者更愿意进行大额消费和非必需品的购买；在经济衰退时期，消费者更倾向于储蓄，减少非必要支出。

2. 收入水平与物价水平

收入水平与物价水平是消费者消费动机与需求的重要影响因素，这里主要分析受这两者影响的消费者的三种需求：

（1）基本需求。这是追求日常生活所必需的消费的满足，或者是满足“温饱”的需求，属于初级消费阶段。处于这一阶段的消费者主要关心的是生活的必需品是否有保障，选购商品的标准是物美价廉。他们往往很难接受新产品，购买时容易出现“随大流”现象。

（2）选择需求。这是在基本需求得到满足以后出现的消费需求，属于更高层次的次级消费阶段，需求开始出现个性化。处于这一阶段的消费者会根据兴趣、爱好、个性特征等去选择商品或服务，不仅追求物质需求的满足，还希望实现心理需求的满足，构成多层次、人性化、有针对性等消费特点。

（3）表现自我需求。这种需求是建立在物质生活更加完善的基础上的消费需求，比选择需求更进一步，购买和消费完全个性化。这种需求还没有形成社会经济现象，但有些高收入的社会精英已出现了这种消费需求。

需要指出的是，这几种消费需求是分层次、逐步发展变化的。从社会发展的角度看，消费者的需求有一定的阶段性和稳定性，各层次之间不大可能出现大幅度的跳跃，同时会出现以一种消费需求为主，其他消费需求并存的情况。另外，消费者还会受到旧有消费观念的影响，这会阻碍消费需求的发展。不同国家、不同地区的消费需求也会不一致。要仔细分析这些方面，探求市场营销的商机所在，同时把握广告机会。我国正处在社会转型期，经济发展不平衡的现象较为严重，由此导致消费需求的差异大、层次多、多元化等特殊性，更要悉心把握。

（二）文化因素

文化是人类在社会发展过程中所创造的物质财富和精神财富的总和，是人类创造社会历史的发展水平、程度和质量的状态。文化因素对消费者行为有着广泛而又深远的影响。对于消费者来说，其文化背景、亚文化和社会阶层等所起的作用是很大的。

1. 文化背景

文化是人类欲望和行为最基本的决定因素。人在成长过程中，通过家庭和社会，接受一定的文化教育，形成了相应的价值观、信仰、态度、道德和习俗等，并由此产生一定的喜好和行为。西方人喜欢吃西餐，中国人偏好中餐。欧美人就餐用刀叉，中国人进餐用筷子。由于国际化的影响、文化的互相融合等，不同文化背景的价值观等会有异化、交叉的现象，也会影响到消费方式的变化。例如，我国一部分群体对西方“洋货”的向往，一些外国人对中国民族特色的喜爱等。文化的认同感会直接影响到消费者对产品、对广告诉求的接受程度。

2. 亚文化

亚文化是指一个文化体系中由某些特定群体形成的、具有独特价值观、行为模式和生活方式的文化子集。亚文化群体通常拥有与主流文化不同的价值观，这种价值观深刻影响其消费行为。同时，他们又具有独特的行为模式，具体到消费方式、品牌选择、产品使用等方面与主流文化群体有所不同。

亚文化对消费者的品牌偏好具有显著影响，其群体会对某些品牌表现出强烈的偏好，这些品牌通常与亚文化群体的价值观和信仰体系高度契合。亚文化群体的消费动机往往与主流文化群体不同。对于某些亚文化群体来说，消费不仅是满足物质需求的过程，更是表达个性、追求独特性和实现自我价值的途径。例如，朋克文化群体在服装和配饰上的消费动机不仅是为了实用，更是为了表达反叛和独立的精神。最重要的是，亚文化为其成员提供了强烈的认同感和归属感。通过参与亚文化活动、使用特定品牌或产品，成员能够增强对群体的认同感和归属感（见图 3－2，文前彩色插图）。不同亚文化群体所具有的价值观、行为模式等因素在对消费行为产生重要影响的同时，也为市场细分提供了重要依据。

3. 社会阶层

社会阶层是指一个社会中具有相对的同质性和持久性的群体。有的社会学家曾将社会成员分为上等上层人、下等上层人、上等中层人、中等阶层、劳动阶层、上等下层人、下等下层人等七种主要的社会阶层。其中，中等阶层和劳动阶层要占 70%左右。每一阶层的成员都有类似的价值观、兴趣和行为。在消费领域，各社会阶层对产品和品牌有着不同的喜好，对信息传播和接触的方式也有明显差别。例如，上层消费者对阅读报刊和书籍更感兴趣，而下层消费者则更钟情于观看电视，喜欢连续剧和娱乐类节目。

但也有新的研究认为，这种社会分层的方法对多数发达国家已无实际意义。过去人们推崇的“中产阶级”，如今变得人人皆是。社会分层的界限模糊了，由此又产生新的划分方法，比如在美国就有中年成功人士、游离层、星条阶级、大学生等分类。进入 21 世纪，我国社会学者研究认为，当代中国社会构成可分“十大阶层”：国家与社会管理者阶层、经理人员阶层、私营企业主阶层、专业技术人员阶层、办事人员阶层、个体工商户阶层、商业服务业人员阶层、产业工人阶层、农业劳动者阶层和城乡无业失业半失业者阶层。它们又分属五种社会地位等级：上层、中上层、中中层、中下层、底层等。这种划分法是否科学和符合我国实际尚需讨论，但可作为参考。

（三）社会因素

影响消费者行为的社会因素主要有参照群体、家庭、社会地位和角色等一系列因素。

1. 参照群体

群体是指在追求共同的目标或兴趣中相互依赖的两个或两个以上的人。个人的行为会受到各种群体的影响。对个人的态度和行为有直接或间接影响的所有群体即为参照群体。参照群体可分为直接参照群体和间接参照群体。直接参照群体是某人所属的群体或与其有直接关系的群体，又可分为首要群体和次要群体。与个人直接、经常接触的群体，如家庭成员、亲戚朋友、同事、邻居等，一般为首要群体；对个人影响不很频繁，但又比较正式的群体，如宗教组织、职业协会等，一般为次要群体。人们处于不同的社会群体之中，受其制约而形成不同的消费观念和购买行为。

在参照群体中，还有个人期望归属的群体，这就是向往群体。例如，歌星、影星、体育明星、权威人士等也会对消费者个体产生较大的影响。广告诉求时往往需要注意到这一特点，可选择知名度较高的歌手、演员来传播广告信息，从而产生名人效应。

还有一种是个人讨厌或反对、拒绝认同的群体，称为"厌恶群体"。一般来说，一个人总是不愿意与厌恶群体发生任何联系，在各方面都希望与之保持一定距离，甚至反其道而行之。广告传播也要注意到这一现象，避免目标受众产生反感和排斥心理。

参照群体能够在展示新的行为模式和生活方式，对某些事物、某些产品的态度和看法等方面对消费者产生影响。参照群体还会形成对个人的压力，促使人们行为趋向一致，在产品、品牌等的实际选择上发挥作用。因此，对消费者行为进行分析，要能准确判断出目标消费者的参照群体，还要能够从中发现生活在社会各个阶层的、在不同方面的观念指导者（意见领袖），有重点地与他们进行沟通和交流，以促使参照群体对消费者发挥更大的影响。

意见领袖，是指在信息传播过程中，其信仰或态度受到那些在某些具体行为活动中与之有相同兴趣的人的信任和尊重的人或组织。任何领域都可能存在意见领袖，他们的行为方式、购买习惯，他们的证言、推荐，都可能对消费者行为有促进作用。

2. 家庭

家庭介于社会与个人之间，包容了个人，组成一个消费体，家庭成员是最具影响的首要群体。人从很小的时候起，其消费行为就受到家庭的熏陶、培养、感染。不同的家庭产生不同类型的消费模式和意识，比如购买习惯、对某一产品的认识等。这种影响深远而持久。

家庭有一个生命周期，包括从组成家庭到户主病老死亡，经过单身、新婚、满巢（因子女年龄的不同，又可分一期、二期和三期）、空巢（身边无子女，因户主是否在工作又分为一期和二期）、鳏寡就业和鳏寡退休等阶段。处在不同阶段的家庭，其消费观念和行为模式是不一样的。

在一个家庭中，影响消费和对消费做出决策的方式也是不同的。有协商型，家庭成员在一起讨论家庭支出；有决定型，由男户主或女户主做主家中一应开支。有父母包办家政财务的，有子女意见举足轻重的。社会环境、收入状况、文化背景等，都会对家庭消费方式产生重要影响。在美国、日本等国家，女户主常常对丈夫的钱袋子看得很紧，我国现在由妻子管理家庭财务的情况也较普遍。

在我国，家庭在人们生活中占有重要的位置。随着社会变革，家庭规模变得越来越小，家庭成员之间的交流影响作用相对较弱。人们越来越多地在社会交往和学习中调整自己的消费行为。我们要注意这种变化，多考察社会和文化等因素对消费者所产生的影响。

3. 社会地位和角色

每一个人在社会中都有其角色和相应的社会地位，这也会对消费者的购买决策和行为产生影响。人们往往选择与自己的社会地位和角色相吻合的产品或服务。在豪华写字楼里工作的白领，穿戴就会比较考究；在教学研究机构任职的研究员，服饰则相对随意。大学生和公务员的消费行为不一样，年轻人和老年人会采取不同的购买行动。社会阶层不同、地域不同、文化素质不同，所追求的社会地位也会有差异。而产品和品牌都可能成为其社会地位和角色的象征。例如，有人以得到一辆名牌轿车为骄傲，有人则视穿金戴银为富有。

（四）个人因素

消费者的个人因素也会影响其消费行为。年龄、性别、职业、个性以及自我观念和所处的人生阶段等，都会对消费行为产生一定的影响。

（五）心理因素

心理因素主要是指消费者的动机、知觉、学习以及信念和态度等心理状况对消费行为的影响。消费者具有什么样的心理状况，其分析可详见本书第十一章第三节广告受众的心理特征部分。

三、消费者的购买决策

分析消费者的购买行为，还应该进一步了解消费者是如何进行购买决策的，包括购买角色、购买决策过程和购买方式等。

（一）购买角色

对日常生活用品的购买，往往是在家庭里面决定的。一个家庭里，家庭成员在购买过程中可以扮演发起者、影响者、决策者、购买者和使用者等不同的角色。家庭中谁是购买商品的决策者，不同的家庭有着不同的情况。有的是各自做主，有的是丈夫或妻子或父母或子女支配，有的是相互协商。分析研究谁是购买的决策者，是广告策划的重点，这是广告传播的主要目标对象。

在产业市场中，一个组织里，组织成员在购买过程中则可能扮演使用者、影响者、决策者、批准者、购买者和把关者六种角色。尽管其购买过程与家庭不尽相同，但个人力量在其中所起到的作用也是很大的，也要重视并研究谁是购买的决策者。

（二）购买决策过程

购买决策过程一般由引起需要、搜集信息、评价方案、决定购买和购买后行为五个阶段构成。但有时消费者会跳过或颠倒某些阶段。

消费者的需要是受到外部因素和内部因素的共同刺激而引起的，如何激发消费者的兴趣，促使其产生购买欲望，是市场营销战略包括广告战略首先需要考虑的问题。消费者有了某种需要并希望得到满足后，就进入搜集信息阶段。对于参与程度低的产品，消费者多凭以前的习惯、印象、经验和直觉等做出决定；而对于参与程度高的产品，则可能要进行系统的考察了解。广告传播要能够帮助消费者有效地、最大限度地获取相关信息。

根据已知的信息，消费者要对供选择的几种品牌进行评价和比较，从而形成态度和偏好。广告策划需要注意消费者的评价过程，尽量使广告诉求与消费者的期望值、理想值相吻合。

消费者一旦决定购买，可能还要受到其他人的态度、不可预料的情况、预期风险的大小等三种因素的影响。

商品购买后，购买者会产生某种程度的满意感或不满意感。消费者对购买商品的满意程度，会影响下一次的购买行为。消费者如果满意，就会有继续购买的行为。消费者如是意见领袖，还能在扩散满意程度上发挥更大的影响力。为了尽可能地使消费者购买后满意，尽量降低消费者的不满意程度，企业营销应充分考虑产品与营销信息的一致性，确保对产品或服务的承诺是实在的，使消费者能够产生有利于企业经营的行为。

（三）购买方式

购买方式是指消费者购买行为的特点和表现。消费者购买时会有各种表现，有的比较理智，有的疑虑重重，有的感情冲动，有的大大咧咧。由于参与购买的程度和商品品牌的差别程度不同，从而形成多种购买方式。

1. 复杂性购买

对于不是经常购买，消费者参与程度较高，品牌之间差别大的商品，会产生这种购买方式。这主要是一些经久耐用、价格昂贵的物品，如电视、空调、电脑、高档服装等。消费者要对商品进行慎重的调查研究，需要学习相关知识，并形成一定认识，特别是消费者的初次购买，更具复杂性。广告要针对购买的决策者实施相应策略，使目标消费者获得更多的学习机会，使之详细了解商品的特点、性能、优缺点等信息，影响其对品牌的最终选择。

2. 和谐性购买

这种购买方式一般发生在消费者购买品牌之间差别不大的商品的场合。消费者主要关心价格是否实惠，购买时间与地点是否便利，但在购买的同时也会出现心理不平衡的情况。例如，消费者购买某一种商品时也会注意其他品牌同类商品的优点和特点，于是便会试图获取更多的有关信息，以证明购买决策的正确性。广告需要帮助消费者消除对所选品牌的不平衡心理，促使消费者进入和谐状态，建立信心。

3. 多变性购买

消费者为追求新奇、时髦、风度等而采取的一种购买方式。这些商品一般价格比较便宜，也需经常购买，消费者参与程度低，但经常变换品牌，品牌之间差别较大。消费者一般不会主动寻求商品信息，也不对品牌进行认真评价，仅是出于某种目的而寻求变化。这种购买方式，需要正确的促销策略和广告策略，吸引消费者购买。

4. 习惯性购买

对于消费者参与程度低，品牌之间差别小的商品，会产生这种购买方式。这主要是一些价格低廉，需要多次重复购买的商品，比如食盐、洗衣粉、牙膏等。消费者在购买时一般不做思考，经常表现出随意性。消费者购买某种品牌，多是根据经验或习惯，而不是忠于品牌。但他们逐渐会趋于一定的确定性，如牙膏用高露洁、洗衣粉用奥妙、香皂用舒肤佳等。广告要在如何帮助消费者指名购买方面制定策略，如选用易于向消费者传播信息的媒体，广告诉求内容简明扼要、多次重复等。广告还应设法增大产品的相关价值，提高消费者的参与程度。

同时，消费者何时采取购买行为，在何处实施购买行为等内容也应考虑，以便为选择适当的媒体、发布广告的时机提供参考。

四、网络消费行为的变化

进入数字化时代，在网络环境下，消费者网上购物越来越多，其消费行为也相应发生了诸多变化，具有以下一些特点：

（一）中间环节减少

传统的销售模式一般是生产者—中间商—消费者的商品流转，消费信息反馈是消费者—中间商—生产者的间接传递。消费者所选择的产品或服务，都是生产者已经设计制造出来后再通过各个环节最终到达消费者手中的，消费者是产品或服务的被动接受者。消费者通过网上购物，可以直接绕开商业流通的各个环节而与生产者直接沟通。互联网使得销售模式变为生产者—消费者，减少了中间环节。同时又由于网络传播的交互性和即时性，消费者一旦对产品或服务有不同意见，就可以通过互联网直接反馈到生产者那里，从而让生产者可以直接根据消费者的要求对产品或服务进行改造，调整营销策略。中间环节减少后，消费者能够对生产者的行为进行干预，影响生产者的设计、生产和决策，在消费过程中变得越来越主动。

（二）购买方式个性化

网上购物一般以年轻化、知识化的消费者群体为主，他们在购物消费的同时也在追求较高层次的心理需求满足，更加重视商品的象征意义，更加注重通过消费来获取个性和精神的愉悦、舒适及优越感。这种消费个性化趋势的出现，标志着感性与理性结合的信息时代新消费主义的到来。消费者注重消费与自身形象和个性关系的密切程度，购买的往往是由理性判断和心理认同的个性化商品，乃至要求完全个性化的定制服务。

（三）消费方式便捷化

互联网的兴起造就了新的工作与生活方式，同时也造就了一批新消费主义群体。这一群体的消费者可以利用互联网了解世界各地任何一种产品或服务的信息，要求生产者和供应商以最便捷的方式满足他们的各种需求。消费者不用离开他们的办公室或住所就可以找到有关公司、产品或服务、价格、竞争者等方面的可比信息；不必排队等候，无论身处何地都可以24小时订购产品或服务；甚至可以不必到银行取现，而通过支付宝等网上支付平台便可购买产品或服务，而且快捷便当。

（四）互动性增强

随着QQ、微信、微博等交互平台的崛起以及交互技术的迅猛发展，网上购物的互动性已经极大增强。网上购物的互动性，一方面让生产者更加充分地了解以及更好地满足消费者的个性化需求，另一方面也让品牌和产品信息传播有了更多样化的途径。近些年兴起的消费点评网即以互动信息为主体，消费者把自己的消费感受（不管是正面的还是负面的）与感兴趣者进行分享，逐渐形成了一些消费偏好群组，其中也包括品牌粉丝（忠实消费者）群组。消费者可以在群组中随意地与其他同好者交流消费心得。

思考题

1. 什么是广告环境？广告环境有哪些特征？广告环境具有什么作用？
2. 广告的宏观环境包括哪些因素？试加以分析。
3. 在广告的微观环境中，为什么人力资源环境是最重要的因素？
4. 联系实际分析我国广告业所面临的竞争环境。
5. 分析影响消费者行为的各种因素。

第四章

广告产业

本章要点

- 广告产业的构成与特点
- 广告主的类型与企业广告部门的设置
- 广告公司的职能与业务运作
- 各类媒体广告组织的职能与业务流程
- 广告交易制度

在广告市场中，由广告主、广告公司和广告传播媒体等构成广告活动的主体。这些专门从事广告活动的单位或机构通过互动运作，向消费者传递有关信息，从而形成广告产业。

第一节　广告产业的构成

一、广告组织的产生与发展

（一）广告代理业的出现

随着报纸广告经营活动的不断增多，广告代理业开始孕育成长。17 世纪开始，随着产业革命的兴起，近代报纸迅速在欧洲和美洲大陆发展起来，报纸广告经营被提上议事日程。报纸通过广告经营能够获取可观的收入，读者通过阅读广告栏的内容能够获取日常生活的消费信息，而商人则通过报纸广告能够把有关的销售信息在更大的空间范围扩散开来而获利。这种相互依存的利益关系，促使报纸广告业务日益兴旺发达，需要有专门从事报纸广告业务的代理机构。于是，以经营报纸版面为主要生计的“报纸掮客”应运而生，这就是早期的广告代理业。

（二）广告专业机构的扩展

随着广告活动的日益增多和广告在经济、文化等诸方面的作用不断增大，先是有专门从事广告活动的机构即广告专业机构应运而生，这就是专业广告公司。同时，报刊等传播媒体早期的代理业务分离出去后，大量的广告业务仍需要重建一个专门部门来经营管理；而企业因为经营上的需要，扩展了广告业务，也必须专设机构来进行协调，加强管理。这样，专门从事广告活动的组织机构就不断得到延伸和扩展。除专业广告公司之外，企业、传播媒体等都相应地建立起了经营广告的组织机构。

（三）广告辅助机构的产生

随着广告活动不断扩张增加，以及行业化、专门化的影响，一些广告协力组织也逐步产生。这些机构位于广告下游，依附于广告主、广告公司和传播媒体等，辅助和支持这三者开展广告活动。为适应广告活动的发展，各种类型的广告团体组织建立起来了，如广告协会、广告主联合会、广告学会等。它们制定共同遵守的章程，在行业内自我规范，进行协调，为维护和促进广告产业的发展发挥作用。

为保证广告活动健康、有序地向前发展，保护广大消费者的权益，对其进行管理和制约的力度逐步得到加强，相应机构随之产生，形成政府管理、行业自律和消费者监督的管制体系。

二、广告产业的构成

（一）传统广告产业的构成

在数字化时代来临之前，广告产业由广告活动的主体构成，主要有四个组成部分。

1. 广告主（客户）

广告主是指出于自身及其产品与目标受众进行沟通的需求而做广告的机构，如可口可乐、娃哈哈等。

2. 广告公司

广告公司的主要任务是协助广告主，为广告主提供各种广告、营销服务。

在广告产业中，以上这两个部分是最重要的。所有的广告活动，实际上都是围绕这两个部分进行的。其中，广告公司又是广告产业的核心。

3. 传播媒体

传播媒体是指出售时间、空间或流量，向广告主的目标受众传递广告信息的机构，如网络媒体、电子媒体、印刷（平面）媒体、户外媒体等。

4. 广告辅助业务公司

广告辅助业务公司是指支持、辅助、配合广告主和广告公司开展广告活动的机构，包括从事调查、咨询、摄影摄像、图片设计印刷、数字处理等工作的专业服务公司。

这四个部分分别由不同类型的广告人员组成，有在广告公司从事广告活动的人员、在广告主广告部工作的人员、在广告辅助业务公司和媒体工作的各类人员等。这些人员既包括销售人员、调查人员、管理人员、会计人员、法律专家，也包含美术家、作家、音乐家、演员、摄影（像）师等。各类广告人员的素养、能力等，决定着广告产业的运作水平。

在这四个部分里，广告辅助业务公司虽然处在支持广告主体业务的依附地位，但却是不可轻视、忽略的。它们是广告业其他三大主体广告产品信息方面的供应者，能为广告业提供特殊服务。例如，美术工作室、影视制作公司等能协助完成平面或影视广告作品的最终创制。市场调查公司能够提供市场状况、消费者行为、受众反应等资料，为广告战略策略的制定、广告策划制作等提供基础性信息。

（二）数字广告产业的构成

随着数字媒介的发展和人工智能等前沿技术的进步，广告的外延与内涵发生了显著变化，广告的边界在内容结构、运作模式等方面都出现了不同程度的消解，在传统广告产业构成主体的基础上增加了众多新兴的主体类型，推动了广告产业的创新和变革。

由于数字广告业链条相对复杂，因此对其主要参与者的角色划分并不容易，其中存在大量业务间的相互交叉、伸缩与重叠。

根据广告营销领域的市场结构分析，可将数字广告产业的主要参与者提炼为广告代理商（agencies）、媒介采买平台（trading desk）、需求方平台（demand side platform，DSP）、供应方平台（supply side platform，SSP）、广告交易平台（Ad exchange）、在线广告联盟（Ad network）、数据管理平台（data management platform，DMP）、验证及归因工具（verification/attribution）、创意与数据优化工具（creative/data optimization）、广告服务器（Ad servers）、分析工具（analytics）、数据供应商（data suppliers）、广告运营工具及基础设施提供（Ad ops/infrastructure）、流量主（publisher）等十四类。

三、广告产业各部门间的关系

传统广告业的运作多沿线性产业结构展开，从广告公司到传播媒体，每个环节的角色和职责都相对固定，形成了一条清晰的产业链。广告主将需求交给广告公司，由广告公司策划并选择适当的传播媒体进行投放，最终达成广告传播的目的。在实际的广告活动中，特别是广告主、广告公司和广告传播媒体，呈现分工与协作的多样化关系。广告主需要委托合适的广告公司代理广告业务，也有可能直接与传播媒体联系广告业务；广告公司接受广告主的委托，开展有关广告业务。广告公司一方面要赢得广告主的喜爱和信任，以争取更多的业务，另一方面又要与传播媒体打交道，以便广告投放顺利进行。传播媒体则以传播单位特殊的位置，控制着广告传播过程的上游资源，以时间、空间、流量提供给广告公司和广告主。因此，广告产业各类角色的扮演，应本着合作、互利、共赢的原则，遵循广告传播活动的基本规律，广告主要成为好客户，广告公司要业务精、作风良，传播媒体要从严要求自己，做好广告经营。

随着数字技术的快速发展，数据的实时交换和多方协作成为可能，使得广告的定位、创意制作、投放及效果评估等环节变得更为灵活和多元，广告公司、传播媒体以及新兴的数据分析服务提供商等多方形成了一个互联互通、协同共创的复杂网络。如前所述，由于数字广告业链条相对复杂，其中存在大量业务间的相互交叉、伸缩与重叠，因此对其主要参与者的角色划分并不容易，数字广告业呈现出明显的网状产业结构。

还有一点需要说明，广告产业离不开消费者的支持，消费者是广告主体作用的对象，就是广告客体。只有消费者通过广告活动产生购买行为，广告活动才能持续不断地进行。从这个意义上说，广告主体应该始终善待消费者，尽力为消费者服务。

四、广告产业的特点

广告产业形成以来，既具有一般产业的特征，也具有自身的一些特点：

（一）产业地位不断提升

伴随着数字经济的快速发展，广告在社会与经济发展的过程中的作用不断提升。在《战略性新兴产业分类（2018）》中，确定了新一代信息技术、高端装备制造、新材料、生物、新能源汽车、新能源、节能环保、数字创意等八大产业，其中互联网广告服务和其他广告服务归属于数字创意产业。2021年国家统计局印发的《数字经济及其核心产业统计分类》中，数字广告作为“在互联网平台投放，以广告横幅、文本链接、多媒体等形式，为外部客户提供宣传推广服务的活动”被归于数字要素驱动业，与数字产品制造业、数字产品服务业、数字技术应用业共同作为数字经济发展的四大核心产业。

（二）专业含量较高

广告活动需要较全面的知识、较强的专业技能，因此广告从业人员应该具备较高的专业素质。广告专业性的定义具有时代性，数智传播时代的广告业是以适应广告主和消费者的需求变化为核心，以广告公司、广告媒体、技术平台为主要构成，基于人工智能、5G等智能媒体与未来影像技术所开展的广告生产、购买投放、运营优化等全环节支持，并已然衍生成为具有流程化、数智化、体验化、跨界化特征的广告业新生态，因此要求广告从业人员具备跨学科、综合性的素养和能力。

（三）成为宏观经济的重要组成和支撑

总体来说，广告是经济的一面镜子，广告产业收入与国家经济状况密切相关。广告服务于企业的市场活动，成为发展生产力重要的产业“底座”。更重要的是，在各大互联网企业营收中，广告是极为重要的收入来源。从这个意义上来说，数字广告也是数字经济的重要构成要素，广告产业也是宏观经济的重要组成和支撑。

第二节 广告主（客户）

广告主是广告活动的发起者，是广告传播的源头。在广告产业中，广告主占有重要的位置。

一、什么是广告主

所谓广告主，实际上就是愿意出资向公众（消费者）传递某种说服性广告信息的机构或个人。广告主委托广告公司代理其广告业务，亦可称为“广告委托者”。对广告公司而言，广告主是服务对象，也就是客户。

根据《中华人民共和国广告法》总则，广告主指为推销商品或服务，自行或者委托他人设计、制作、发布广告的自然人、法人或者其他组织。

自然人，指个体工商户或从事经营活动的个人。法人，指具有民事权利能力和民事行为能力，依法独立享有民事权利和承担义务的组织。其他组织，指合法成立、有一定的组织机构和财产，但又不具备法人资格的组织。

广告主有规模大小之分，种类之别。政府机关、社会团体、企业、个人等都可以成为广告主。在商业广告中，广告主通常是企业。不同的广告主拥有不同的目标消费者，需要采用不同的方式与目标消费者进行接触、沟通。

广告主出资开展广告活动，主要目的是要得到社会的或经济上的回报，是一种投资行为，希望广告所产生的效益服务于出资者。但广告主仅仅出资做广告是不够的，还要具备一定的资质，即拥有一定数量和质量的产品或服务，有确实的、健康的信息可以发布。也就是说，对消费者的承诺必须真实，能够兑现，对社会发展进步不会产生负面影响，在获取有关利益的同时更要承担社会责任。

广告主广告费的支出，直接影响广告业的收入。一般来说，广告主的广告预算会随经济状况而变化。但这里也有一个策略问题，在经济衰退时期坚持做广告，往往能够得到更好的效果。广告主应该把握时机，做出正确的抉择。

二、广告主的类型

由于市场竞争的原因，所有企业几乎都要做广告，都有成为广告主的可能。企业做不做广告，做多大规模的广告，主要取决于企业的经营类别、规模、所在行业的竞争状况，以及上层管理者对广告的理解和重视程度等因素。由此，根据企业经营的内容、范围等，广告主可以分成不同的类型。

（一）地方性广告主

地方性广告主即在某一个地域经营的地方性企业。地方性广告主大致包括：经销多种品牌的零售商店如百货店、超市、便民店、杂货店等；为全国性企业经营某一主要产品或服务的连锁店、专卖店、地方分支机构等；专项企业或服务机构如餐馆、美容店、修理店、装饰公司、旅行社、事务所、银行等。另外，一些政府机构、非营利机构如市政、艺术团体、街道办事处等也属于地方性广告主。

地方性广告主多开展的是地方性广告活动，利用地方媒体发布如产品广告、机构广告、分类广告等类型的广告。同时，地方性广告主也会与总批发商、生产厂家等联合发布广告。一般来说，大部分消费品的销售，最终是在当地实现的，如果广告不得力，就有可能丧失销售的机会。由于地方性广告主的数量较大，总的广告投入也是可观的。据统计，美国一半左右的广告收入就来自地方性广告主。所以，绝不可小觑地方性广告主和地方性广告活动。开展地方性广告活动，运用整合营销传播，更为有效和实用。

（二）区域性和全国性广告主

针对某一地区组织生产和经销并仅在这一地区进行广告活动的企业，可称为“区域性广告主”，一般为区域性百货店、连锁店、大型企业的分支机构等。面向几个区域或全国市场的企业，就是全国性广告主，如华为、娃哈哈、格力、海尔等。

全国性广告主和地方性广告主对广告的运用是不同的（见表4－1）。全国性广告主在关注销量提升的基础上，也看重品牌的建立、知名度的扩大、消费者认知率的提高等；而地方性广告主关注更多的是销量的提升，以及广告能否吸引顾客光顾自己的店铺。因此，全国性企业多从广告是一种长期的投资着眼，广告预算一般都是大手笔；地方性企业仅留意广告近期是否产生效果，做起广告来也会精打细算。20世纪90年代，山东一家县级酒厂在中央电视台投放了3.2亿多元的广告费，但最后却经营失败。原因固然很多，但仅从这个侧面来看，一个地方性企业采用了全国性企业的广告运作模式，是违背了广告的基本规律的。

表4－1　地方性广告主与全国性广告主之间的区别

项目	地方性广告主	全国性广告主
关注点	销售点、销售量、总销售额、战术、顾客	销售量、总销售额、品牌、市场份额、战略市场
时间	短期广告	长期广告
资源	资金较少，没有专家	资金和专家力量充足

（三）国际性广告主

国际性广告主即面向不同国家或地区开展广告活动的企业（见表4－2）。这些企业进入新的国际市场时，往往先向这个市场出口现有产品，然后再通过合资、独资等方式建立营销部门，采用集中管理的方式，使用标准生产线，统一营销方针和广告方针。但广告战略和策略的运用，则要取决于产品的属性和产品销售地区的特征，还需要本土化。

表4－2　不同年份的世界十大广告主　（单位：亿美元）

排名	1993年	投放额	2006年	投放额	2021年	投放额
1	宝洁	23.97	宝洁	85.22	亚马逊	169
2	菲利普·莫里斯	18.44	联合利华	45.37	阿里巴巴	142

续表

排名	1993 年	投放额	2006 年	投放额	2021 年	投放额
3	通用汽车	15.39	通用汽车	33.53	欧莱雅	125
4	西尔斯-罗巴克	13.10	欧莱雅	31.19	宝洁	111
5	百事	10.38	丰田	30.98	三星	101
6	福特汽车	9.58	福特汽车	28.69	LV	86
7	AT&T	8.12	时代华纳	21.36	联合利华	81
8	雀巢	7.93	雀巢	21.14	雀巢	80
9	强生	7.62	强生	20.25	谷歌	79
10	克莱斯勒	7.61	戴姆勒-克莱斯勒	20.03	康卡斯特	77

三、企业广告部门的设置

企业的广告部门一般设置在企业内部，作为企业经营的一个组成部分，有的单独建制，有的融入营销部门或公关机构。全国性广告主、国际性广告主一般拥有一支专业队伍，甚至不同品牌会有专门的广告经理。地方性广告主往往只有三两人，甚至是企业老板自己负责广告业务。一般来说，企业广告部门有两种基本的组织架构：

（一）集中式或直辖式

广告部门作为企业治理结构的一部分，地位和企业其他职能部门相同，是整个企业广告活动的统筹决策中心。企业总经理或副总经理往往直接负责广告部门的工作，甚至兼任广告经理。例如，雀巢所有的营销、广告决定都由设在瑞士的总部拍板。广告部门可以按照产品或品牌、市场地区、广告对象、广告媒体和部门职能等方式来组建。

采用集中式组织架构（见图 4－1），有利于企业统一决策和指挥，便于把握全局，带来规模效益；有利于广告目标与企业目标的协调，促进企业总目标的实现；也可节省人才和有关开支。一些规模较小的企业比较适宜采用这种模式。广告代理机构主要与企业总部的广告营销部门人员保持业务关系。

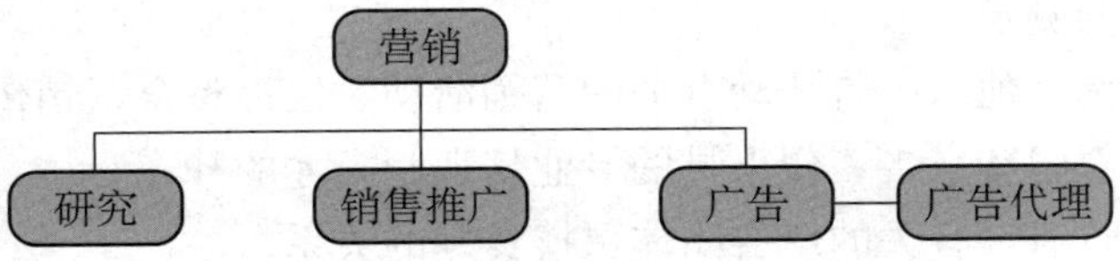

图 4－1　集中式组织架构

（二）分散式

企业按照不同分部、子公司、区域、品牌或者其他的不同需求来设立各自独立的广告部门，即采用分散式组织架构（见图4－2）。一些大型企业下属多个分厂或分部，按照这种组织架构设立广告部门会更为灵活和便利，有利于各分支机构按各自的产品和市场营销情况灵活调整广告策略，引进新的方法和创意观念，测定销售效果。

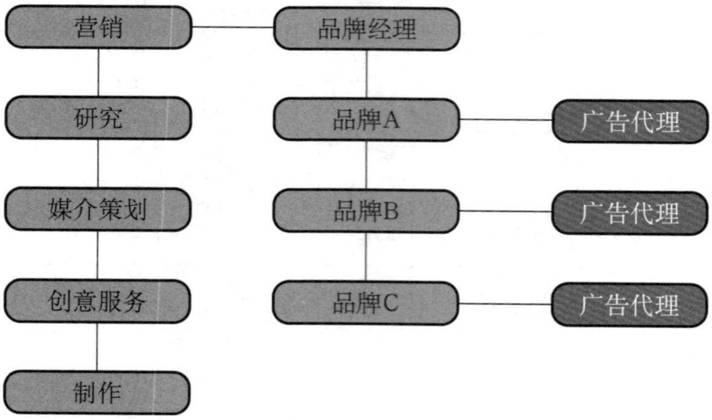

图4－2　分散式组织架构

分散式组织架构有时也容易造成各部门只关心各自的广告活动情况，而不太注意企业的整体利益，广告活动有时缺乏统一性，还会在部门经理、品牌经理之间形成不良的竞争关系。因此，企业往往将这两种组织架构混合，总公司设立广告部门，分公司也各自设立广告部门，负责自己的广告活动，但在业务上接受总公司广告部门的指导、监督与协调。这样既有利于总公司统一广告决策，又能充分发挥分公司广告部门的能动性。

四、企业广告部门的职能

企业广告部门是在企业经理领导下承担一切广告传播活动的专职部门，其主要职能有：

（1）参与企业的广告决策，提出企业的广告目标，策划广告活动如何为实现企业的市场目标服务。

（2）制定广告预算方案，并负责对批准后的广告预算的管理和利用。

（3）有效地选择合适的广告公司、广告调查公司、广告制作公司以及其他促销机构。

（4）参与广告表现战略和广告媒体战略的制定，对广告公司的业务流程进行监控管理，负责广告效果的测定。

（5）参与和协调其他与广告活动有关的营销活动，发挥整合营销传播的效能。

（6）注意广告部门和广告工作人员的专业培训和人才的补充。

（7）与媒体、政府、有关的广告团体保持良好的关系。

其中，企业广告部门的业务重点是选择合适的广告公司。如何选择可参考以下要点：

（1）了解广告公司的经营状况如何，看其资质，是否具有规模、信用，业务能力和已有业绩怎样等。

（2）根据本次广告活动的实际需要来选择与之相适应的广告公司。

（3）考评广告公司所拥有的客户情况，看其是否具有为本企业服务的经验，同时避免业务冲突。

（4）在预算允许的范围内做出选择。

此外，还可考虑广告公司的业务特长如广告策划能力、广告创作能力、市场调研能力、与媒体的关系和员工素质等因素。

广告主委托广告公司开展广告活动，其业务流程大体如图 4-3 所示。

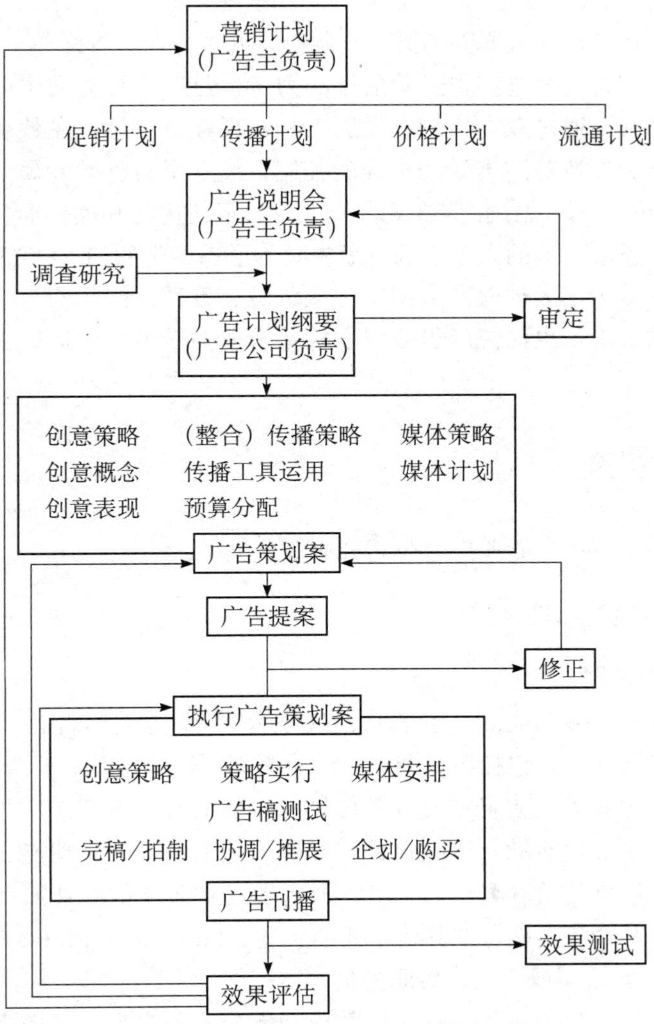

图 4-3 一般广告作业流程

广告主首先根据营销计划，制订出广告计划，然后就计划要点向广告公司做出说明。广告公司提出预想方案，再经过广告主的审定、确认后才可付诸实施。广告主最后还要进行广告效果的测评。这是层层相连、环环紧扣的广告作业流程。企业的营销目标和广告目标能否实现，选定合适的广告公司来有效地理解、充实、实行广告计划是关键。

为了选择合适的广告公司，并得到最佳的选择机会，企业一般采用招标的方式进行比稿。对于我国来说，在选择广告公司的过程中，广告主应该严格选择程序，尊重与广告公司的合作，诚恳坦率，不以关系、“回扣”为标准；要尊重广告公司的创作价值。

第三节　广告代理公司

广告代理公司就是专门经营广告业务的企业，专业的广告组织，简称“广告公司”。根据美国广告协会（4A）的定义，广告公司是一家独立的，由创意人员和业务人员组成的，为销售人员寻找其产品或服务的买主，制作、准备并在广告媒体上投放广告的企业。在传统媒体时代，广告公司是广告经营的核心力量，是广告行业的主体部分，它居于广告主与传播媒体之间，通过双向代理提供服务，实现经营目标。在数字媒体场景下，广告主为了降低成本和保持对广告活动更强的控制，设立了自己的专属（内部）广告代理机构（in-house agency）。程序化广告平台和工具的不断优化和操作简易化、自动化，一定程度减少了广告投放环节的人工需求。短视频等形态催生的如KOC种草等小规模广告创意内容的发布，减少了大规模专业团队完成创意、设计、制作的需求，对广告公司的业务产生了一定的冲击，也促使广告公司积极寻求业务转型，以适应市场需求和市场格局的变化。

一、广告公司的类型

运用不同方法，可以把专业广告公司分成多种类型。

（一）按照担负的职能划分

1. 全功能广告公司

这是一种综合性、多功能的“市场营销代理公司”。这类广告公司组织机构比较健全，有能力开展广告活动，包括市场调查、广告策划、广告预算、广告制作、选择媒体、测定广告效果等各项业务。随着整合营销传播战略的展开，全功能广告公司还能策划如博览会、竞赛等大型文化活动，组织促销，开展公关活动等。全功能广告公司进一步可细分为一般消费者广告公司（客户为为广大消费者提供服务的企业）和企业对企业广告公司［客户为把产品销售给同行业其他企业的企业（business-business）］。

2. 部分功能广告公司或专业广告服务公司

相对于全功能广告公司而言，只承担其中一部分业务内容，仅提供专业服务的广告公司。这类公司规模不大，功能有限，往往依靠“一技之长”，在广告行业中取得一席之地，经营特点比较突出。例如，创意工作室、媒体购买公司、交通广告公司、邮政广告公司等，专业性强，服务有特色，可能在某一方面胜过全功能广告公司。在数字化时代，一批具有灵活快速的应变能力和创新追求的创意热店，创造了不少轰动一时的广告作品。以天与空等创意热店为代表的独立广告公司，也成为这个时代广告行业的重要构成。

（二）按照经营的范围划分

1. 区域性与全国（国际）性广告公司

区域性与全国（国际）性广告公司是指服务范围在某一区域、大城市、全国乃至世界的广告公司。这类广告公司一般服务功能比较健全，业务能力较强。由于日常开支较大，这类广告公司无法接受业务量较小、预算较低的委托。在广告业发达的国家或地区，全国性广告公司往往是国际性广告公司，多在世界各地设立办事处或分公司，为客户提供国际性或全球化服务（见图 4-4，文前彩色插图）。

2. 地方性广告公司

地方性广告公司是指主要为地方性企业提供专业服务的广告公司。这类广告公司一般规模较小，其经营范围限定在某一地区，承揽预算不高的广告业务。这类广告公司能够满足地方性广告主的需要，也为大型广告公司拾遗补阙，有一定的生存空间。有实力的地方性广告公司甚至能向地方性广告主提供全面服务。

（三）我国广告公司的类型

1. 大型综合性广告公司

例如，中国广告联合总公司、上海广告公司、广东省广告公司等一般属于国有企业。这类广告公司大多成立于改革开放之初，在资金、规模等方面相比国内同行均有一定的优势，与政府、媒体保持良好的关系，在业务上有一定的经验，能够替客户垫付购买媒体的费用，户外广告如路牌等媒体的占有率较高，具有较强的竞争力。但限于其代理的客户和自身实力，这类广告公司跨入国际性广告公司行列还需要一番努力。

2. 中外合资广告公司

1986 年，首家中外合资广告公司——中国电扬广告公司在上海成立。此后，国外大型跨国广告公司和集团纷纷来我国设立合资公司或办事处，如盛世长城国际广告公司、精信广告公司、麦肯·光明广告公司、上海奥美广告公司等。这类广告公司资金雄厚，广告代理服务的经验丰富，服务网络全球一体化，广告经营管理模式比较科学，作业水准较高。这类广告公司的经营和管理方式值得国内广告公司学习借鉴，但也是本土广告公司的强有力竞争对手。2005 年 12 月 10 日起，我国允许外商在华独资经营广告公司，境外全资广告公司的进入曾对我国本土广告业提出了新的挑战。但随着新的数字化浪潮的来临，中国广告业不仅与国际广告业站在了同一起跑线上，更抓住了数字化转型的有利机遇，通过一系列数字广告营销方法论、广告服务等创新及应用，在当下拥有了更大的主动权和竞争力。

3. 中小型广告公司

这类广告公司年营业额相对较小，但数量比较多，在我国整个广告行业中占有一定的比例。这类广告公司成分比较复杂，既有国有企业，也有集体企业，还有合资、私有、股份制的企业。这类广告公司经营上往往以某个专项见长，在广告市场中占有一席之地。随着我国广告经营竞争的加剧，广告市场结构的调整，这类广告公司可能会分化，要么壮大发展为更大规模的广告公司，要么遭到淘汰、兼并等。

4. 广告作业机构

广告作业机构严格意义上称不上公司，多拥有一两个广告制作室，或担当媒体掮客的角色。这类广告机构主要靠灵活的经营手段在市场上生存，虽然规模更小，但数量不少，在我国广告公司总量中占有较大比例。

我国广告公司中，还有一类兼营广告公司。兼营广告业务的公司成分比较复杂，在判别和统计上比较麻烦和混乱。

（四）专属（内部）广告机构

专属（内部）广告机构是由企业自己建立，完全附属于自身，在企业内部提供营销和广告服务的内部团队。2011年，路虎将价值1亿美元左右的全球广告业务交给捷豹路虎公司的专属（内部）广告机构Spark44负责，引发行业热议。随着数字经济的发展，互联网传播资源的开放性使得广告主可以自建传播网络、自营用户社群。第一方数据资产的积累使得广告主及互联网企业拥有了越来越专业的市场洞察能力，成为广告主和互联网企业自建专属（内部）广告机构的重要背景之一，广告服务呈现广告主和渠道主两端内化的趋势。

二、广告公司的职能和架构

（一）广告公司的业务部门

一般广告公司最基本的职能主要包括项目管理（客户）、创作、媒体和调研四个方面，其业务便围绕这几个方面组建四个业务部门，即客户服务部、创作部、媒体部和市场调研部。

1. 客户服务部

客户服务部（account service department）也称为“营业部”“项目管理部”，是公司整个广告活动的组织中心，负责对整个广告计划的制订和实施进行全面的监督管理。客户服务部主要任务有两项：一是为公司业务部门与客户之间的联络沟通提供服务；二是督促广告业务部门工作人员保质保量及时地完成既定的工作任务。客户服务部工作人员往往扮演着双重角色：对外代表本公司，不仅要承担与客户的联络沟通工作，为创作、媒体人员传达准确的信息，而且应主动寻找合作伙伴；对内则代表客户的利益，确保客户能够得到最好的服务。另外，客户服务部还负责与客户的商谈、签约、催收费用之类的工作。

2. 创作部

创作部（creative department）是公司广告活动的生产中心，主要任务是把从客户和客户服务部获取的有关信息，发展成为广告创意，进而把这些广告创意转变为完整的广告作品。创作部一般由创作总监、广告文案人员、美术指导、绘画师、美工和编导等组成。平面广告多由公司创作部自身制作完成，广播电视广告往往由创作部提出草图，然后联系专业的广告制作公司去制作完成。

3. 媒体部

媒体部（media department）主要负责制订媒体计划，购买媒体的时间或空间等，与媒体机构进行联络、交涉、签约等工作。媒体部工作人员应有丰富的媒体知识，熟悉各种媒体的传播特性和具体媒体的实际情况，同有关媒体建立紧密的联系，并能和有关调研机构保持沟通，熟悉阅读率、收视（听）率等有关媒体效果的评估指标。另外，根据需要对媒体的时间或空间进行必要的调整，对广告实施后传播效果进行测评，对媒体是否按协议刊播广告进行监测，代理媒体机构向广告客户收取广告费等项业务，也应是媒体部的工作范围。

4. 市场调研部

市场调研部（research department）的工作贯穿于广告活动的始终。从广告实施前有关产品、消费者、市场等的调查分析，制订广告计划和营销计划，进行广告作品的事前测验，到广告实施后的效果调查，市场调研部都要参与其中。

随着业务的扩展和职能的转变，特别是适应整合营销传播的需要，广告公司也会增添一些新的业务，如公关、促销等，但也都是围绕这几个方面展开的。日本电通为更好地开展体育营销，专门设置奥运会事业局，经营奥运会等体育活动的业务，其基本业务流程也是如此。

不同类型的广告公司，往往根据其职能，按照一定的规则设置机构，开展相应的业务活动。

（二）广告公司的机构设置

广告公司一般是根据业务工作的不同需要来设置机构的，中小型广告公司机构设置相对比较简单。广告公司的机构设置主要有下面几种情况：

1. 按基本职能设置部门

任何一个公司的运行，都要包括生产、销售、财务、人事、法务、审计、风控等方面，广告公司也不例外。特别是综合性广告公司，按基本职能设置部门，更有利于日常业务活动的开展（见图 4－5）。

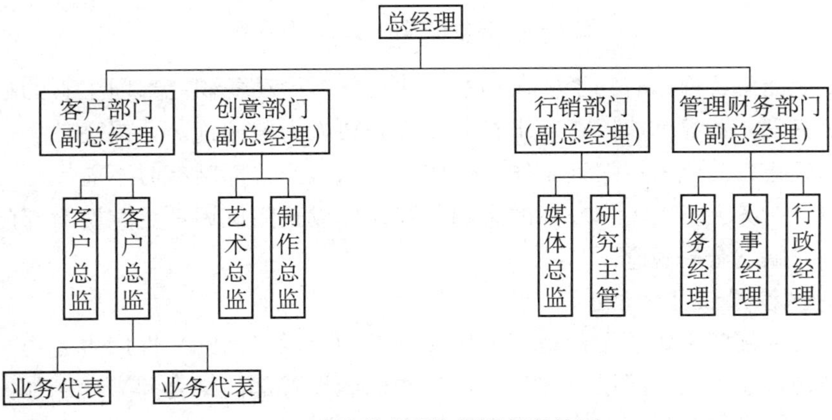

图 4－5 按基本职能设置部门简图

如图 4－5 所示，总经理处于最重要的位置，副总经理协助管理几个业务部门，一个综合性广告公司多是这种建制。大型的综合性广告公司，其组织机构更为复杂。日本电通的组织机构设置就比较齐全、庞杂（见图 4－6）。

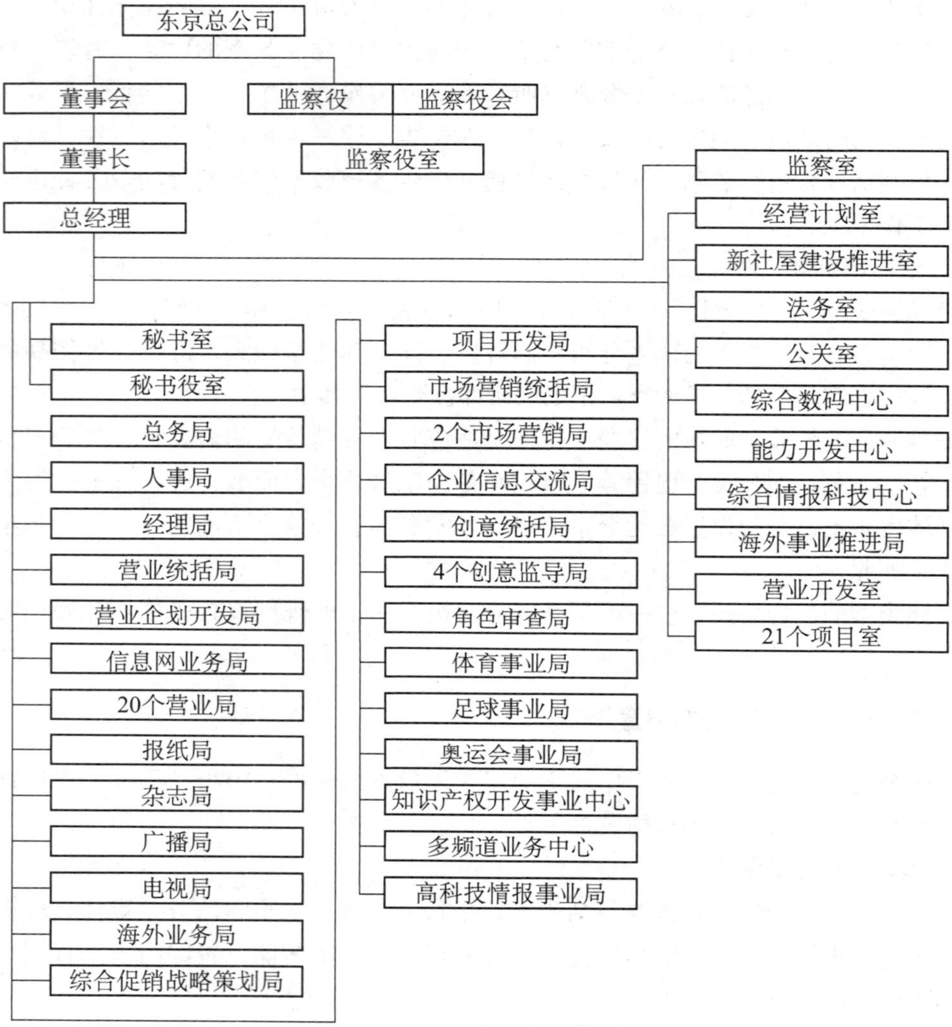

图 4－6　日本电通的组织机构简图

按基本职能设置部门有利于公司的系统化运作，调动各职能部门主管的积极性和能动性，各负其责，各显其能；有利于充分发挥公司人力资源优势，提高效率；有利于业务专门化的施行，简化人员培训工作。但按基本职能设置部门有时不能满足客户的特殊要求。同时，业务人员因工作环境的影响，容易形成狭隘认识，更重视本部门而忽视公司整体利益，缺乏全局观念。

2. 按地区设置部门

按地区设置部门主要适用于地理上比较分散的全国（国际）性广告公司。有些规模大的广告公司，还把按地区设置部门和按基本职能设置部门结合起来。例如，有些与我国合资的国际性广告公司，在北京或上海设立一些部门，在香港地区或台湾地区设立一些部门。在某一大城市注册一个合资公司，然后在其他大城市成立分公司，部门、分公司之间既是一个整体，又相对独立，在业务上有所分工。其总部和部门又随业务的需要来设立。如盛世长城国际广告公司分别在北京、上海和广州设立了分公司，因主要客户宝洁的中国总部设在广州，故客户服务部就设在该地。

用这种方式设置组织机构，有利于提高办事效率，能与客户共同感受地区人文特征，容易沟通；方便联系，能够实现较好的交流效果；能够节约运营成本等。但这也给公司管理增加了难度。业务小组难以快速地会商讨论有关课题，各地区的业务主管需要独当一面，要求其有较高的素质。

3. 按客户设置部门

按客户设置部门亦即采用“小组制度”。公司的各部门，除了财务部、办公室、媒体部和市场调研部外，其他部门均按所服务的客户设置，如图 4－7 所示。

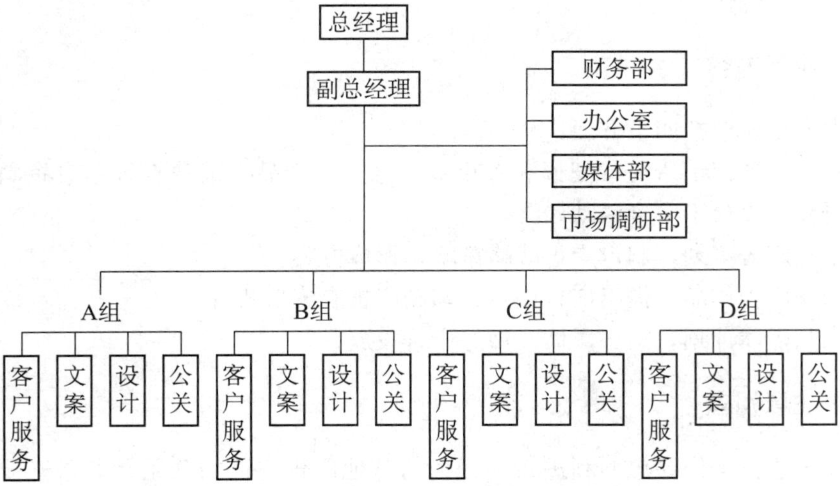

图 4－7　按客户设置部门简图

这个组织系统根据客户情况设置业务小组，它一般由业务负责人（account executive，AE）、广告创作人员、广告设计人员三类人员组成。业务小组单独从事与客户的联络，策划广告活动，制作广告作品等，如同客户所属的小公司，按照客户的要求工作，故也称为“AE 制度”。业务小组的规模根据客户的业务量大小而定。例如，BBDO 曾有上百人为克莱斯勒汽车公司服务。如今，一些广告公司会在统一提供技术中台、媒体中台服务的基础上，建立起多个包含所有服务工种的团队为一个或者几个品牌提供服务，大客户则会由几百人共同提供服务。

按客户设置部门更能满足客户的特殊要求，人员之间沟通更便利，服务更细致周全。

与 AE 制度相对的是，近年来在大型广告公司不断整合、组建大型广告集团的同时，一些中小型广告公司为了拓展生存空间也在进行调整和转化，AP 制度开始普遍受到重视。

所谓 AP（account planning）制度，也称“业务策划”，20 世纪 60 年代产生于英国，近年来在欧美和日本广告界推广应用。它主要强调广告公司的业务分工要建立在消费者中心论之上。为适应 AP 制度的有效开展，机构设置需要做出相应调整。

4. 按公司和市场状况设置部门

既不按基本职能或地区，也不按客户，而是根据本公司的实际情况、广告市场的变化进行组合，按照经营定位来设置部门。特别是专业性强的广告公司，为更好地发挥自身的服务特色和经营优势，不按照传统方式组建部门，甚至成立新的公司。例如，有的仅设立经营中心和创作中心，彼此分工不是很细，互相配合，机动灵活。有的成立媒体购买公司，专门提供媒体购买方面的服务。有的组建整合营销传播机构，扩大促销、事件营销、公共关系等方面的业务。这些设置往往能够产生较好的经济效益。

三、广告公司的业务运作

广告公司根据自身所拥有的人力、物力、财力等方面的资源特色，明确经营定位和重点，开展业务运作。

（一）业务内容

业务内容主要包括四个方面：

（1）开展市场营销研究，把握有关市场、客户、产品、消费者等信息资料，加强调查，做好研究，贯穿于广告活动始终。

（2）做好广告策划，制定广告战略策略，形成方案。

（3）创作广告作品，提出广告创意，勾勒广告表现形式等。

（4）编制媒体计划，购买媒体，做好广告投放。

（二）注意问题

广告公司业务运作要想顺利进行，密切与其他广告主体的联系是非常必要的，我们应予以重视。

加强与广告主的合作，在互利共赢的基础上精心服务、诚信服务。首先做好提案，这是广告公司与广告主沟通的一个连接点和基础。

争取广告辅助业务公司如制作公司等的支持。

媒体拥有广告信息传播的空间、时间和流量资源，要与其保持亲密关系，才能使广告活动落到实处。

（三）业务扩展

广告公司要能持续发展，必须不断提高经营水平。一是需要有较高的业务水准，能为客户提供比较满意的信息服务，得到认可和好评；二是要有较强的业务开发能力，争取与好的和新的客户合作；三是敢于放弃有问题的现有客户。这三个方面，广告公司要力争都能做到。

有一定经营历史的广告公司应注重提高服务质量和有选择性地与客户合作，同时也要注意适时抓住开发新客户的机会，以使业绩持续增长。而新建立的广告公司，除努力提高策划、创意、制作等业务水准外，开发新客户应是其重点业务之一。

总的来说，开发新客户是广告公司扩展业务、保持成长的基础。需要注意的是，新客户的开发，一是要重视队伍建设，有一个由各类专业人员组合的优良团队，有良好的资质，才能够博得客户的偏爱。二是要有自信心和勇气，积极参加各种招标、比稿活动，善于抓住可能出现的机会。三是要广泛搜集和整理企业经营信息，随时注意有无新企业或新产品面世，积极主动地予以协助，与企业建立联系、培养感情。

表 4-3 展示了广告公司的一般运作流程。

表 4-3 广告公司的一般运作流程

阶段	内容说明	参与人员
1. 参加客户说明会	客户说明：产品特性/通路状况/市场状况趋势/营销目的、策略/可能目标对象、竞争对象……以协助广告公司迅速进入状态。	业务人员/公司的高层管理人员/创意人员/市场调查人员
2. 广告公司第一次提案会议	广告公司相关人员内部讨论：检查资料完整性/决定是否调查或搜集其他资料/确定工作进度、工作项目鉴定及指定负责人。	业务人员/市场调查人员/创意人员
3. 广告策略发展	广告策略发展过程：a. 市场分析/看法。b. 目标对象/竞争范畴的界定。c. 传播功能及角色（广告、公关、促销、活动……）。d. 相关的营销建议。	业务人员/市场调查人员/创意人员
4. 广告策略形成	广告策略包括：目标对象、创意策略、媒体策略/执行计划及进度表/做出广告预算。	业务人员/媒体人员/创意人员/营销研究人员
5. 广告策略委员会审核	广告策略委员会由资深人员组成，审核是为了确保策略的精确性及可执行性（每年必须定期审核策略与执行的结果及修正）。	业务总监/创意总监/市场调查总指导/媒体总指导
6. 广告策略提案与决定	广告策略为整体广告活动长期执行的核心，必须由客户与广告公司共同认定。	业务人员/创意人员/媒体人员
7. 广告创意发展	广告公司根据决定的广告策略制作广告活动相关创意作品，例如电视广告、报纸广告、杂志广告、广播广告、POP 广告等。审核正式提案前的创意作品。	创意人员/创意总监/业务总指导
8. 正式提案	提案内容分年度计划或单一活动。任何提案都必须以广告策略为依据。	业务人员/创意人员/公司的高层管理人员
9. 调查与修正	沟通性调查包括：概念测试、脚本测试、效果测试。修正系根据调查结果，考虑修正执行。	业务人员/调研人员/创意人员
10. 执行制作与品质	由相关作业人员负责制作，并经客户最后签认。	业务人员/创意人员/制作人员

四、现代广告公司的变革与走向

当代社会经济正处于急剧变革之中，与社会经济状况发展有着密不可分关系的广告行业，也在适应社会经济的变化而有所调整和变革。由此看来，广告公司面临着新的机遇和挑战。

（一）广告主信息服务需求全球化

过去数十年，经济全球化深入发展，商品、资本、科技和文化的全球化流动与沟通愈发充分，广告行业呈现出国际化的发展趋势。大型广告集团通过设立海外分支机构和建立合作伙伴关系，构建了全球范围内的广告服务网络。全球化企业、跨国集团数量不断增长。除了老牌国际化集团公司可口可乐、宝洁、耐克、奔驰等，中国作为崛起的全球第二大经济体，华为、小米等众多本土品牌积极拓展海外市场，甚至大量中小品牌都开启了全球化发展之路，以蓝色光标、TikTok、Temu等为代表的广告代理商和各类互联网媒介全面服务于各类广告主的全球化经营战略和传播战略。广告公司为满足广告主对信息服务全球化的需求应从以下方面予以调整：

（1）形成能够在全球范围内提供信息服务的组织。这个组织可以通过中央控制系统，在世界范围内搜集、分析消费者的信息，并将信息分析的结果反馈回源头，然后又在区域市场中帮助广告主培育品牌。

（2）拥有一个为之服务的工作网络。这个工作网络能够在世界范围内及时回应某一具体需求。

（3）具备现代机能的经营机构。这个经营机构专业性强，能够控制并进行全球化财务管理。

（4）广告行为符合全球行业标准和运作规范。广告行为的规范性，是保证全球化广告活动顺利进行及广告效果实现的重要内容，将为后续的技术创新和市场拓展提供良好的基础和保障。

（二）广告公司经营趋向集团化

不少大型广告公司通过兼并、联合、重组等方式，组建新的经营性集团，形成了大型广告公司集团化经营，呈现出以下特征：

1. 规模巨大化

为适应现代产业规模化发展趋势，广告业掀起兼并、收购与联合热潮，造就了新的巨型广告集团，经营规模空前扩展。

2. 操作全球化

为适应客户拓展全球各个分市场的需求，广告公司在全球主要地域设立分公司，为客户的全球化市场营销做尖兵。

3. 业务综合化

为适应市场变化和广告主的需求，广告公司业务范围不断扩大，走上了整合营销传播之路，除一般的传统业务外，广告公司还涉足公关、咨询、信息服务、博览会、大型活动等领域。

4. 服务技术化

大数据、算法、人工智能等技术充分嵌入广告活动，技术在用户分析、内容生产、广告投放等方面的应用实现了较大突破，有利于广告公司广告生产的提质增速。

（三）中小型广告公司职能转化

在大型广告公司不断整合、组建大型广告集团的同时，一些中小型广告公司为了拓展生存空间，也在职能上进行调整和转化。

1. AE 制度向 AP 制度转变

这是业务体制的重大变化。前文已述，AE 制度是为适应客户需要而设置的，已经不适应当代营销的要求。AP 制度强调以消费者为中心，发掘广告主和消费者之间相互促动的良性关系，并以此为依据提出创意和计划，进行推广和实施。在英美等国家的广告公司中，AP 制度越发普遍。

2. 作业转向专业化

中小型广告公司更加重视专业服务，注意运用“一技之长”。它们中有的以广告调查、创意、咨询以及广告设计等专项业务为主，成为大型广告公司的重要合作伙伴。这些规模不大的广告公司在比稿和争夺客户方面表现得相当出色，广告作品的震撼力与促销力俱佳，经常从大型广告公司手中夺得大客户。

3. 业务重点地方化

随着广告公司集团化、集中化程度进一步加剧，能够进行全球化运作的国际性广告公司规模扩大，但数量减少。占 90％以上的地方性广告公司将在本区域的广告营销服务方面起到重要作用。地方性广告公司需要注意调整经营理念，把重点放在为地方性广告主服务上，发挥本土优势，突出自身特色。

（四）交易方式的调整与透明化

随着广告市场的进一步成熟，广告交易方式在发生变化。例如，数字营销的实时竞价方式等都促使广告公司在经营上进行革新。这对公司管理层、广告专业人才的专业综合素质的要求将更高。

第四节　媒体广告组织

广告组织的雏形就是在媒体中产生的。随着广告组织的分化和广告业分工的完成，各类媒体的广告组织逐步健全和完善。

媒体广告组织是媒体机构的重点部门，也称为“媒体广告部门”，是广告业的重要组成部分。互联网的普及与移动设备的革新，社交媒体广告和搜索引擎广告的崛起，种种因素共同推动了广告媒体的数字化进程，建构起广告运作和广告服务的全新模式。媒体广告部门的规范化、专业化运作对我国广告业的良性发展意义重大。

一、媒体广告组织的职能

（一）营销时间、空间和流量

媒体的功能是提供信息服务，其所拥有的资源具体体现在空间、时间和流量上。把媒体的广告空间、时间和流量有效地售卖出去，是媒体广告部门的业务重点。

传统媒体广告部门销售广告时间或空间，一是批量出售，主要依靠广告公司代理；二是零售，面向一些临时需要做广告的客户和广告公司的零星业务。拥有众多广告客户的广告公司，是广告时间或空间最大最好的买主。它们可以半年一年以至更长期地购买某些版面，可以长时间地承包某些时段或频道。因此，媒体广告部门首先就要积极谋求与广告公司的合作，保证销售渠道稳定、畅通，争取把广告时间和空间批量售出。

但是，并不是所有广告公司都是合适的对象，媒体广告部门要慎重进行选择，主要考虑下面几个问题：

（1）是否具有一定的代理能力，所拥有的广告客户经营状况如何。

（2）是否具有与本媒体相应的实力。

（3）是否具有良好的资质，代理信誉和业绩如何。

（4）是否拥有足够的资金，如能否预付代垫费用等。

通过这几个方面的评估，媒体可以选出最理想的广告公司。当然，媒体要提升选择的标准，还应看自身的影响力如何。招标是一种常用的选择方式。

与广告主保持良好的关系，也是媒体广告部门的重要业务。当下，数字平台更多地与广告主保持直接联系来达成广告业务合作。媒体广告部门往往更加努力争取广告客户的理解，使其加深对媒体特点、优势等的认识，形成互动，获取广告客户的偏爱与选择。

无论采取何种方式销售时间、空间或流量，媒体都有一个如何使广告资源效益最大化的问题，这就要牢固树立营销观念。媒体广告部门应充分把握自身媒体的品牌价值，广泛宣传自身在广告传播、与公众进行信息交流方面的特点和优势，如在覆盖域、曝光量、转化率、受众成分、广告价格等要素方面的独特之处，以便广告公司和广告客户了解和选择。

（二）设计制作和发布广告

对于由广告公司或其他机构代理的广告，传统媒体广告部门一般要协助安排广告发布日程，并根据本媒体（节目）的传播特点，对广告作品终稿的完善提出建议，做好广告排期。对于直接承揽的广告业务，媒体广告部门则要负责策划、设计、制作广告作品的全过程。但总体上看，直接承揽的广告业务量不是很大，较复杂的广告创制等往往交由广告公司去制作完成。

数字媒体主要通过广告投放平台的设计、大数据和云计算基础设施、操作平台等的建设及产品，为广告公司和广告主提供全流程、自动化的广告发布服务。如今，越来越多的数字媒体增加了人工智能创意等服务，全面提升了广告生产的效率和质量。

（三）审查广告内容

传播媒体是向社会和公众进行信息传播的专门机构，所传递的信息应对社会和公众负责。媒体广告部门要加强对广告内容的审查把关，自觉抵制和杜绝违法广告和不良广告的传播。这既是广告行业自律的重要内容，也是媒体广告部门的重要任务。目前，我国审查广告的法律依据，主要是以《中华人民共和国广告法》为核心的广告法律法规体系。审查主要包括四个方面：

（1）广告主的主体资格是否合法。

（2）广告内容是否真实客观，是否会导致受众产生误解。

（3）广告内容和表现形式是否合法。

（4）收取查看有关广告证明。

此外，还要根据我国国情，清理消除一切不道德、不健康、不文明的广告信息内容，保证媒体发布的广告合法、真实、健康、有益。

（四）做好广告财务核算

媒体广告财务核算的工作，应归属媒体广告部门。财务核算的任务主要有以下几个：

1. 确定广告活动收费范围

主要包括：媒体售出的时间、版面和流量的收入，但这部分收入是否包括广告公司的代理费，需要媒体广告部门与有关方面协调。设计（制作）费，主要根据媒体实际投入的成本核收。调研费、信息咨询费，要根据广告市场进行规范。其他服务项目费用，根据媒体的实际服务状况酌定。

2. 计算确定广告价格体系

影响媒体广告价格的因素主要有：影响范围，如覆盖范围、曝光数、收视（听）率等；权威性，如媒体级别、规模等，即对公众所产生的影响力和信任度等；广告传播效果，如点击率、转化率等；受众成分，如与目标消费者的一致性、社会阶层、年龄、职业、收入状况与消费欲望等。这些是确定媒体广告价格的基本因素，同时还应结合媒体的特性和所处的实际环境，制定出合理的广告价格标准。

3. 确定费用结算方式

传统媒体结算方式主要包括：计算总的广告收入，有计算营业额、广告收入、广告纯收入三种方法。收取广告费，有预先购买、预交定金或刊播后收取，可由广告公司代收或广告客户缴纳等。媒体广告部门可根据实际情况，做出具体安排。

数字平台的媒体广告较多根据投放的出价和实际投放的数量采取实时结算的方式。

（五）做好调研和信息咨询服务

媒体广告部门要向广告公司和广告客户提供系统、详尽的媒体资料，必须开展深入细致的调查研究工作，还要注意及时收集广告推出后的消费者反应，向广告公司和广告客户反馈。

除了做好本职工作外，媒体广告部门应在可能情况下使业务外延，为媒体编辑部门的报道策划、节目设置编排等出谋划策，做好参谋。随着媒体社会的发展，媒体广告部门应拓宽视野，树立跨媒体观念，全方位地把握、利用好媒体资源。

二、媒体广告部门的结构和业务流程

一般来说，媒体广告部门处于相当重要的位置，甚至与编辑部门、经理部门鼎足而立。随着我国媒体产业经营的发展，如何组建广告部门以更好地发挥其功能越来越受到重视。

总的来说，媒体广告部门的结构，受媒体经营规模和广告量的影响。媒体不同，其广告部门在组织结构和运作上会略有差别。

（一）报刊广告部门

印刷媒体主要以报纸和杂志为主。报刊的广告部门又以报纸的为典型，这里重点介绍报纸广告部门的结构及其业务流程。

报纸广告部门的主要任务，有对外和对内两个方面。对外，除加强与广告公司的业务往来外，还有零售版面的任务，安排招揽一些分类广告之类的业务。对内，则主要是负责处理收集来的广告，编排发稿的时间和位置，收取广告费等。如果广告业务量较大，广告部门的规模则要相应调整，这两个方面的工作还可进一步分工细化，反之则可简化。

在广告业比较发达的国家或地区，广告部门在报社一般都被放在最显眼的位置。欧美地区报纸的广告部门多隶属于经理部，作为一个独立部门开展业务。这些地区的全国性报纸不多，所刊载的主要是地方性广告和区域性广告，其中又以分类广告居多。因此，广告部门除按一般的结构安排外，招揽分类广告是业务重点之一。

我国报社广告部门隶属关系各有特点，有的归属经理部，有的直属社委会，也有的对总编辑负责。报社广告部门一般设外勤、业务、设计制作、财务等机构。外勤部门主要负责对外业务联系，承揽广告、推销版面、与广告公司联络。业务部门负责接洽广告业务、审查广告刊载手续、编排版面等。由于分类广告已经成为报纸的一项重要资源，这方面的业务一般也由业务部门承担。设计制作部门主要承担一般广告作品的设计制作及修改，也有将这部分工作划归业务部门的。财务部门负责收款、结算广告费用。

下附我国某报业集团的广告业务流程图以供参考，如图 4-8 所示。

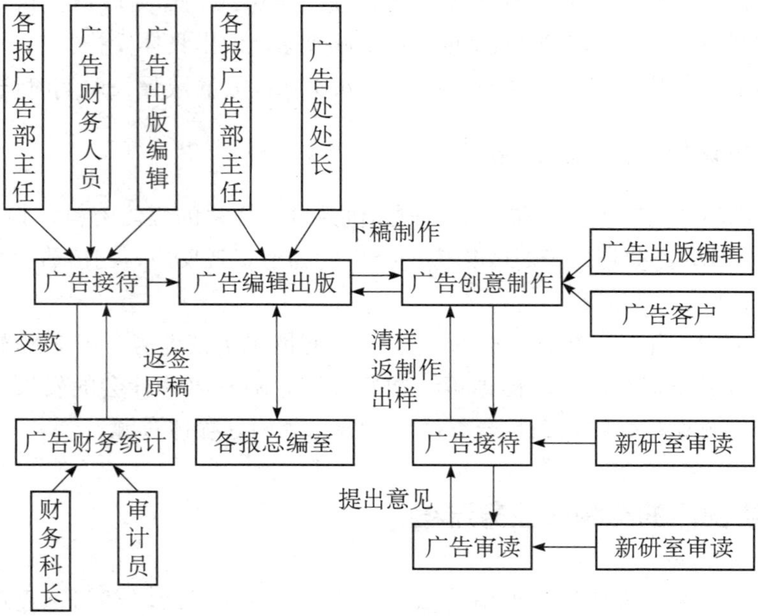

图 4-8 某报业集团广告业务流程图

值得一提的是，媒介技术的快速发展迭代造成了传统媒体广告的衰落和消亡，这一点在印刷媒体上体现得最为明显。

（二）广播电视广告部门

广播电视广告部门的结构与报刊的相似。二者最大的不同是广播电视广告没有分类广告，也就没有必要设置相应的部门。如何有效地把有限的广告时间销售出去，是广播电视广告部门的最大任务，其组织机构实际上就是围绕这个任务而设置的。

如图 4－9 所示，营业科下设对外对内两个业务方面，主要负责电视广告业务的联系、洽谈和承接等，向广告客户提供本台各频道的节目内容、广告时间、价格及有关市场消费信息，招揽广告公司、接待上门广告业务、办理广告代理等。设计制作科也可分文案画面设计和拍摄制作两个方面，负责文案撰写、创作广告故事版、进行拍摄剪辑等业务。随着广告业务分工的细化，这部分的工作可更多地交由影视制作公司去做。此外还有审查编播科和财务合同管理科两个科室，其业务运作与报刊类似。

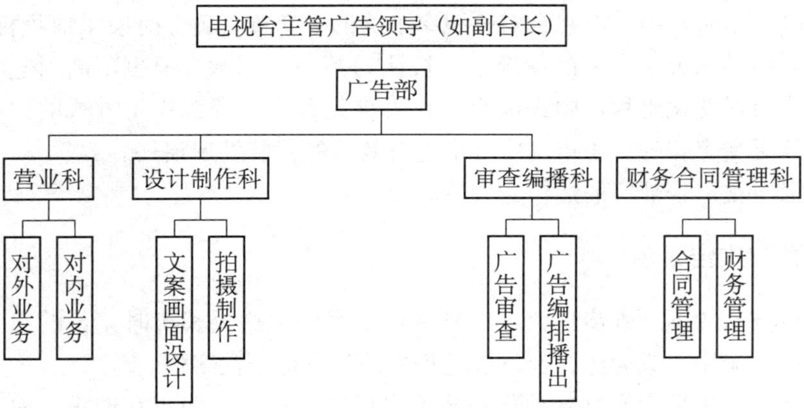

图 4－9　电视台广告部一般组织结构图

如何吸引插播广告，特别是把收视（听）率不高的广告时间（段）销售出去，是广播电视广告部门的艰巨任务和广告经营的技巧之一。随着卫星通信、数字化和我国广播电视经营机制的改革，我国影视频道成倍增加，新的广播电视节目形态不断涌现，广告时间的供求关系发生了重大变化，一般时间和垃圾时间增多。这一方面需要编辑部门编播出高质量的新闻节目、社教节目、文艺节目等，另一方面需要广告部门善于经营、巧于销售，在符合社会规范的前提下保证广告时间不至于流失，力争变废为宝，这是电子媒体广告经营中新的课题。

以中央电视台为例，其广告部的组织结构和业务流程，如图 4－10 所示。

由于业务大幅度增加，现在的中央电视台广告部有了较大变化，原来下设的业务、咨询等科室，在承担原先职能的基础上有了明显的扩张。管理层面力量加强了，对频道、时间等资源经营的分量加重了，市场调研和信息咨询等的服务力度加大了，依法运作、抓好监测的管理与自律增多了。这样的机构设置和业务运作，更适应现代媒体市场化程度越来越高、服务广告客户要求越来越高、自身品牌化运作力度越来越高的需要。

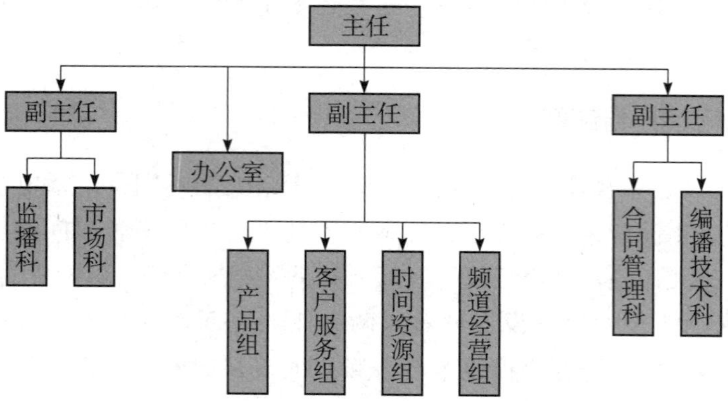

图4-10 中央电视台广告部组织结构和业务流程图

从1995年开始，中央电视台广告销售全面实行代理制，一般由广告公司代理承揽业务。广告客户依据广告活动的实际需要和广告预算的实际情况，委托广告公司选择适当的时段，然后与中央电视台广告部签订播出合同。1994年，中央电视台首次举办广告时段招标会。刚开始时，中央电视台对收视率最高的一套节目黄金时段采取投标方式竞卖，在当时广告时间供求关系失衡的情况下，被认为是一种创举，但也不断引起争议。这些年，媒体广告市场变化迅猛，中央电视台在力求完善广告资源售卖方式的同时，试图在新兴广告媒体更受青睐的广告市场中寻求更有效的经营和发展模式。

其他广播电视广告部门的运作也大体如此。

（三）数字广告平台

随着广告技术的不断进步，数字广告平台上程序化购买和实时竞价的出现以及大数据和人工智能的应用，成为广告业发展进程中的两个标志性事件。

所谓程序化购买是指通过自动化的技术实现广告空间的购买和销售。而实时竞价则是程序化购买的一种典型代表形式，它允许广告主在实时环境中竞价购买广告展示的机会，而非依靠传统的合约交易模式。程序化购买和实时竞价的出现，极大地提高了广告购买的效率和精准度，同时降低了广告交易的成本和复杂性。新样式交易的形成彻底变革了广告的交易模式和价格确定机制，为广告主提供了一个更为灵活、高效和透明的广告交易平台，使广告主可以根据实时数据调整广告投放策略。这一变化推动了广告生态中多方的协作和竞争，促使广告交易更为公平和开放，同时也大幅降低了广告投放的门槛，通过流量切分为仅有能力小额投放广告的小型广告主提供了更多的市场机会。

大数据的应用让广告主能够获取和分析海量用户数据，以便更精准地定位目标人群，优化广告内容和投放策略。同时，数据分析也帮助广告主更好地理解市场和消费者，提高广告投放的效果和回报。而人工智能不仅可以自动化执行烦琐的数据处理任务，还能通过机器学习和深度学习技术自动产生和优化广告创意，增强广告的吸引力和效果。另外，人工智能的预测分析能力可以帮助广告主预测广告投放的效果，实时调整广告投放策略。同时，通过自动化技术，广告优化过程可以变得更为简单和高效。目前，国内外主流数字广告平台都已经积极引入大模型和AIGC技术来改善投放效果与提高创意生产效率。

然而值得注意的是，虽然大数据和人工智能为广告业带来显著的效益，但也带来了数据安全和隐私保护的挑战。当数据和技术作为广告业中至关重要的生产要素时，它们也巩固了行业中部分主体的市场地位并使这些主体有能力制定行业规则、把控流量走向、影响市场竞争。在未来，如何在保障数据安全和隐私的前提下，进一步发掘大数据和人工智能的价值，将成为广告业需要面对和解决的重要问题。

第五节 广告交易制度

广告产业是由广告主、广告公司、传播媒体等组成部分构成的。传统广告活动把这几个组织机构联系在一起，在广告业务运营过程中形成了一种交易关系，如图 4－11 所示：

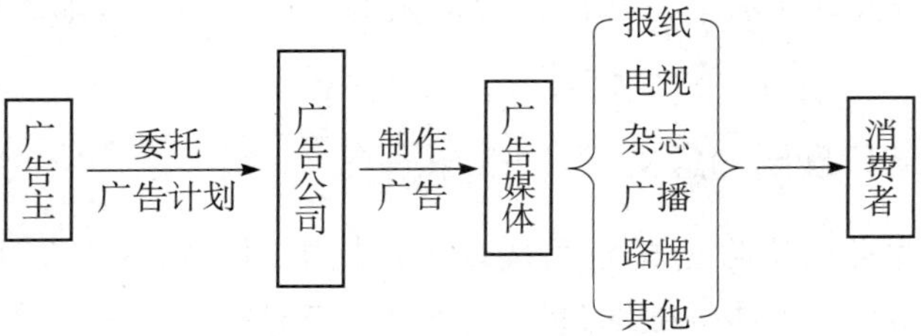

图 4－11 广告业务运营流程简图

在数字化时代，广告活动则可能存在去除广告公司中介行为的情况，由广告主直接通过数字广告平台完成广告活动，如图 4－12 所示：

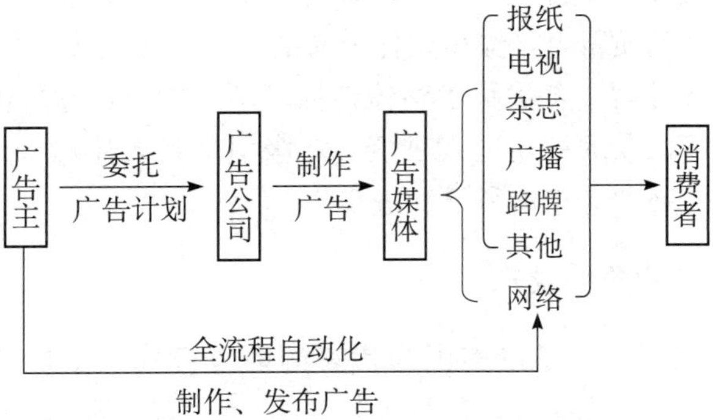

图 4－12 数字时代广告业务运营流程简图

一般来说，广告市场的规模取决于广告主对广告的投入，广告市场的有序运行则取决于对广告投入费用的合理、科学分配。因此，在广告主与广告公司、广告公司与媒体之间，需要一个分配制度来保证、体现彼此之间的交易关系。

一、广告代理制

广告业从代理报纸版面的业务活动中孕育，“代理”一开始就成为广告活动的业务交易方式，逐渐形成制度。这实际上就是潜行于广告业、影响其运转的分配制度，沿袭至今。

（一）广告代理制的含义

所谓广告代理制，即由广告主委托广告公司代理实施广告策划、创意、媒体购买与发布等部分或全部广告业务，媒体委托具有专业资质的广告公司承揽广告业务的一种商业服务制度。在广告活动中，广告主提出广告构想，承担广告活动所需的全部费用。广告公司处于中介位置，为广告主和媒体提供双向服务，同时获取一定的酬劳。广告公司亦称“广告代理公司”，重点就在“代理”上。媒体通过售卖时间或空间，获得收入，同时支付给广告公司相应的代理费用。这是国际上通行的广告经营体制。

广告代理制是广告业务发展到一定程度的产物，是社会进步、科学分工的结果，是衡量广告行业成熟与否的重要标准之一。在广告活动开展比较活跃、广告市场比较发达的国家或地区，广告代理制的运行都比较规范顺畅，代理的内容随着市场需求的变化而扩展。

（二）实行广告代理制的意义

广告主的广告业务由广告公司全面代理，包括策划、创意、设计作品、购买媒体、开展公关和促销活动等，媒体一般通过广告公司销售时间或空间。这样作业，是顺应广告业专门化的需要。市场经济越发展，与之相适应的广告业分工就会越专业和越细化。正是这种分工，体现了广告业各部分的合理构成，促进其各司其职，互相合作，共同发展，推动广告业整体水平的提高。广告代理制能促进企业更好地利用有限资金，既节约人力、物力、财力，又提高广告效果，实现理想的经营效益，能促使媒体把主要精力集中在提高主体信息服务的质量上，减少媒体经营的许多后顾之忧。从媒体发展的全局看，它也推动了媒体竞争优胜劣汰，优化了整体传播环境。同时，它也能使广告专业组织的业务得到保障，使之可以获取一定的发展资金，吸引优秀人才加入广告业，使广告业能够持续发展，体现社会行业分工的科学和进步。

（三）广告代理制的两种模式

国际上的广告代理制，一是以美国为代表的西方模式，二是以日本为代表的东方模式。

美国强调“一种商品由一个公司代理”和“一个行业由一个公司代理”的原则，并在业务运作上以AE制度来保障，尽量避免“业务冲突”，基本上实行的是客户代理。

日本虽然学习效仿美国，但在执行这一原则时却有自己的一套做法，主要是以承揽和推销媒体为主。这可能与日本的媒体和广告公司互相占有，有着扯不清的关系有关。日本的广告公司多把业务重点放在得到理想的媒体上，实行的是媒体代理。日本一家企业的广告业务往往由好几家广告公司代理，而一家广告公司则能代理同类产品的不同品牌，不顾忌所谓的“业务冲突”。例如，电通曾代理丰田汽车的广告业务，同时也经营日产汽车的广告活动。日本的这种模式不利于参与国际广告市场竞争，也在试图调整。

（四）我国的广告代理制

我国广告代理制的概念萌芽于1988年开始实施的《广告管理条例施行细则》。1993年制定的《关于加快广告业发展的规划纲要》，提出要通过10年左右的时间在我国全面实行广告代理制，当年下半年开始在全国一些经济发达的大中城市进行广告代理制试点。1994年，广告代理制逐步在全国范围内推开。

我国广告业恢复之初，由于广告时间和空间短缺，媒体处于强势地位，广告客户直接找媒体和媒体越过广告公司直接拉广告客户的现象屡见不鲜，形成一种见怪不怪的广告经营体制。实行广告代理制，就是要打破广告业恢复之初比较原始、落后的运作机制，推进我国广告业合理分工，促进我国广告业健康发展，提高广告专业化运作水准。

但由于种种原因，我国推行的广告代理制，多是中国式的，与国际接轨，还有一段路要走。这些年来，在行政干预、市场碰撞、境外示范等多重影响下，广告代理制的推行有一定的进展，但在实际运作中依然举步维艰，问题不少。虽然广告主体各方在中国国情下相互调适，但如何形成既科学合理又符合中国实际的广告代理制，还需要在理论上和实践中深入探索。

二、交易方式与费用

按照产生的时间顺序，目前广告交易依次有以下四种方式：代理费制度、服务费制度、成果回报制度和三种方式混合的制度。

（一）代理费制度

广告公司接受委托，代理广告客户的广告业务，要收取一定的费用。除掉购买媒体的费用，支付广告调研、制作等费用外，广告客户还要向广告公司支付一笔费用，这就是广告代理费或者说是交易费。这实际上是广告公司为广告客户策划、运作的劳务费用。

早期的广告代理费即为佣金，是“报纸掮客”倒卖版面的酬劳。他们从广告费中提取一定比例的数额（初为20%，后降至15%）作为佣金。广告主按一定比例付给广告公司一笔费用作为代理佣金，广告公司负责为之安排广告在媒体上的投放。19世纪90年代初，美国著名的库蒂斯出版公司宣布，广告公司如替媒体向广告主索取全额刊登费，并不得将从媒体处取得的佣金回退给广告主，则应支付广告公司一定的佣金。这一提议被美国出版商协会采纳并逐步推广。直到1917年，美国报纸出版商协会确定了15%的广告代理佣金标准，该标准沿用至今。英国最初的佣金仅为2.5%～5%，20世纪五六十年代才与美国取齐。后来这种标准成为国际通行规则。我国国家工商行政管理局1993年在《关于进行广告代理制试点工作的若干规定（试行）》中，也明确规定我国广告代理费的收费标准为广告费的15%。

国际通行的广告代理费，广告公司可以通过以下方式得到：

1. 媒体代理费

按照广告主购买媒体的实际费用，由媒体以15%的比例回付给广告公司。如某一项广告活动，用于媒体刊播的费用是100万元，则媒体应该付给广告公司15万元。但这种固定比例的媒体代理费，对广告主利弊互见：有利的是，能够激励广告公司发挥专业水准，精选广告主所需要的传播媒体；不利的是，质量越高的媒体，购买的费用就会越高，广告公司往往出于利益驱动，也会建议安排刊播费用较高的媒体，较少考虑信息传播的综合效益。但是，这种似乎简单的费用支付方式，掩盖了广告公司在媒体服务中付出的劳动以及在其他方面提供的服务。因此，在实际支付时，广告代理费屡遭克扣。这些年，我国广告公司一般得到的代理费都在广告费的5%～10%，远低于制度的规定。

20世纪60年代时，美国开始出现新的计费方法：一种为协商制，广告主与广告公司协商确定一个比较合适的佣金比率，一般低于15%；一种为实费制，广告公司把耗费在广告业务中员工的时间和精力换算成工时，拟定单价，再计算总额。这种方法可能就演变为后来的服务费制度。在大多数情况下，还是采取佣金比率的计费方法。

2. 加成费

广告公司在委托第三方进行调研、制作等辅助业务时，通常会在原始成本基础上收取10%至20%的加成费或管理服务费，并将这部分费用加成到代理费中，以覆盖项目统筹、资源协调和质量控制等管理成本。

该费用计算方式主要包括以下几种类型：

（1）固定比例加成，广告公司按照一定的百分比（通常为10%至20%）对委托辅助业务费用进行加价，将其作为管理服务收入来源。该方式简便透明，是目前广告行业中最常见的操作模式。

（2）成本加成，广告公司将广告辅助业务公司的实际成本作为计价基础，并在此基础上加收一定比例（如15%）作为服务费用。该方式适用于项目时间跨度较长或组织协调复杂的情况，强调成本控制与服务附加值的匹配。

（3）阶梯定价，根据辅助业务项目金额大小设置不同的加成比例，即项目金额越高，加成比例越低。该方式鼓励大额合作，常见于整合营销或年度代理服务项目中。例如，10万元以下项目加收20%，100万元以上项目加收10%。

（4）单列服务费，广告公司不对辅助业务费用加价，而是以实际采购成本向客户开票，同时单独列出一笔5%至15%的“项目执行费”或“综合服务费”。该方式多见于大型客户、政府采购或需要高透明度的项目执行中，更符合合规化的要求。

具体标准依据项目类型与广告客户要求灵活确定，加成费是广告公司实现专业服务价值的重要收入方式。

（二）服务费制度

什么是服务费制度？虽然它现在已在欧美地区普遍采用，但到目前为止，对其还没有明确的解释。这主要是因为尚不清楚服务费制度是否符合时代需要，最终会对广告业产生哪些影响，因此还在试行、摸索过程中。

服务费主要由三项内容构成：直接费用加上间接费用之和，再乘以一定的利润系数（美国一般为20%）。购买媒体的费用不在其内。

1. 直接费用

直接费用是与广告业务工作直接相关的人员费用的总和。即在合同期内，给予直接参与人的费用和工作费用，包括基本工资、奖金、福利、交通费等项目。

2. 间接费用

间接费用是广告公司支付给各种间接服务部门的工作费用，比如房租、水电费、会议费、设备费、交际费用等。这项费用与广告主没有直接关系，主要是用来维持广告公司正常运转的。在美国，间接费用一般平均为总体费用的1.3%～1.5%。

3. 利润

利润主要指广告公司的税前利润。

根据服务费制度，广告公司向广告主提出总体费用要求。由于服务费是广告主支付给广告公司在人力、物力、时间等方面进行投入的费用，因此决定服务费的关键因素是广告公司投入此项工作的成本，特别是人力成本。要控制成本，必须从广告公司的时间管理体系、员工报酬制度、能力测评等诸多管理问题入手。在正式工作之前，广告公司应就工作负责人、参与人员及其费用问题与广告主充分协商。

服务费制度与代理费制度孰优孰劣？美国广告业协会曾对这两种制度的适用性做了比较分析。

代理费制度的适用性：

第一，能稳定广告公司与广告主的关系，使两者的工作内容一致化。

第二，可预测广告公司的营业额，广告主营业额的增加可间接推动广告公司营业额的增加。

第三，广告主可灵活应用广告公司的全部资源。

服务费制度的适用性：

第一，适用于广告主减少媒体投入，广告公司的盈利点开始显现的时候。

第二，适用于广告主的核心要求不是媒体购买，而是创意、促销等工作的时候。

第三，适用于广告主的广告预算少，要求控制人力成本的时候。

第四，适用于广告主的工作内容是单一的，工作计划是短期的情况。

根据这个分析，两种制度利弊互见。实际上，广告公司和广告主应该根据情况选择适合自己的交易制度。

（三）成果回报制度

从2000年7月1日起，世界上最大的广告主宝洁放弃了代理费制度，改而实行成果回报制度，即支付给广告公司的费用与宝洁的营业额直接挂钩。于是出现了第三种交易方式。

实施成果回报制度，如何衡量成果是关键。具体操作是：首先分析广告主某部门的某种产品在过去三年的销售额，设定目标数值。然后根据这些基础数据，广告公司与广告主协商广告目标和回报率，这是在营业额方面。另外，还包括品牌认知度和品牌影响力等因素。

宝洁的举动给美国的广告主、广告公司以及广告业的相关人员带来了巨大的冲击，赞成和反对的意见相持不下。宝洁市场负责人认为：这种新型的、联动式的交易制度对于双方来说都是一种激励，从而可在最短的时间内获得最佳效益。而BBDO的董事长却认为，成果回报制度制约了广告公司的工作。

（四）三种方式混合的制度

即采取双方都认为合理公平的支付方式，将以上三种交易方式混合使用。

三、易货交换制度

此外，用货物的方式购买媒体的时间或空间，也是一种广告交易方式。这种方式实际上早在媒体不发达时期就已有之，比如早期的广播电台用广告时间换取汽车、器材等办公用品，延续至今，也形成了一种交易制度。媒体可以用一些时间或空间换取开办节目用的纪念品、机构内必需的办公用品等。媒体所需的物品种类繁多，某一广告主可能难以完全满足需求，由此而产生一种新的中介机构，即易货交易所或易货性替代公司。这类机构预先购买下媒体机构可能需要的物品，同时买下媒体的时间或空间，支付方式则是货物。

不过，媒体用以易货的时间或空间多是滞销的，交易中介机构可以从中赚取少量的代理费。而媒体一般也不轻易转卖广告资源，多自主处理，换回日常需要的设备、物品，如新闻采访车，飞机票，举办活动的奖品、礼品、纪念品等。

这种广告交易方式，在美国等国家较为普遍。我国近年以实物折抵广告费用的情况也在不断增加。

在广告产业中，广告公司的费用结算是其核心内容。这么多年来，广告公司如何通过合理的折扣收取酬劳，一直是国际广告界的热门话题。随着市场竞争的加剧，广告主在营销方面的投入越来越大，对广告的计算越来越精细，给予广告公司折扣的比例越来越低。我国自推行广告代理制以来，报酬支付不正当、不合理的现象屡屡发生。广告公司要奋发振兴，用事实证明自身的价值。

思考题

1. 广告产业的构成如何？有哪些特点？
2. 广告主有哪些类型？相应有哪些广告需求？
3. 了解广告公司的运作流程。现代广告业如何面对经济全球化的挑战？我国广告业应怎样进行应对？
4. 媒体广告部门有哪些职能？在新的市场环境下，媒体广告经营应该做哪些革新？
5. 结合我国的实际情况，评述几种广告交易制度。
6. 实地考察企业广告部门、广告公司或媒体广告部门，了解其结构和运作方式。

第五章

广告策划

本章要点

- 广告策划的含义与特性
- 广告策划的内容
- 确定广告预算总额的方法
- 撰写广告策划书的方法与要求
- 广告调查

广告活动主要由计划（plan）—实施（do）—评价（assess）三部分组成。这三部分的作业流程不是单纯的一种线形运动程序，而是呈连续性和不断更新的循环方式。广告策划是企业营销计划或整合营销传播策划的自然产物，其是否周密准确关系到广告传播的预期效果能否顺利达成。

第一节　广告策划的含义及特性

一、广告策划的含义

所谓策划，一般是指对某一活动的运筹和规划，是计划的动态体现。汉语“策划”一词，又可作“策画”，最早见之于《后汉书·隗嚣传》：“是以功名终申，策画复得。”这里有策略、主意之意，也具有动态的筹划、谋略的含义。我国向来重视策划，“深谋远虑”（贾谊《新书·过秦论上》），“多算胜，少算不胜”（《孙子·计篇》），“运筹帷幄之中，决胜千里之外”（《汉书·高帝纪》）等，都是讲究谋划、运用策略的例证和描述。

港台地区经常使用“企划”一词，应该是从日语“企画”转化而来，与英语“plan”意思相近。美国哈佛企业管理丛书编纂委员会认为：“策划是一种程序。在本质上是一种运用脑力的理性行为。基本上所有的策划都是关于未来的事物，也就是说，策划是针对未来要发生的事情做当前的决策。”① 随着改革开放的深化，我国在经济领域里对策划的

① 熊源伟，许晨，吴予敏，等．公共关系策划．广州：中山大学出版社，1991：3.

认识和运用越来越深入和广泛，甚至出现了“策划学”和“策划人”这样的学说和职业。20世纪80年代中期，我国广告界提出“以创意为中心，以策划为主导，为客户提供全面服务”的经营理念，广告策划在广告活动中的地位和作用越来越受到重视。

将策划运用于广告活动中，就是在市场调查的基础上，根据广告主的营销计划和目标，对一定时期和一定范围内的广告活动的战略和策略进行系统的整体筹划。

广告策划可有广义和狭义之分。

广义的广告策划是指为规模较大的、持续时间较长的、系列的、为实现同一目标而进行的广告活动组合的整体策划。它勾勒和规定广告活动的基本方向，是具有系统的战略决策性质的策划。狭义的广告策划即为一个或几个单一性的广告进行策划，也可以称为“单项广告活动策划”。

人们在讨论广告策划时，一般是指广义的，也即广告计划。由于整体广告策划有利于更好地把握市场信息，准确地制定有关的战略策略，使广告传播的针对性和目的性更强，有利于从整体上提高企业和产品的知名度和喜爱度，美化品牌形象，增强竞争力，促进销售而获得综合的传播效果，因此，随着整合营销传播和数字营销传播更加深入和广泛的运用，整体广告策划越来越多地被企业和广告公司所运用，为综合的信息交流、效果及促销服务。

二、广告策划的特性

广告策划是企业经营管理中的一个重要组成部分。对于企业管理决策来说，广告策划是一个子系统，它根据营销计划和营销目标而来。但就自身看，又是一个有着特殊规律的系统工程。尽管企业的经营模式、策略等各不相同，每次广告活动的任务要求千变万化，但进行广告策划时，却要遵循一些共有的基本属性。

（一）目标的明确性

不论开展何种活动，总要有一定的目标，围绕着既定的目标而展开。广告策划也不例外。企业在经营过程中，因时间、范围、类别等的不同，可能制定出多种目标，在企业目标和营销目标指导之下的广告活动必然会出现多种目标需要谋划决策。但是，每次广告活动只能实现其中的一两个目标。因此，广告策划必须选择、明确本次广告活动的主要目标，为达到特定的目标而采取相应的战略战术，进行合理的资源配置，避免东一榔头西一棒槌，无的放矢，造成人力、物力、财力和时间等的浪费。

明确了目标，实际上就是明确了广告活动的指挥调度中心，就可以把广告活动的各个环节串联起来，把广告活动的各种功能调动起来，把广告传播过程中的无序转化为有序，为实现既定的传播任务奠定基础。当然，明确的目标必须正确，这需要广告决策时精心运筹把握。

（二）运作的层次性

广告策划自身也是一个系统工程。广告策划过程中的每一个环节、步骤，都是按照一定的序列组合起来的，构成了链条状态。广告策划既是整体的，具有统一性，又是渐次的、相互联系的。广告策划人员应善于把握广告活动的性质、职能、特点和运动规律，分清和把握好层次结构，既发挥各层次的能动作用，又确保在整体方针指导之下依照严格的程序进行运作。既能调动个人的积极主动性，又要注意集体智慧的整体融合。

（三）筹划的全局性

广告策划需要涉及广告活动的方方面面，是指导整个传播活动的纲领。广告策划的各个方面，又是一个相互关联、相互依存、彼此制约、互相影响的有机整体。因此，策划时要考虑周全。从横向来看，要使策划活动的各个组成部分、各个环节系统能够协调、统一，保持总体的最优化。从纵向来看，策划的各个过程和阶段都要缜密思量，减少无序和不确定性，处理好全局利益和局部利益、长远利益和眼前利益的关系，多从全局利益和长远利益着眼。广告计划一旦确定下来，一般不宜随意变动，否则，就会牵一发而动全身，造成被动。

（四）决策的事前性

广告策划是先于广告实施而进行的，但并不是说就允许随意和盲目。谋划、决策，要建立在对整个广告活动充分了解把握的基础上。因此，特别要注意做好调查研究工作，掌握各个方面、各种要素的情况，确保广告策划的主观性与客观性相一致。要有预见性，能比较准确地把握广告投入后可能发生的情况，预测到广告传播后可能产生的效果。

（五）变动的适时性

世界上没有一成不变的东西，任何事物都在运动变化之中，广告活动也不例外，广告策划也是一个动态的过程。要随时注意影响广告活动的各种因素的发展变化。当广告所面临的各种环境有所变动时，计划需要因时而变，因势而动，适时地做出相应修正和调整。特别是在数字广告场景中，广告传播的效果几乎实现了实时反馈，大数据和算法为效果反馈提供了充分的数据分析，为及时调整广告策划提供了有利条件。

三、广告策划的程序

广告策划围绕如何制订广告计划而进行。制订广告计划，必须依据企业的营销计划。企业制订营销计划时，要充分考虑其面临的经营环境和竞争环境，认清自身的优势与不足，做好市场分析。

企业的营销策划，一般分两种运动方式。一种是自上而下式，按照市场分析→营销目标→营销战略→营销战术，分层阶梯式逐次进行。这种方式是传统式的，也为一般经营规模较大的企业所采用，有时在相应层次上还可以扩展。一种是自下而上式，按照营销战术→营销战略→营销结果，颠倒正常程序来进行。这种方式首先集中精力发现一个独特的战术，接着发展成战略，然后可能会得到一个较好的营销结果。这种方式主要是一些小企业在竞争中独辟蹊径的做法，往往能收到较好的效果。

广告策划实际上属于营销战术的范畴，精心策划出的广告计划会产生具有竞争力的战术。

一般来说，企业可就广告策划提出构想和说明，具体的实施运作可委托广告公司。某家广告公司参加企业的产品说明会后，或直接接受企业的委托，一般按照以下步骤展开工作（见图5-1）。在这一过程中，广告策划的程序归结起来，大致要经过以下步骤。

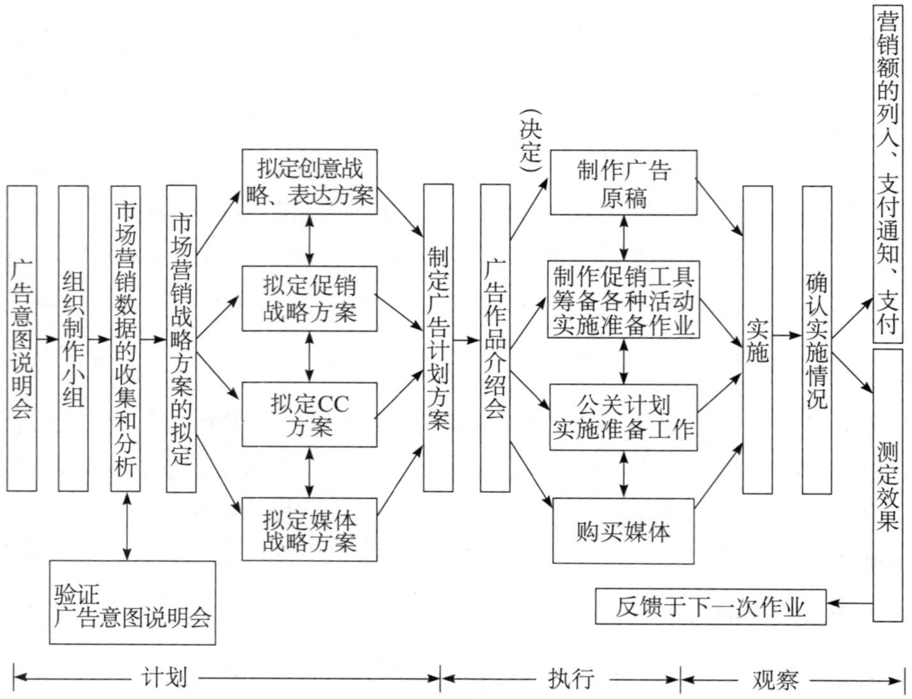

图5-1 广告策划的基本作业流程

（一）成立策划小组

策划小组需要集聚多方面的专业人士，如果实行AE制度或者AP制度，则主要有：

（1）业务主管（account executive）。一般由业务部门经理、创作总监或副总经理甚至总经理担任，负责与广告客户的联络和业务洽谈，保证广告客户在广告公司的活动得以开展。

（2）文案撰写员（copywriter）。文案撰写员负责各类文案的撰写。

（3）创意设计员（art director）。创意设计员负责各种视觉形象的创意和设计。

在策划小组中，这三类人是必需的、重要的。另外，还可配置计划书撰写人员，负责编制拟订广告计划；市场调查人员、媒体联络人员和公共关系人员，配合整体策划活动的进行。

（二）明确分工，深入调研

根据广告客户提出的要求，策划小组初步规划出策划活动的大致工作任务，与有关部门进行分工，并向有关部门下达任务。第一步是要充分占有和掌握有关信息资料，如了解市场状况、目标消费者的基本情况、企业产品的生产与开发等。虽然广告客户在广告意图说明会上或者在广告业务洽谈过程中已经做过一些介绍，但还是不够的，需要更深一层做好市场调研方面的工作。只有在充分了解掌握市场竞争信息、广告商品和同类商品的有关资料、总体消费环境和消费特点以及目标消费者的购买动机和购买行为等的基础上，广告策划才能做到胸中自有雄兵百万，设计谋划底气充足，构思之源活水潺潺。这首先要向广告公司内市场调研部门提出明确的要求，下达任务。同时，也应要求创意、媒体、制作设计等部门，做好配合。

（三）会商构想有关战略策略

在得到有关信息资料的基础上，进行品味消化，着手拟定广告战略，确定广告目标。以此为起点和方向，对品牌策略、广告主题、广告媒体战略和广告表现战略等，以及与之相配合的其他营销策略进行决策和筹划。这里，提出和确定合适的广告目标是非常重要的，它是企业广告战略的一个核心部分。其他的一些策略构想，则是实现广告目标的战术措施。需要注意的是，不论是广告目标还是战术措施，都不是凭空臆想，闭门造车，靠拍脑袋瓜想出来的。要重视对有关信息资料的分析研究，还应充分进行集体讨论，集纳集体智慧。

（四）编制广告计划书

各部门完成既定的工作任务后，要进行收集整理工作，把各部门提出的原始方案重新梳理归纳，然后编制广告计划书。

（五）准备参加提案会

广告策划能否被广告客户采纳接受，还有最后一道工序需要重视，这就是准备参加向广告客户说明介绍广告策划方案的提案会。大型企业、较大规模的广告活动，往往会采取竞标的方式来决定采用哪家的广告策划方案，故而一定要充分准备，必要时可在广告公司内部进行彩排，以便发现不足后及时应对。

四、广告策划需要注意的问题

广告策划是衡量一个广告经营单位业务能力的依据和标准。广告经营单位能够策划出成功的广告活动，为广告客户绘制出战略的、长远的广告运作蓝图，就能在激烈的市场竞争中立于不败之地。实现这样的目标，除广告策划本身的要求外，还有以下方面需要广告策划人员注意：

（一）增强服务意识

广告策划人员必须牢固树立为广告客户服务的思想，在进行广告策划时注意以企业的发展、进步作为出发点，设身处地为企业着想。服务也是一种投资，这不仅有助于与广告客户保持长期合作关系，而且有利于广告经营单位的业务得到发展，获取更大效益。

（二）树立综合观念

广告策划人员在进行广告策划时必须树立综合观念。广告是一种有效的沟通方式，但还要考虑广告与其他营销传播工具的组合，思路要开阔，眼光要长远，要善于进行整合，利用各种要素为实现广告目标和营销目标服务。

（三）发挥集体智慧

还需要指出的是，广告策划方案的最终确定应是集体合力而成。不能忽视个人在广告策划中的作用，但更需要注意发挥团队的力量，集思广益，群策群力。在传统的经营模式中，个人所起到的作用可能很大，但在日趋激烈的市场竞争中，由个人产生的点子、想法可能会产生某一方面的效益，但毕竟是一己之见，难以适应企业现代化大生产的需要。

第二节　广告策划的内容

广告策划主要包括以下内容：

一、确定广告目标

广告目标是指广告活动要达到的目的。广告策划的首要任务，就是明确广告活动将要实现的目标。广告目标规定着广告活动的方向，其他广告活动如选择媒体，确定表现方式，应突出哪些信息内容等，都要围绕广告目标来考虑。广告目标也是衡量广告传播效果的一个重要依据。

广告有什么用处？有的企业会给予过高的期待，指望仅靠一项广告活动就把企业的许多问题解决了；也有的企业比较茫然，不知该运用广告做些什么。从总体上看，广告就是在沟通企业与目标消费者之间的联系，促进现实或潜在的消费者采取购买行动方面发挥作用。再进一步，广告还可以建立、加固企业与消费者的关系。这是宏观意义上的广告目标，有一个广告金字塔示意图可以描述广告目标的具体指向（见图5-2）。

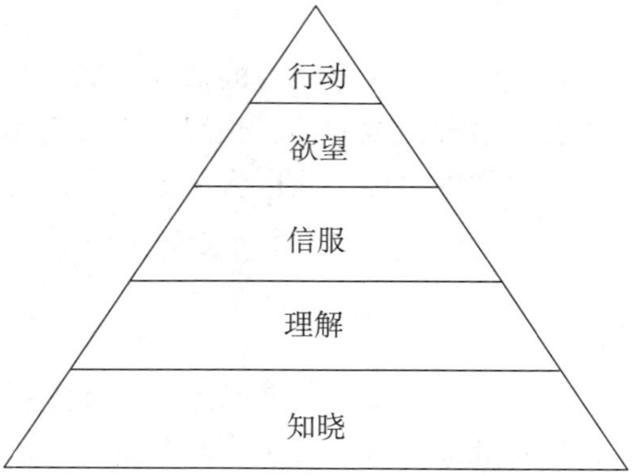

图5-2　广告金字塔示意图

如图 5－2 所示，广告金字塔示意图的基础是知晓。因此，首要的广告目标就是扩大知名度，让更多的人了解企业、组织、产品、品牌等。仅此不够，广告还有增进认知、促进理解的任务。继而，广告要能劝服目标消费者对本产品（品牌）产生信服，打动他们，诱导他们产生购买欲望，最终采取购买行动。

（一）广告目标的种类

1. 创牌广告目标

为实现此类广告目标的广告活动一般属于开拓性广告。其目的在于开发新产品和开拓新市场。它通过对新产品的详尽宣传介绍，提高广大消费者对新产品的认知程度。其诉求重点在于提高新的消费者对新产品的知晓度、理解度和对品牌、商标的记忆度。

2. 保牌广告目标

为达到此类广告目标的广告活动多属于守成性广告。其目的是巩固已有的市场阵地，并在此基础上深入开发潜在市场。它主要通过连续广告的形式，加深消费者对已有产品的认知，使现实消费者形成习惯与偏爱，使潜在消费者产生兴趣与欲望。其诉求重点在于保持消费者对企业或产品的好感、偏爱和信任。

3. 竞争广告目标

为实现此项广告目标的广告活动一般属于争夺性广告。其目的在于争夺市场、争夺消费者。其诉求重点是本产品的独特之处，使消费者认知本产品给他们带来的比较利益，以增强消费者的偏爱，巩固消费者已形成的消费习惯。

在现实广告活动中，广告目标应尽可能地具体。常用的广告目标有下列 13 种可供参考：

- 介绍新产品的新用途或旧产品的新用途。
- 加强新产品宣传，使新产品能迅速进入目标市场。
- 扩大或维持产品目前的市场占有率。
- 加强广告商品的品牌、商标的印象。
- 提高企业或产品的知名度，以配合推销活动。
- 增加消费者对企业的好感，树立良好的企业形象。
- 纠正消费者对企业或产品的错误印象和不确切的传闻，以化解危机或排除障碍。
- 在销售现场起提示性作用，促进消费者的直接购买行为。
- 劝诱潜在消费者到销售现场，提高其对广告产品的认知，增强其购买信心。
- 扩大影响，加强声势，鼓舞企业推销人员和其他人员的士气。
- 帮助消费者确认其购买决策是正确的和有利的。
- 对推销人员一时难以接近的顾客起预备性接触的作用。
- 延长产品的使用季节或提高消费者对产品变化使用和一物多用的认知。

由于企业在一段时期内的营销目标不同，由此所决定的广告目标也会有所不同。在一个广告活动中，一般至多有一个到两个广告目标。以上所列，只能根据需求从中选择一两项。

（二）影响广告目标的因素

企业确定恰当的广告目标，需要考虑以下几个方面的因素：

1. 企业所面临的市场环境

在对广告环境分析的基础上，进一步把握企业可能获取的市场机会以及可能面临的竞争状况，确定企业面对这个市场将要采取什么措施，实现何种目标。广告目标则依据企业目标和营销目标来确定。

2. 目标消费者进入市场的程度

目标消费者的一般消费行为以及对本产品与同类产品的认知程度往往影响企业做出以下决策，即是以保持现实消费者为主还是重点开发潜在消费者。

3. 产品的生命周期

每一种产品或服务都有一定的生命周期，当处于不同的生命周期时，企业采取的广告目标往往有所不同。例如，引入期往往采取创牌广告目标，成熟期则以保牌广告目标和竞争广告目标为宜。

4. 广告效果指标

广告传播将要达到的效果往往有一个指标体系。一般从产品销售情况、消费者消费行为和沟通效果三个方面进行衡量。广告效果与广告目标有着密切的关系，广告目标可依据广告效果指标来设定，而后可根据广告目标的完成情况来测定广告效果。

（三）需要注意的问题

确定广告目标时，有以下问题需要注意：

1. 不能与企业整体利益相背离

广告活动是企业整体营销活动中的一项具体工作，因而，必须在企业目标和营销目标的指导下制定广告目标，要符合企业整体营销的要求，不能违背企业的整体利益。

2. 具体实在，切实可行，可操作和测量

广告目标是广告活动的核心目标，应具体明确。所提出的广告目标，应与企业和市场的实际相吻合，不可盲目和理想化。设定的广告目标要具有可操作性，能够被测量，如具体规定广告的曝光率、知名度、记忆率、理解率、喜爱率、转化率等。在一个广告活动中，一般只能根据企业的情况和需要，确定相应的一种或两种具体的目标。

3. 能与其他部门尤其是营销部门协调配合

广告目标的实现，还需要企业其他部门特别是营销部门的协调配合，以求得理解和支持。同时，广告目标还要与各项具体广告活动的子目标相一致。只有通过各个子目标的实现，才能达成总的广告目标。

4. 即效性和迟效性的统一

广告发挥着促销的作用，特别是近年来兴起的效果广告，在直接销售商品方面作用显著。但品牌广告传播从展开之后到发挥促销作用，却有一个弛豫过程。也就是说，品牌广告传播在开始的一段时间内，效果并不明显。在确定广告目标时，必须考虑到这些因素，从而克服一蹴而就、急于求成、重效果轻品牌的心理和行为。

（四）新的思路

当企业越来越多地运用数字营销和整合营销传播时，广告目标的确定，更多的则是需要从构建互动关系着眼，巩固、加强企业与目标消费者的联系。

二、明确广告对象

广告对象是指广告的传播对象，即广告信息的接收者。明确广告的传播对象是广告策划的重要内容，通过确定广告目标市场而实现。广告商品的购买者或可能购买者，即现实购买者和潜在购买者，就是广告目标市场。

广告目标市场是在企业目标市场的基础上确立的。

（一）企业目标市场

1. 对市场的认识

首先，我们对市场的含义要有一个初步的认识。什么是市场？从供求关系的角度来看，市场就是以消费者为中心而形成的商品供求关系的总和。形成市场有三个必备要素：

- 卖方。拥有一定的商品供应量以及当事人的出售愿望。
- 买方。具有一定的商品需求量以及当事人的购买愿望。
- 信息流。将“卖”与“买”联系起来的信息交流传递。

当商品供应量小于商品需求量时，形成了卖方市场；当商品供应量大于商品需求量时，则构成买方市场。在现代市场中，信息流是重要的条件，如果没有销售和需求的信息交流，就无法正常进行商品交换。

2. 市场的两种基本形态

市场有两种基本形态：一种是为满足个人消费而购买商品或服务的个人和家庭所构成的市场，即消费者市场。这是市场营销的主要研究对象。一种是产业市场，亦称“组织市场”，是一种非最终用户市场。产业市场又可分为生产者（企业）市场、转卖者（中间商）市场及政府和事业团体市场。产业市场的出现，是由消费者的需求而派生出来的，购买者数量相对较少，但采购量大，品类繁多，而且用户之间差异很大，需求缺乏一定的弹性。这也是一个很大的市场。产业市场的消费行为，归根结底，体现在代表组织、在组织中发挥作用的个人，是组织化的消费者，也是广告策划时需要重视的目标群体。

3. 市场细分

任何企业都不可能满足消费者的全部需求，不可能垄断整个市场，因此，还需要确定与企业相适应的目标市场。目标市场是企业为满足现实的或潜在的消费者需求而开拓的特定市场。企业选择目标市场，是在对市场细分的基础上进行的。

市场细分理论，是在 20 世纪 50 年代提出来的。所谓市场细分，就是把某一产品或服务的市场整体划分为若干个消费者群的市场分类过程。可以根据地域分布、需求分布、人口状况、心理特征、购买行为、期求利益等要素，来寻找企业的目标市场。其中最简单的方法，就是运用地域分布和需求分布两个标准，对总体市场进行横向和纵向的切割。

从地域分布上看，消费者分散在许多地区，而企业产品却往往只能销售到其中的若干个地区。从地域上对市场进行横向的切割，就可以明确企业的目标市场已经或可能分布在哪些地区。

从需求分布上看，消费者的需求具有多样性。即使是同一类产品，也可能因质料、款式、价格、档次、规格、包装等的不同，以及消费者自身基本情况如职业、收入状况、性别、年龄、喜好等的差别，存在着需求上的差异。通过对市场纵向的分割，则可以清楚地看到某些消费者的需求状况，了解到企业产品对消费者需求的适应程度。

通过这样横向和纵向的切割，就把整体市场细分为网状的若干块小的区域市场。那些既适合产品销售的地区，又符合消费者需求的“子市场”或“亚市场”，就是企业目标市场。

（二）广告目标市场

企业目标市场并不等同于广告目标市场。企业在整体市场中，选出一类或几类消费者，有针对性地对其进行广告传播，这样的消费者即为企业的广告目标市场。

一般说来，企业目标市场范围较大，也比较笼统，细分的市场可能有多个，目标内容关系到企业的方方面面。广告目标市场则比较具体、直接，在一定时期内，目标内容是单一的，规定着广告的战略战术。广告目标市场要以企业目标市场为基础，为企业目标市场服务；还要能根据市场的变化和产品生命周期的不同阶段，及时加以调整。

需要注意的问题是，确定广告目标市场，不应与企业目标市场有较大的偏差。广告目标市场应有一定的市场潜力，不仅有利于保持现实消费者，而且能够开发潜在消费者。借助广告媒体可以到达广告目标市场，使目标消费者能最大限度地接触到广告信息。

在确定广告目标市场之后，还要进一步了解广告目标市场的消费者的基本情况、消费心理、物质需求、消费行为等，为确定广告传播内容、采取相应策略提供依据。

同时，还要充分了解竞争对手在同一目标市场的营销状况以及广告活动，以发掘目标市场中的空隙。

三、提炼广告主题

广告主题是广告的中心思想、广告的灵魂，统率着广告作品的创意、文案、形象、衬托等要素。广告主题的提炼，也是明确广告诉求重点的过程，实际上是在大量信息的基础上综合生成的。特别是对于有关广告的企业、商品信息，需要从细获悉，认真研判。

（一）企业经营状况

提炼广告主题，首先需要了解掌握广告主的经营状况。

先了解企业所属的行业前景如何，是朝阳型还是夕阳型，是处于发展时期还是处于衰退时期。再看看全行业的供求关系怎样，是供过于求，同类产品竞争激烈，还是属于短线，供需缺口很大。还要了解相关行业（如相关原材料行业等）未来的发展趋势如何，替代产品行业市场情况如何，等等。

在此基础上，了解企业的经营状况：

1. 企业历史

广告主是老企业还是成立不久的新企业，在历史上有过何种贡献，在社会上声誉如何等。

2. 企业人才

企业拥有的人才素质、规模和构成怎样，业务水平如何，有何科研成果，有什么特长。

3. 企业技术与设施

企业的生产技术、生产设备、营业设施是否先进，操作技术有无特色。

4. 经营特点

企业的市场分布、商品种类、流通渠道如何；生产目标、营销目标怎样；有无新的经营方式与措施；服务水平如何，在消费者心目中有何印象；公共关系活动情况等。

5. 广告活动经历

企业历年的广告活动情况，如广告费支出、媒体运用、广告效果测评等。

（二）商品特点

提炼广告主题，其次需要了解掌握广告商品的特点，即企业生产的产品也就是广告商品有哪些，各有什么特点。我们主要从以下方面考虑：

1. 原材料

从商品的原材料方面来看，有无优点和特点。例如：鄂尔多斯羊绒衫就强调其羊绒来自在内蒙古大草原放养的羊群，绒长质好；草原兴发的羊肉，则强调羊吃的是内蒙古大草原的天然牧草、喝的是天然泉水。这都是从原材料着眼。

2. 生产过程

从商品的生产制作过程来看，是否先进、严密。可从开发时间、生产设备、制造方法、检测方式等着眼。例如，德国大众牌汽车对产品检测把关很严，即使车身有肉眼看不见的划痕，检测员也会抓住不放，不让出厂。其广告就突出这一点。

3. 利益点

从商品的价值来看，商品的使用价值和情绪价值如何，更重要的是了解商品能够给消费者带来哪些利益。然后通过产品差异化宣传，抓住商品中突出的功能、给予消费者的特殊利益，如商品的保存性、便利性、经济性、魅力度等（见图 5－3，文前彩色插图）。

4. 外形

从商品的外观来看，如外形特点、规格、花色、款式、质感如何，包装方面有何特色。

5. 生命周期

由于商品处在不同的生命周期，生产工艺熟练程度不一样，消费需求特点不同，市场竞争状况也不一样，因此广告的诉求重点应有所区别。

（三）竞争商品信息

此外，还要了解竞争商品的有关信息，将广告商品与之进行比较，发现差异，寻找广告商品的独特之处，使广告主题更鲜明、更有针对性、更富竞争力。

在把握了企业的经营状况和商品的特点后，即可根据商品的直接效用、展开效用和附加特性，根据企业形象，运用定位的方法，发现广告诉求的重点所在，从而提炼出广告主题。

四、制定广告战略

广告战略是指按广告目标的要求，确定广告活动的方式方法，包括广告表现战略和广告媒体战略。这也是广告策划的主要内容之一。在后面还要专门分章来讨论，这里仅做简要介绍。

（一）广告表现战略

广告表现战略要通过广告创作来实现。广告创作主要包括广告主题的确定、表现形式的采用、文稿的撰写、图像的绘制、画面的摄制等多方面的内容。大体上可分为四个阶段：

1. 资料收集整理阶段

收集和整理通过广告调查和其他方式获取的有关信息资料，并进行分析研究。

2. 设计决策阶段

在这一阶段主要是设想确定广告表现目标、广告诉求重点和广告主题。

这两个阶段为广告创作的准备阶段。

3. 构思创作阶段

依据广告主题的要求，提出广告设计方案并制成样本送交广告主审核修改。

4. 实际制作阶段

根据已经确定的广告设计方案进行实际创制，最后送达广告传播媒体机构。

这两个阶段为广告创作的实施阶段。

制定正确的广告表现战略，对于保证广告作品能够符合广告策划的总体要求有着重要的意义。在广告策划时，企业决策部门和广告部门也应该对广告创作提出原则性的要求和建议。

（二）广告媒体战略

制定正确的广告媒体战略，目的在于在有限的广告预算内，得到最大的广告效益。广告媒体战略策略不对，即使已有优秀的广告作品，也等于明珠暗投，发挥不了沟通作用。

广告媒体战略主要包括选择媒体、确定广告发布日程和方式等内容。

1. 选择媒体

综合考虑各种广告媒体的传播特点、广告商品的特性、消费者接触媒体的方式和习惯、广告目标的要求、市场竞争的状况、广告费用的支出等各种因素，对相关媒体进行选择。先提出媒体选择的目标；然后确定媒体类型；再选定具体的媒体；接着确定在媒体上发布广告的方式以及进行媒体组合；最后提请广告主审定媒体选择方案。媒体选择要受到尽可能有效地接触目标受众和广告费用许可这两个条件的约束。

2. 确定发布日程和方式

主要包括广告在什么时间发布，持续多长时间，在不同媒体上的发布方式、时段选择、空间布局等。

如何实施广告表现战略和媒体战略，后面有关章节将做详细的讨论。

五、进行广告预算

广告预算是企业投入广告活动的费用计划。进行广告预算，主要是为了更有计划地使用广告经费，减少浪费，使广告活动更有效率。正确编制广告预算，是广告策划的重要内容之一，是企业广告得以顺利开展的保证。为此，另设专节阐述。

广告策划的最后一项主要内容是测评广告效果。通过对广告效果的测评，可以对当前的广告活动做出评价，从而为修正广告计划和改进广告设计提供科学的依据。广告策划必须提出测评广告效果的具体要求和方法。

第三节　广告预算

广告预算是对企业广告活动费用投入的策划。企业开展广告活动，需要投入一定的费用，这是对未来销售和利润的一种长程的投资，是一个投入与产出的过程。进行广告预算，就是对在一定计划期内从事广告活动所需的经费总额和使用范围做出规定。正确地编制广告预算，是广告策划的重要内容之一，是企业广告活动得以顺利开展的保证。

一、广告预算的意义和编制程序

（一）广告预算的意义

广告预算是广告主对广告活动所需费用的计划和控制方法，需要解决一些十分实际的问题。比如要考虑投入多少费用做广告比较合适，广告经费应该用在哪些地方，在不同的营销环境中应该怎样计算投入的广告经费，如何对广告活动中的花费进行控制，等等。具体说来，广告预算有以下意义：

1. 提供控制广告活动的手段

广告活动是由广告主出资，委托广告公司等开展业务的，所以，广告主希望能够有效地管理和控制广告活动，使其按照广告主的意愿进行。通过广告预算，广告主就可以对广告费用、分配流向、预期效果等做出具体系统的规定，有效地对广告活动进行管理和控制，确保广告活动按计划推进。

2. 保证有计划地使用经费

广告费用是广告主的一项投资，必须有计划地使用，不能随意乱花。广告预算可以对广告活动中的每一个具体项目、每一段时间、每一种媒体应该投入多少经费做出规定，并有比例地预留部分弹性经费，这就保证了广告经费有计划地支出，防止随意性，减少浪费。

3. 争取广告活动更有效率

通过广告预算，尽可能地对广告费用的使用方向和投入重点做出合理、科学、精细的安排，争取少花钱多做事。这样能够达到较为理想的结果，保证已确定下来的费用额度产生较好的效益。

4. 增强广告业务人员的责任感

由于对广告费用的使用预先做出规定，而且还要进行事后的广告效果测评，无形中就加强了广告业务人员的责任心，有利于减少敷衍塞责的现象，尽可能地克服不正之风。

5. 为测评广告效果提供经济指标

测评广告效果如何，主要是看广告活动在多大程度上实现了既定的广告目标。由于广告预算对广告费用的每一项支出都有明确具体的规定，这样就能看出所花费用与所取得效果的关系，估算出广告活动的经济效益。

（二）编制广告预算的程序

编制广告预算是由一系列预测、规划、计算、协调等工作组成的，大致经过以下几个程序：

1. 进行调查

收集有关商品销售额、企业广告营销计划、流通及竞争等方面的数据与材料，做好编制广告预算前的准备工作。

2. 确定规模

提出广告预算规模的计算方法和理由，尽可能地争取到较充裕的广告经费。

3. 进行分配

先从时间上确定一个年度中广告经费总的分配方法，按季度、月份将广告费用中的固定开支分配下去。然后再将由时间分配的大致确定的广告费用分配到不同产品、不同地区、不同媒体上。

4. 制定标准

主要制定广告费用使用的控制与评价标准。

5. 预留机动费用

除固定开支外，广告费用还需要预留一部分作为机动开支，对这部分费用也要做出预算，要确定机动费用的投入条件、时机、效果测评方法。

6. 最终确认

完成广告预算书并得到各方的认可。

二、广告费的内涵

广告费是指开展广告活动所使用的费用。如何认识和确定广告费，涉及企业效益评估、成本核算，国家的经费和税收管理，广告事业和传播媒体业的发展等问题，有着重要意义。究竟哪些开支应该列入广告费，哪些不应该计入广告费，不同的企业往往有自己不同的标准。政府主管部门和行业之间的认识也可能存在差异。

美国有影响的广告杂志《印刷者油墨》（现已停刊）曾提出广告费项目构成标准，得到世界公认。该杂志从 1928 年起即开始研究广告费项目构成问题。1960 年，它在美国广告主协会广告管理委员会的协助下，对 900 多家广告主做了调查，有 216 家做了回答。根据调查结果，该杂志将各种涉及广告活动的费用开支分别列入白色、灰色和黑色三类单子。列入白色单子的各项费用是必须算作广告费的；列入灰色单子的各项费用，可以算作广告费；而列入黑色单子的各项费用，则不能算作广告费。1967 年，美国广告主协会将这个用白、灰、黑三种颜色列出各项开支的调查表编入广告预算问题大全，使白、灰、黑三色单子更具影响力。日本曾由吉田秀雄纪念事业财团资助研究广告费项目构成，完成了《主要企业广告费的预算管理及费用效果分析——广告费实情调查报告书》，书中列举了 81 个费用项目，并与美国做了比较研究分析，发现与《印刷者油墨》杂志的研究结果基本一致。

（一）必须列入广告费的开支

1. 购买媒体的费用

购买报纸杂志版面及购买广播电视的时间的费用；购买户外广告、交通广告、电影广告、幻灯广告、直接广告等广告媒体的费用；购买包括网络媒体在内的新媒体所花的费用。

2. 管理费

广告部门工作人员的工资及办公费，支付给广告公司及广告制作者的手续费和报酬，推销员的活动费用，广告部门工作人员的差旅费，广告部门固定资产折旧费等。

3. 制作费

用于美术、印刷、制版、照相的费用，广播电视广告作品的制作费，设计制作网络视频、短视频、H5、信息流等广告所需的费用等。

4. 杂费

杂费如广告材料的运费、橱窗广告安装费等。

（二）可以列入广告费的开支

如样本费、示范费、展览费、房租、照明费、电话费、广告宣传车的费用、向广告组织缴纳的会费、市场调研费等可列入广告费。

（三）不能列入广告费的开支

如赠送商品的费用、社会慈善费、旅游费、包装费、说明书印刷费、人员福利费、销售会议费等不能列入广告费。

三、确定广告预算总额的方法

企业投入多少广告费用是合理的、划算的，这是广告预算中最令人头痛的问题。从理论上说，广告是对企业、对品牌的一种长远的投资，其投资成本难以评估。但对于企业来说，又必然希望广告与实际的销售额、利润挂上钩。而从某种意义上看，广告是一种剩余性开支，企业往往将其列入可变成本中的次要位置。从经济分析的角度看，有一个边际成本、边际效益的问题，企业需要处理好广告投入与销售利润的关系（见图5-4）。

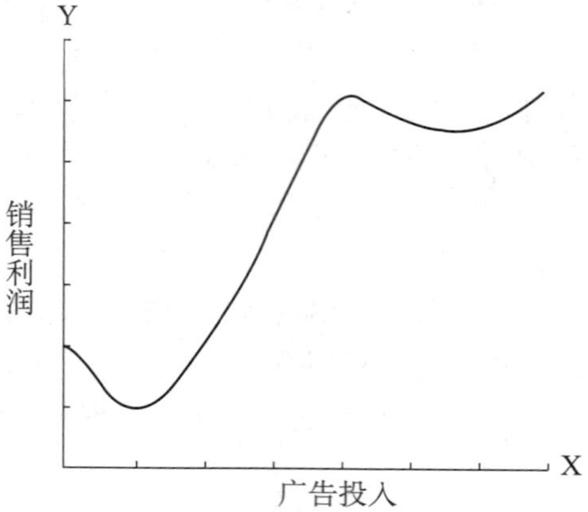

图5-4　广告投入与销售利润的关系

X轴表示广告投入，Y轴表示销售利润。如曲线所示，当广告活动开始时，广告费用逐渐加大，但由于广告效果并不能即时显现出来，其销售利润反而呈下降趋势。只有广告投入进一步增加并达到一定量，广告效果才有所显现，带动销售额开始增长。随着广告费的持续增加，销售利润相应同步上升，处于一个正相关的状态。而广告费增加到一定程度时，就进入一个临界点，出现边际成本问题。若广告费增加，则有可能对销售利润没有什么帮助，也有可能使企业利润在一个新的起点上继续增长，而进入下一个饱和点。要使企业的广告投入与销售利润处在一个最佳点上，并不是容易的事情。

在实际决策广告预算时，企业又往往要受到政治、经济、社会、法律等环境因素的影响。这些因素制约着整个行业的销售状态和企业自身的销售利润。同时，竞争环境如何，本行业的销售水平怎样，等等，都是企业需要考虑的方面。

需要强调的是，即使在销售利润处于最低状态时，企业也不应该忽视广告对于企业和品牌的营销力量。无数广告实践活动的成功经验证明，广告使企业的市场占有率得到保持或扩大，因此企业不应轻易放弃对广告的投入。

确定广告预算总额的方法有很多种，每种方法都有各自的长处和短处，没有一种方法被公认是最科学的。因此，有些企业在编制广告预算时，往往采取两种以上的方法。

企业常用的确定广告预算总额的方法，主要有以下七种：

（一）销售额比例法

销售额比例法是指以销售额的百分之几作为广告费。采用这种方法，主要考虑两个因素：一是销售额。通常是根据上一年度产品销售额来确定广告预算总额，但有时也会根据下一年度预计的产品销售额来确定广告预算总额。二是广告预算总额占销售额的比例。究竟将销售额的百分之几作为广告费，应视具体情况而定，不同的产品、不同的市场环境，不同的营销战略，都会影响这一比例的变化。

由于这种方法简单可靠，因此被很多企业广泛采用。但这种方法比较死板，不能适应市场环境和竞争状况的变化，不能适应开拓新市场的需要。不过，在竞争环境比较稳定，能够较为准确地预测未来市场动向和销售额的情况下，采用这种方法是比较适宜的。

（二）销售单位法

销售单位指产品销售数量的基本单位，如一个、一箱、一台、一辆、一瓶等。销售单位法是指规定每一个销售单位上有一定数额的广告费，然后根据产品的预计销售量来计算出广告费总额。这种方法实际上是销售额比例法的一种变形。

采用这种方法的主要是以下两种类型的产品：一种是价格较高的耐用消费品，如机械设备、汽车、冰箱、电视机等；另一种是水果、酒类、化妆品等销售单位明确的商品。

这种方法的优点与缺点同销售额比例法一样。

（三）利润比例法

利润比例法是指将利润额的一定比例作为广告预算总额。由于利润额又分为毛利润、净利润、广告费扣除前利润等几种，其计算方法也各有差别。

利润比例法既可以用前一年的利润额或前几年的平均利润额乘以一定比例计算，也可用下一年度的预计利润额乘以一定比例，最后计算出广告费总额。

这种方法的缺点也是不能适应环境条件的变化。比如，一个新产品问世，要开拓市场，就需要投入较多的广告费，采用利润额比例法，显然不能适应这种情况。而且，同销售额比例法相比，利润额与广告费之间的关系更为间接。因而采用这种方法的企业要比采用销售额比例法的少。

（四）目标达成法

这种方法首先是根据企业的营销目标确定广告目标，然后再考虑为了实现广告目标应该采取的广告计划，如广告媒体的选择，广告表现内容的确定，广告发布的时间和频率的安排等，最后逐项计算实施广告计划所需的费用，累加起来就是广告预算总额。

从理论上说，这种方法是比较科学的，但在具体实施中也有很多问题。广告目标通常分为五个阶段，即知晓、理解、信服、欲望、行动。越到后面的阶段，广告目标实现起来困难越大。特别是广告与消费者购买行为的关系比较复杂。企业通常在宣传新产品时往往采用目标达成法。因为这时的广告目标主要是提高产品知名度，而这种广告目标与广告发布的时间和数量的关系比较明确，因而很容易推算出广告预算总额。

（五）任意法

以前一时期的广告费为基础，综合考虑市场动向、竞争情况、企业财务能力等因素，根据经验将广告预算总额适当增加或减少。

这种方法虽不够科学，但计算简单，因而仍为一些企业所采用。在运用这种方法时，要求企业负责人具有丰富的经验和正确的判断力。

（六）支出可能额法

这是一种适应企业财政支出状况的方法。要按照企业财政上可能支付的金额来设定广告预算总额。

当然，企业投入广告费越多，广告活动越容易开展，而且在推销新产品时采用这种方法效果往往比较明显。

（七）竞争对抗法

这种方法是根据竞争企业的广告费来确定本企业能与之对抗的广告预算总额。整个行业广告费数额越大，本企业的广告费则越多；反之，则越少。这种方法是把广告作为商业竞争的武器，因而需要企业有雄厚的实力做后盾。

四、广告预算的分配

在确定了广告预算总额之后，下一步的工作就是进行广告预算的分配。这主要根据广告计划的要求，将广告预算分配到各个具体的广告活动项目中去。广告预算的分配大致有下面几种方法：

（一）按广告费项目分配

按照广告费项目的类别进行分配，主要有广告媒体购入费、广告制作费、一般管理费、调查费等。一般来说，广告费总额的80%～85%用于购买媒体，5%～15%用于广告制作，5%左右用于调研，2%～7%用于广告的管理协调。

（二）按广告媒体分配

在确定购买媒体总的费用后，根据目标市场的具体情况，先确定地方性媒体和全国性媒体的投放比例，再确定媒体的类别，做好媒体计划，最后将费用分配到具体的媒体如网络、广播、电视、交通广告、户外广告、报纸、杂志等。

（三）按广告地域分配

根据广告活动实施的地域将广告分配到各个地方。

（四）按广告时期分配

根据广告计划的长短，将广告费按月份或季度进行分配。

（五）按广告商品分配

按照企业计划进行广告宣传的各种商品的需要，将广告费按商品种类进行具体分配。

（六）按广告种类分配

这是按照广告类别来进行分配的方法，如商品广告、企业广告、公共关系广告等。根据企业营销目标和广告目标的要求，确定每种类型的广告应分配多少广告费。

按照各个类别进行分配后，可制成一张大表，以时间分配为基本方法，一一列出不同月份或季度各类费用分配的标准和要求，通过这张表格可以清楚地看出广告费的具体投放情况。

五、需要注意的事项

广告预算的分配，一是要注意预留机动费用，分好用好这笔钱。二是注意销售的淡季和旺季问题，根据销售额的周期性变动，一般加大在销售旺季的费用投入。三是广告效果的弛豫性问题。不同产品在不同媒体上做广告，使用强度不同，都会影响广告效果持续时间的长短。可以对广告推出的时间与产品销售变动的情况进行比较分析，看出广告弛豫的时间，从而为确定媒体计划、广告的推出日期和广告费用的具体分配提供参考。

第四节　广告策划书的撰写

广告活动内容经过运筹策划，由构想、思考经酝酿逐步成形，需要用广告策划书这样的形式表现出来。广告策划书作为策划方案的物质载体，其撰写需要企业广告部门与广告代理机构通力合作，也需要编制人员匠心独运，做到科学、合理、清晰、可操作。

一、广告策划书的撰写步骤

撰写广告策划书，大致要分为三个阶段：

（一）分析研究

这是撰写广告策划书的准备阶段。在这个阶段，主要是搜集有关市场、商品、消费者、企业以及与企业相关的外部环境的资料，加以分析研究。

（二）拟定广告策划书纲要

在第一阶段分析研究的基础上，大致框定广告策划的基本内容，写出提纲。

（三）拟定具体执行计划

根据广告策划书纲要的要求，编撰广告策划书。

二、广告策划书的类别

由于广告活动开展的时间、实施范围、传播内容等有所不同，广告策划书可以根据策划任务的具体情况，分成不同的类别。

（一）按广告策划的内容分

广告整体策划包括方方面面的内容，每一种广告策划所涉及的具体对象和重点是有所不同的，可分为广告目标策划、广告调研策划、广告主题策划、广告表现战略策划、广告媒体战略策划、广告效果评估策划等。广告策划书可根据不同类别来拟定。

（二）按广告实施的范围分

不同地区有着不同的人文特征和自然环境，广告策划必然要根据种种特定的因素采取相应的策略，因此实施范围的大小也会影响广告策划。由此可分为国际性广告策划、全国性广告策划、区域性广告策划和地方性广告策划。

（三）按广告活动的时间分

可分为长期广告策划和短期广告策划。长期广告策划，一般是指对为期一年以上的广告活动的策划，是对广告整体战略的策划。这类广告策划书要求全面、系统，带有战略性和指导性。短期广告策划是指对为期一年以内的广告活动的策划，或者是对一个单项广告活动的策划。这类广告策划书的内容相对比较集中。

（四）按广告商品的类别分

按照不同的划分方法，商品可分成不同的类别。如把商品分成生产资料（工业品）和生活资料（消费品）两大类。生活资料又可分为便利品、选购品、特购品等。同类型或不同类型的产品又有不同的品牌。针对不同的商品、不同的品牌，可有不同的策划构想，从而按不同的思路拟定广告策划书。

三、广告策划书的内容结构

完整的广告策划书，一般按下面的结构顺序来安排广告策划内容：

（一）前言

这部分主要是详细说明广告策划的宗旨和目标，必要时还应阐明广告主的营销战略。

（二）市场分析

这部分涉及五个方面的内容：宏观市场环境分析、企业经营状况分析、商品和品牌分析、竞争者分析、消费者分析。要根据对商品分析研究的结果，说明广告商品的优势和特点；同时能根据市场研究的结论，列出竞争商品的条件，指出消费者的爱好和偏向。如果可能，可对商品改进和商品开发提出建议。

（三）广告战略和策略

这部分阐释所运用的广告表现战略和广告媒体战略，说明用什么方法能够使商品在消费者心目中留下深刻的印象，能够刺激消费者产生购买兴趣，能够改变消费者的使用习惯，产生即时购买行为或形成对广告商品的指名购买等。同时阐述广告实施的具体细节，如选择哪些种类的广告媒体，在什么时间以什么方式推出广告，以及传播广告信息的频率、媒体的组合运用方式等。

（四）广告传播对象

这部分具体说明广告目标消费者的基本状况，如年龄、职业、收入状况、文化程度、家庭状况等，分析其需求特征和心理特征，说明其生活方式、心理状态和消费方式等。

（五）广告地区

这部分根据市场定位和广告商品定位，分析出企业目标市场，从而选择广告的目标市场，并说明选择的理由和地区分布。

（六）广告预算及分配

这部分需要详细列出媒体选用情况及所需费用、每次广告传播的价格等。必要的话，可单独制作广告媒体计划书，以清楚地表明广告预算的分配流向。

（七）相配套的措施和策略

这部分从整合营销传播的目标和要求出发，列出与广告活动相互配合的其他信息传播手段和方式。例如，说明如何开展公共关系活动，将要采取哪些促销策略，怎样与消费者建立更紧密的联系等。

（八）广告效果预测

这部分要预计广告可能达到的目标。要注意这一目标应与“前言”部分规定的任务和提出的目标相一致。

除了完成以上内容的撰写，还应按照一定的格式进行编制。设计好封面，列出目录，内文部分一般主要用文字撰述，可配以图表，以便更清晰、具体、形象地表现和说明广告策划的重点、要点。还可以用表格以简化的形式勾勒出广告策划的基本要点，可参见表 5－1、表 5－2。

表 5-1　××可乐（商品名称）广告策划书

销售	预计	15 000箱/月（市场占有率20%）		金额150 000元/月
	实际	箱/月（市场占有率　　）		金额　　元/月
广告目标	知名度	80%	（实际　　%）	
	理解度	60%	（实际　　%）	
	喜爱度	50%	（实际　　%）	
	购买意愿度	10%	（实际　　%）	
广告诉求重点		塑造商品清爽、鲜美、适合年轻人饮用的形象		
广告时限		一年		
广告诉求对象		15岁至22岁的年轻人		
广告地区		华北、华东地区		
广告内容		年轻人畅饮××可乐的场景、商品名称、商标等		
广告表现战略		采用年轻演员做模特		
广告媒体战略		以网络广告为主，户外广告次之		
其他促销策略		有奖销售等		

表 5-2　××可乐（商品名称）媒体计划书（中国大陆）

媒体	媒体名称	1月	2月	……	12月
网络	抖音	短视频信息流广告	—	……	短视频信息流广告
	小红书	图文信息流广告	—	……	图文信息流广告
电视	中央电视台	15秒×10次	—	……	15秒×15次
	湖南卫视	30秒×5次	15秒×10次	……	15秒×10次
广播	中央人民广播电台	15秒×5次	—	……	15秒×10次

四、广告提案

广告策划书是将广告策划结果用书面方式表达的一种静态的形式。在实际广告经营过程中，仅仅完成广告策划书，有时还不能完全满足广告主的愿望和要求，以实现充分的理解和沟通。广告主往往还要通过召开广告专门会议的方式，更为直观地听取对广告活动的构想、方略等即广告策划内容，这就是广告提案。

广告提案是运用口头说明的方式，以相关的视听媒体为辅助手段，把广告策划的重点内容与广告主进行交流的一种形式。

（一）二者之间的联系

与广告策划书相比，广告提案比较具体、形象，信息传播具有直接性和双向性。两者之间的关系主要体现在以下方面：

1. 同属广告策划的有机组成部分

广告策划书和广告提案虽是两种不同的表达方式，但都是完成广告策划任务的有效手段和方法。

2. 广告提案派生于广告策划书

广告提案的内容，是广告策划书的重点、精华。这主要包括明确的广告目标，市场状况分析，将要采取的广告策略、广告创意、广告活动的具体执行方案，可能达到的传播效果等。广告提案要尽量简明扼要，能够与视听辅助媒体和其他相关资料相配合。

3. 广告提案重在阐释广告策划的精髓

广告提案是对广告策划书的再加工，在广告策划书的基础上进行归纳总结，把广告策划书的精华提炼出来，但不能违背、脱离广告策划书的主要构想。

广告策划的结果能否顺利被理解和接受，往往依赖于广告提案的成功与否。如果广告提案做不好，则很有可能使前期工作付诸东流。因此，对广告提案的工作不可等闲视之。从某种程度上看，其重要性不亚于广告策划书。

（二）广告提案的类型

一般说来，广告提案可分为以下几种类型：

第一类，全案提案。

第二类，策略提案。策略提案的着眼点在于整个广告活动的目标及原则等纲领，为创意明确方向，并给整个广告活动定下基调。

第三类，广告创意提案。向广告主展示广告策划中激动人心的一面，它不仅要获得广告主的信心，还要激起广告主的热情。

第四类，广告实施计划提案。广告实施计划提案在时间、空间上对广告主的资源分配进行安排，而这些资源的投入必须为广告主带来收益。在广告提案中能否让广告主感觉到广告投入与企业收益的正向关系是广告提案成败的关键。

（三）广告提案的过程与准备

1. 广告提案的过程

一般来说，广告提案会经历以下过程：

（1）提案预约，与广告客户做好沟通，编制具体的执行排期表，以监督工作的推进。

（2）提前到达会场并展开会前准备，甚至包括会议用的电源、插座线的长度、投影仪等事项。

（3）开场白。

（4）正式提案。

（5）提案反馈与总结。

（6）结束。

2. 广告提案的准备

参加广告提案会，需要精心准备，特别要注意以下方面：

（1）精心准备提案文本。对提案文本要仔细推敲，尽量站在广告客户的角度考虑问题，不要把自己都不认可的创意提交给广告客户。

（2）尽量熟悉创意策略和提案内容。对提案的叙述结构、重点内容、数据来源等熟记于心，胸有成竹，以期对提案表述做到准确、专业、简要、清晰。

（3）预知提案会的相关要素。首先要对广告客户派来参会的人员成分有较深入的了解分析，针对广告客户代表扮演的不同角色，做到主次分明，有的放矢。其次做好提案小组内的分工与合作，各司其职。此外，还要安排好所需要的会议议程、座位、设备、提案文本数量、茶水以及现场布置等。

（4）预演与修正。预演即事前演练，可以发现提案漏洞，让前后内容紧密相连，可以预测广告客户可能提出的问题，提前做好应答准备，可以增强信心，提高提案的完美度。

（四）参加广告提案会的注意事项

1. 把握调控好提案会现场

（1）尽量让提案会现场保持轻松、舒适的气氛。

（2）现场陈述要有技巧。把握好开场，控制住中场，拿捏稳收场。表述简洁、清楚，不拖泥带水，要有激情与自信。富于感染力，保持幽默感。陈述时间不宜过长。

（3）运用适当的辅助传播手段，形成对视觉和听觉的多种刺激，增加重点部分的复合传播效果，加强印象和记忆，增进理解。如果是创意提案，则应该尽量展示创意效果。

（4）尽量创造双向甚至多向的沟通机会，注意反馈，有效地与广告客户产生互动。注意听取广告客户的意见，哪怕是非常尖锐的意见也要虚心听取。还要注意归纳重点，向广告客户复诵确认。

2. 重视提案文本资料的整理

提交给广告客户的文本只能是提案内容的纲要，纲要要尽可能简洁明了，既说明要义，又能引导调动广告客户仔细倾听提案者的说明。否则，广告客户可能会在提案会上关注手中的文本而不关注提案者的演示。另外，提案文本的详细内容也应在提案会后提交给广告客户，让广告客户能对提案细节有深入的了解。

3. 关注细节问题

细节往往决定成败，比如，提案人员要注意自己的个人形象。提案人员的穿着打扮应大方、时尚，举手投足间要体现出应有的文化素质；回答问题时，态度要谦和，注意方式方法，尤其是遇到广告客户的反对意见或带有情绪的看法时，应当充满耐心，避免正面的言语冲突，及时地进行调整与转换，以达成有利于己的共识。

第五节 广告调查

做好广告策划的基础，是占有大量的信息资料。获取这些信息资料的重要手段，就是进行广告调查。

一、广告调查的含义和作用

（一）广告调查的含义

广告调查是围绕广告活动而组织展开的调查研究活动。它是市场调查的一个组成部分，是整个广告活动的开端和基础。具体地说，广告调查是指采用科学的方法，按照一定的程序和步骤，有计划、有目的、有系统地搜集、分析与广告活动有关的消费者信息、传播媒体信息、产品和企业信息，以及广告效果信息等的调查活动。

广告调查和市场调查既有联系，也有区别。

市场调查是企业制定经营战略，为进行市场预测和经营决策而开展的调查活动，包括市场分析、产品调查、销售调查、消费者调查等诸多方面。广告调查是其中的一部分。

广告调查是对开展广告活动的有关要素的调查。它具有市场调查的一般特点，要求调查的主体明确、方法科学、过程连续、内容系统、结果反馈等，涵盖了市场调查中的相当一部分内容。但广告调查也有其自身的特殊性，如资料来源特殊、技术复杂、覆盖面广、效益直接等。广告调查是市场调查的典型化和纵深化，在实际操作时，既要充分利用市场调查已经获取的信息资料，也要为寻求广告机会而延续和深入开展广告调查。

（二）广告调查的作用

1. 为广告决策提供充分有力的信息

广告调查能使广告策划人员占有大量的信息资料，对广告活动所处的竞争环境有全面而又深入的了解，能够知己知彼，耳聪目明，对如何确定广告目标、制定广告战略、进行广告定位、明确广告传播对象、确定广告诉求重点、选择合适的投放方式等，做到胸中有数。

2. 为广告的创作设计提供依据

广告的创作设计具有非独立性的特点，既要艺术地表现广告内容，又不能脱离广告目标的要求，即不能游离于产品和消费者之外。要做到这一点，就要在对产品、消费者和市场状况充分了解的基础上，进行构思、设计，才可能有新颖独特的创意，才可能创作出优秀的广告作品与目标消费者进行有效的沟通。这些信息资料不可以凭空想象，只有通过调查来获取。

3. 为企业经营管理发挥参谋作用

在市场经济条件下，广告是企业经营的有机组成部分。进行广告调查，实际上也是为企业生产决策和经营决策提供信息。比如，进行消费者调查和产品调查，就能为企业捕捉到变动着的消费观念和消费行为，了解到产品开发和竞争的有关信息，使企业掌握市场动态，并根据市场变化，及时转换或调整产品的品种、产量，从而改进经营管理，增强经济效益。

（三）广告调查的特点

1. 目标明确

任何一个广告活动都是针对特定的企业和产品的，因此，开展每一项广告调查，都有一定的目的，是为实现一定的目标服务的。根据广告活动的要求，决定需要搜集掌握什么样的信息资料，也就明确提出了广告调查的目的。

2. 操作性强

广告调查有很强的操作性，主要是一种方法、手段和工具。广告调查需要把广告学的专门知识与哲学、社会学、心理学、统计学、逻辑学、经济学和市场学等多种学科的知识综合加以运用，才能获取系统、科学、可靠的信息资料。

3. 保密性强

通过调查得到的信息资料，只能为特定的对象服务，不能随意泄露。这既涉及市场竞争的机密问题，也是行业自律问题。

4. 具有累积性

每一次或每一项调查结果，一方面为特定的目的服务，一方面也为将来的调查活动积累资料。这既能节约开支，也是加强现代科学管理的需要。要注意资料的积累和建设，建立资料档案或者资料库。要实施现代营销战略，做好关系营销和整合营销传播，这方面的工作尤为重要。

二、广告调查的内容

广告调查的内容包罗万象，与广告目标市场有关的许多方面都包括在内，但主要有以下方面：

（一）广告环境调查

广告环境调查是指对广告活动所处的总体环境的调查。它包括经济环境、自然环境、科学技术环境、政治法规环境以及社会文化环境等。通过调查，可了解判断各种环境对广告活动的影响，借以分析广告目标市场的有关情况。

（二）市场状况调查

市场状况调查主要是指对企业目标市场和广告目标市场的调查。它包括广告企业和广告商品的有关信息，同类产品、竞争对手的有关情况，营销组合的实施情况，广告目标对象的基本特征和分布状况等。

（三）广告信息调查

广告信息调查是指对广告主题、广告文案、广告表现方式等信息内容的调查。此外，还应了解广告的文字、图画、音乐、表演等作用于消费者的效果程度。

（四）广告媒体调查

广告媒体调查是指对传递广告信息的各类媒体在性能、特征、技术手段等方面传播能力和效能的调查。例如，对印刷媒体发行量、发行范围、读者群构成、阅读率等的调查，对电子媒体覆盖域、收视（听）率、观（听）众构成等的调查，对网站用户、浏览状况、点击率、转化率等的调查。

（五）广告对象调查

广告对象调查是指对广告的传播对象进行的调查。它有助于了解现实和潜在的消费者的基本情况、价值观念、消费意识和媒体接触状况等，以使广告决策进一步深入和细化。

（六）广告效果调查

广告效果调查是指对广告所产生的影响和变化的调查。它包括广告的销售效果、传播效果和社会效果等方面的内容。

三、广告调查的程序

广告调查大致有下面几个步骤：

（一）确定调查目标

实施广告调查，首先就要提出本次调查的目的和目标。这需要进行认真分析研究，界定清楚需要调查和解决的问题，明确需要搜集的资料，尽量把调查范围缩小，选出企业最需掌握或者解决的问题。确定调查目标，有一个由抽象到具体、由一般到特殊的过程。可在与调查问题有关的现有资料或试调查的基础上，明确广告调查需要搜集的资料。现有资料可资利用的，尽量采纳；然后确定需要通过调查获取的资料，如市场规模、消费者需求状况、广告目标市场特点等。

（二）制定调查方案

确定调查目标后，就要拟定具体的调查实施计划即制定调查方案，包括调查的目的和要求，调查的项目内容，调查所要采取的方法，调查进度的安排，调查人员的分工，调查费用的预算和调查注意事项等方面。这是一项具体而又复杂的工作，应使调查方案翔实、可操作。

（三）开展实地调查

按照调查方案的要求，在实地实施调查活动。

（四）整理分析资料

调查活动结束后，要对搜集获取的有关资料进行整理分析。整理的工作主要有：编校，对搜集来的资料加以校核，消除不准确、不符合实际情况的成分；分类，把经过核实的资料进行归类，并制成各种统计图表。分析的工作主要有：数据处理，计算出各类资料数据的平均数、标准差和百分率；制作图表，反映各类资料之间的相互关系。运用统计技术整理和分析资料的过程，也是对资料进行研究的过程。

（五）编写调查报告

这是广告调查过程的最后阶段。调查报告一般包括三个部分的内容：一是序言，简要说明调查的目的和方法、调查结果；二是主体，详细分析调查资料，得出相关结论，提出建议；三是附录，主要有分析方法说明、统计图表和公式以及参考数据等。调查报告是广告调查活动的成果体现，也是分析企业广告机会、进行广告决策的依据，应准确、系统、科学，针对性强。

四、主要调查方法

（一）文献调查

文献调查指利用现有的各种文献、档案材料来得到有关广告受众的资料。这是间接进行调查的方法。比如，通过查询《中国统计年鉴》《中国人口和就业统计年鉴》《中国城市统计年鉴》等，就可以获取有关人口分布、年龄结构、职业构成、收入状况等的数据。利用文献资料，要注意看文献资料的来源，把握其质量，看有关信息资料是否权威、准确、可靠。平时也要注意搜集和整理相关的资料，做到类别化、系统化和条理化。

（二）实际调查

实际调查的方法，基本上可以归纳为三种：

1. 观察

观察是指在现场对调查对象的情况进行观察，以获取相关资料。观察可以由调研人员用肉眼进行直接观察，也可以用仪器如摄像机、录音机等进行观察。这种方法能够获得比较客观的第一手资料，但无法了解调查对象的内心活动。观察的方法一般有直接观察、实地测定和行为记录等。要获得理想的调查结果，关键在于在自然的状态下进行观察，不使调查对象感觉到被注意或“监视”。观察不适用于大范围的调查活动。

2. 询问

询问是指通过询问的方式获取要调查的事项、内容。这也是广告受众调查经常运用的方法之一。根据调查者和调查对象的接触方式和询问表的传递方式，询问一般有面访、电话询问、邮寄问卷调查和留置问卷调查等形式。面访是调查者通过与调查对象面对面交谈，搜集有关信息资料。电话询问即用电话向调查对象询问。把问卷寄给调查对象，然后由其填好后寄回的方式是邮寄问卷调查。留置问卷调查就是把问卷面交给调查对象，说明回答问题的要求，留给调查对象自行填写，然后再回收。这些方式各有利弊，可酌情采用。

3. 实验

这种方法主要是通过小规模的实验来了解广告受众相关的评价意见，以及通过实验对比来获取有关资料。实验的方法一般有市场反应实验、广告创意测试实验和广告媒体比较效果实验等。测评广告效果也常采用这种方法，但调查效果会因众多无法控制的因素而受影响。另外，调查时间持续长，费用也较高。

（三）抽样调查

对广告受众进行调查，较多的还是采用抽样调查的方法。一般来说，广告受众为数众多，又比较分散，不可能去全员调查。采用抽样调查的方法，就是运用科学的统计方法，从事物总体中抽取少量单位作为样本进行调查，然后根据样本来推论总体，并能够经过修正和处理，有效地控制抽样误差。对广告受众进行抽样调查，可以节约时间、人力和费用，并且能够得到比较满意的数据资料。

1. 抽样方法

抽样调查要做到科学、准确，关键在于抽取样本的方法。抽样方法主要有两种：一是非随机（非概率）抽样，即根据主观判断，有意选择样本，抽样效果往往取决于抽样者的经验和判断。调查结果不能代表总体，多用于特例的研究。二是随机抽样，这是最经常采用的一种方法。主要的抽样技术有以下几种：

（1）简单随机抽样。

从调查总体中完全按照随机原则抽取样本。总体中的每个个体都有被抽做样本的机会，和掷骰子或抽签类似。简单随机抽样比较适用于规模较小，所有个体差别不是太大的调查。常用的有直接抽签法和等距抽样法等。

（2）分层随机抽样。

分层随机抽样也称为“分类随机抽样”。采用这种方法，是把调查对象的总体按照其特性进行分组（类），每一组为一层，然后在每一层随机抽取样本。分层的依据，可以是收入、职业、性别、年龄、家庭人口、受教育程度等要素。例如，对北京市保健药品市场进行调查，可按年龄、性别分成老年男性、中年男性、青年男性、老年女性、中年女性、青年女性六层，在每一层中随机抽取一定数量的样本作为调查对象。

（3）分群随机抽样。

先把调查对象分成若干个群体，再从各个群体中随机抽取样本，抽取的样本单位是一群，对群体样本内的每个个体都要进行调查。与分层随机抽样不同的是，分群随机抽样要求各群体之间具有同质性，每一群体内部的个体具有异质性。

（4）多级随机抽样。

这是大规模调查中经常使用的方法，也称为“多阶段随机调查”。先对调查总体进行抽样，再对抽中的样本进行抽样。这样分阶段多层进行，最后抽出个体样本。例如，进行全国调查，可先抽出几个省市，再从抽中的省市中抽出县（区）、乡、镇、村（街道、居委会），最后抽到家户。

2. 问卷设计

大多数调查都是通过被抽中的调查对象个体填答问卷来进行的。调查能否获得理想的结果，与问卷的设计有很大的关系。一份完整的问卷一般由四部分组成：标题、问卷说明信、问卷内容和填表说明。也有将填表说明与问卷说明信放在一起的。

（1）标题的设计。

一般由调查的对象和内容再加上“调查问卷”组成，如“中国公众广告意识调查问卷”“北京市居民消费意识调查问卷”等。问卷的标题应该简明扼要，含义明确，主旨突出。

（2）问卷说明信的设计。

它包括填表说明与问卷说明，主要是说明本次调查的目的、意义，如何填答问卷。如果不是面访的话，则还要交代清楚怎样回收问卷。另外，对问卷填答者表示感谢的话语以及保障填答者匿名权利的承诺等，也是问卷说明信必要的内容。问卷说明信的语言要简洁明快，诚恳热情。

（3）问卷内容的设计。

这是调查问卷的主体部分。问卷内容包括调查对象的基本情况、与调查主题相关的事实或行动以及调查对象对有关事实或行动的态度及意识等，后两部分是问卷的核心。围绕以上内容，主要是进行问题和答案的设计。问题分开放型和封闭型两个类型。问题要围绕本次调查的目的和要求展开，不能脱离主题。提问要具体明确，不要含混不清，拖泥带水，尽量不用专业术语，也不能带有任何暗示。

开放型问题不设计答案选项，由问卷填答者根据实际情况填答。通过这样的问题，调查者能够了解到比较具体的情况，但统计分析起来有较多的困难。封闭型问题要特别注意设计出可供填答者选择的答案。答案有二项式、多项式、直线式、矩阵式和序列式等多种形式。答案选项要与问题相呼应，意义明确，不能模棱两可，使问卷填答者无所适从。封闭型问题可以根据填答结果进行统计分析，比较容易操作。

无论是封闭型问题还是开放型问题，都要按照合理的顺序排列，有几种方式可供选择：按照调查主题的事实要求安排；按照问题的复杂程度安排；按照人们思维的逻辑顺序安排。调查对象基本情况的部分，放在调查问卷主体部分的开头或末尾均可。

（四）大数据分析

伴随着大数据技术的快速发展，广告调查的方法和手段发生了深刻变革。传统的广告调查方法主要依赖问卷调查、焦点小组和市场分析等手段。然而，这些方法存在数据收集周期长、样本代表性差、结果主观性强等问题。大数据技术的引入为广告调查提供了新的思路和工具，极大地提升了调查的科学性和有效性。

1. 数据收集与整合

大数据技术能够从多种渠道（如社交媒体、搜索引擎、电子商务平台等）收集大量的用户行为数据。这些数据包括用户的浏览记录、点击行为、购买记录等，能够全面反映用户的兴趣和偏好。同时，大数据技术还可以将不同来源的数据进行整合，形成更为全面和精确的用户画像。

2. 数据挖掘与分析

通过大数据分析技术，可以对收集到的海量数据进行挖掘，发现潜在的市场趋势和用户需求。例如，使用聚类分析、关联规则挖掘等技术，可以识别出不同用户群体的特征和行为模式，从而为广告投放策略的制定提供依据，为消费者提供个性化的广告推荐和定制化的广告内容，从而提高广告的点击率和转化率。

3. 实时数据处理

大数据技术可以实现对用户实时行为数据的处理和分析，帮助广告主实时了解广告效果并进行调整。例如，实时监测广告点击率、转化率等指标，及时优化广告内容和投放策略，提升广告效果。

五、广告调查机构

广告调查主要由专门的调查机构来进行。随着专门化程度的提高，国内外都有不少经营广告数据资料的专门机构。它们或根据广告主的需要开展某项调查，或专项提供某个广告活动所需的相关数据资料。每年用于广告调查的费用都在增加，一些调查机构的经营规模便越来越大，市场竞争相当激烈。例如，美国排在前十位的调查机构隔两年就有变动。

就中国广告市场而言，目前广告调查机构主要可分为广告监测、受众行为分析、广告效果评估与数字广告数据服务等类别，涵盖了从传统媒体到数字平台的全链条广告研究服务。

在广告监测方面，央视市场研究（CTR）、中国广视索福瑞媒介研究（CSM）、尼尔森（Nielsen）等是最具权威性的机构。这些机构提供电视、广播、报纸、户外等媒体的媒介表现、节目竞争、广告花费与投放监测等数据服务，其数据广泛应用于广告排期、媒介策划与节目评估及品牌的媒介策略制定。

在受众行为分析方面，艾瑞咨询（iResearch）、精硕科技（AdMaster）、QuestMobile 和 TalkingData 等数据公司，围绕互联网广告趋势和用户行为分析，社交媒体、程序化广告与品牌内容传播，App 用户行为路径和人群洞察的效果评估等方面，为广告市场提供高频检测和深度数据分析报告。

综合性市场与品牌研究机构如凯度中国（Kantar）和益普索（Ipsos）为广告主提供从广告前测、创意评估到传播效果分析的全流程研究服务，被充分应用在品牌的广告策略制定中。

在广告效果评估与数字广告数据服务如平台型数据服务方面，百度、阿里、字节跳动和腾讯等数字平台依托其庞大的用户数据体系构建了广告洞察系统，向广告主输出定制化营销洞察与广告效果评估支持，已成为数字广告策略优化的重要数据来源，在广告趋势分析和用户兴趣建模等方面发挥着重要的基础性作用。

这些广告调查机构共同构成了当前中国广告研究与投放监测的核心基础，为广告主提供科学化、数据驱动的传播决策支持，推动广告行业向智能化、精准化、效果导向的发展方向不断演进。

思考题

1. 试述广告策划的主要程序和内容。

2. 确定广告目标应该注意什么？
3. 如何确定广告预算总额？怎样进行分配？
4. 参加广告策划实践，试撰写一份广告策划书。
5. 如何实施广告调查？调查方法主要有哪些？试设计一份调查问卷。

第六章

品牌构建与广告

本章要点

- 产品与品牌
- 品牌的构建
- 品牌构建的广告传播
- 整合营销传播和关系营销

包括广告在内的营销传播，从根本上说，是为企业经营品牌服务的。因此，很有必要加深对品牌的认识，把握广告与品牌的内在联系，增强广告的传播功效。

第一节　产品与品牌

在展开对品牌的讨论之前，先初步了解什么是产品。

一、对产品概念的基本把握

产品是针对市场提供的，能满足消费者或用户某种需求的任何有形物品和无形服务，包括实物、服务、场所、组织、思想、主意等。产品不仅是有形的，即产品通过实体、品质、特色（如色泽、味道等）、式样、品牌和包装等体现出来，而且是无形的，如给买主带来附加利益和心理上的满足感及信任感的售后服务、质量保证、产品形象、销售者声誉等。在现代市场营销理论中，思想、策划、主意也作为产品的重要形式，参与市场交换。

（一）产品的层次

产品是一个整体概念，由核心产品、形式产品、扩大产品三个基本层次组成。

1. 核心产品

核心产品指消费者购买某种产品时所追求的利益和效用，是顾客真正要买的东西。在产品整体概念中，核心产品是最基本、最主要的部分。

2. 形式产品

形式产品指核心产品借以实现的形式，即实际产品，向市场提供的实体或服务的形象。如果形式产品是实体物品，在市场上通常表现为产品的质量水平、外观特色、款式、包装等。有些产品则是无形的，如服务、主意等。

3. 扩大产品

扩大产品又称为“延伸产品”或“附加产品”，是消费者购买有形产品所获得的全部附加服务和利益，如免费送货、安装、售后服务等。

对产品整体概念的深入认识，有助于多方面、多层次地把握商品，进一步了解商品的直接效用、间接效用和附加效用，有利于发掘最恰当的广告诉求点。

（二）产品的类别

根据产品的不同特征，如按耐用性和是否有形分，产品可分为耐用品、非耐用品和劳务。

根据消费者的购买习惯，可把消费品分为便利品、选购品、特殊品和非渴求品四类。

对产业市场中的产品进行分类，可分为材料（又可以分成原材料以及半制成品）和部件、资本项目（包括装备和附属设备）、供应品和服务三类。

此外，组织、人物、地点、创意等，也可以作为产品的一类。

（三）产品组合

对于现代化大生产和市场来说，大多数企业都会生产和销售多种产品，需要进行产品组合。产品组合是指企业生产或经营的全部产品的有机构成方式，或全部产品大类、产品项目的组合。产品组合一般由若干条产品线组成，每条产品线又由若干个项目构成。

企业产品组合一般通过产品的宽度、长度、深度和关联度来表现。

企业在调整和优化产品组合时，主要有以下方式：

1. 扩大产品组合

扩大产品组合包括拓展产品组合的宽度和加强产品组合的深度两个方面。前者是在原有产品组合的基础上增加一个或几个产品大类；后者是在原有的产品大类中增加新的产品项目。一般而言，扩大产品组合，可使企业充分地配置和利用资源，分担风险，增强市场应变能力和竞争能力。

2. 产品延伸

产品延伸也是扩展产品线的一种策略，主要是指全部或部分地改变企业原有产品的市场定位。有向下延伸、向上延伸和双向延伸三种做法。

（1）向下延伸。

在原先高档产品线下面增加低档产品项目。此一做法可能有损害企业形象、招致竞争者的反击和经销商的抵制的风险。

（2）向上延伸。

改变生产低档产品的定位，进入高档产品的市场，在原先低档产品线上增加高档产品项目。但这样可能会引起竞争者向低档市场的反攻，导致顾客的不信任感以及代理商、经销商的能力危机。

（3）双向延伸。

原定位于中档产品市场的企业，在掌握了市场优势后，决定向产品大类的上下两个方向延伸，一方面增加高档产品，另一方面也增加低档产品。

3. 缩减产品组合

当市场出现不景气，或原料、能源紧张时，有必要从原产品组合中剔除那些获利很小甚至不获利的产品线或产品项目，缩减产品组合。这样，可使企业集中资源发展获利较多的产品线和产品项目。

通常情况下，企业的产品线是呈不断延长的趋势。但随着产品线的延长，企业的经营、营销费用在加大，最终使总利润减少，这也需要对产品线进行相应的遏制，缩减产品线，提高整体经济效益。

4. 产品线现代化

在某些情况下，产品组合的宽度和长度都比较合适，但随着科学技术发展，产品线的生产形式却可能已经过时，这就需要运用现代科学技术对原产品线进行改造。需要注意的是，逐步改造，耗资压力较小，但可能会被竞争者察觉，使其有时间展开应对；快速实现，则短期内耗资甚多，但可减少竞争者。

（四）产品生命周期

产品有一个生命周期，即从进入市场到最后被淘汰退出市场的全过程，为产品的市场寿命。产品生命周期通常有四个阶段：

1. 引入期

新产品经研究开发后开始推向市场，销售量有限。由于研制成本和推销宣传费用高，企业获取利润很低，以致没有利润甚至亏本。这一阶段多采用开拓性广告，广告诉求重点在介绍新产品的特点，促使消费者对商品产生初步的需求。

2. 成长期

产品逐渐或迅速被消费者知悉、接受，企业开始大批量生产，成本大幅度下降，销售额迅速上升，企业利润得到增长。同时同类产品进入市场，参加竞争，使产品供应量增加，价格降低，企业利润达到最高点后逐步减慢增长速度。这一阶段的广告诉求重点以说服为主，加深消费者对某一品牌商品的印象，刺激选择性需求。

3. 成熟（饱和）期

这一阶段市场进入相对饱和状态，潜在消费者已经很少，市场竞争进一步加剧，产品售价更低，促销费用增加，销售额下降，新产品或新的替代品出现。消费者的消费习惯可能有所转移或改变。这一阶段广告诉求的重点以提醒消费者为目的，刺激重复购买，提高指名购买率。

4. 衰退期

销售额下降趋势继续增强，利润额逐渐趋向于零，从而使产品退出市场，或转向另一轮循环。

但是，并不是所有产品的生命周期都是呈钟形的正态分布。市场的实际情况也与理论上的产品生命周期并不一致，各阶段分界周期间隔不完全相等，有迅速越过引入期的情况，有由引入期直接进入成熟期的情况，也有经历成熟期后而进入第二个快速成长期的情况。企业需要把握产品的市场寿命，通过发展新产品、开发新用途、寻找新市场等多种方式，使产品生命周期不断延长。

随着科学技术的发展和市场竞争程度的加剧，产品的生命周期变得越来越短，特别是应用高科技的产品如家用电器、照相机、计算机等类型，这种情况更为严重。这就需要企业不能依赖于一种产品的成功，而要不间断地开发新产品；或对现有产品进行更新换代，精心运用产品组合策略，采取各种方法实现产品组合的平衡，保证企业产品在市场上的生命力和竞争力。

二、品牌的含义及特性

（一）品牌的含义

产品更多的是通过品牌出现在市场上，与消费者进行沟通的。品牌不仅仅是产品的名称，更是产品质量的标志，是市场消费、购买的主体，也是当代科技、文化、经济的集中体现。越来越多的企业意识到品牌的重要性，品牌意识日益觉醒，深入人心。

那么，什么是品牌呢？

品牌，英文为 brand，原意是指在马匹身上烫制的火印，以便于辨认不同的马匹。欧洲中世纪的行会，曾要求手工业者在其产品上加印标记，以保护他们自己以及消费者不受劣质产品的侵害。随着市场的现代化进程，产品不使用品牌的情况几乎已不存在。像粮食、水果等区分不大的产品，也都各自拥有了品牌。

很多专家学者、学术机构都试图给品牌下定义，但基本上都认可美国市场营销协会为品牌做出的定义：

品牌是一个名称、术语、标记、符号或设计，或是它们的组合，其目的是识别某个销售者或某群销售者的产品或服务，并使之同竞争对手的产品或服务区别开来。

从这个定义可以看出，品牌主要是由名称、术语、标记、符号或设计，或是它们的组合等元素构成。完整的品牌包括品牌名称和品牌标志两大部分。名称，即可用语言称呼的部分；标志，即可被识别，但不能用语言称呼的部分，如符号、设计、特殊的颜色等。

产品的品牌经过政府主管部门审核通过后，获准注册登记便成为商标，即获得使用某个品牌名称和标志的使用权。商标受到法律保护，可以在多个国家注册，得到某个品牌的经营专用权。企业在经营过程中，使产品品牌化是一个重要方面。品牌能区别出销售者，实质上也是经营者在产品特征、利益、服务等方面对消费者做出的一种承诺。

仅仅停留在品牌是一个名称、一种符号的认识上是非常不够的，企业经营需要对品牌有更深层次的理解。企业经营实质上就是经营品牌，品牌越有深度，就越有知名度和影响力，就越能支撑和促进企业可持续发展。从开掘广告机会来说，也有助于广告诉求重点的把握，有助于广告信息有效、准确的传递。

（二）品牌的特性

品牌主要有六个方面的特性：

1. 属性

属性指产品所固有的性质、特点，包括状态、关系等。对品牌的认识，人们首先可能想到的就是品牌的某种属性。某个品牌产品的质量如何、性能怎样、有何用途、是否美观等。

2. 利益

利益指品牌可能给消费者所带来的好处。消费者购买时，多是看重产品的利益，而不是属性。因此，品牌的属性需要转化为功能性或情感性的利益。例如，制作精良的属性可以使消费者获得安全、可靠的利益，高档昂贵的属性可以使消费者得到自尊、气派的利益，使用寿命长的属性可以使消费者获得经久耐用的利益。要特别注意品牌可能带给消费者的特殊利益。

3. 价值

品牌凝聚着生产者的价值主张，如声望、效率、用途等。例如奔驰汽车，实际上代表了生产者重视高品质、高档次等的一些经营理念。企业营销人员要能够辨析出对品牌某些价值感兴趣的消费者群体。例如，广告以“你购买××牌，就买到了健康”为诉求重点，就是抓住了品牌给予消费者健康这一特色。

4. 文化

品牌的内核就是文化，文化体现为品牌所应用的文化元素及品牌价值观两个层面。例如，近年来兴起的品牌国潮风就是对中国传统艺术文化的应用。又如，可口可乐的品牌价值观为“快乐”。

5. 个性

品牌应该具有人格特质，就像人有个性，品牌也有个性。

6. 用户

品牌也体现出购买或使用产品的消费者类型。例如，路虎汽车的消费者为户外活动爱好者，红牛饮料的消费者为需要补充活力的消费者。另外，消费者也会随着品牌的发展而有所变化。例如，娃哈哈在早期以儿童作为消费者，但后来随着品牌延伸及市场扩容，也将消费者延伸至大众群体。

如果一个品牌包括以上六个方面，那么，这个品牌就是有深度的，从经营上来说，才是有前途、有潜力的品牌。从这六个方面把握品牌的特性，有助于我们理解品牌化的要点，从深层次上制定产品策略和广告策略。必须记取的是，消费者购买产品时更重视的是品牌利益，而许多经营者往往重视品牌属性，竞争的焦点也往往集中在这一层面上。这也往往使广告策划陷入一个误区，多从经营者的关注点去思考，而很少从消费者的角度出发，致使广告诉求重点得不到准确把握。价值、文化和个性是品牌稳定的要素，构成品牌的实质，对品牌如何进行定位意义重大。奔驰的广告如果去推广生产廉价的小汽车，可口可乐的广告如果去强调它只是一种碳酸类饮料，这都是违背品牌特性的错误。

三、品牌的意义

应该说，品牌是企业经营的基础，没有品牌，企业就失去了存在的根基。品牌对于企业经营的意义是重大的、广泛的。主要有以下方面：

（一）能够明确产品与生产者的关系

品牌是生产者的标志，通过品牌，人们能够指认是谁生产制造了这一产品。比如某消费者购买一件运动衫，这件运动衫上有自己的品牌标志，是耐克生产的，它就与其他的运动衫区别开来了。消费者很容易通过这个品牌标志，获悉它的生产者，如果穿戴过这个牌子，并感觉很好，以后就会再来购买。

（二）能够有效地与消费者进行沟通

品牌本身就意味着信息。通过品牌，消费者不仅能够了解生产者，而且能接收到诸如产品的质量、生产者的信誉、给消费者所带来的利益等信息。品牌能使消费者产生联想，比如沃尔沃汽车就使人想到安全可靠，奔驰汽车就使人想到豪华高档，大众汽车就使人想到经济实用等。广告一方面为塑造品牌服务，一方面通过品牌与广大消费者进行沟通。

（三）能够展示给消费者带来的利益

前文已经介绍，消费者更多的是关心某一产品可能给自身所带来的好处、利益。品牌则能予以展示。米其林轮胎是一个强有力的品牌，这个品牌实际上就向消费者展示出一种活力和可靠性，保证汽车的安全行驶。海尔的系列家用电器，充分考虑家庭使用的各种因素，注重质量，提供安装、维修等一系列售后服务，就展现了便利、实用、踏实等品质。品牌不仅能表现一些功能性的利益，而且能开掘感性的利益。例如，农夫山泉可能使人感到温馨、舒适，可口可乐则让人品出青春活力的味道。

（四）能够通过差异化创造企业利润

对于企业来说，创造品牌、构建有名的品牌是其孜孜不倦的追求。企业对品牌进行投资，就是为了达到提升品牌价值的目标。一个品牌可能代表着一个组织，意味着一个组织对消费者、对社会的承诺，同时也创造出差异，展现出不同于同类产品的独特之处。这样就有可能使消费者形成对产品的忠诚度，使之在众多产品中选购本产品，就有可能使消费者愿意付出较高价格来进行消费。在日常生活中，人们总是愿意接受有品牌的产品或者服务，也心甘情愿地为享用高知名度品牌而付出更大的代价。因此，经营高知名度品牌的企业往往能获取更多的利润。

第二节　品牌的构建

企业要想在竞争激烈的市场中取得一席之地，必须为产品建立可察觉的形象以及相应的品牌形象。企业经营的实质，就是经营品牌，特别是著名的品牌，需要有大量的投入，这是一个需要不懈努力的过程。

一、品牌的基本条件

建立一个品牌，必须具备几个基本条件。这也是世界上很多品牌企业在建立品牌过程中形成的共同点。

（一）独特性

品牌应该具有独特性。只有独特，与众不同，才能构成差异，形成竞争力，才具有可持续发展的潜力，才能在市场中立于不败之地。使品牌具有独特性，实际上也就是如何给产品定好位，努力寻求产品在目标消费者心目中的一个位置（有关定位理论将在第七章详细介绍）。同样是饮料，农夫山泉突出的是来自千岛湖、万绿湖等的天然水，王老吉凉茶强调能清热降火。美国苹果电脑曾用“Think Different”作为品牌口号，以抗衡IBM“Think”的经营理念，在外观设计上打破行规，以耀眼的彩色电脑外壳吸引消费者，突破经营困境。因此，品牌构建需要创新，要能出人意表，出奇制胜。

（二）高品质

建立一个好品牌的基础，就是产品的质量保证。只有提供优质的产品，才能赢得消费者的信任和认同，才能逐步建立起良好的品牌形象。很多国际品牌企业都视产品质量为企业的生命。法国有一家以生产马具起家的企业爱马仕，现已拥有包括皮具、箱包、丝巾、男女服装系列、香水、手表等众多系列的产品，其大多数产品都是手工精心制作的，对所有产品都奉行“至精至美、无可挑剔”的宗旨，因此享有极高的国际声誉。我国有些企业产品往往“萝卜快了不洗泥”，一旦有了一定的市场后，就忽视了对质量的维护和提升，质量很快下滑，品牌也就难以建立起来。历数我国经得起几十年时间考验的品牌，可以说为数不多，其中不重视质量的持久性，不在产品质量上精益求精，恐怕是一个重要原因。

（三）知晓度

作为品牌，应该至少是被目标消费群体广泛知晓、有较高知名度的。现代品牌理论认为，品牌是一个以消费者为中心的概念，没有消费者，就没有品牌。特别在今天市场竞争异常激烈，同质化现象日趋严重的情况下，确定品牌在社会公众特别是目标消费者心目中的位置非常重要。这就需要运用包括广告在内的传播战略。没有与消费者充分的交流沟通，品牌也难以构建。茅台酒一度曾奉行“酒香不怕巷子深”的宗旨，在广告等宣传方面投入不多，结果市场地位受到威胁。近些年，茅台酒加大了广告等宣传方面的信息沟通，特别是提出了“喝出健康来”的理念诉求，消费者的知晓度、认同感大大提高。除广告等传播外，如何增加消费者与产品的接触点，使产品能够在消费者之间被评价、传送，形成口碑，也是很重要的。

（四）创业史（故事）

不要奢望品牌能够在一夜之间形成。任何企业的发展、品牌的形成，都会经过艰难的创业历程，甚至产生可圈可点的传奇故事。例如，万宝路香烟就经历了是走女性香烟路线还是男性香烟路线的痛苦抉择过程，娃哈哈经过几十年的打拼才逐渐得到国人的认可。一个成功的品牌往往是由无数个感人至深的故事所构成的，没有故事就没有品牌。因此，企业在构建品牌的过程中，要有品牌不可能一蹴而就的认识，要能经得起时间的考验，要敢于应对挑战。同时，也要能将创业的艰辛、奋斗的甘苦，渗透并凝聚到品牌中。

以上是从企业经营的方面来阐述的，能否形成品牌还有更重要的因素，就是能否得到消费者的认可。美国沃尔玛公司就明确表示其品牌是消费者培育起来的。实际上，企业品牌形成的过程，也是企业向消费者兑现或践行承诺的过程，更需要高度重视。

我国过去相当一段时间受到小农经济和计划经济的影响，品牌构建处在可有可无的状态。随着市场化程度的加深，20 世纪 90 年代以后掀起了“品牌热”，时至今日，更需要注意品牌构建中应该注意的方面，把握好品牌构建的基本条件，力争使民族品牌之花盛开。

二、品牌资产

品牌资产是 20 世纪 80 年代新出现的一个重要概念。继 1991 年美国加州大学教授、品牌理论专家戴维·阿克出版力作《管理品牌资产》（*Managing Brand Equity*）后，品牌资产成为当今营销领域的研究热点。要构建品牌，必须了解和掌握品牌资产方面的内容。

（一）品牌资产的含义

品牌资产（brand equity），其概念最初源自公司或企业的财务结算，也称“品牌权益”，是指只有品牌才能产生的市场效益。但是，这仅是从操作层面上做出的定义。现今更多的是从营销学和心理学的角度来定义品牌资产，试图揭示品牌资产的本质，为品牌管理服务。戴维·阿克对品牌资产的定义是：

一组品牌的资产和负债，它们与品牌的名称、标志有关，可以增加或减少产品或服务的价值，也会影响企业的消费者和用户。①

这个定义基本代表了业界对品牌资产概念的看法。根据这个定义，品牌资产是与品牌名称和标志相联系，能够增加或减少企业所销售的产品或服务的价值的一系列资产与负债。品牌资产主要包括五个方面，即品牌忠诚度、品牌认知度、品牌感知质量、品牌联想、其他专有资产（如商标、专利、渠道关系等），这些资产通过多种方式向消费者和企业提供价值。

品牌资产具有三个主要特点：第一，品牌资产是无形的；第二，品牌资产是由品牌

---

① 薛可．品牌扩张：路径与传播．上海：复旦大学出版社，2008：68.

名称带来的，品牌名称是一个企业拥有的最重要的资产；第三，品牌对企业的价值是通过品牌对消费者的影响产生的。概言之，品牌资产就是消费者关于品牌的知识，是有关品牌的所有营销活动给消费者造成的心理事实。

品牌资产因市场而发生变化，既有正资产，也可能出现负资产。品牌资产会因消费者的品牌经验而变化。开展营销传播活动，对于维持或提升品牌资产有着重要的积极意义。

（二）品牌资产的构成

品牌资产主要由三种联想构成：

1. 品牌名称与产品类别的联想

这是品牌资产构成中最为关键的部分，是其他联想建立的基础，可分为品牌名称→产品类别的联想和产品类别→品牌名称的联想。品牌名称→产品类别的联想所反映的是品牌是否是类别中比较典型的成员，如果联想强度大，那么该品牌名称不利于将来品牌的类别延伸。由于品牌延伸是当今提升品牌资产的重要经济手段，因此，品牌资产的提升会受到一定影响。产品类别→品牌名称的联想反映的是品牌意识（品牌知名度）。品牌意识是品牌资产的重要组成部分，联想强度大，则品牌意识强，也就是品牌的知名度高。

2. 品牌名称与产品评价的联想

消费者受广告影响，或经过产品试用，会对产品的质量做出主观的判断，形成对产品的评价或对产品的总体态度，并在记忆中将这些受品牌营销活动影响的结果与品牌名称联系起来，即形成品牌名称与产品评价（或主观质量或态度）的联想，包括品牌名称→产品评价和产品评价→品牌名称的双向联想，这是构成消费者品牌知识的一个重要部分。品牌名称→产品评价的联想所反映的往往是消费者对品牌的看法，产品评价→品牌名称的联想则反映一个品牌与相应的竞争品牌在消费者心目中的相对地位。这些联想会影响以后消费者的品牌选择、品牌购买以及对营销活动的反应。

3. 品牌名称与关联物的联想

包括品牌名称→关联物的联想和关联物→品牌名称的联想。关联物是指产品类别和产品评价之外的其他信息或线索。在由品牌名称联想到的各种关联物中，很多关联物（如产品属性、价格、产地、包装、公司规模、产品代言人、品牌历史等）会被消费者用作质量判断（或产品评价）的信息或质量推断的线索。例如由耐克很容易联想到乔丹，由乔丹又推断出耐克的质量好。关联物又可分为独特的或共同的。如洁白就是许多牙膏品牌共享的关联物，高露洁→洁白，佳洁士→洁白。独特联想是指一个品牌所独有的联想，如动感地带→周杰伦、茅台酒→国酒。

品牌名称→关联物的联想主要服务于产品评价或形成主观质量；关联物→品牌名称的联想，则作用于消费者的品牌选择。例如消费者准备购物时，首先可能会决定到价格便宜的商店，由价格便宜容易联想到的具体的某个商店，最有可能成为购物目的地。

（三）品牌资产的形成

品牌资产是消费者关于品牌的知识，是以品牌名称为核心的联想网络，即消费者心目中的品牌名称的意义。品牌的意义首先来自品牌名称的字义，并在品牌字义的基础上，由消费者通过营销活动和产品购买及使用这两种途径学习积累而成。

1. 品牌命名是品牌资产形成的前提

品牌资产是以品牌名称为核心的联想网络，一种产品在没有名称之前，就没有什么品牌资产可言。一个品牌具有什么样的名称，还会影响消费者对品牌知识的了解和掌握。因此，品牌命名是品牌资产形成的前提。

有两个基本维度会影响品牌命名：一是品牌名称的语义暗示性，即品牌名称是否暗示产品类别、产品利益等；二是品牌名称是否易于记忆。品牌名称的语义暗示性，主要有暗示品牌类别和暗示产品属性及利益两类。品牌名称的词义、词频、词形、词性、拼写、发音等都与记忆有关。一般而言，暗示性的品牌名称或容易记忆的品牌名称，品牌资产的建设速度较快，但对品牌资产规模的扩大有一定局限。非暗示性的品牌名称，品牌资产的建设速度较慢，但品牌资产规模可以通过品牌延伸不断扩大。

2. 营销活动是品牌资产形成的保障

给产品起一个合适的名字对品牌资产建设固然重要，但是，没有相应的营销活动，品牌一样建立不起来，品牌资产也无法形成。在各种营销活动中，广告是最为重要的活动之一。利用广告来加强消费者的品牌意识，提高品牌知名度，这是广告主做广告的目的之一。除了广告之外，其他营销活动如促销、产品展示等也有助于提高品牌知名度。

3. 消费者的产品经验是品牌资产形成的关键

消费者的产品经验对品牌资产形成的重要性体现在以下两个方面。

第一，产品经验会强化或修正基于营销活动建立起来的联想。消费者的产品使用是对已有的基于营销活动建立起来的各种品牌联想的实践检验。通过检验，合理的品牌联想会得到强化，不合理的品牌联想则会被修正。

第二，产品经验导致一些联想的形成。消费者对产品的态度，往往是在产品使用之后才产生的，产品使用的经验决定着其品牌态度。基于直接经验建立起来的联想比基于间接经验（营销活动）建立起来的联想对个人更为重要，联想强度更大，更可能被保持。

三、品牌定位

要成功地构建一个品牌，就要使品牌在消费者心目中占据一个与众不同的位置。这就要做好品牌定位。品牌定位是指企业在市场定位和产品定位的基础上，针对特定品牌个性差异和文化取向所做出的决策，是建立一个与目标市场有关的品牌形象的过程和结果。

品牌定位体现了品牌与目标消费者的一种内在联系，是企业品牌经营的首要任务，也是品牌建设的基础，是确保品牌经营成功的前提，在品牌经营和市场营销中占有举足轻重的地位。随着产品同质化现象越来越严重，品牌的准确定位也显得越发重要。

品牌定位需要科学严密的思维，讲究策略和技巧。产品的功效、品质、价格、企业经营理念、情感甚至文化、历史等都可用来定位。定位的方法有许多，可以采用比附、类比、分档等方法。

品牌定位准确，就为广告定位明确了方向，奠定了广告表现成功的基础。广告定位依照品牌定位，定位方法也以品牌定位的方法为指引。下一章对广告定位有较详细的介绍，也可视为对品牌定位的补充，在此不赘述。

四、品牌的命名策略

企业建立品牌，首先就要给产品确定合适的品牌名称。赋予品牌一个名称，也就是赋予品牌一种符号。有一个好的品牌名称，可以说，就奠定了品牌营销的基础，就为品牌资产的形成、增值创造了良好条件。品牌命名，既积淀着深厚的学问，也蕴含着奥妙，是一种技巧，也有一定的规律可循。

（一）品牌名称的结构布局

在现代化大生产中，企业（公司）大多都要运用产品组合，因此可能经营多条产品线、多个产品项目、多种产品。如何使这些产品品牌化，如何给它们命名，这有一个结构和布局的策略问题，大致可有四种方式：

1. 个别品牌名称

对每一产品分别赋予一个品牌名称，不同产品使用不同的品牌名称，以便和市场上其他产品有所区别。规模较大的、拥有多条产品线的企业通常都采用这种方式。采用个别品牌名称策略，比较容易形成区隔，品牌定位比较明确，有助于扩大市场占有率。此外还可以规避风险，一旦某一品牌出现问题，不至于影响公司的形象。最先采用个别品牌名称策略的公司是美国通用磨坊食品公司（General Mills）。该公司采用 Bisquick 及 Gold Medal 两个品牌营销面粉，以 Wheaties 品牌推广麦片产品，采用 Yoplait 销售优格产品，以 Pop Secret 营销各种爆玉米花产品。联合利华和宝洁也都采用个别品牌名称策略。

2. 产品家族品牌名称

公司将所生产的产品区分为几个产品类别，对每一类产品分别赋予一个品牌名称。例如，美国的施乐百公司（Sears Roebuck）生产的家用电器类、服装类和家庭用品类三个系列的产品，分别用 Kenmore、Kerry brook、Homart 做这三个系列的家族品牌名称。采用产品家族品牌名称策略，有利于瞄准目标市场，除具有个别品牌名称策略的优点外，还能产生一加一大于二的增益。但品牌经营的投资可能过大。

3. 单一品牌名称

企业所生产的所有产品一律使用相同的品牌，如熊猫集团的所有产品都用熊猫命名，日本索尼公司的所有产品都是“SONY”。采用单一品牌名称策略最典型的是美国 GE 公司（General Electric），该公司以“GE”品牌营销所生产的各类产品，创下单一品牌营销成功的典范。采用单一品牌名称策略，对内可以简化品牌管理，减少多品牌的庞大投资，有助于新产品的迅速推广，容易累积品牌权益。对外可简化消费者的记忆，增进沟通效益，有助于消费者辨识公司与产品，达到即刻认知的效果。但是，企业在推出不同类别的新产品时，常常会遭到品牌认同的质疑。

4. 复合品牌名称

公司所生产的产品同时采用两个品牌名称，在实际运作时，既可以将企业名称和单个产品名称结合应用，也可以将品牌名称和产品名称结合应用。运用复合品牌名称策略，主要是想借助公司形象或品牌名称的影响，实现品牌应用的累积效果。尤其是形象良好的公司，受到广泛认同的品牌，采用复合品牌名称策略，效果往往非常显著。美国谷物早餐食品领导厂商家乐氏（Kellogg's），率先采用复合品牌名称策略营销其谷物早餐食品。我国一些传统的家族式企业也往往采用这一策略，如西安太阳食品公司的阿香婆香辣牛肉酱、阿香婆香辣海鲜酱等。

（二）品牌命名的构思方法

拟定理想的品牌名称，涉及多方面的因素。不仅与企业产品有关，而且要考虑文化、人文特征，语言的表达方式，要将其与消费者的情趣爱好和利益走向等联系在一起，既要有独创性、与众不同，还要易于记忆、易于辨认，容易触发联想。在构思品牌名称时，以下方面可做参考。

1. 易于消费者记忆

品牌一旦有了名称，经过各种传播渠道，这个名称就会成为消费者汇聚该品牌相关信息的汇合点。因此，容易记忆是品牌命名最基本的要求。

品牌名称的词、义、音等及其组合，都可能成为消费者的记忆点。消费者接触有关品牌信息包括名称的时间和注意力是非常有限的。要能让消费者在瞬间产生记忆，品牌名称就应该简洁、浅显、平实、独特、上口。这样，消费者容易记得住，记得牢，也便于传诵。有些企业追求深奥、怪异、新奇的品牌名称，但这类品牌名称，消费者很难记下来，有的还会引起反感，结果适得其反。品牌名称也应尽量避免雷同，雷同往往会使消费者感觉似曾相识，难以留下深刻的印象。

2. 体现产品的通用效用

产品的通用效用指的是某一种类产品（而不是某个特定品牌产品）共同的用途、效能和作用，反映了这类产品共同的属性和追求。显然，通用效用是针对产品类别而言的，而不是某一个品牌专有的特性。

从通用效用出发来构思品牌名称，就要让品牌名称能够体现产品的基本用途、效能和作用，让消费者无须任何介绍和广告，一看到产品品牌就能直接了解产品的用途，联想到产品的效能，或者让消费者一遇到这方面的需要就能直接联想到这个品牌，促使消费者在通用效用和品牌名称之间产生相互联想，如泻立停、舒适达、感冒通等。

应用通用效用的命名构思方法，需有一定的适应条件，一般适用于消费者介入程度较低，同时产品实体的其他方面不容易体现通用效用的产品。

3. 展现品牌的独特之处

与应用通用效用的命名构思方法相反，此种方法是通过品牌名称展现品牌的独特之处，突出品牌与其他同类产品的差异，让品牌名称体现品牌定位。主要包括两个方面：（1）产品特性。产品特性如独特的成分、功能、性能、效用、风格等，是产品区别于其他同类产品的重要内容。（2）目标顾客特性。目标顾客特性指的是品牌所针对的目标顾客群体的年龄、性别、喜好、生活方式、价值观念等。需要注意的是，采用这种方法确定的品牌名称要符合企业属性来表达品牌的定位和价值，便于传播的一体化。

4. 引发相关的感性联想

即采用相对含蓄的、具有象征意义的名称。想让品牌名称既与产品的效用有所关联，但又不是很直白地显露产品效用，则可使用一些亲切、浪漫或具有时尚色彩的感性字眼，含蓄地表现品牌形象，表达品牌带给消费者的美妙感觉，促进消费者对品牌的感性认知，增进消费者对品牌的亲切感，符合目标消费者的价值审美个性，如“康师傅”方便面。再如，人们心目中的“世外桃源”香格里拉，也被用作酒店的品牌名称。

5. 与良好视觉的图案和符号相配

好马要有好鞍配，品牌有了好名称，还要有与之匹配的图案和符号，即品牌标志。品牌专家戴维·阿克认为，“一个成功的符号或标志，能整合和强化一个品牌的认同，加深消费者对品牌的独特印象”。例如，耐克的品牌标志充满动感，与品牌名称相得益彰。

此外，也可直接以公司名称或以人物、动物、植物作为品牌名称，如飞利浦、香奈儿、福特、熊猫、梅花等。还可用地理标志作为一些产品的品牌名称。这些产品产自特定地域，所具有的质量、声誉或其他特性本质上取决于该产地的自然因素和人文因素，如大兴西瓜、黄山毛峰茶、景德镇瓷器等。

随着市场国际化程度的提高，品牌命名一方面要注意通用性和普适性，另一方面更要做好外来品牌名称的翻译与转化，既可以采取直译或意译，也可新创词句，从本土化的要求出发，结合产品特征，力求做到“信、达、雅”。例如瑞典的 IKEA，借助品牌发音和其从事的行业，译成“宜家”，既充分表达出品牌特色，又温馨易记。Nestlé 原意为“鸟窝”，中文译为“雀巢”，既切合本义，又不落俗套。德国的 Mercedes-Benz，初译成“本茨”，后改称“奔驰”，陡然增色。美国的可口可乐在 20 世纪 20 年代进入中国市场时，曾以“蝌蝌啃蜡”命名，后由中国诗人蒋彝译成“可口可乐”，令人叫绝。①

创建一个独一无二的品牌名称，是企业孜孜以求的一个重要方面。如日本松下品牌英文名称原为 National，后要改成 Panasonic，就经历了反复征求意见的过程，从意义、发音等方面再三掂量，最后才决定使用。美国耐克（NIKE）在确定自己公司名称时，相关人员曾冥思苦想，不得其果，最终因梦见希腊胜利女神（Nike），悟而得其名。

五、品牌的扩展

一旦品牌建立起来，就要做好维护和扩展工作，运用品牌策略，充分发挥和延伸品牌的影响力。

（一）产品线扩展

运用产品组合策略，在现有产品类别中增加新的产品项目，如新口味、新包装、新配方等，以同样的品牌名称推出。例如，同是一种果汁饮料（汇源），就有苹果汁、橙

---

① 一说“可口可乐”是被誉为中国广告之父的林振彬翻译的，待考。

汁、桃汁等，以适应不同的消费者的口味。由于市场扩张和竞争的需要，以及生产能力的增强，许多企业在开发新产品时，多注重产品线扩展。据对美国市场的一次调查，当时进入市场的6 000多种新产品中有89%属于产品线扩展的结果。

（二）品牌延伸

企业利用已经获得成功的现有品牌名称来推出改良产品和新产品。例如，本田公司就利用“本田”之名推出汽车、摩托车、割草机等。采取品牌延伸，可使新产品迅速被市场承认和接受，有助于企业经营新的产品类别。但品牌的延伸线不宜过长，不能淡化品牌形象。如果丰田推出牛奶产品，娃哈哈推出汽车产品，就会使消费者难以接受，甚至影响对原有品牌的态度。

（三）多品牌

企业的同一种产品拥有两个或两个以上的品牌，彼此互相竞争，借以扩大市场。美国宝洁公司首先运用了这种策略。例如洗发水，现在市场上就有飘柔、潘婷等由宝洁公司生产的不同品牌，日本花王公司也生产了好几个品牌的香波。虽然同一企业同类产品的不同品牌可能在覆盖市场方面产生冲突，每一种品牌的市场占有率有限，但能占据陈列空间，捕捉流动购买，取代老化的品牌，使企业的总体竞争力加强，总销售量增加。但要注意的是，推出新品牌，目的是战胜竞争对手，而不是自相残杀。

（四）品牌重新定位

即品牌的重建。特别对于传统品牌来说，品牌需要根据市场变化、消费者特性的改变适时做出调整。某一品牌即使最初市场定位很好，随着时间推移，由于竞争对手和消费者的偏好发生了变化，也需要重新进行定位。美国七喜公司根据消费者对软饮料的需求，标榜自己生产的是非可乐饮料，从而取得了非可乐饮料市场的领导地位。日本朝日啤酒原先在日本啤酒市场中占有率不高，后来发现饮酒者特别是青年人的口味有变化，于是重新把啤酒确定为清爽和略带辛辣（刺激）两种口味，很快成为国内第二品牌，直逼麒麟牌。从整体上来说，美国20世纪80年代以后，已基本完成品牌重建，日本也感受到品牌重建的紧迫性。我国也要正视这一问题。像维氏瑞士军刀的长盛不衰和我国老品牌王麻子剪刀的衰落，就是强烈的对比，也是深刻的教训。

六、品牌的管理

企业建立一个品牌不易，建立一个名牌更不易。所以，在加强品牌管理，维护已经建立起来的品牌形象方面，绝不可掉以轻心。对品牌的管理，要在提高品牌知名度、提升品牌认可度、培育品牌忠诚度、激发品牌联想等方面下功夫，应重点做好以下方面：

（一）提高质量是根本

如前所述，品牌必须建立在高品质高质量的基础之上。对于消费者来说，更多的是看重产品的利益，也就是产品的质量。企业所提供的产品质量上不去，对消费者的承诺不能全部实现，所建立起来的品牌也难以长久。提高品牌的质量是全方位的，产品自身、售后服务、管理等，都要跟上去。我国有些企业不把经营重点放在如何提高产品质量上，企图通过广告等宣传手段来制造声势，扩大品牌影响力，这可能在短期内起效，其结果终将是昙花一现。而我国有些广告作品水平不高，在某种意义上也和产品质量有直接关系，因为产品没有特色，广告抓不住有特点的东西，当然就会影响创作。

当然，在确保质量的前提下，企业更应在创造品牌差异化上做文章。

（二）争取消费者的偏爱

消费者对产品质量的看重，属于产品功能方面的衡量标准。但是，在实际消费行为中，在同类商品各种品牌林立的情况下，消费者还可能展现感性的一面，产生对某些品牌的偏爱。企业在经营品牌、加强品牌管理的过程中，还应认识和把握这一特征，充分发挥各种品牌元素的作用，如品牌名称要响亮、易记、独特等，品牌标志要做到引人注目、触发联想等。像耐克的标志就简单易记而又意味深长，使人过目不忘。品牌口号，要有感召力、诱惑力等。例如，麦斯威尔咖啡的口号“滴滴香浓，意犹未尽”，金利来的口号“男人的世界”等，都能够创造品牌的情感性价值，给消费者带来别样的感性认识。同时，还要为消费者尽可能地提供品牌体验的机会，利用售卖场所、商品使用、服务提供以及各类传播媒体等，建立广泛的品牌接触点，加强与消费者的联系，以此尽力争取得到消费者的喜爱和偏好。

（三）增强竞争意识和危机意识

随着国际化、信息化、数字化进程的加快，市场竞争越发激烈。要使品牌立于不败之地，要能在如林的强手中脱颖而出，就要牢固树立竞争意识，敢于应对，勇于挑战，合理配置和充分利用资源，弘扬企业品牌的独特优势，激发企业经营的活力和竞争力。还应具有“居安思危”的心态，关注企业在经营过程中的各个方面，留意可能出现的各种情况，做好危机管理，确保品牌形象不受损害。2005 年时，肯德基新奥尔良烤翅等食品曾被查出含有具有致癌性的“苏丹红 1 号”，作为母公司的百胜餐饮集团立即先行道歉，在得到社会公众基本理解的基础上，积极采取整改措施，并推出新的产品，组织答谢促销，很快挽回了声誉，维护了品牌形象。同年，宝洁公司的“SK-Ⅱ”品牌产品因涉嫌含有腐蚀性物质而又成分标示不明被告上法庭。由于处置不当，酿成“SK-Ⅱ事件”，给 SK-Ⅱ品牌造成了极大危害，对宝洁公司也产生了诸多负面影响。

（四）注重与消费者的沟通

要想在消费者心目中建立品牌形象，仅有高质量的产品和服务还不够。因为在科技高度发展的今天，同类产品跟进非常迅捷，要使消费者产生并保持深刻印象，有效地向目标消费者传递有关品牌信息是十分重要的。这就需要精心策划，做好与消费者的沟通，与消费者进行有效的信息交流。在数字化时代，要将消费者的主动参与作为品牌活动的重要方式。

第三节　品牌构建的广告传播

品牌构建过程中，广告传播是重要内容，广告传播扮演着重要角色。

一、广告与品牌的互动关系

广告与品牌之间存在着相互依存的互动关系。正确地认识和把握广告与品牌之间的联系，有助于充分发挥广告在品牌构建中的积极作用，取得理想的传播效果。

（一）品牌构建需要借助广告传播

前文已有撰述，一个品牌能否建立并成为知名品牌，很大程度上取决于消费者对于品牌的认知。消费者关于品牌知识的积累和沉淀，一部分出自自身的经历和体验，更多的是通过各种接触获取有关品牌的信息。企业开展营销活动，从本质上说，就是为消费者创造接触产品的机会。广告由于特有的性能和功用，就成为企业最为重要的营销活动之一。比如，广告的特性之一就是“重复”，而这种“重复”，就可能迫使品牌名称潜入消费者的意识，并通过艺术手法，使消费者在一种愉悦的状态下接受品牌信息。因此，企业打造品牌、创建名牌，离不开广告这样的传播方式，需要利用广告来加强消费者的品牌意识，提高品牌知名度。即使开展整合营销传播，广告仍然是有效的营销传播工具，在企业的整体营销活动中，广告投入往往占据着预算中的绝大部分。

（二）广告是对品牌形象的长程投资

企业每年都要有大量的广告投入。实质上，广告传播的投入是在转化和建立品牌资产，创造企业难以被竞争者超越的长期获利的能力。大卫·奥格威认为，每一则广告都是对品牌形象的长程投资。可口可乐公司的一位主管曾说过这样的话，一场大火可以把公司的厂房设备全部烧掉，但凭着“可口可乐”的牌子完全可以重建公司。这样的品牌形象的建立，实际上是耗费了天文数字的广告费，积淀了丰厚品牌资产的结果。品牌的成就，需要广告的长期效果，是一个不断累积的、渐进的过程。根据投入产出理论，广告产出的内容主要包括长期产出、中期产出和短期产出。长期产出就是品牌，它是广告费投入后在收益上所形成的价值。特别是在现代市场条件下，广告传播的重点就是要为品牌形象的塑造、品牌资产价值的集聚等服务。广告传播对品牌构建，是积土成山、水滴石穿的过程，浅尝辄止、半途而废的态度都是不可取的。

（三）品牌战略规定广告战略的方向

企业经营，归根结底是经营品牌。企业目标的核心就是建立品牌特别是知名品牌，为此而展开品牌战略。营销战略是品牌战略的一个组成部分，为品牌战略服务。而广告战略则是企业营销战略中的重要内容之一，服从于企业的整体营销战略。因此，企业所采取的品牌战略以及相应的营销战略，就是广告战略的目标取向，影响和制约着广告战略的实施、广告目标的选取。广告战略诸如广告主题的确定、广告媒体的应用、广告创作的构想等，要根据品牌战略的需要来制定。

（四）广告策略源自品牌特性

广告如何有效地与消费者进行沟通？这需要运用一定的策略。而广告策略的运用，也是与品牌特性密切联系在一起的。优质广告的创作，要结合品牌所处的市场状况、竞争状况等各方面的因素。品牌定位恰当、准确，广告定位才有正确依据，广告诉求点才有可能被深度发掘。品牌的各种要素，如名称、标志等，都可以成为广告创作的素材。

产品在不同的生命周期所采取的广告策略也会不一样。比如，一个新品牌面市往往需要高强度的广告投入，而处于竞争期的品牌则需要采用和风细雨式的广告投放策略。

品牌的核心价值凸显，品牌概念清晰，广告才有可能向优质、有效的方向努力，才可能引起消费者的关注。品牌越有特色，广告传播就越有出彩、别致、高效的可能。反过来，有效的广告又能促进企业品牌的建设、加快品牌价值的提升。品牌被消费者接受后，在某种程度上又会加强广告的效果，从而形成一个相辅相成、相互促进的良性循环。

二、广告对构建品牌的作用

构建品牌的过程，也是维持或提升品牌资产的过程，广告在其中能起到较大的促进作用。

（一）扩大品牌的知名度

品牌知名度是指潜在消费者认识到或回忆起某一品牌是某类产品的能力。它涉及产品类别与品牌的联系，包括品牌识别、品牌回想和第一提及知名度三个层次。第一提及知名度是品牌知名度的最高层次，意味着该品牌在人们心目中的地位高于其他品牌，具有强有力的竞争优势。

企业扩大品牌知名度的手段和方法很多，但广告的成效最大。广告是一种借助传播媒体的非人际传播，传播的空间、时间都非常广泛，而借助的传播媒体又往往是受到社会大众普遍关注的。因此，广告能够帮助品牌迅速提高知名度。如王老吉凉茶广告经中央电视台播出后，这个品牌迅即蹿红，很快就被全国知晓。一些品牌如特仑苏、泸州老窖等，全国老百姓几乎都能脱口而出，这都是大量广告投入的结果。

（二）增强品牌的认知度和美誉度

品牌认知度是衡量消费者对品牌内涵及价值的认识和理解度的标准，在市场的产品和服务品质差别不大的情况下，消费者往往会倾向于根据对品牌的熟悉程度来决定购买行为，故而品牌认知度也是企业竞争力的一种体现。品牌美誉度是品牌在消费者心中的良好形象。品牌知名度是品牌美誉度的基础，品牌美誉度以品牌知名度为前提，真正反映品牌在消费者心目中的价值水平。品牌美誉度的建立，需要通过长期细心的品牌经营以经久地保持良好的品牌形象。

适当规模的广告投放能够提醒消费者认识到品牌的存在，刺激其购买并使用该品牌，使消费者对品牌产生好感。而高品位、高档次的广告传播，会对品牌美誉度的形成和提升产生决定性的影响。研究表明，同样内容的广告，刊登的版面越大，消费者对品牌的印象越好。在中央电视台投放广告，广告主看重的不仅是其能够扩大品牌知名度，也看好其抬升品牌形象的传播效果。安踏作为奥运会赞助商的广告，以及对一些重大活动的品牌赞助广告，都会引起国人的注意和好感（见图6-1，文前彩色插图）。广告信息越具有世界性、国际性和权威性，对增强品牌认知度和美誉度就越有利。

（三）提高品牌的忠诚度

品牌忠诚度是指消费者在购买决策中，多次表现出来的对某个品牌有偏向性的（而非随意的）行为反应。它是一种行为过程，也是一种心理（决策和评估）过程。品牌忠诚度由无品牌忠诚者、习惯购买者、满意购买者、情感购买者和忠诚购买者五个级别构成，是品牌价值的核心，对于企业的生存与发展、扩大市场份额极其重要。

品牌忠诚度的形成，与消费者本身的特性密切相关，主要取决于消费者的产品使用经历。虽然品牌忠诚度的形成和提升并不完全依赖于产品的品质、知名度、品牌联想及传播，但通过以广告为主的传播活动，与消费者进行有效的沟通，还是能有所作为的。广告能加强消费者对品牌的熟悉度、信赖感，肯定并强化消费者使用经验的感觉，增加其对品牌的忠诚度。有研究表明，对于成功的品牌来说，由较高的广告量引起的销售量增加部分，只有30%来自新的消费者，70%仍来自现有的消费者。由此得出的结论是，广告使他们对品牌变得更忠诚。在现实生活中，消费者选择购买某品牌产品，往往是因为其“广告做得多”。

（四）展现品牌联想的空间

品牌联想是指任何与品牌记忆相联结的事物，是人们对品牌的想法、感受及期望等一连串的集合。如果这些联想又能产生一些意义，即可在消费者的心中建立起根深蒂固的品牌形象，影响消费者对该品牌产品的购买决策。其联想的内涵又可分为属性联想、利益联想和态度联想三种形态。

品牌联想的建构有多种方式，如讲述品牌故事、建立品牌感动和运用品牌代言人等，广告都能够在其中起到重要作用。一些优秀的广告作品，其内容就是由有关企业、品牌的故事、传奇构成的，以此成功地传递出品牌与消费者之间的情感，激发消费者对品牌的好奇心和认同感。品牌的代言人往往也是广告的代言人，通过广告，代言人的亲和力、感召力、影响力和品牌糅合在一起，拨动着消费者的心弦。例如，广告语“钻石恒久远，一颗永留传”，把刻骨铭心的爱情与光彩夺目的钻石联系起来，自然就使消费者产生了一种发自内心的品牌感动。

此外，广告特有的告知功能，也能促使消费者对品牌产生联想，进而产生差异化的认知，将品牌的独特卖点嵌入心智。

三、广告成就品牌的基础和条件

广告要在构建品牌的过程中起到积极的正面的传播效果，需要具备一定的客观条件，应该注意和把握好以下几个方面的问题。

（一）产品质量是根基

品牌的必备条件之一，就是产品要具有较高的品质，产品是品牌的物质基础，产品杰出，培育出优质的品牌才有可能。美国著名广告大师威廉·伯恩巴克曾说过，为拙劣的产品做广告，只会加速它的一败涂地。品牌持有者必须致力于对产品高品质的追求和维护，如想仅凭广告的堆砌来构建品牌，这是舍本逐末的做法。

品牌构建要想取得成功，就要做到其内涵与外表协调统一。消费者在购买有关商品时，首先看重的，就是所购买的利益。利益以产品的质量为基础，是产品功效带来的。广告传播以高品质的产品为基础，对消费者做出切实的承诺；消费者通过广告获知产品的利益点，又在实际消费中得到体验，印证强化广告所传递的产品信息，对品牌有所认知，转而产生好感，品牌形象自然能够树立起来。如果产品质量低劣，或者广告做出虚假承诺，那么即使广告设计再精心，投放量再大，也难以避免品牌的败局。"皮之不存，毛将焉附"，产品质量没有保证，广告传播就失去了根基，成了空中楼阁，只能给消费者留下更坏的印象。有一则广告词是这么说的："新飞广告做得好，不如新飞冰箱好。"这个诉求，实际上也反映了广告与产品质量的关系。

（二）广告成功是保证

只有高品质的产品，没有成功的广告传播助推，品牌构建也是虚妄。做好营销传播是品牌构建的前提，而广告是最为重要的营销传播手段之一。

构建品牌必须做广告，但必须是成功的广告，才能产生实实在在的效力。何为成功的广告？创意不是衡量广告成功的唯一标准。当然，广告要有好的创意。没有新颖、独特的创新点，引不起目标受众的注意，产生不了传播力，品牌信息将无人知晓，品牌认知也无从谈起。但广告仅仅达到这一点是不够的，还应与品牌完美地结合在一起，结合品牌形象、品牌核心价值等内容展开创造活动，不仅有助于消费者认知品牌，还能促使其采取购买行动。游离于品牌定位的广告，可能徒有创意，却不能形成效力，甚至可能会对品牌构建产生南辕北辙的效果。此外，品牌的核心价值一旦确定，就不能轻易变动更改，广告由此所传递的品牌信息，与消费者的诉求交流，就要保持相对的一致性。品牌定位出现摇摆，就会影响广告的成功沟通。可以说，创作水平不高但诉求信息却始终如一的广告传播，会比信息今是明非、朝三暮四的所谓"大牌"广告效果要好得多。

（三）品牌管理是指向

品牌构建是一项长期艰苦的系统工程，要把广告传播放在品牌管理的层面上，给广告更多的用武之地。

企业创建品牌，需要营造一个良好的营销环境，有效地运用各种营销方式，广告仅是其中的一种重要方式。没有广告不行，但广告也不是万能的。企业应正确认识广告在整合营销传播中的地位和作用，使广告活动与公共关系、促销等其他营销方式有机地结合起来，相得益彰，共同为塑造品牌形象服务。

广告是一种重要的促销方式，但不能仅仅把广告看成一种推销术。广告更是促进品牌发展的一种营销方式。广告能扩大品牌的知名度，也能创造出独一无二的品牌形象和个性，加强消费者对某一品牌的喜好，增加消费者对品牌的消费信心。广告传播品牌内在价值的同时，也是在传扬一种文化。这种文化，不仅会影响消费者对品牌的接受和选择，也是企业文化建设的一个组成部分，同时也能进一步推动品牌建设的深化。因此，要看到广告深层次的功用，为广告传播提供更多的空间和条件。

（四）销售跟进是支撑

企业经营品牌还会受到市场的检验。如果产品销售量上不去，消费者缺少对品牌的实地接触和体验，广告也难以达到应有的效果，所传递的品牌信息将无法落到实处。因此，在做好广告传播的同时，还要重视市场销售，处理好品牌构建与提高销售量之间的关系，做到“品牌和销量两手抓，两手都要硬”，以销量促品牌，以品牌带销量。销售量的上升为消费者检测广告信息、体验品牌利益、认同品牌价值提供了机会和节点，广告传播对于品牌构建自然就显现出了成效。

第四节　品牌与营销策略

品牌构建不仅需要广告传播，更需要综合的传播效力。20 世纪 90 年代以后，随着高新科技的飞速发展，特别是信息化、数字化的推动，一些为品牌构建服务的新的营销战略被提出和运用。

营销学家菲利普·科特勒把营销分为三个时代。第一个时代是营销 1.0，即以产品为中心的时代，基本上属于卖方市场的时代。20 世纪 70 年代开始，全球逐渐进入买方市场，产品日益丰富，为争夺消费者，产生了更多的营销因素，营销模式以产品为中心，转变为以消费者为中心。突出市场细分（segmenting market）、目标市场（targeting market）和定位（positioning）等要素的 STP 战略出现，是营销 2.0 时代的核心标志，这是当下营销中最常用的营销战略模式。随着 20 世纪 90 年代电脑、互联网逐渐进入人们的生活，网络化的渐次深入，人类社会开始变得高度互联，信息不再是稀缺资源，消费者的消息变得异常灵通，同时也极大地促进了口碑的传播。为适应这些新的变化，营销又一次开始变革，更专注于人类的情感需求。新时代的营销概念应运而生，比如情感营销、体验营销、品牌资产营销等。营销需要同时关注消费者的内心需求。这就是所谓的营销 3.0 时代。企业构建品牌，需要掌握和运用多种营销策略。

一、整合营销传播

整合营销传播理论于20世纪90年代初首先在美国提出。总的来看，整合营销传播既是一个概念，“整合”是核心，传播活动的完整性是关键，可以促进传播组合中的各元素互动，产生协同效应；也是一个过程，在这个过程中，通过传播，驱动企业营销组合力量的整合，并贯穿于整个组织之中。

整合营销传播可有狭义和广义的认识之分。狭义的整合营销传播，就是把它作为协调和管理广告、公共关系、人员推销、直接营销等营销工具，保持企业信息一致的一种途径和方法。而广义的整合营销传播，则是建立关系，借助各种媒体或接触方式，与员工、顾客、利益相关者以及普通公众建立建设性的关系，建立和加强彼此之间的互利关系。牢固的顾客关系，是企业最大的资产。而实现这些，在很大程度上，又取决于企业所建立起来的企业文化。这种企业文化渗透到整个组织并驱动着企业包括营销活动在内的一切活动。

整合营销传播可以定义为：

统筹运用各种传播方式并加以最佳组合，以特定的目标群体为传播对象，传送基本一致的营销信息，促进联系和沟通的系统传播活动。

（一）整合营销传播的主要特点

1. 以消费者为中心，重在与消费者的沟通

以4C理论为基础的营销2.0时代，是以满足消费者的需要来制定相应的战略策略的，一切活动都围绕消费者而展开。整合营销传播就是建立在这样的观念上，强调要以消费者为中心，以适应消费者的需要和需求为出发点。由于当代信息激增，在信息传播过程中，消费者一般处在主动的位置上，能够自主地选择和接受愿意获取的信息。因此，必须充分了解把握消费者对有关信息的需求状况，以及消费者接触信息的方式和特点，以期发现接触点和传播点。

为了达到能与消费者交流沟通的目的，整合营销传播强调建立消费者资料库的必要性和重要性。通过对消费者有关资料的整理分析，奠定与消费者进行交流的基础。资料库应是动态的，关于消费者的新的信息持续不断地流入其中，以使传播者能够及时地分析消费的走向、趋势及消费者的关注点。

消费者不应是广泛的概念，而应是特定的目标对象。整合营销传播的目的，就是影响特定受众的行为，建立起品牌与目标消费者稳固、双向的联系。有了畅通的消费信息沟通渠道，企业才能获得对品牌忠诚度较高的消费群体，使持续发展得到保证。目标消费者也才能在消费和购买过程中获取更多的便利。

2. 注重各种传播方式的整合，使消费者获得更多的信息接触机会

整合营销传播强调各种传播手段和方法的一体化运用。广告、公关、促销、CI、包装、新媒体等，都是传播信息的工具。但要注意进行最佳的组合，发挥整体效应，使消费者在不同的场合以不同的方式接触到同一主题内容的信息。

3. 突出信息传播，以“一个声音”为主

随着信息量的不断增大，消费者获取有关消费信息的机会越来越多，根据需求接触信息的主动性越来越强，而企业对消费者接触产品等信息的控制力却越来越小。整合营销传播即为解决现代信息传播发展出现的新问题，突出强调要以“一种声音”进行诉求（speak with one voice），不论运用哪种媒体、采用何种方式，都要统一、一致，使消费者接触到的信息单一、明晰（hear one voice），避免消费者对信息可能出现的忽视与误解。

4. 强调传播活动的系统性

整合营销传播是更为复杂的系统工程，更要加强营销信息传播的系统性。整合营销传播在传播过程中更强调各要素协同行动，发挥联合作用和统一作用，在管理上更要求程序化和层次化。

（二）整合营销传播的策划

1. 建立和完善资料库

这是整合营销传播策划的第一步。资料库发展涉及产品用户（目标消费者）信息的搜集与组合，包括人口统计、心理统计、购买历史、产品类别网络等。首先通过策划，搞清楚搜集资料的目的和需要得到的相关内容。搜集有关资料的方法，除利用现有的资料外，还可采用多种方式诱发消费者回应，使其不断提供有关信息。

2. 细分消费者

对消费者信息进行分析，把消费者细分为我牌忠实用户、竞争品牌用户以及游离品牌用户。我牌忠实用户指对本品牌产品有重复使用历史的消费者；竞争品牌用户指使用竞争对手品牌或不知名的品牌产品的消费者；游离品牌用户指尚未忠实于某个品牌或某些品牌组合的消费者。再按照这些细分标准来发展消费者档案。

3. 品牌接触管理

品牌接触管理是一个程序，应该是战术层次的，也是重要的决策，需要在营销传播组合的各个要素的关联中把握。营销人员需要对现实消费者或潜在消费者进行营销传播的时间、地点、场合等方面进行决策。例如，当广告被选择为营销传播组合的有效要素时，就需要进行媒体投放决策和与之相联系的时间、地点、场合等方面的考虑。

4. 谋划传播战略

在这一阶段，营销人员要对消费者应该从传播中获取什么要点，传播将导致消费者采取何种行动进行决策。要想获取最有效的讯息，必须对现实消费者或潜在消费者的价值观念、消费需求等有充分的了解。这往往需要借助于消费者资料库。

5. 制定营销目标

营销目标是根据所选择的目标市场来描述的，如维持或增加我牌忠诚用户的产品使用，从竞争品牌用户中扩大我牌用量或建立起我牌忠诚度，争取或扩大游离品牌用户使用我牌产品。整合营销传播开创者唐·舒尔茨主张，营销目标是从营销战略中推演而来的。

6. 重视营销工具和手段的综合

这一步就是考虑如何使用营销组合作为营销传播工具，以实施传播战略，达到预定的营销目标。信息不仅仅通过营销传播工具如广告、公关、销售促进等传播，还可以通过产品自身传播，如包装、定价、配销方式等。需要注意的是，在运用不同的营销工具、组合各传播要素时，其传播的信息要保持一致性。

7. 运用营销传播战术

最后，营销人员根据以上各方面的情况，选择各种战术动作来实施传播战略并实现营销目标，如广告活动、公共关系、直接营销、销售促进等。营销传播战术的选择，应该在营销传播战略的指导下进行。

但是，舒尔茨等人所提出的整合营销传播策划模式也有其不足之处。比如它对整个传播实施的预算考虑不足，对营销传播过程的监控不足，模式的整体性和系统性显得不够，一些决策概念也难以理解。在实际的整合营销传播中，至今仍有不少难题横亘在营销人员面前。

（三）营销传播要素的应用

开展整体营销传播活动，需要整合营销传播的各种要素。除广告外，直接营销、人员销售、销售促进以及公共宣传/公共关系等营销传播要素（工具），都在整体营销传播活动中发挥着重要作用。它们能够扩充企业的资源，有助于企业与消费者关系的建立和加深，实现组织目标和最终效果。越来越多的事实证明：广告必须与这些传播要素进行整合，才能发挥整体效益。

1. 直接营销

直接营销（direct marketing），也译为“直复营销”，指利用一种或多种广告媒体在任何场所引起可测量的反应和（或）交易，并将该活动存入数据库的一套可测量的营销体系。①

直接营销有直接销售和直接反应广告两大类。直接销售由销售者（代表）直接上门或到消费者的工作场所进行推销，又分人员直接销售（direct selling）和电话营销（telemarketing）两种。人员直接销售是在固定零售场所之外的面对面销售，个人对个人或个人对群体。销售人员面对的既有经销商，又有终极用户。电话营销是通过电话向消费者推销产品，回答咨询，提供与销售有关的服务。如果电话营销运用恰当，企业就能通过这种方式与有过电话交流的客户建立起稳固的关系。

直接反应广告就是能将受众包括读者、观众、听众等的意见直接反馈给广告主的广告，常用的有直邮广告、杂志广告、目录广告、电视广告和广播广告。这种广告可以利用任何媒体，互联网上的个人电脑也是很好的选择。

保证直接营销成功的关键是数据库的建设，所以直接营销的同义词就是“数据库营销”，它使营销人员熟悉了解并能细分自己的销售对象。这就要求企业能够掌握重要顾客的基本情况，如工作单位、家庭住址、电话号码、年龄、性别、购买经历等。

---

① 阿伦斯．当代广告学：第8版．北京：人民邮电出版社，2005：329.

2. 销售促进

通过提供短期性的诱因，以中间商、推销员和终端消费者为对象，为鼓励其对某产品或服务的购买或消费所开展的营销活动，称之为“销售促进”。销售促进的对象不同，所采取的销售促进方式也不一样，通常分为消费者导向的销售促进和中间商导向的销售促进。

消费者导向的销售促进，一般以产品或服务的最终使用者为目标，可以有样品试用、优惠券、赠品、打折、抽奖等多种方式，能够诱导消费者尽快采取购买行动，促进短期销售。中间商导向的销售促进，主要以批发商、分销商、零售商等为对象，一般采取购买折扣、价格优惠、销售竞赛、业绩折让、商业展示等方式，激励其储存和促销产品。

由于消费者对品牌忠诚度的下降和对促销敏感度的上升，许多企业特别是消费品公司降低了对广告等营销要素的期待，越来越对销售促进这样的促销手段感兴趣，所投入的费用越来越高。

3. 人员销售

这是最基本的沟通方式和互动行为，属于最富人性化的媒体。人员销售是一种人际传播过程，销售人员不仅能确定并满足消费者的需求，而且可以使双方建立起一种长远的互利关系。

在整合营销传播中，人员销售可以发挥出较大的作用。销售人员往往是企业的耳目，能够接收了解到有关信息；既能在企业内部上传下达，又能通过自身言行，向客户提供信息、传播信息，建立关系与信任。销售人员还在促使客户采取行动、完成销售方面扮演着重要角色，是企业首要的关系营销人员。

4. 公共宣传/公共关系

（1）公共宣传。

这是一种不直接收费或接受确定赞助的，关于组织、产品、服务或观念的非人际传播。公司或组织通过新闻发布会、记者招待会、照片、影片或录像带等形式，试图由媒体对其产品、服务或活动等进行正面报道，以影响消费者的注意、认知、观念和行为。

公共宣传的传播形式与广告相类似，但可信度高、费用低廉。公共宣传难以被组织控制，如果出现负面报道，其破坏力则远远大于广告传播所产生的效力。

（2）公共关系。

这是比公共宣传更为广泛的概念。它是一种系统地提供组织信息，并有计划地控制和管理其在社会公众中的形象的传播活动，其目的是建立组织在社会公众中的良好形象。

公共关系运用公共宣传和其他手段，包括赞助特殊事件、参加社会活动、为各种社会活动筹资等，来强化组织形象。现代公关活动确能在塑造和提升企业与品牌形象，彰显企业文化，消除突发危机等方面发挥有效的作用，这使企业越发认识到其重要性，并将其作为一种营销工具来运用。在美国等国家，“营销公关”（marketing public relations）这个词已在普遍使用，许多公共关系代理机构也相应成立，业务相当活跃。

作为一种营销工具，公共关系可以应用到许多方面。

二、关系营销

关系营销首先是由美国营销学者巴巴拉·杰克逊在1985年提出的，菲利普·科特勒的《营销管理》第6版做了转述，此后这一概念迅速风靡全球。这是在传统交易营销的基础上，现代西方营销理论与实践的一个发展和进步。

关系营销与整合营销传播所要达到的目标有一致性。整合营销传播是关系营销得以实现的保障。

（一）关系营销的含义和特点

1. 关系营销的含义

关系营销又称为“顾问式营销”，是指企业在盈利的基础上，建立、维持和促进与顾客和其他伙伴之间的关系，以实现参与各方的目标，从而形成一种兼顾各方利益的长期关系。关系营销把营销活动看作一个企业与消费者、供应商、分销商、竞争者、政府机构及其他公众发生互动作用的过程，正确处理企业与这些组织及个人的关系是企业营销的核心，是企业经营成功的关键。

简言之，关系营销是企业与顾客和其他利益相关者之间建立、保持并巩固一种长远的关系，进而实现信息及其价值的相互交换。关系营销的目的，是达到顾客满意和建立顾客忠诚度，实现品牌资产的增值，赢得竞争优势。

2. 关系营销的特点

关系营销的实质，就是在买卖关系的基础上建立非交易关系，以保证交易关系能持续不断地确立和发生。关系营销的关键是顾客满意。具体来说，有如下特点：

（1）追求共存共荣的营销环境，力争双方获利，实现共赢。

（2）交易双方互相尊重，和谐一致，富有人情味。

（3）坚守诚实守信的原则，彼此之间坦诚相待。

（4）目标明确，合作关系建立前就有明确的目标。

（5）基于长期合作、长期机会，不着眼于短期优势。

（6）互相了解，对对方的文化等背景都较为熟悉。

（7）双方都为达到最佳合作状态而努力。

（8）加强联系，经常沟通，发现问题及时解决，消除误会。

（9）双方自愿，共同决策，不强加于人。

（10）保持关系的长期延续。

与交易营销相比，关系营销更加注重建立企业与顾客之间的长期关系，注意加强企业对顾客的了解，以寻求适合的顾客，以顾客满意为最大目的；要求企业目光更为长远，着眼于长远利益，追求与对方互利关系最佳化，成为战略伙伴。

3. 关系营销的优势

（1）获取较高的收益。维持现有顾客以实现继续销售所得到的收益，比付出较大成本去吸引新顾客所得到的收益要高。

（2）维系现有顾客。随着顾客日趋大型化和数目不断减少，每一个顾客都越来越重要。

（3）扩大顾客范围。企业对现有顾客交叉销售的机会会日益增多，这不仅能维系老顾客，而且能够开发新顾客。

（4）提高市场效力。除了重视企业与顾客之间的关系，也要注意企业之间的关系，企业之间形成战略伙伴关系更有利于应对全球性的市场竞争。

（二）关系营销的主要内容

关系营销也是一项系统工程。在关系营销的市场活动范围中，一个企业必须处理好顾客市场、供应商市场、内部市场、竞争者市场、分销商市场和相关利益者市场六个子市场的关系，有机地整合企业所面对的众多因素，为企业提供健康稳定的长期发展环境。关系营销主要是建立以下几个方面的良好关系：

1. 建立、保持并加强同顾客的良好关系

顾客是企业生存和发展的基础。市场竞争、构建品牌，其实质就是争夺顾客。顾客忠诚的前提是顾客满意，顾客满意的关键条件是顾客需求的满足。同顾客建立并保持良好的关系，至少要做好三个方面的工作：

（1）真正树立以消费者为中心的观念并将其贯穿于企业生产经营的全过程。产品的开发应注重消费者的需要，产品的定价应符合消费者的心理预期，产品的销售应考虑消费者的购买便利和偏好等。

（2）切实关心消费者利益，提高消费者的满意程度，为顾客提供高附加值的产品和服务。

（3）重视情感在消费者进行购物决策时的影响和作用。

企业在经营中要注意顾客希望进行交流，追求高技术与高情感间的平衡等情感因素，加强沟通。

2. 与关联企业合作，共同开发市场

关系营销理论认为：企业之间存在合作的可能，有时通过与关联企业的合作，将更有利于实现企业的预期目标。

（1）企业合作有利于巩固已有的市场地位。随着市场竞争日趋激烈，任何企业要想长期保持较大的市场份额，其难度都越来越大，通过合作可增强企业对市场变动的适应能力。

（2）企业合作有利于企业开辟新市场。企业要进入一个新市场，往往会受到许多条件的制约。但如果在新市场中寻找一个合作伙伴，许多难题将迎刃而解。

（3）企业合作有利于多样化经营。企业通过与关联企业合作，可以抵御、分担、降低扩大经营规模、开发陌生领域等的风险。

（4）企业合作还有利于减少无益的竞争。企业之间的合作可使同行业的恶性竞争、不良竞争减少到最低限度。

3. 与政府及公众团体协调一致

企业是社会的一个组成部分，其活动必然要受到政府有关规定的影响和制约，企业应该采取积极的态度，自觉遵守国家的法律法规，协助研究政府所面临的各种问题的解决方法和途径，正确处理与政府的关系。企业能与政府积极合作，树立共存共荣的思想，政府也会制定出对营销活动进行合理调节，避免矛盾，帮助营销人员创造和分配价值等的政策。协调好与相关团体、组织的关系，就有可能得到更多的支持和关心。

4. 处理好与企业内部员工的关系

这也是关系营销的一个重要方面。建立与企业内部员工的良好关系，能够创造和谐的经营氛围，增强企业凝聚力，激发员工积极生产、维护和发展企业品牌形象的积极性。

（三）实施关系营销的策略

企业实施关系营销，首先要能筛选出值得和必须与之建立关系的顾客，主要有以下策略：

1. 设置顾客关系管理机构

企业与顾客的关系是关系营销的核心，建立高效的管理机构是关系营销取得成效的组织保障。因此，企业要成立专门的管理机构，负责处理顾客关系有关事宜。该机构主要承担的工作包括制订长期和年度的顾客关系营销计划、制定沟通策略、定期提交报告、落实公司向顾客提供的各项利益，处理可能发生的问题，维持与顾客的良好业务关系等，要选派业务能力强的人司职，任职人员应经过专业训练，具有专业水准。

2. 个人联系

通过营销人员与顾客的密切交流，增进友情，强化关系。但要注意适时地将企业联系建立在个人联系之上，避免企业对长期接触顾客的营销人员产生依赖性以致增加管理难度。

3. 频繁营销规划

频繁营销规划也称为“老主顾营销规划”，指设计规划向经常购买或大量购买的顾客提供奖励。奖励的形式有折扣、赠送商品、奖品等。通过长期的、相互影响的、增加价值的关系，确定、保持和增加来自最佳顾客的产出。

4. 俱乐部营销规划

即建立顾客俱乐部，吸收购买一定数量产品或支付会费的顾客成为会员。受到邀请的顾客往往感到声誉、地位上的满足，因此对他们会很有吸引力。企业不但可以借此赢得市场占有率和顾客忠诚度，还可提高企业的美誉度。

5. 顾客化营销

顾客化营销也称为“定制营销”，是根据每个顾客的不同需求制造产品并开展相应的营销活动。通过提供特色产品、优异质量和超值服务满足顾客需求，提高顾客忠诚度。实行顾客化营销的企业要高度重视科学研究、技术发展、设备更新和产品开发；要建立完整的顾客购物档案，加强与顾客的联系，合理设置售后服务网点，提高服务质量。

6. 顾客数据库营销

顾客数据库营销是指建立、维持和使用顾客数据库进行交流和交易的过程。顾客数据库营销具有极强的针对性，是一种借助先进技术实现的“一对一”营销，可看作顾客化营销的特殊形式。顾客数据库维护是顾客数据库营销的关键要素，企业必须经常检查顾客数据的有效性并及时更新。

7. 退出管理

退出指顾客不再购买企业的产品或服务，终止与企业的业务关系。退出管理就是要分析顾客退出原因，相应改进产品或服务，以减少顾客退出情况。其主要内容有对顾客流失率进行测定，找出顾客流失的原因，测算流失顾客造成的公司利润损失，确定降低流失率所需的费用，制定留住顾客的措施等。

三、事件营销

（一）事件营销的含义

所谓事件营销（event marketing），是指企业或者组织在真实与不损害公共利益的前提下，有计划地策划、组织、举办和利用名人、具有重大新闻价值的活动，通过制造有“热点新闻”效应的事件，吸引媒体、社会公众和消费者的兴趣与关注，以达到提高企业和产品社会知名度和美誉度、塑造企业品牌良好形象和最终促进产品或服务销售的目的。

事件营销是一种十分流行的公关传播与市场推广手段。它集新闻效应、广告效应、公共关系、形象传播、客户关系于一体，为新产品推介、品牌展示创造机会，建立品牌识别和品牌定位，形成一种快速提升品牌知名度与美誉度的营销手段。事实证明：有创意的事件营销无论是在投入还是在知名度的提升方面，回报率都超过其他广告形式。

（二）事件营销的优势

1. 消费者接收信息的障碍较小

事件营销的落脚点是在事上，是具有新闻价值的事件。其传播最终体现在新闻上，消费者按照对新闻的理解来接收企业和消费信息，有效避免了消费者产生排斥、反感、冷漠的情况，消费者对于其中内容的信任程度远远高于广告。例如，美国有家公司的总裁在公司庆祝会上，给一个以为该公司的高级主管们擦皮鞋为生的老人擦皮鞋。此事经媒体大量报道后，消费者产生了良好印象，一夕之间改变了这家公司高不可攀的僵硬形象。

2. 扩大传播的广度

一个事件如果成了热点，就会成为人们津津乐道、互相交流的话题，进而扩大事件传播的广度。传播范围将不仅仅限于知晓这条新闻的受众，从而形成二次传播。

3. 投资小，回报大

据有关人士统计、分析，企业运用事件营销的手段取得的传播投资回报率约为一般传统广告的3倍，能有效地帮助企业建立品牌形象，直接或间接地影响和推动产品的销售。

4. 热度高，见效快

鉴于人们的好奇心以及事件本身的生动性和新闻性，事件营销通常会获得更快更多的回应。例如2004年底，某企业发起请“中国第13亿公民”为品牌代言的活动，不到

20 天，各类媒体对此事件报道的新闻稿就多达 1 000 多篇，使得产品信息在最短的时间里以最快的速度进入大众的脑海中。

（三）事件营销的运作规则

选择事件营销需要进行精心策划，需要了解并熟练运用事件营销的一些规则。

1. 事件要具备新闻价值

“首要”“第一”是事件营销成功的先决要素，唯此才有新闻价值。步人后尘，拾人牙慧，是不会引起媒体和公众关注的。因此，事件营销的核心技巧，就是善于“首创”。例如，蒙牛在创建品牌的过程中，就力图每年都发掘一个全国创新的大事件，如第一个为“非典”捐款的企业、第一家“超级女声”冠名赞助商等。

要使营销事件具有新闻价值，营销人员需要保持对社会政治、经济、科技、文化等方方面面的职业敏感度，必须具有强烈的公民意识，及时抓住和发现新闻点，制造出好的营销事件。同时，也要和政府有关部门保持密切的关系，随时获取政府关注的话题；和各级各类新闻媒体保持良好的关系，了解宣传报道的动向，争取支持和关注。

2. 事件要能抓住公众心理，增加公众参与度

事件营销应该充分引发公众尤其是目标群体的共鸣，不能只让消费者当观众，而要把消费者引导进来，形成互动。因此，贴近社会热点，理清社会公众的心理脉络，拉近和目标受众的距离，是十分重要的。北京申办 2008 年奥运会期间，农夫山泉曾与北京奥申委联合推出第一个“一分钱”行动，以“再小的力量也是一种支持”为口号，承诺消费者每买一瓶农夫山泉，农夫山泉就捐献一分钱来支持北京申奥。这样就紧紧抓住了人们希望为中国成功申办一次奥运会尽一份绵薄之力的心理，取得了理想的传播效果。

3. 事件要有强有力的策划和组织实施

事件营销需要精心策划、严密设计，对活动的全过程包括开端、发展、高潮、结局等各个阶段，都要预先构想好，同时，还要具备过硬的组织实施能力，使预案得到有效的贯彻落实。再好的营销事件，如果执行乏力，结果也不会令人满意。

我们也要看到，事件营销只是企业营销体系的一个环节、一个部分，它本身只能发挥阶段性作用，还应和其他的传播手段相呼应，抓住事件营销的契机，通过整合广告、公关、促销等各种传播方式，把事件发展成为一个强势的营销活动，传播效果则可能成倍地放大。

4. 事件要与营销企业、产品有关联性

在事件营销中，要能提炼出与产品内涵相关的东西加以阐发，以达到提升企业品牌形象、促进产品销售的目标。要注意事件、营销的卖点、消费者的利益三者之间的内在联系，事件营销不能脱离品牌的核心理念，必须坚持相关性原则。只有品牌与事件的联结自然流畅，才能让消费者把对事件营销的热情转移给品牌、产品。美伊战争期间，统一润滑油广告就巧妙地把战争与润滑关联在一起，战争发生摩擦，需要润滑、调解，“多一点润滑，少一点摩擦”的广告语自然顺畅，将产品的诉求点——润滑与战争紧密联结起来。广告不需要过多的解说和图景，就道出了大家反对战争、热爱和平的心声，在人们心中加深了对“统一”品牌的印象。

5. 把握时机，善于借势

事件营销所能利用的新闻点往往稍纵即逝，时机就是商机。新闻具有时效性，而商机也有保鲜期。企业要有敏锐的触觉与果断的行动，把握好事件营销的每一个契机。2001 年 7 月，北京申奥成功。海尔就在第一时间使祝贺广告出现在中央电视台的直播节目中，人们在为申奥成功欢呼雀跃的同时，也自然记住了海尔这个民族品牌。

善于借势也是事件营销成功的关键，有些历史性重大事件可遇不可求，借这样的势展开营销传播，其效果势必更大。派克笔利用里根和戈尔巴乔夫签订限制战略核武器条约使用派克笔签字时的照片所做的广告“笔比剑更强”，用派克笔化剑为犁，使得重大的历史时刻连带派克笔给世人留下了深刻的印象。

除以上规则外，事件营销还要注意既按照新闻的视点来组织事件，又尽量屏蔽其功利性等。

（四）策划事件营销需要注意的问题

1. 尽量避免企业成为“无名英雄”

事件营销中的事件多是企业制造的，要尽量争取媒体在报道新闻时出现企业、品牌的相关信息，竭力避免媒体在报道某个事件时出现“某公司”“某品牌”“某产品”的字样，而成为无名者。

2. 不要产生负面效应

事件营销也具有不确定性和高风险性，处理不当，则会出现负面效应。有一家生产内衣的企业曾经拿“完美女人”的谐音做文章，在上海做过一个“玩美女人”的广告活动。本来企业是希望以此引发新闻效应，借机打响品牌，结果因“出格”的文字游戏招致有关部门的惩罚。

3. 要能控制事件发展的全过程

事件一旦经新闻媒体争相报道，就有一发不可收拾的可能。企业要有控制、引导事件发展的能力，防止事件引发的负面效应蔓延，否则可能自讨苦吃，挖坑让自己跳进去。

四、社会营销

社会营销是一种运用商业营销手段达到社会公益目的或者运用社会公益价值推广商业服务的营销战略。一般来说，社会事件或公益的主题一向是最吸引媒体和民众关注的目标，企业将其引进商业运营领域，以此来开展营销活动，往往能获得良好效果。这种营销活动实际上也是顺应营销进入 3.0 时代而生的。

（一）社会营销的特色

社会营销的关键在于“社会”，重在挖掘出企业的社会属性，把商业运作模式转移到社会公共领域中来。具体来说，有以下特色：

1. 具有焦点投放的性价比优势

企业从事社会营销活动的实质，是将商业运作模式放到社会公共领域。相对而言，社会公共领域信息的流畅性往往不足，社会营销借助重大的社会事件进行，则可能具有高度的聚焦力和关注度，即使做简单的宣传，也能获得很好的信息传达效果。有些社会营销活动虽然不以某些社会事件为契机，但是选择具有特定时间性的某项公益主题（如世界爱眼日等）或者长期被关注的永恒的公益概念（如健康或环保等，见图 6-2，文前彩色插图），通过科学的传播推广策略（主要通过社会新闻的方式），也能以较少的投入获得较大的关注度。

从另一方面看，消费者对广告的认知已经越来越理性并出现自觉抵抗的情况，纯粹的商业行为获得新闻关注度的难度大、成本高。因此，相对于单纯的商业营销活动，社会营销能获得较好的性价比优势。

2. 能够产生良好的社会效应

社会营销倡导以社会本位为出发点，有效地创造社会价值，体现出企业的社会责任感，这不仅能使受众更容易接受，而且能使广大社会公众认同企业的社会价值观。另外，社会营销借助社会关注的主题或事件，能够产生较大能量的社会效应，从而树立良好的企业形象。

3. 有益于提升品牌知名度和美誉度

在社会营销的过程中，由于公众的关注度急剧上升，必然使品牌的展示率大大提高，在公众脑海中不断追加记忆效果，从而提升品牌的知名度。对于品牌调性而言，只有在深入了解消费者的需求情况下，只有在精神上引导消费者追随，在心理上冲破消费者防御，并从心灵上引起消费者共鸣的品牌文化和品牌情感才能在消费者心中永驻。消费者通过企业社会营销活动，进一步认同企业的社会责任，公众对企业和品牌的信赖感和好感增强，从而提高品牌美誉度。

（二）社会营销的运作规则和注意事项

社会营销往往以某个具有聚焦效应的社会事件为契机，因此，它的运作规则又往往和事件营销联系在一起。而由于社会事件具有复杂性和多样性，社会营销还会表现为政治营销、体育营销、文化营销等。在营销策略的运用上，差异化营销、整合营销等理念也会渗透其中。因此，社会营销的运作，需要汲取各种营销理念、手段的特点，创新观念，积极求变，才能取得良好的效果。应当注意的是，社会营销面向社会大众，对象范围更为广泛，具有更全面的传播效应，运作执行良好，会带给企业和品牌巨大的效益，如有闪失，则会带来毁灭性的后果。

1. 要符合国家政策和社会公德

社会营销是围绕社会新闻事件或相关社会主题进行的营销活动，受到高度关注的同时也具有很强的敏感性。因此，一定要在国家政策允许的范围内，实施社会公众认同甚至是赞誉的营销活动，要符合社会公德，保持高度的社会责任感。万不可钻政策漏洞，或者趁出现某个社会危机，开展社会营销活动。例如，在“非典”肆虐期间，有个别企业企图趁全国人民抗击“非典”之机，利用社会营销图谋私利。这样做既违背了国家相关政策，也在社会上造成了极其恶劣的影响，破坏了企业的社会形象。

2. 为企业长期战略服务

社会营销和企业其他营销活动一样，也要在企业长期战略的指导下展开，紧密结合企业长期战略，成为其有机组成部分。要注意找准事件及切入时机，只有那些有利于企业战略发展的事件，才有可能成为企业实施社会营销的契机，不可遇“事”则动。否则，不仅要花费巨额投资，也达不到预期效果。同时，还要考虑到，如借助事件进行社会营销，由于事件发展具有许多不可预见性，企业要有对事件很强的掌控能力，才能以最少的投入收到最好的效果。

3. 找到最合适的联结点

社会营销取得成效的关键在于紧密围绕企业或品牌的核心理念，找到最适合的联结点，与社会大众和目标消费者进行沟通。一般广告只是在一个较浅层次上传递信息。在一个广泛关注的社会事件中，社会公众包括消费者会加大对媒体的热情，如果能在企业或品牌的核心理念引导下，把事件和品牌结合起来，则不但能提升消费者对事件的关注，同时还能引导消费者把热情过渡到品牌上来。例如，星巴克发起的世界地球日免费喝咖啡活动，若你自带杯子将得到一杯免费饮料。这样就把提倡环保、节俭，与企业经营有机地结合起来，消费者对企业的好感自然增加了。当然，联结不要过于牵强，这样反而会出现不良效果。

4. 广告主题推广具有公益性

从目标受众的角度来看，社会营销主要是针对包括目标消费者在内的社会公众，通过营销让公众了解企业，认可企业，从而树立企业的社会形象。因此，从广告的角度来看，主要还是应该针对企业或品牌形象做形象广告，广告诉求应以社会公益性内容为主，以借助强势媒体的力量展示企业的实力，不宜直接做产品推广。广告载体和活动形式也要创新，适应社会营销所借助的事件或主题所具有的特殊性，才有利于公众接受和认可。

5. 运用整合营销传播策略等加以配合

开展社会营销活动也应运用其他营销传播手段和方法，比如运用整合营销传播策略，充分利用各种营销传播工具，开展如公共关系、新闻报道、广告等多种形式，电视、网络、海报等多种途径的宣传推广活动，达到立体传达营销信息的效果。

思考题

1. 什么是品牌？品牌有哪些特性？
2. 构建品牌应该具备哪些条件？联系实际品牌加以分析。
3. 什么是品牌资产？品牌名称对于品牌资产有哪些意义？
4. 试析广告与品牌的关系。广告对构建品牌能起到哪些作用？需要注意哪些问题？
5. 学习和应用整合营销传播理论，试结合具体案例进行体会和评析。

第七章
广告表现战略

本章要点

- 广告表现的含义
- 广告创意的含义及常用的思考方法
- 几种主要的广告创意理论及应用
- 广告表现的策略手法

广告活动的重要内容之一，是创作出成功的广告作品。这是广告表现战略的重要任务。

第一节 广告表现

每个消费者几乎每天都要接触大量的广告信息。但是，广告所传递的信息，消费者究竟接收到多少，接受了多少？对消费者产生了多大影响？据研究，广告信息的传递，有一个逐次“散漏”的过程。通常，对广告信息的注意率一般在20%左右，其中感兴趣的、有购买欲望的并且能够记住的，逐次递减一半，最终真正采取购买行动的只占到记忆者中的70%。也就是说，购买者的比例，不过是目标受众的1.75%。由此可以看出，广告效力是很有限的。而获取这有限的广告效力，前提又在于广告被消费者注意到，由此可见引起“注意”特别重要。这就涉及注意力方面的问题。

注意力是人们的一种信息过滤器。人们总会有意或者无意避免得到刺激，总要对可能接触到的信息数量和性质进行筛选，能够引起注意是困难的事情。而广告信息的传播环境更为杂乱，能引起消费者注意的难度更大。特别是进入以信息经济为特征的新（知识）经济时代，人的注意力变成新的稀缺资源。因为，在物质的层面上数量和质量都可以不断增加和提升，但每个人的心理储存空间也就是注意力是有限的，一个人再有能力也无法在特定时间里专注于多件事情。所以，在物质和信息都极大丰富而不再构成稀缺资源的知识经济时代，人自身的局限性使得注意力成为真正的稀缺资源。

因此，广告要能够占有消费者的注意力资源，恰当地运用信息传播战略和策略，尽量吸引住人们的“眼球”，这非常关键。广告应该传递什么样的信息，以及如何表达这些信息，正是广告表现的重要任务。

一、广告表现的含义

把有关商品、服务和企业等方面的信息，通过广告创意，运用各种符号及其组合，以形象的、易于接受的形式表现出来，达到影响消费者购买行为的目的，就是广告表现。广告表现是广告活动的中心环节，决定着广告效能的发挥程度。广告表现的最终形式是广告作品。

这一概念包含下面几层意思：

（一）广告表现的内容有一定范围

从大的方面看，广告表现的内容主要是有关商品、服务和企业方面的信息。具体到一则广告作品中，其内容则要根据广告客户的愿望、利益来决定。由于一则广告作品的信息含量有限，广告所表现的内容需要经过浓缩、加工，要求具有丰富的内涵，必须提取精华，高度概括，突出诉求重点，使之成为消费者容易接受和理解的信息，从而产生强大的吸引力和说服力。

（二）广告表现是一种创造性活动

广告需要借助于文学、绘画、舞蹈、电影、电视等多种艺术门类的表现手段和方法。广告不可能强迫消费者接受某些信息，只能通过艺术手法吸引和影响消费者，引起他们的注意，促使他们产生兴趣。表现形式必须具有审美价值，必须遵循广告设计和制作的特殊规律，使广告具有艺术性。但广告表现又必须依从于广告的整体策略和广告创意。广告创作既要艺术，也要科学，不能背离广告目标凭空想象，要按照广告创意的要求来进行广告设计和制作。

（三）广告作品是广告创意的物化形式

广告作品是广告信息的载体，是广告主与消费者的交接点，是联系广告主与消费者的纽带和桥梁。广大消费者是通过某些广告作品，认识和了解有关的商品和企业的。如果广告作品缺乏感染力，枯燥无味，则不能吸引目标受众；如果广告作品不能有效地传达广告主的意愿和想法，就势必会影响广告的传播效果，达不到预期的目标。

（四）广告作品不是纯粹的艺术品

广告作品具有欣赏价值，具有艺术性，但更重要的是提供商品信息，是为了影响消费者的感官，促使其产生购买欲望，促成购买行为。这也是广告表现的最终目的。创作广告作品，必须认识到广告并不具备绝对的独立性，广告的艺术性要为实现广告目标服务。美国广告大师大卫·奥格威曾经说过：你的广告是要销售量还是要掌声？答案是前者。广告创作必须与销售、利润、品牌密切联系在一起，其艺术性才有价值。

（五）广告创作体现集体智慧

广告创作活动是个人能动性和集体智慧的结合。广告创作的成果，是众人智慧的结晶。在广告作品的形成过程中，个人的作用是必要的，但集体的创作更要重视。要注意发挥广告创作小组的作用。

二、广告表现的形式

广告信息可以有各种各样的表现形式，归纳起来，通常分成三类：

（一）商品信息型

在广告中直接说明、宣传商品的性能、特点、服务等，为促销服务。在美国、日本等国家，早期的广告较多采用这种表现形式。这是因为当时供求关系相对比较平稳，人们对新开发的产品了解不多，需要广告传递更多的商品信息。例如电视机、洗衣机等产品，广告重点在于突出产品的性能和质量，以吸引消费者购买。另外，由于媒体的传播特点不同，对广告商品的表现形式也会不一样。电视广告较多采用这种表现形式，通过对商品的说明，扩大影响，增进认知。商品信息型的广告，较多是从广告主方面来传递信息的。另外，广告运用示范、实证的方法，展示一种场面，体验一种服务，演示一种商品的使用方法等，也属于此种表现形式。

（二）生活信息型

广告主要从消费者的利益着眼，突出表现商品或服务带给消费者的价值、利益和欲望满足，展现商品与消费者生活之间的关系，向消费者描绘新的生活模式。随着生产的发展和人们物质生活水平的提高，产品种类日趋丰富，选择性需求日益强烈，需要广告强调产品或者服务在人们日常生活中的意义和作用，以吸引消费者，增加好感，加大其被选择的机会。

（三）附加价值型

通过给商品附加新价值、新魅力的手段和方法，使消费者能够留下更深刻的印象。消费者在采取购买行为时，有时看重的不是商品的属性，即商品本身的信息，而是更加关注商品可能带来的利益与价值。根据这一特性，广告经常用名人、专家、美人、动物、儿童、外国风情、颁发奖品、引发情感共鸣等来实现增值效果，从而给商品或服务附加一种新的价值。成功的广告信息沟通，也往往是广告主与消费者对附加价值的交流与平衡。例如，1991 年南方黑芝麻糊的经典广告“一股浓香，一缕温暖”，没有突出黑芝麻糊的口味、营养等自身特性，而是以怀旧、亲情等情感体验来提升商品的附加价值，以情感来打动消费者。

附加价值型是现当代流行的广告表现形式。附加价值可以是现实的、功能性的，也可以是心理的、想象性的，还可以是社会的、象征性的。要选择恰当的、最佳的策略，以抓住消费者的注意力，达到影响目标消费者，改变其态度、观念、行为的目的。

三、广告表现成功的标志

一则成功的广告作品，应符合 AIDMA 理论，即引起注意（attention）、唤起兴趣（interest）、刺激欲望（desire）、加强记忆（memory）并促成行动（action）。具体来说，可有以下几个方面：

（一）广告应能很快引起注意

现代生活中，人们每天都要接触成千上万条广告，受到各种广告信息的刺激。一则广告能否很快被消费者注意到，是影响广告效果首要的关键性因素。要巧妙运用各种表现手法，刺激消费者，特别是引起消费者的无意注意。

（二）广告应重点突出针对性强

广告的主体部分、诉求重点，要通过结构布局安排等加以突出，加大刺激程度，使消费者的注意力集中，在此基础上，引起消费者的兴趣。兴趣是对注意力的维持，要使消费者产生兴趣，就要尽量满足其需求欲望，进行针对性诉求。

（三）广告的主要诉求内容应容易被记忆

能够被记住的广告信息，才可能在消费者购买过程中发挥作用。因此，广告的主要内容要鲜明、醒目，易懂、易记，能够使消费者产生深刻印象。例如，脑白金的广告争议颇多，但“送礼就送脑白金”的广告词却简单、上口，容易被记忆。

（四）广告应能引起预期的联想和动机

广告的表现手法应新颖、独特，可采取幽默、制造悬念或噱头等方法，促使消费者产生联想，影响其购买动机，促成其购买行为。

四、影响广告创作的因素

广告作品创作应该采取哪些方式，怎样才能获得成功即达到广告的目的，主要取决于下面几个因素：

（一）广告主状况

广告主处于什么状况，对广告表现影响极大。对于企业状况，主要应了解企业生产经营的基本情况，如产品特别是广告商品的质量如何，在消费者心目中处于什么位置、印象如何，流通渠道是否畅通，经销系统是否健全、运转正常。还应了解企业文化建设成效如何，企业经营理念、企业形象等状况如何。此外，还要知道企业除运用广告之外有哪些营销活动等。广告要想有成功的表现，首先企业要有良好的基础和条件。大卫·

奥格威指出，广告的内容比表现内容的方法更重要。有些企业不注重自身建设，不在提高产品或服务质量上下功夫，企图通过一些广告表现手法哄骗消费者，那是没有用的。没有产品或服务质量支撑广告内容，广告就不会取得成功。

（二）消费者特性

任何一个企业的产品，都是为特定的消费群体服务的，因此，广告是向目标消费者进行信息传播的，具有针对性。目标消费者的性别、年龄、职业、受教育程度、家庭状况、经济收入等基本情况，由此产生的价值观念、社会态度、消费方式、购买行为以及鉴赏水平等，都对广告表现有很大的影响。目标消费者不同，对广告表现的要求也会不一样。如不注意把握目标消费者的特性，一味依凭自己的认识，盲目追求创作感觉，其结果只能是孤芳自赏，不会产生理想的传播效果。

（三）广告商品特征

这也是影响广告表现的重要因素。要认真研究和认识广告商品的特征及其在人们日常生活中、在市场中和在社会中的位置。对于广告商品，围绕其特征可考虑以下问题：是高档品还是大众用品，对于人们的生活有哪些特殊的用途，能产生哪些特别的价值；在市场中所处的生命周期、市场占有率如何，与同类商品比较有哪些特别之处，在消费者的心目中地位如何；竞争对手各具有哪些特色，采取了哪些销售策略和广告策略；对于自然环境、人体健康和安全有哪些影响和作用；等等。如果广告商品是高档化妆品，广告表现基调就应该高雅、优越；如果广告商品是运动产品，广告表现就应该热情、有活力；如果是汽车，广告对其环保功能的表现就不应忽视。

（四）时代特色和人文特点

当前社会处于何种状态，有什么样的时代特征，价值观走向、社会道德标准、流行趋势如何等方面，都是广告表现所要考虑的内容。广告是时代和社会的一面镜子，一方面是广告内容再现了社会、经济、文化等的实际状况，另一方面广告表现应顺应社会发展潮流，符合当代人们的思想认识，这样传递的信息内容才易于被目标受众所接受。另外，广告投放地区的人文特点也要特别注意。比如不同地区、不同民族对色彩的不同认识，语言表达具有不同方式和含义等，都会对广告表现产生影响。

第二节　广告创意

广告创意是广告创作的首要任务之一。创意就是创造性的主意、想法。大卫·奥格威说："除非你的广告源自一个大创意，否则它将仿佛夜晚航行的船只无人知晓。"[①] 可以说，没有广告创意，就不存在广告创作，广告活动就无法深入开展下去。

---

① 奥格威．广告大师奥格威：未公诸于世的选集．北京：机械工业出版社，2003：76．

但是，什么是创意，什么是广告创意？广告界对此一直多存歧见，鲜有共识。我国自引进这个概念以来，也多有不同看法和理解。所以，有必要先对广告创意做一些分析和探讨。

一、如何理解广告创意

（一）创意

英语中“idea”“creativity”都有创意的含义。从字面上来理解，创意可以有两层意思。作为一个名词，创意是指具有创造性的主意、想法、点子；作为一个动词，创意是指创造性的思维活动过程，通过创意，构想出新的意念或意境。创意并不是广告理论与实践活动中才存在的概念，它是多元的，在许多领域都有关于创意的问题，但它也是个较为含混的概念。

谈到创意的时候，很多人都会想起主要活动在19世纪末20世纪初的意大利社会学家巴瑞多①，他曾写过一本《人与社会》（*Mind and Society*）。在这本书中，巴瑞多认为人主要分为两种类型：一种是出租者类型（renter），他们多是股东，依靠固定收入即股息维持生计；一种是投机者类型（speculator），或者称为“冒险者（重建者）”。出租者类型的人一般作风保守，做法老套，稳扎稳打，不愿冒险，凡事墨守成规，心甘情愿接受投机者类型的人操纵，没有想象力，属于保守型。而投机者类型的人，喜爱冒险，乐于更新，反对因循守旧，是经常全神贯注于新的组合的可能性的一种人。这一类型的人，可能有政治家、思想家、科学家和艺术家等，他们充满胆略，不安于现状，勇于创新和突破，在政治、经济、知识、艺术等多方面不断进行新的组合。这种组合，巴瑞多认为是一种创意，他们具有“创意的特质”。

这种把组合称为创意的理论，后人称为“巴瑞多理论”。美国广告专家詹姆斯·韦伯·扬在总结这个理论后也明确提出，创意是把原来的许多旧要素做新的组合。进行新的组合的能力，就是创造力，就是有创意。②

国内一些学者认为，创意属于灵感思维，思维主体主要依靠直觉，是一种纯主观的思维活动，是意识与潜意识互相转化的过程。创意的产生，往往是一种顿悟，主要依靠思维中的想象、猜测和洞察力等非逻辑的功能去直接把握对象，也可能是高度紧张思维后注意力转移的结果。例如，入静生灵感，梦中生灵感，雨后生灵感等。

因此，创意并不是特指广告创意。文艺创作有创意问题，公共关系活动有创意问题，科学研究有创意问题，企业经营也有创意问题。一些专家研究认为：“创意”一词在我国的流行，是改革开放以后的事情，从英语“idea”或“creativity”而来，港台地区和日本也有把“concept”一词理解为创意的。例如，香港著名广告人纪文凤在《广告真不简单》中就说：“广告创作……寻求与众不同的创意（concept）。”③ 语言是活泼的，可以创

---

① Vilfredo Pareto，意大利社会学家、经济学家，经济学领域一般译为维尔弗雷多·帕累托，有名的“二八定律”就是他提出来的。

② 狄龙，等．怎样创作广告．北京：中国友谊出版公司，1991.

③ 纪文凤．广告真不简单．香港：博益出版集团有限公司，1987：11.

造变化，也能约定俗成。对于外来语的“汉化”，也有一个认同的过程。现在，创意在我国的使用率已经很高，人们对它的理解，已经不太拘泥于“我有一个想法、点子”，而是向更深广一些的含义延伸了。在很多场合，凡是与创作活动联系起来、与人们的思维活动联系起来的表述，就经常用到“创意”这个词。这些年，创意更发展成为产业而兴盛起来，如文化创意产业等。

（二）广告创意

创意体现在广告创作活动中，就是广告创意。由于对创意见解不同，对广告创意的认识也有诸多看法。比如，广告创意是构思，广告创意是创造性主意，广告创意是一种复杂性的脑力劳动，广告创意是一种控制性工作等。日本电通则认为广告创意是为了使消费者容易接受广告所发出的信息的一种表达技巧。实际上，不论哪一种认识，都是将广告创意与广告创作联系在一起的。我们可以做进一步的理解。

不论是构思、主意（idea）、意念、想法（concept）还是创造（creativity），实际上有一个大概念与小概念的关系。我们可以这样认为，英语中对主意、想法、创造等的不同用词，体现了广告创意的内容和形式的关系。从大的方面认识，广告创意反映了由如何确定广告诉求重点到怎样运用各种技巧进行表现的广告表现战略和策略制定和实施的全过程。广告创意是向谁说、说什么、怎样说的一体化，这是一个“大创意”的概念。广告是广告主通过传播媒体传达的信息。如何发挥需要使用的媒体的特性，把所要传达的信息加工成具有说服力同时也容易理解的广告，这就是广告创意的任务。通过广告创意，创作出贴切准确的表达形式，实现企业与消费者的信息交流，达到沟通的目的。因此，广告创意首先应该明确广告向谁进行诉求，接着要考虑广告的诉求内容，在此基础上再构想如何来表现这些内容。广告创意与广告策划是联系在一起的。

从广义上理解，广告创意是根据市场、商品、消费者等多方面的情况，根据广告目标的要求，把广告传播内容变成消费者易于接受的表达艺术。从狭义上理解，广告创意就是一个意念、一种技巧、一个新的组合手段。这更多的是从广告创意的形式上来认识的。形式固然重要，但是需要服从内容。广告各种表现技巧的运用，各种语言文字及非语言文字符号的组合，又必须建立在市场、营销、商品、媒体和消费者特征的基础上，为实现广告目标服务。不少广告创作人员往往比较注重广告创意的形式，过分突出主观意识，追求广告的表现方法，甚至到了作品令广告受众一头雾水、百思不解的地步，这是本末倒置的做法，这种创作（造）毫无价值。

尽管对广告创意的理解百家争鸣，但本书鉴于以上的分析，认为可以这样来认识广告创意：广告创意是对如何表现广告主题的构思。通过构思，创造出新的意念，确定广告的表现方针。

二、产生广告创意的过程

广告创意的产生，综上所述，实际上是创意者把原来的事物所具备的要素进行分析整合的结果，有一个思考的过程。詹姆斯·韦伯·扬在 20 世纪 60 年代提出了广告创意的五个阶段，时至今日，人们仍然对其感兴趣，并在实际创作过程中沿用下来。

（一）调查阶段——收集信息

新颖、独特的广告创意是在周密调查、充分掌握信息的基础上产生的。因此，首先就应该做好调查研究工作。这一阶段主要是了解有关商品、市场、消费者、竞争对手等方面的信息。信息资料掌握得越多，对构思创意就越有益处，越可触发灵感。

（二）分析阶段——找出商品最有特色的地方

这一阶段主要是对获得的信息资料进行分析，找出商品本身最吸引消费者的地方，发现能够打动消费者的主要支点，也就是广告的主要诉求点。

先把广告商品能够打动消费者的主要支点或者性能特点列举出来，一般有几个方面：

（1）广告商品与同类商品都具有的共同属性有哪些，如产品的设计思想，生产工艺的水平，产品自身如适用性、耐久性、造型、使用难易程度等方面有哪些相通之处。

（2）与竞争商品相比，广告商品的特殊属性是什么，优点特点在什么地方，从不同角度对广告商品的特性进行列举分析。

（3）广告商品的生命周期正处于哪个阶段。

随后将列出的广告商品的性能特点做成一个表，左侧按重要程度从上到下列出广告商品的性能特点，右侧列出这些性能特点给消费者带来的各种便利。例如，一种新型小轿车的性能特点有车速快、耗油量小、安全系数高、具有环保性能、价位不高等。我们可把每种性能特点列在左边，然后把这些性能特点带给消费者的利益列在右边。例如：车速快、耗油量小，能提高效率，节约开支；具有环保性能，说明该车具有现代意识；价位不高，能够使中等收入的家庭进入有车族的行列。

通过这样的列表方式，可以弄清楚商品性能特点与消费者的需求和所能获取的利益之间的关系，然后用简短的几句话来进行描述。最后结合目标消费者的具体情况，找出广告商品的诉求重点。

（三）酝酿阶段——为提出创意做心理准备

在对有关信息资料进行调查和分析之后，就可以开始为提出新的创意做心理准备。这一阶段需要的时间可长可短。它可能是一个冥思苦想后毫无结果的过程，也可能会有“众里寻他千百度，蓦然回首，那人却在灯火阑珊处”的收获。创意的产生，有时候也像“魔岛”一样，在人的脑海中悄然浮现，神秘而不可捉摸。

当广告创作人员陷于一筹莫展时，往往需要“换脑”，即放下脑海中的问题，转移注意力，调整思路，或者松弛紧张的思维，或者调换一个新的问题思考。有时灵感会突发，思想火花会闪亮，一个绝妙的主意油然而生。广告创意常常潜藏于人们的潜意识中等待时机显现出来。

（四）开发阶段——多提出几个创意

经过苦苦的构思，脑筋突然开窍，一个个创意会接踵而来。这些创意往往具有不同的特点，要注意把每一个创意都记下来，不能“浅尝辄止”，满足于一两个创意。广告创意是广告创作人员智慧的结晶，应该是独特的、新奇的，能使人有耳目一新的感觉。这就要求广告创作人员开动脑筋，大力开发一些创意，为从中择优选出最独特的、最有创造性的创意奠定基础。

（五）评价决定阶段——确定最好的创意

在这一阶段，要对前面提出的许多个创意逐一进行研究，最后确定最好的一个。在研究过程中，要对每个创意的长处、短处，是新奇还是平庸，是否有采用的可能性等进行评价。要注意从几个方面加以考虑：所提出来的创意与广告目标是否吻合；是否符合诉求对象及将要选用的媒体的特点；与竞争商品的广告相比是否具有差异性、独特性。经过认真的研究探讨后，再确定选用哪一个创意。

在广告创意的过程中，收集和分析资料是十分重要的，对广告商品或企业的情况越了解，才越能把握住广告的诉求重点，才越可能构思出具有新意的点子。虽然创意是思维活动，但创意前的准备工作非常重要，对有关企业、商品、服务等的信息资料的占有必须充分，要做大量的调查研究工作，广泛收集和评析资料，劳心尚须劳“力”，不可等闲视之。

三、常用的思考方法

进行广告创意，广告创作人员不仅需要具有创造性思维的能力，而且应该掌握广告创意的思考方法。最常用的有以下几种：

（一）头脑风暴法

头脑风暴法（brain storming）也叫“综合思考法”或“头脑激荡思考法”，就是通过集思广益进行创意，20 世纪 40 年代由 BBDO 的副总经理奥斯本提出。它通常采用召开会议的方法，针对某一议题集体进行广泛讨论，深入挖掘，直至产生优秀的广告创意。几十年来，它被世界各国广告机构普遍采用，也被一些著名的银行、大学、研究所、议会、政党纷纷采纳，不失为一种集纳整合集体智慧的思考方法。

这是一种“动脑会议”，一般在召开会议前的一两天发出通知，说明开会的时间、地点、议题等。参加人员包括广告营业人员和创作人员等，人数在 10～15 人。设会议主持者一位，秘书 1～2 位。会议开始后，会议主持者详尽介绍需要议论的话题和问题要点，以及所有相关的背景材料后，任由与会的每个人开动脑筋。会议秘书及时地将大家创想的内容记录下来，通过大屏幕，使在场人员随时可以看到，以便激发思想火花，开阔思路，互相启迪和补充。

这种思考方法的特点是：

1. 集体性创作

新的创意的产生，往往是思考连锁反应的结果，凝聚着众人的智慧。

2. 禁止批评

对每位与会者提出的创意不能进行批评，不可反驳，有意见只能在会后提。

3. 创意的数量越多越好

每位与会者都可在会上畅所欲言，不受限制地自由发表看法。

4. 对创意的质量不加限制

因为会议并不能最终决定创意，所以即使是不可能实施的创意，也可以提出来。鼓励在别人构想的基础上联想、发挥、修饰，从而产生新的创意。

在会议之后，由会议记录者将记录加以整理，使之成为进行决定性创意的基础。

（二）垂直思考法

垂直思考法（vertical thinking）是按照一定的思维路线或思维逻辑进行思考的方法。一般是在一个固定的范围内，向上向下垂直思考。垂直思考主要是逻辑的思考和分析的思考，以思维的逻辑性、严密性和深刻性见长，也称为“内敛式思考”。

这种思考方法由于是从已知求未知，因而往往囿于旧知识和旧经验的束缚，多是旧观念的重复和再现，至多是更高一个层次和水平的再现。由这种思考方法而来的创意产生的广告作品，一般都让人有似曾相识之感，雷同的东西比较多，缺少新意，尤其是顺向垂直思考，这些缺点更为突出和明显。

与顺向垂直思考相对，有一种逆向的垂直思考。这种思考方法不是“顺延”，而是“逆延”，与常规的思维相反，因此具有反常性，创意常常比较新颖。如美国的DDB曾经为德国大众甲壳虫所做的广告创意，就运用了逆向垂直思考法。一般来说，人们总是从正面、从赞扬的角度对事物进行表现。但这则广告的诉求却从“丑陋”着眼，“1970型的甲壳虫是丑陋的”。正是“丑陋”一反广告宣传之常态，引起了人们的注意。广告随后话锋一转，“车型虽然丑陋，但汽车的性能却一直在更新”，从而使消费者对这种汽车产生了良好的印象。

（三）水平思考法

水平思考法（lateral thinking）由英国心理学家爱德华·德·波诺博士提出。水平思考法强调思维的多向性，善于从多方面来观察事物，从不同角度来思考问题，思维途径由一维到多维，属于离散性、发散性思维。因而，运用这种方法在思考问题时能摆脱旧知识、旧经验的约束，打破常规，创造出新的意念。在社会发展和科技发明过程中，运用这种思考方法，常常会得到巨大的收获和成果。

运用水平思考法，要注意以下方面：

- 敢于打破占主导地位的观念，避免模仿，摆脱人们最常用的创意、表现方法等。
- 多方位思考，提出对问题的各种不同的新见解。
- 善于摆脱旧知识、旧经验的约束。
- 要抓住偶然一闪的构思，深入发掘新的意念。

在进行广告创意时，水平思考法可以弥补垂直思考法的不足。水平思考较之于垂直思考具有许多优点和特点，德·波诺博士从10个方面进行了比较：

- 垂直思考是选择性的；而水平思考是生生不息性的。
- 垂直思考是在一个方向上移动；水平思考的移动则是为了产生一个方向。
- 垂直思考是按部就班的；水平思考则可跳来跳去。
- 用垂直思考法，必须每一步都正确；用水平思考法则不必。
- 用垂直思考法，为封闭某些途径而要用否定；用水平思考法则无否定。
- 用垂直思考法，要集中排除不相关的东西；用水平思考法则欢迎闯入的机会。
- 用垂直思考法，类别、分类与名称都是固定的；用水平思考法则不必。
- 用垂直思考法，要遵循最可能的途径；用水平思考法则探索最不可能的途径。
- 垂直思考是无限的过程；水平思考则是或然性的过程。
- 垂直思考是分析性的；水平思考是激发性的。

针对如何进行广告创意，人们还提出了其他的一些思考方法，但本质上与这几种没有什么不同。创意可能是灵感瞬间的闪现，但这种“顿悟”却是大脑长期思考、紧张运转的产物。要获得瞬间的灵感，更要注意平时的积累。要肯于动脑，让思维始终保持活跃状态；还要勤于动笔，借助图示和笔记等方法，随时把观察到的事物勾勒出来，把脑海里瞬间闪现的思想火花记录下来。这样才有助于打开思路，积聚构想，使思维更开阔，更活跃，更易产生好的创意。

四、广告创意的基本要求

广告创意需要具有个人特性的创造性人才。这些个人特性包括对事物特别的敏感性、良好的人文教育、旺盛的好奇心、自信心、韧劲、不对称的思维方式以及全身心投入等。但具备了这些特性也不等于就拥有了创造力。重要的是要学习。广告既是艺术的表现，也是科学的结晶。广告创作人员一方面需要积累生活经验和文化知识，善于观察和联想，养成良好的素质，另一方面也要深入实际，根植于市场、消费者、商品信息等深厚的土壤之中，广泛搜集有关信息资料，认真分析吸纳。这样，才可能产生创造性，获得理想的广告创意。

具体来说，广告创意应注意以下几点：

（一）要新颖独特

广告只有标新立异，才能吸引消费者的注意力，给消费者留下深刻的印象。因此，广告必须针对人们普遍存在的逆反心理和好奇心理，推陈出新，力求不落俗套，不去模仿他人的意境，不去抄搬别人的语言，不去运用平常的手法。要做到新颖独特，必须仔细认真研究广告的诉求内容，找出与众不同的独特之处，巧妙地予以表现。

（二）要立足于真实

真实是广告的生命。广告创作必须建立在真实的基础上，广告创意必须以事实为依据，“诚实的广告是广告创意最好的策划”。

1. 以真实为构思创造的根本

广告内容必须是真实的，有一说一，有二说二，不能子虚乌有，添油加醋，哄骗消费者。如果以此为目的，乃广告创意之大敌。

2. 正确处理好艺术加工与事实本身的关系

广告创作允许进行艺术创造和适度夸张，但并不能因此而脱离事实本身，向壁虚构。要从反映产品和企业的本质出发，真实地表现有关信息。

（三）要有情感

广告创意是一种感性的思维活动，需要广告创作人员的情感参与，甚至满怀激情。没有情感的思维必然是冷漠的、干枯的，这样产生的创意所表现的广告作品，也肯定会平淡乏味，形成不了强大的冲击力。

因此，广告创作人员在构思时要能从内心深处流露出真情实感，要善于从日常生活中撷取与消费者共通共识、情趣相投的场景，要充分运用各种表现手法来加强情感的感染作用，力求以简洁生动的情节、情景交融的场面来再现、传递广告内容。在语言文字的表达上要能诉之以情，富有文采。

（四）要简洁含蓄

在进行广告创意时，切勿铺陈张扬。广告信息的传达，要求简约而又内涵丰富。要从宏观着眼，从全局设想，善于把握、发现能够反映本质的、整体的“眼”或“点”，以一滴水见太阳。不论是语言文字还是图像画面等表现手段，都要尽量做到含而不露，意在言外，既能准确地把广告诉求表达出来，又能让受众感到饶有趣味，或意味深长，或寓意无穷，从而加深对广告商品的印象。

第三节　广告创意理论及应用

随着现代广告业的发展和广告创作实践的需要，各具特色的广告创意理论应运而生。特别是20世纪50年代以后，以“艺术派”“科学派”交汇在一起而形成的多种流派的广告创意理论相映生辉，影响和指导着广告活动。下面介绍几种具有代表性的广告创意理论。

一、独特的销售主张理论

“独特的销售主张”（unique selling proposition，USP）表示独特的销售主题或独特的卖点，由美国时任达彼思（Ted Bates）董事长的罗瑟·瑞夫斯提出。瑞夫斯较早地意识到广告必须引发消费者的认同，认为消费者从广告中得到的东西，应该是他们的利益点或者买点，而不是广告人员硬性赋予广告的东西。广告应该把注意力集中在产品的特点和消费者的利益上，寻找商品之间的差异，选择消费者最容易获得认知的一个说辞作为广告主题，且这个说辞应具有独特性。他曾为总督牌香烟创作的广告主题“两万颗细小过滤凝汽瓣——比其他品牌多两倍”即体现了这种思想。该理论的基本要点有：

● 每一则广告都必须向消费者“说一个主张”，必须让消费者明白，购买广告中的产品可以获得什么具体的利益。

● 所强调的主张必须是竞争对手做不到的或无法提供的，必须说出其独特之处，在品牌和诉求方面是独一无二的。

● 所强调的主张必须是强而有力的，必须聚集在一个点上，集中打动、感动和引导消费者来购买相应的产品。

这个创作主张正式推出后，在广告界引起强烈反响。瑞夫斯为美国玛氏（M&M）的巧克力豆所创作的电视广告片以及所写的广告语“只溶在口，不溶在手”（见图 7－1），就是应用这种理论的典范之作。

图 7－1 玛氏巧克力豆广告语“只溶在口，不溶在手”

随着市场和消费者需求的变化，独特的销售主张（USP）理论也在进行调适。20 世纪 70 年代，该理论从满足消费者基本需求出发追求购买的实际利益，逐步走向追求消费者心理和精神的满足。20 世纪 90 年代后，其策略思考的重点又上升到品牌的高度，强调 USP 的创意来源于品牌精髓的挖掘。达彼思公司还进一步将其定义为：USP 的创造力在于揭示一个品牌的精髓，并强有力地、有说服力地证实它的独特性，使之所向披靡，势不可当。为此重申了 USP 的三个要点：

第一，USP 是一种独特性。

它内含在一个品牌深处，或者是尚未被提出的独特的承诺。它必须是其他品牌未能提供给消费者的最终利益。它必须能够建立一个品牌在消费者心目中的位置，从而使消费者坚信该品牌所提供的最终利益是该品牌独特的和最佳的。

第二，USP 必须有销售力。

它必须对消费者的需求有实际的和重要的意义。它必须能够与消费者的需求直接联系，使消费者有所行动。它必须是有说服力和感染力的，从而能为该品牌引入新的消费者或从竞争品牌那里把消费者争取过来。

第三，每个 USP 都必须对目标消费者给出一个承诺。

它必须给出一个清楚的令人信服的品牌利益承诺，而且这个承诺是独特的。

USP理论重视调研，主张广告建立在理性诉求上，不仅传播产品信息，更主要的是要激发消费者的购买行为。这一理论现时仍然具有强大的生命力。舒肤佳香皂通过广告成功地向中国消费者传达了它能够“除菌”的独特销售主张。OPPO手机则通过“充电5分钟，通话2小时”凸显了自身“闪充”的品牌利益承诺。

与USP理论相呼应的，还有一种情感销售主张（emotional selling proposition，ESP）的广告创意思想。其思考的基点不是USP理论中所强调的通过产品的品质或功能来实现产品的差异化，而是从消费者情感的角度，诉诸购买产品带来的独特消费体验以及消费者形象，从情感的层面挖掘产品与消费者的连接点，与消费者进行深度的沟通。可口可乐和百事可乐采取的广告策略，基本上是以这一广告创意思想为出发点的。宝洁公司也十分注重运用ESP的广告策略，重点向消费者展示购买产品所带来的独特消费体验，一般只向消费者承诺一个利益点，以此有效地与消费者建立情感上的联系。

二、ROI理论

ROI（relevance originality impact，ROI）理论比较集中地代表了美国艺术派广告的创作理念，是20世纪60年代由威廉·伯恩巴克创立的广告创意指南，也是他创办的DDB广告公司的创作经验总结。伯恩巴克是广告唯情派的旗手，是艺术派广告大师，他认为广告是说服的艺术，广告“怎么说”比“说什么”更为重要。他推崇直觉思维和创作力，强调广告对目标消费者心灵的沟通和冲击，要使目标消费者产生共鸣和认同。

ROI理论的核心，是认为优秀的广告必须具备三个基本特征，即关联性（relevance）、原创性（originality）和震撼力（impact）。

（一）关联性

所谓关联性，就是广告创意的主题必须与商品、消费者甚至竞争者密切相关。好的广告不仅要有想象力，更要关联到消费者的需要上，找出最能满足消费者需要的利益点，特别是注意把握好商品与消费者情感之间的关联点。要做到这些，在开始创作之前，就要彻底细致地了解广告商品。伯恩巴克创作的广告经典之作之一《柠檬》（见图7-2），就在关联性上做了很多努力。他深入大众汽车的生产第一线，详细考察了从引擎铸造到汽车驶离装配线的每一道工序，抓住英语俚语中“lemon”（柠檬）的“废品”“不合格”等含义与废车的关联，以及“plum”（李子）的“好东西”“优质产品”等含义与好车的关联，最后得出“我们剔除柠檬，而您却得到李子”的诉求。

广告与消费者、商品等之间的关联性，往往通过关联体来反映。关联体应该是生活中司空见惯的，生动、形象的，并为大众所喜爱。关联体与商品特性的关联性越强，消费者就越能够理解，广告效果就越好。

（二）原创性

所谓原创性，即广告创意应打破常规，与众不同，其创意思维特征就是求“异”，突破常规的禁锢，令人耳目一新，触及目标消费者的心灵。广告寻找诉求的突破口，通常

图 7－2 大众汽车广告《柠檬》

的做法有：

1. 敢于反传统

在广告角色、观念、表现等方面一反惯常手法。例如，人们通常认为自律是以牺牲自由为前提的，但是 Keep 却颠覆了这种传统的认识，提出“自律给我自由”作为品牌主张，让自律成为自由的基础。虽然乍一看似乎违背常理，但是却更能引发消费者的反思，收到良好的效果。

2. 巧组旧元素

把消费者司空见惯的或非常熟悉的旧元素，从一个新的角度重新组合，达到出奇制胜的效果。例如，茅台酒与瑞幸咖啡推出联名产品“酱香拿铁”。白酒与咖啡都是旧元素，但是二者的组合却是创新性的，让人耳目一新、印象深刻。

3. 善抓生活素材

生活中有很多素材都可以用在广告上，广告应该从生活中吸收创作的灵感。善于观察生活，撷取生活中的浪花精髓，源于生活，高于生活，这是获取广告原创性的源泉。

（三）震撼力

所谓震撼力，就是指广告作品在瞬间引起消费者注意并在心灵深处产生震动的效力。重视作品理性、感性和艺术的有机结合，以感性诉求（通过消费者感受冲击，产生心灵震动，达到某种共鸣）为主。震撼力与原创性、关联性是紧密联系在一起的，原创性高、与目标消费者的关联性强的广告，必然能够产生巨大的冲击力、震撼力。例如，联想以“智慧中国”为主题推出的广告片《开局》以宏大的气势描绘了几代中国人的燃情岁月。广告片从自主研发原子弹到开发北大荒，从女排精神到汶川救灾，将联想以数字智慧赋能中国发展的品牌愿景与中国人的集体记忆相联系，给消费者强烈的情感震撼。

三、品牌形象理论

品牌形象（brand image）理论是大卫·奥格威在20世纪60年代中期提出的创意观念，是广告创意理论中的一个重要流派。在该理论影响下，出现了大量优秀的、成功的广告。奥格威认为，品牌形象不是产品固有的，而是消费者联系产品的质量、价格、历史等，在外在因素的引导、辅助下生成，可以通过广告建立起来。每一则广告都应是对整个品牌的长期投资。消费者购买的不只是产品，还购买品牌所承诺的物质和心理的利益。因此，每一品牌、每一产品都应设计和发展一个形象，经由各种不同的推广技术，特别是通过广告，传达给现实消费者及潜在消费者。在新产品不断涌现，越来越多的产品之间差异和区别越来越小，同类产品竞争激烈的市场状况下，这一理论几乎成为传统广告创意时代的终结者，同时又是现代广告时代的排头兵。

品牌形象理论的基本要点是：

第一，广告最主要的目标是为塑造品牌服务。

广告要力图使品牌具有并且维持一个高知名度的品牌形象。这个品牌形象要具有个性，能使产品在市场上长盛不衰。

第二，任何一个广告都是对品牌的长期投资。

从长远的观点看，广告必须尽力去维护一个好的品牌形象，敢于放弃一些追求短期效益的诉求重点。对品牌形象的长期投资，可使品牌形象不断地成长丰满。

第三，品牌形象比产品功能更重要。

随着同类产品的差异性减小，品牌之间的同质性增大，消费者选择品牌时所运用的理性就会减少。因此，描绘品牌形象要比强调产品的具体功能特征重要得多。为品牌树立一种突出的形象，就可为企业在市场上获得较大的占有率和较高的利润。

第四，广告更重要的是满足消费者的心理需求。

消费者购买产品时所追求的是“实质利益＋心理利益”，对某些消费者来说，广告尤其应该重视运用形象来满足其心理的需求。广告的作用就是赋予品牌不同的联想，这些联想符合目标市场的追求和渴望。

与奥格威品牌形象理论相联系的，是李奥·贝纳的戏剧化理论。该理论强调广告创意上的一个特征，即“与生俱来的戏剧性”。戏剧性又是通过广告赋予的形象来表现的。在这些创作观念的指导下，许多广告获得了成功。其中，在这一时期最脍炙人口的是由奥格威为哈特威衬衫创作的右眼戴眼罩的男人形象（见图7-3，文前彩色插图）和李奥·贝纳为万宝路香烟创作的牛仔形象（见图7-4，文前彩色插图）。

另外，在美国和日本等国家还兴起了一种理论，即企业形象（corporate identity，CI）理论。CI理论强调广告的内容应该保持统一性，应着力塑造企业的品牌形象。这个理论，从某种意义上，也可以说是品牌形象理论的变异。

四、定位理论

1969 年，杰克·特劳特提出的“定位”（positioning）一词首次出现在美国《工业营销》上。艾·里斯和特劳特将其作为一种新的营销策略和广告策略来应用，并于 20 世纪 70 年代提出了定位理论。80 年代初，他们推出《广告攻心战略——品牌定位》一书，较系统地阐述了广告定位理论。该书认为，定位的含义是广泛的，定位可以自产品始，进而延伸到一个组织、一个机构，甚至一个人，包括自己。定位是对潜在顾客心智所下的功夫，其目的是能在潜在顾客心中得到有利的位置。①

1994 年，杰克·特劳特又与人合作写出了《新定位》一书，对定位提出了新的见解：应将视角转向注意消费者，对消费者进行深挖透析，确立基于消费者的定位方法；要能适应市场的变化，做好重新定位；定位中的感觉创意是非常重要的。《新定位》认为：“定位思维要想成功，必须‘由外向内’，……决定必须以外部为基础，以市场为基础。……从消费者和市场的角度来看。”②“定位必须符合消费者头脑中的观念，而不能同这种观念背道而驰。”③

比较典型的广告定位策略有：

（一）功效策略

选择广告商品与其他商品有明显区别的特点加以突出，以引起消费者的注意和兴趣。它以同类产品的定位为基准，重点宣传本产品的特殊功效。例如：舒肤佳香皂突出除菌，力士香皂主打美容；高露洁最早突出防蛀的功效，舒适达则以抗敏感作为自己的诉求点。宝洁仅洗衣粉就推出了汰渍（Tide）、奇尔（Cheer）、奥克多（Oxydol）等多种品牌，从功效上满足不同消费者的需求。广告则根据这些产品的不同功效，或强调洗涤能力，或突出护色功能，或告知含有漂白剂，对消费者进行诉求。例如，“有汰渍，没污渍”“无须漂白剂，只需奥克多”。这是常用的定位策略。

（二）品质策略

主要从商品的品质着眼，通过显示广告商品的过硬的质量、优良的性能等吸引消费者。例如劳斯莱斯汽车的广告，告知消费者，劳斯莱斯汽车在以每小时 60 英里的速度行驶时，在车内能听到的最大噪声就是电子表指针走动的声音。广告以突出这样的品质来说服和吸引消费者。雪碧饮料的广告语“晶晶亮，透心凉”，准确而又简明地说明了雪碧饮料不含色素、解热消暑的品质特点。突出商品的品质，要具体、实在，能让消费者切实感受到，不可大而化之、抽象笼统。有些广告常用“质量可靠、性能优良”等语言说明商品的品质，并不会给消费者留下印象。与之相反，这样的广告就让人印象深刻。沃

---

① 里斯，特劳特．广告攻心战略：品牌定位．北京：中国友谊出版公司，1991：2.

② 特劳特，瑞维金．新定位．北京：中国财政经济出版社，2002：219.

③ 特劳特，瑞维金．新定位．北京：中国财政经济出版社，2002：225.

尔沃 FM 卡车为突出自己的平稳性能制作的广告《史诗一字马》，邀请动作明星尚格·云顿踩在两辆并行倒车的卡车的后视镜上奇迹般地表演了稳定的劈叉动作，以此将卡车的品质形象化地表现了出来（见图 7-5，文前彩色插图）。

（三）非可乐策略

从观念上人为地把商品市场加以区分的定位策略。最典型的案例就是美国七喜的非可乐策略。在美国的饮料市场上，三种软饮料中差不多有两种是可乐型的。七喜欲进入饮料市场，自知不能与可乐型饮料抗衡，就在广告中把饮料市场人为地分为可乐型和非可乐型两种，并使这种区分在消费者心目中扎根，从而成为非可乐型饮料市场中的名牌产品。

（四）比附策略

借用其他已存在的、已知的定位来说明广告商品的位置的方法，或甘居第二，或攀龙附凤，或模糊概念。例如，美国安飞士汽车出租公司在广告中首先承认赫兹汽车出租公司是行业龙头老大，然后表明安飞士在租车业中居于第二位，但同时声称“我们会更加努力的”。在这之前，安飞士汽车出租公司连续 13 年都是亏本的，由于定位恰当，这家公司随后第二年就开始扭亏为盈，到第三年已盈利 500 万美元。又如，青花郎酒宣称自己为“中国两大酱香白酒之一”，就是借用了茅台酒的名声。美国克莱斯勒声称自己是美国三大汽车公司之一，使消费者感到克莱斯勒和居于第一位、第二位的汽车一样，都在汽车的豪华阵营中，都是知名汽车。

需要注意的是，运用比附策略，广告策划人员应对行业领导品牌、竞争对手以及广告商品的位置都非常清楚、明确，把握好比附的方向，恰当地寻找到广告商品的位置，否则也会惨遭败绩。

（五）价格策略

利用价格来突出广告商品的特点也是一种定位方法。具体商品可因其质量、价格的不同，有四种情况：高质高价、高价低质、低价高质、低质低价。如果采用价格策略，那么要根据目标市场消费者的消费水平，来确定商品价位的高低。当商品定位在高档豪华品时，应采用高价位；当商品定位在大众普及品时，就应采用低价位。“世界上最贵的香水只有快乐牌。”“为什么你应该投资伯爵表，因为它是世界上最贵的表。”这是一种高价定位的策略。雕牌的“只买对的，不买贵的”是一种低价定位的策略，也获得了良好的广告效果。网易企业邮箱“每天低至 0.28 元”，也是一种低价定位的策略。

价格策略往往可根据消费者的心理特征来确定。消费者有时对有些商品追求的是象征性价值，是为了得到心理上的满足。一件衬衣，10 元钱卖不出去，100 元却卖出去了，就反映了这样的消费心理。我国一些产品出口欧洲，因定价不高，反受到质量不高的怀疑。采用何种价格策略，应认真研究商品特点和消费者心理。

应该看到，无论哪一种流派的广告创意理论的产生和发展，都是为适应市场变化和商品竞争在营销策略和广告创作策略上所做的调整，彼此之间亦具有相承性和融合性。

从现时来看，这些创意理论在不断翻新，其重点在于考虑如何在广告内容上与消费者进行有效沟通，表现方法如何让消费者乐于接受。

五、AISAS 模型理论

2005 年，日本电通总结了互联网背景下能动的消费者的行为特征和生活形态的变化，并归纳出 AISAS 模型，用以解释网络营销中广告效果产生的过程。AISAS 模型分为五个阶段，分别是注意阶段、兴趣阶段、搜索阶段、行动阶段、分享阶段。AISAS 模型从 AIDMA 模型发展而来，要求新媒体环境下的广告营销活动从以企业为中心转向以消费者为中心，营销传播手段也应当从单向宣传转向双向沟通。同时，群体也已经成为一种媒介，广告营销中的口碑效应值得更多关注。

依据 AISAS 模型，广告活动在不同的传播阶段有不同的侧重点：

（一）注意阶段

传统的 AIDMA 模型以大众媒体中心化的传播为中心，重点在于通过大范围的覆盖和重复来引起消费者的兴趣和认知，但 AISAS 模型提出了新的消费者触点管理，传统媒体、社交媒体、兴趣群组、亲友、户外广告、艺术装置等都可以是广告媒体，媒体自身可以充满想象力。基于对目标消费者生活的深刻洞察，通过对媒体形式、投放时间、投放方法的设计来在最短的时间内引起消费者的注意。

（二）兴趣阶段

在信息爆炸的时代，注意力稍纵即逝。广告信息只有与消费者的需求动机深度契合才能激发他们的参与兴趣。在新媒体的赋权之下，受众掌握传播权利，他们会根据个性、需求、情境、经验、流行趋势等各种因素来接收信息。因而，为了能充分激发受众的兴趣，广告活动必须对目标消费者进行深度的研究洞察，理解和尊重他们的观点、态度，激发其主动深入探索的欲望。

（三）搜索阶段

消费者的信息搜索行为具有一定的目的性。在注意阶段和兴趣阶段之后，为了获得更多信息来支持自己的购买决策，消费者不仅会通过品牌官网、搜索引擎、专业网站等进行检索，也会通过社交媒体获取信息或者直接向兴趣社群、亲友等咨询。这要求广告活动必须为消费者提供尽可能充足、丰富、具体、多面的信息，为其答疑解惑。真诚的沟通不仅能够加快消费者的搜索决策过程，也是拉近广告商品与消费者的心理距离，塑造品牌的重要方式。

（四）行动阶段

在搜索阶段之后，消费者会根据获取的全面信息进入行动阶段，体验服务或者购买商品。为了最大限度地留住消费者并鼓励他们进行积极的信息分享，品牌必须充分保证商品和服务的质量，打造极佳的体验感，并通过售后服务等持续满足消费者的后续需求，帮助他们解决使用商品或服务的过程中遇到的各种问题。

（五）分享阶段

在新媒体时代，消费者在购买、使用或体验之后，往往会将自己的购买经验、感受评价等信息分享给兴趣社群，或发布在社交媒体上，这些分享信息的消费者将成为后继消费者的信息员。因此，促进已有的消费者进行广泛和正面的信息分享是新媒体时代广告传播活动中的关键。

AISAS模型提出至今也经过了不断的发展，后续的研究者相继提出了SICAS模型、AIDEES模型、SIPS模型、ISMAS模型、AIVSA模型等理论来清晰描绘消费者的行为过程。

第四节　广告表现的策略手法

在确定广告诉求重点之后，需要将有关信息与消费者进行交流，这就要有一定的广告表现策略手法。在现代信息传播条件下，广告的说服，更要转化为一种沟通技巧，更要讲求艺术。

一、广告表现的策略手法

广告创作人员在创制广告作品时，一方面要注意借鉴运用各种已有的表现策略手法，另一方面更要勇于突破创新。下面介绍几种在广告创作中常用的广告表现策略手法：

（一）美化

美化法就是对广告商品的优点加以突出和赞扬，使消费者对广告商品产生良好的印象，这种手法在广告传播中经常使用。美化广告商品时，既有客观的尺度，也有主观的判断，需要注意以下几点：

- 广告所使用的语言必须符合广告商品的真实情况。不能夸大其词，也不能笼而统之，必须确实、具体。
- 美化与赞扬要适度、实在。不要美化过头，把话说绝，避免引起消费者的怀疑、反感。
- 慎重选择赞词。用于称赞广告商品的词语要有美感、要含蓄、要有回旋余地。既能使消费者产生愉快美好的联想，也能经得住客观实际的检验。

（二）实证

实证法又叫“典型示范”或“现身说法”，就是借助特定的人直接陈述或演示商品的功能、特点等，直观地表达广告信息。进行陈述或演示的演员可由多种身份的人来担当。

很多情况下是聘请名人如歌星、影星、体育明星、权威人士等，利用其知名度和可信度吸引消费者，增强说服力（后文将详细阐述）。

（三）引证

引证法指通过引用正面的或反面的、正确的和错误的事实，来突出广告商品的优点。权威机关和权威人士的评价、鉴定、各种获奖证书、消费者来信等，都可以作为引证的依据。

运用引证法要注意以下几点：

- 引证准确，不要断章取义。
- 引证的材料要新鲜，要有权威性。
- 引证要精当，不要过多过滥。

（四）号召

号召法指在广告中号召消费者直接采取购买行动。如倡导此商品是最流行的，要求消费者紧跟潮流，从速购买，或突出购买商品将给消费者带来的好处。例如，“怕上火喝王老吉”，“找工作，上 58 同城”，“支付就用支付宝”，“要旅游，找途牛”等。进行号召时，语气要亲切，避免强硬的命令。

（五）情感说服与理性说服

广告在劝说消费者时，可以采取两种方法，一种是同消费者讲道理，另一种是同消费者交流感情，前者叫“理性说服”，后者叫“情感说服”。这两种不同的手法所产生的影响和作用各不相同。从某种意义上说，对人类行为影响更大的往往是情感而不是理性。在广告传播中，情感的渲染有时比理性的劝说作用更大。但情感法与理性法并不是相互对立的，它们既有各自的用武之地，也有相辅相成综合运用的天地。这两种手法，既可以单独使用，也可以结合起来运用。

1. 传播对象的适应性

对文化程度相对较低的消费者，以及卷入度较低不需要经过深思熟虑才能够购买的商品或服务，宜采用感情渲染为主。因为他们不需要严密的推理、烦琐的考证和枯燥的说教，而喜欢接近生活的情感抒发。而对文化程度相对较高的消费者，以及卷入度较高的商品或服务，则宜以理性剖析为主。若简单照搬情感煽动的方法，缺乏有力的证据和严谨的推理，恐怕收效甚微。

2. 传播时效的适应性

如果广告传播的目的是使消费者在较短的时间内马上采取购买行动，则可运用感情说服的方法。而广告传播的根本目的是影响消费者的态度，使他们长期对商品保持良好的印象，那么比较恰当的做法是诉诸理性的说服。因为情感法只能对情绪做短暂的刺激，往往在人们的记忆中保留时间较短；而理性法虽然不能形成当时立即所需要的态度，但它运用的是逻辑的力量，因而往往在人们的记忆中能保留较长时间。

3. 作品结构的适应性

在广告传播中，情感法和理性法可综合运用。在广告作品中，开头和结尾部分可以具有感情色彩，而中间部分可以是理性论述。用情感法激起消费者的兴趣，以理性法做精辟独到的分析；用情感法影响消费者的态度，再以理性法巩固已获得的态度。

4. 传播内容的适应性

一般技术性较强、价格较高的商品，在进行广告传播时常采用理性说服的方法。而生活日用品或是价格较低的大众品，则适于用情感说服的方法。

（六）一面提示与两面提示

一面提示就是传播者只向受传者介绍那些有利于论述他所主张的观点的论据和事实的方法。两面提示是指传播者向受传者同时提出于己有利的和不利的论据与事实，通过驳斥后者的弱点和漏洞，从而证明前者强于后者。

大多数广告宣传采用一面提示法，即在广告中只介绍广告商品的种种优点。两面提示法运用较少，它除了表明广告商品的种种优点之外，还指出不足或是其他人对广告商品的批评，并对此加以解释或反驳，由消费者进行判断。一般说来，一面提示法适用于劝说文化程度较低的消费者，两面提示法适用于劝说文化程度较高的消费者。

（七）正向劝说和反向劝说

正向劝说法是一种鼓励的形式，告诉消费者购买或使用某一商品将可以得到的种种好处，赞许消费者的选择是正确的。

反向劝说法是一种警告，告诉消费者若不购买或不使用某一商品将可能遇到的不便甚至不愉快。但如果使用反向劝说法时劝说得当，所得到的刺激往往更强。例如，宜家的平面广告将帆布鞋放进了高跟鞋中，以此来表示不使用空间充足的宜家鞋柜来收纳鞋子的后果。李施德林漱口水的平面广告以夸张的手法描绘了救护车上的急救人员被病患的口气熏到要戴防毒面罩才能继续工作，以此来说明不使用李施德林漱口水的极端后果。

一般说来，正向劝说法是消费者愿意接受的，采用反向劝说法则应该慎重。因此，很多广告往往采用反向劝说和正向劝说结合的方式，消费者可能更容易接受一些。例如，《北京晚报》的“晚报，不晚报”，华为的“最大的阻力，给我们最大的动力”等，采用的都是正反向劝说相结合的劝说方式。

（八）先后法与详略法

所谓先后法，就是合理地安排信息表达和观点论述的先后顺序，这涉及如何组织广告作品的结构样式。通常情况下，是将广告要传达的主要观点在开头部分予以提出，而在结尾部分予以重述和强调，中间部分进行较为详细的阐述。

详略法是指如何有机地处理好广告的信息内容的方法。在广告传播中，要围绕广告诉求重点展开：能突出主题的部分宜详，不能突出主题的部分宜略；重要的信息宜详，次要的信息宜略；消费者未知的信息宜详，消费者熟知的信息宜略；具体的信息宜详，概括的信息宜略；新鲜的信息宜详，陈旧的信息宜略。

二、广告演员的角色选择

广告所表现的许多信息，是通过广告演员向目标受众传递的。从传播学的角度看，这是信源的重要部分。如何选择适当的演员来担当广告中的角色，需要把握好一些原则和策略。

（一）广告演员的选择对象

广告创作实践中，有三类对象是经常被运用的，这就是美人（beauty）、婴儿（baby）和可爱的动物（beast），即广告界流行的所谓广告创作3B原则。运用这三类对象作为表现手段，符合人类的天性，容易产生附加值，引起消费者的共鸣和认同，博得消费者的喜爱和注意。

在这样的大原则下，广告经常运用名人来为企业或商品代言，对广告商品或企业进行陈述、证实、演示。一般而言，广告代言人有专家（expert）、典型消费者（typical consumer）、明星（celebrity）三个基本类型。

1. 专家

专家指具有相关的专业知识，在专业领域里的权威性较强的人，如医疗专家、科学院院士、作家、社会名流等。

2. 典型消费者

典型消费者对商品的使用有丰富经验，具有很强的亲和力，与广告受众有相似性等，可以是某些方面的代表人士，也可以是普通民众。

3. 明星

明星指在某些领域、行业卓有成就的出名人物，特别是文艺圈的演员、体育界的运动员等，如歌星、影星、体育明星。

从广义上来看，这几类人都属于社会知名人士的范畴。选择这些名人作为广告演员，即利用名人的知名度、可信度、亲和力与广告受众进行沟通交流，能够产生较好的影响和效能。因此，名人广告备受关注和重视。

（二）名人广告的功效和作用

1. 能够增加注意率和知晓度

名人广告能够充分利用代言人的知名度，利用品牌与名人之间的某种联系，迅速拉近商品与消费者之间的心理距离，引起广告受众的注意，扩大知晓度。1992年，美的空调聘请国内一线影星巩俐拍摄广告，并由张艺谋执导，使美的品牌从默默无闻变成众所周知。

2. 能够产生从众效应

名人在特定的范围或领域当中拥有大批的拥护者甚至崇拜者，用名人为品牌代言，利用受众对成功人士的崇拜心理，可激发他们效仿名人的消费行为，产生积极的品牌态度与较高的购买意向，从而刺激商品销售。许多歌星、影星、体育明星都有大批拥趸，他们的一言一行都会令崇拜者痴迷、跟随、模仿，在消费行为方面也是如此。

3. 能够增大产品的附加值

名人自身的魅力会为品牌增加独特的附加值，丰富品牌的形象，使品牌提高身价。代言名人的身份、地位、个性、品位，很容易就会被转移到消费者对企业的认识与评价中；名人的人格魅力通过广告代言活动延伸到商品品牌之上，可使品牌获得附加的文化内涵和吸引力。例如，京东图书在2022年为世界读书日与作家余华、余秀华一起发起了“京东图书 问你买书”活动，呼吁大家可以把不读的书退回，让知识不再蒙尘的同时也帮助读者们找到更想读的书。借助知名作家的魅力，京东图书作为知识敬畏者的文化内涵得到了塑造和提升。

4. 能够获取较大的经济效益

请名人做品牌代言，一般费用比较昂贵。但如果选择的名人正确、恰当，所获得的效益则远大于投入。我国品牌在“走出去”的过程中，也可以适当选择当地的名人进行广告传播，借助其在本地的知名度快速打开市场。对于品牌来说，虽然这种广告方式投入较高，但收益也高，且广告的效果能够快速显现。

不同类别的名人，对于不同类别产品的功效和作用会有所不同。据调查，一般而言，对于技术含量较高的非日用品，如工业用品、专业用品、计算机、汽车、药品等，专家的权威证明具有重要作用；普通日用品和家电，使用该产品最频繁、最熟练的人影响力较大；对于心理价值大大超过商品本身功能价值的商品，如饰品、服装、香水、化妆品、手表等而言，明星或社会名流的话更具说服力。

（三）广告演员的选用策略

1. 拓宽选择面

只要与企业、商品等相契合，在法律允许的前提下，具有一定公众影响力且经过历史检验的知名人士都应该在广告演员的选择范围内，不能把目光局限于单一的专业领域，也不必心系大腕，言必明星。必须摒弃“娱乐圈外无名人”的偏见，拓宽视野，敢于创新。2003年，北京城外诚家居文化广场聘请全国劳动模范李素丽为代言人，使企业“让顾客100%满意”的经营理念随着李素丽的事迹和形象深入人心。随着自媒体的发展，众多意见领袖、达人、网红崛起。他们是各自兴趣社群内极具号召力的人物，也是广告创意传播的重要抓手。

2. 把握好时机

选用名人做广告代言，主要是利用其名气带来的效应和附加值。名人的名气也有一个开发、成长、鼎盛和衰退的生命周期。选用处在开发期的名人有一定风险，需要准确判断，确定其是否有发展潜力。处在事业旺盛时期的当红名人，又存在着竞争激烈、难以满足选择需求的问题。而且，当今社会发展节奏快捷，时尚潮流往往一夜之间就发生改变，名人的名气也会跌宕不定。一旦名气跌落，其名人效应就会大打折扣。所以，应深入分析有关名人的事业发展趋势，了解社会时尚潮流的变化，以把握最佳的选用时机。2022年，沉寂了一段时间的歌手王心凌凭借在综艺节目《乘风破浪（第三季）》中的绝佳表现，掀起一波王心凌热潮。该节目冠名商金典有机奶随即宣布王心凌为品牌“有机生活星推官”，并以“顶配的牛奶遇到顶甜的姐姐”作为传播标语，顺应流行大势，将品牌诉求与名人特质有机结合。

3. 注重相关性

名人的形象、性格、气质、风度、价值观念、职业专长或个人经历等，应当与其所代言商品的功能、特点、品牌形象等属性存在着某种关联。名人要和品牌相互依赖，互相依存，名人与商品的相关度越高，其传播效果就越强。主要体现在以下方面：

（1）与商品功能相关联。

代言人的职业或生活经历与某商品的功能之间有较大的联系。代言人具有相关专业知识或熟知商品功能，其推荐才显得真实可信，才可能有力量。例如，飞鹤奶粉聘请已为人母的著名演员章子怡作为品牌代言人。章子怡在广告中以第一人称的口吻表示自己家的宝宝喝的就是飞鹤奶粉，并阐述自己对飞鹤奶粉各方面实力的精细考察，这样的代言显得贴切、可信。值得注意的是，我国广告法明确规定广告代言人不得为没有使用过的商品或没有接受过的服务做推荐和证明，因此不恰当的广告代言不仅收效甚微，甚至可能违反相关法律法规。

（2）与品牌个性相符合。

所谓品牌个性，是指品牌人格化后所显示出的独特性。品牌个性与代言人个性准确对接，才会产生传播识别的同一性，有效地树立和强化品牌的独特地位。例如 1984 年，百事可乐为在年轻人心中确立百事可乐年轻有活力、特立独行和自我张扬的品牌个性，以 500 万美元的巨额费用聘请流行音乐巨星迈克尔·杰克逊代言，推出以“百事可乐，新一代的选择”为主题的宣传计划。热情奔放、活力四射的迈克尔歌舞，与百事可乐追求的品牌目标相一致，对当时的美国年轻人具有无法抗拒的吸引力。广告片播出不到 30 天，百事可乐就成为市场上销量增长最快的碳酸类饮料。广告演员与品牌个性若不相符，相互游离，其代言定然失败。例如，2023 年，花西子聘请 48 岁的乌兹别克斯坦传奇体操运动员丘索维金娜拍摄广告。运动员本身充满了自由的运动气息，但是广告却以“温婉”为核心，为她穿上了白色的汉服，化上了中式妆容。人物与品牌个性的不适配使这则广告不仅没能提升品牌形象，反而招致了大量的质疑。

（3）与目标市场相匹配。

随着社会多元化进程的加速，消费者的消费观念日趋分化，消费行为呈现出复杂的区域差别和阶层差别，公众（消费者）对名人的认同也相应趋向多元。不同类别的名人，拥有不同的粉丝群体，存在着性别、年龄、职业、地理区域、文化层次和消费水平等方面的差异。因此，要重视与名人相应的广告受众及其与企业目标市场的一致性，防止错位。在选择广告演员时，相关性是一个重要因素。

（四）谨防可能出现的问题

选用名人出演广告，一般能够得到较好的传播效果。但要防止在选择运用过程中可能产生的问题，为此应注意以下方面。

1. 密切关注名人的美誉度

判别名人更重要的是其美誉度，即其是否在社会中构建了美好形象。一个人的名气大，并不能表明他一定会受到公众的欢迎。在巨大的社会压力和诱惑面前，名人难免会出现这样或那样的问题，甚至会有吸毒、嫖娼、赌博、偷税漏税、绯闻、出轨、政治立场等方面问题严重的负面形象。因此，选择名人特别是明星代言广告时，必须对他们的公众形象、责任心、亲和力、个人操守、为人处世原则及其在业界的口碑和声誉等进行长期、缜密的考察，绝不能仅看到知名度而忽视美誉度。BBDO就采用统计学方法测算有关品牌“使用者形象”相关性和亲和力指数，以此作为广告演员的选择标准。

2. 确保广告内容真实可信

名人在广告中对有关商品信息进行证实、示范，对其功效进行演示、陈述，虽然有一定情节、有表演的成分，但所有的内容都要求真实可信，不能虚构造假。这包括两个方面：一是演员自身的真实性；二是演示内容的真实性。如前文所说，我国广告法规定代言人不得为没有使用过的商品做代言，这正是为了保证演示内容的真实性。过去曾有过男性名人代言女性卫生用品的广告，不仅毫无真实性，而且令女性消费者反感。

由于名人的知名度和影响力等，广告如向受众传递虚假信息，则其危害性更高。我国《广告法》明文规定：“对在虚假广告中作推荐、证明受到行政处罚未满三年的自然人、法人或者其他组织，不得利用其作为广告代言人。”这意味着如果因为代言虚假广告被处罚，相关名人三年之内不能再从事任何代言活动，也从侧面强化了广告代言内容的真实性要求。

3. 防止名人运用无边界

广告演员具有特定的角色形象，而受众往往是通过名人的形象特征和个性特点等来认识、记忆广告所指向的商品的。如果一位名人过多地拍摄各种品牌的商业广告，就会淡化他与某一特定品牌的关系，降低广告对消费者的冲击力，导致消费者广告信息接收的混乱，从而削弱消费者对代言人的信任并影响广告内容的可信度。有研究表明，随着名人推荐的商品数量增加，消费者对名人的信任度、喜爱度以及对广告信息的接受度会急剧下降。例如，2022年北京冬奥会大幅提升了明星运动员谷爱凌的热度，她代言了30个左右的品牌，包括蒙牛、瑞幸咖啡、元气森林、科勒、雅诗兰黛、中国移动、中国银行、汤臣倍健、安踏、IWC万国表等，涉及饮料、通信、卫浴、保健品、服装、奢侈品等多个不同领域。由于对谷爱凌运动员形象的集中高频传播，消费者很难识别她所代言的不同品牌之间的差异，品牌反而被名人所压制，没有形成共赢关系。所以，必须巧妙运用排他原则，防止盲目追赶潮流热度，要尽量避免名人代言太多导致对品牌自身的反噬。

4. 保持广告风格的连贯性

为避免消费者产生厌倦心理，广告主一般不会长期选用同一位名人作为品牌代言人。选择新的代言人，必须注意保持原有风格的延续性，避免让消费者产生落差、断裂之感。应确保代言人形象与品牌形象的统一，不断用相同的信息刺激消费者的视听感官，强化消费者的记忆。否则，就会稀释已有的品牌个性，模糊既有的品牌定位。

思考题

1. 如何理解广告表现的含义？影响广告创作的因素有哪些？
2. 什么是广告创意？充分认识收集分析资料在广告创意中的重要性。
3. 梳理广告创意的几种理论及其应用，结合实例加以理解，并学会在实际中运用。
4. 结合实例理解和掌握广告表现的几种策略手法。
5. 为什么名人广告被经常运用？应该注意哪些问题？

第八章

广告文案的撰写

本章要点

- 广告文案的含义和基本写作要求
- 广告标题的写作
- 广告正文的写作
- 广告口号的写作
- 各类广告文案的写作要点

广告文案是广告作品的重要组成部分。广告文案的撰写，是一项创造性的劳动，是广告创作的具体体现。广告文案的写作需要适应媒体特性、传达广告信息和确立品牌形象。

第一节　广告文案的基本概念

一、广告文案的含义和作用

广告文案承载主要的广告信息，是广告作品的核心，广告文案在新媒体环境下有了新的角色定位和专业要求。一则完整的广告作品，主要由语言文字和非语言文字两个部分组成。而在形成广告作品的过程中，也要运用各种表现要素特别是语言文字。这样，就涉及如何理解广告文案的问题。

什么是广告文案？国内外对此有着不同的理解。在国外，英文“advertising copy”，既包括广告的文字、图片、编排等内容，又指广告活动中运用语言文字而形成的其他广告文本，如广告策划、创作脚本等。这是从广义上来认识广告文案的。

一般在广告学界与业界已达成的共识是，“文案”一词有两层含义：一是指组成广告的内容；一是指从事广告文案写作的人，是广告行业特定职业群体的代称。从这两层含义上可以看出，作为教学对象的广告文案是一门以实务为主、以应用为导向的专业课程。文案主要的功能是创作广告内容，同时也是不断进行专业知识生产与积累的源泉。本章讨论的是第一层含义的广告文案，它是广告内容的核心，具体涉及广告的文体、结构、创作流程与步骤。

然而在新媒体环境中，不仅媒介与受众之间的关系被改变，传统大众传播模式的传受关系被改变，受众的信息接收情境被改变，而且更多更新的数字技术以及社交媒体开启了媒介生产的新局面，旧的媒介生产模式被打破，创新的内容生产模式不断涌现，人工智能写作以极其惊人的效率和量产开始了广告文案内容的生产和输出。应如此之景，广告文案的内涵与外延正在发生深刻变革，广告文案不仅涉及人的创作，还涉及对人工智能模型的应用与人机对话等内容。

狭义的广告文案，一般是指广告作品中的语言文字部分。其包括两个要点：

一是存在于广告作品之中。广告是通过广告作品与受众进行沟通的，广告作品中表达和传递有关的商品或服务信息的文本部分，属于广告文案。广告作品形成前需要运用语言文字来表述、构成的广告文本，不作为广告文案来认识。

二是广告中的语言文字部分。广告作品中，既有语言文字，也有插图、色彩等非语言文字。广告文案则是指广告的标题、正文、广告口号等运用语言文字表现的内容，不含广告作品中的其他要素。

华文圈中，有把“advertising copy”直译为广告文本的，但实际上也是指广告文案。广告文案的写作任务，主要是由广告文案写作人员来完成的。广告文案的撰写，有其自身的规律和要求。

在广播电视等电子传播媒体没有诞生之前，广告主要通过报刊等印刷媒体传播有关信息，文案的撰写显得非常重要。一则广告作品主要是以语言文字表述及编排变化等作为标准来衡量的。随着科学技术的进步和广告业的发展，各种非语言文字的表现要素逐步在广告创作中得到运用，但是，广告文案仍是广告作品的核心。一则广告作品，可以没有画面或音响，却不能没有文案。据有关专家调查统计，广告效果的50%～75%来自语言文字部分。它能够比较详尽、准确、直接地传递有关企业信息、商品信息或服务信息，是沟通消费者与企业的主要桥梁。广告作品中非语言文字要素的表现力，需要通过广告文案来合成和加强。正如大卫·奥格威所言：“广告是词语的生涯。”写好广告文案，仍然是广告创作人员的一项重要任务。

如今的广告文案写作环境也发生了许多变化，这些变化主要受到技术进步、消费者行为变化和媒体环境演变的影响。广告文案需要适应各种数字平台，包括社交媒体、搜索引擎、电子邮件、移动应用等。从内容体裁方面来看，由于社交媒体的崛起，短视频和微内容成为主要形式，因此广告文案写作需要更加简洁、有力。

另外，受数据技术的推动，广告更加讲求精准投放。通过大数据分析，广告主能够更加精准地定位目标受众，这要求广告文案写作更加个性化和定制化。

同时，消费者与广告之间的关系被重塑，广告的互动性增强，广告文案需要设计互动元素，鼓励消费者参与和反馈。消费者不仅是广告信息的接收者，还是广告内容的共创者，品牌与消费者共同创作广告内容成为趋势。新媒体环境下，广告呈现出内容化、媒介化和场景化的变化（见图8-1，文前彩色插图）。因此，广告文案呈现出策略性、故事性和结构性的特征（见图8-2）。

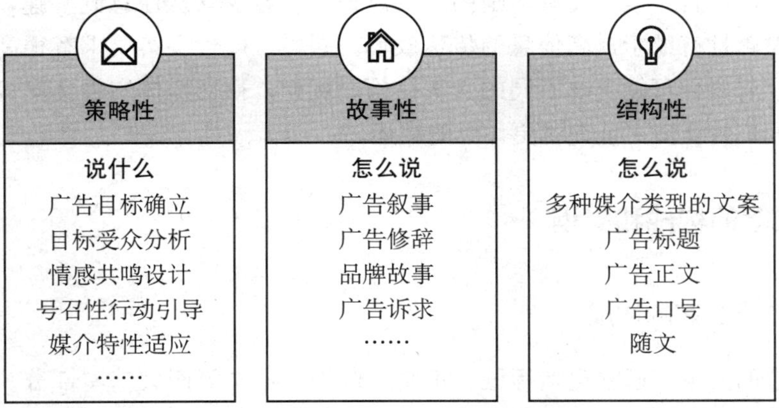

图 8-2　广告文案的策略性、故事性、结构性

（一）广告文案的策略性

广告文案的策略性是指在广告文案的创作过程中，通过系统化的思考和规划，制定和实施一系列策略，以确保文案有效地传达信息，吸引目标受众，并实现广告的最终目标。广告文案的策略性解决的是在广告中“说什么”的具体问题。随着广告类型的多元化和媒介泛化的趋势，广告的策略性涉及广告中的核心内容表达，考虑包括广告目标确立、目标受众分析、情感共鸣设计、号召性行动引导、媒介特性适应、品牌一致性维护、创意与创新应用以及数据驱动优化等等。

（二）广告文案的故事性

广告是凝练的艺术，一条广告往往很简洁，但是又内涵丰富。广告文案（内容）既是一种叙事，又是一个社会过程。广告文案是品牌与消费者对话的桥梁。互联网改变了人们对既有时空概念的认知，也改变了原有时空下的行为方式，时间可压缩与复制，空间也可重叠与交错，这也是新媒体环境给每一个个体提出的媒介素养要求。传播媒介的影响都来自一个简单的技术事实：每一种现代媒介都提高了控制空间的能力。传统的个人与品牌间的对话，主要依托于人际对话与线性传播，而当下个人与品牌间的对话方式已然被改变。作为广告从业者，尤其在广告内容生产与创造方面，要将广告也视为媒介本身，传感器、大数据以及物联网技术让万事万物都具有了媒介功能，所以对媒介的选择和表现与内容的搭配也成为内容生产的组成部分。广告的语言文字表述即广告叙事要有感受力、有传播力、有影响力，广告修辞、品牌故事、广告诉求等要真正回归到对人的观察和研究上。因此，广告从业者要进一步提升责任感、保持好奇心和加强观察力。

（三）广告文案的结构性

广告文案一般包括四个基本部分，标题、正文、口号和随文。随文一般指结尾。每个部分都有其特定的作用和目的。广告文案的结构性体现在信息的层次分明上。重要信息如产品特点或品牌承诺通常在标题中突出显示，而详细解释和说服信息则在正文中展开。一个有效的广告文案需要有清晰的逻辑流程，引导受众从注意到兴趣，再到欲望和行动。这种逻辑性有助于提高信息的传达效率。同时，广告文案要求有很高的媒介适应性，不同的广告媒介可能需要不同的文案结构。例如，社交媒体广告文案可能更简短和直接，而印刷广告文案可能允许更详细的叙述。

二、广告文案的构成和类型

（一）广告文案的构成

平面广告的文案，通常包括标题、正文、口号、随文等四大基本部分。但随着广告表现形式的创新，表现这些部分的形式和方法在发生变化。根据广告策略的不同要求，有的广告标题与广告口号合二为一，有的广告正文与广告标题难以分清。需要强调的是，广告文案的构成是广告从业者在进行广告创作时为了保证广告内容的完整而建构起来的，而非以消费者视角来看待广告作品。正如詹姆斯·韦伯·扬所说，创意是把原来的许多旧要素做新的组合，那么广告文案是将既往的语言文字、图像影像等重组成广告作品的过程。

下面我们看两则报纸广告。

第一则是美菱冰箱的广告：

标题：新鲜服务 美菱快一步

正文：新世纪，新美菱，新生活！

新鲜的美菱向您郑重承诺“新鲜服务，美菱快一步”的新服务理念，理念以新鲜的服务内容和崭新的服务形象让您倍感新鲜美菱的无穷魅力！为此，我们以“更新、更快、更人性化”为服务宗旨，奉献给您的将是一次次优质、快捷、专业的满意服务。

接着是对如何实行更新、更快、更人性化服务的详细介绍和进行商品促销说明的文字（从略）。

广告语：精确每一度 新鲜每一处
新鲜的 美菱的

随文：略。

这一文案包含了标题、正文、广告语（口号）、随文等基本要素。这一广告文案的优缺点如何姑且不论，但它应是比较典型的广告文案构成形式之一。一则完整的广告文案，需要基本上涵盖这些成分。

再看另一则。这是中国联通利用“3·15”国际消费者权益日举办的活动，为198寻呼机所做的报纸广告（见图8-3）：

主题：选择198
享受寻呼专爱

图 8－3　198 寻呼机广告

这则报纸的广告文案在结构安排上似乎有些独特，是想通过编排，把读者视线引向广告的中心位置，有力诉求 198 寻呼机的优异之处，显示在“3・15”对消费者的关爱。它在一条对角斜线上安排了标题、正文。与主题相连的“特别的爱给特别的你 3・15 可分享更多……”，虽不能明确是引题还是副题，但和主题构成一个视觉中心，形成一定的视觉强势。正文部分分别安排在右上角和左下角，随文又放在下面，左上角的广告口号“我们追求更多、更好”，简短而意义明确。这则广告与前一广告在编排处理上完全不同，但广告文案的各部分构成还是完整的。

广播电视广告文案由于其传播特点的不同，对构成的要求也不一样。广播广告对标题没有什么要求。电视广告重在对画面和有声语言的表现，但由于展现在屏幕上，也要考虑广告提要和广告口号的问题。

新技术背景下，新的广告媒体不断涌现，适应这些新媒体的广告文案在结构上发生了变化。由于新媒体从空间和时间上都给信息传递提供了极大便利，可以说，广告文案在构成上已经没有一定之规，但需要在刺激受众的感官、吸引参与、构成互动等方面有所创新突破，如如何增加反馈的内容、怎样给受众提供选择的机会、如何展现抓住眼球的瞬间等。新技术环境要求下的广告文案更加强调受众与媒体之间的关系、依托于不同的广告环境，但基于视听和基于平面的广告文案的写作方法也一直适用。

（二）广告文案的类型

各种类型的广告实际上已为审视和把握广告文案的类型提供了依据，如按照诉求地区、诉求对象、诉求目的等进行分类。从写作要求和方法看，下面两种分类值得关注：

1. 按传播媒体分

广告文案可分为报刊广告文案、广播广告文案、电视广告文案、新媒体广告文案、互联网络广告文案，以及其他如户外广告文案、包装广告文案、产品说明书、传单等应用性广告文案。媒体特点不同，其文体特征会相应有所不同，写作要求也会不一样。

2. 按篇幅分

广告文案可分为长文案和短文案。应该说，广告文案的长短在字数上不应有严格的界限，但通常超过400字的文案可以被视为长文案，400字以下的属于短文案。在资讯过剩的信息时代，广告文案应该短一些，精一些，但也不可一概排斥长文案。

长文案写得好，能使消费者得到比较完整的商品或服务信息，所获取的传播效果并不比短文案差。大卫·奥格威在谈到对写作长文案的看法时，曾举出他写的劳斯莱斯汽车的广告和波多黎各经济开发署招商的广告等文案的例子。这两则广告文案一个有900多字，一个竟达1 400字。文案虽长，但目标消费者大都耐着性子读完了全文，后来也成为经典之作。长文案广告能够吸引读者，关键在于陈述事实，而这些事实又是与目标消费者的利益、关心的信息等息息相关的。一般来说，招贴广告、杂志广告等的文案往往要长一些，这也是媒体组合的一种策略，可以弥补其他广告形式信息传播的不足，能够加深消费者的理解，增强复合效果。

三、广告文案写作的基本要求

（一）策略性要求：能够产生效果

广告文案应明确广告目标是促销商品、提高品牌知名度还是传递某种信息。同时广告文案要更好地满足受众需求，了解受众境况，应该针对目标受众的需求、兴趣和行为习惯来进行互动。对于广告来说，最根本的目的就在于把信息送达目标受众，对目标受众产生刺激，以实现广告主所期望的目标，树立企业或商品的形象，增加商品销售或扩大服务范围。因此，广告文案如果不能产生一定的传播效果，那么任何“艺术”的文案都是没有意义的。广告人约翰·E. 肯尼迪在20世纪初就认为，“广告是印在纸上的推销术”。广告的功能是将商品或服务信息传达给消费者，引导消费者实现购买，绝不可将其仅仅看作一种艺术。矫揉造作，堆砌辞藻，不过是码字而已，不是广告。

（二）故事性要求：富有创造性

广告文案的结构应逻辑清晰、主次分明、层次感强，同时要利用广告叙事和品牌故事，形成连贯流畅的逻辑，使受众能够轻松阅读和理解。研究表明，广告信息能否引起受众注意并为受众所接受，主要取决于信息的两个方面——有用和新异，前者取决于商品本身，后者则取决于广告的艺术表现形式，其中广告文案是重要组成部分。广告拒绝平庸，广告文案的写作必须积极寻求新意，准确而又巧妙地把广告信息表达出来。广告文案必须告别那种千人一面、套话连篇的写作方式，只有独特、新颖，才能令人耳目一新、印象深刻。而新颖、独特往往又寓于普通、平常之中，要注意留心积累日常生活中生动活泼、朴素实在的话语词汇，将其恰当地运用于广告文案。“味道好极了”“农夫山泉，有点甜”“只溶在口，不溶在手”等，都不是惊人之语，而是人们的家常话、口语。美国广告大师李奥·贝纳就提倡使用“乡土语言”，运用“那些能透彻地表达憨厚，点到为止的单字、词汇以及类似的文字”。这样才有可能出新、出奇，使人经久难忘。此外，广告文案的利益点要突出，能够清晰传达商品或服务的独特卖点和消费者能够获得的具体利益。广告文案的语言生动、诉求突出、结构合理、逻辑清晰，有着对品牌的深度解读和理解，同时与品牌能保持一致性，这样的广告文案将发挥强大的传播效力。

（三）结构性要求：内容合乎规范

广告文案的写作要有创造性，但同时也要注意语言文字的规范性。广告传播是通过符号来实现信息传达的，欲将广告主的有关信息准确地传达给目标受众，必须借助符号之间的通约性来实现，这就要求广告文案写作必须遵守语言传播中的通约性，即根据社会公众约定俗成的语言规范来进行表述。尽管广告文案写作可以适度突破语言规范，但也要注意是否会给广告传播带来障碍。要能让受众易于理解，对信息的解码过程简易顺利。因此，要根据目标受众的特点和受教育程度来判断在多大程度上突破语言规范是适宜的，能被受众认知并接受。一般来说，不遵守语言规范的广告往往会影响广告的认知率。盲目追求语言差异，不恰当地打破语言规范，过度地运用语言技巧，结果反而会使受众产生理解上的困难，致使广告信息的沟通失败。了解媒体传播策略，能够有效选择和组合媒体资源；熟悉不同媒体平台的特性和要求，在遵守语言规范的前提下能够针对不同平台调整语言文字表述进行文案写作。

第二节　广告标题

广告标题就是广告的题目，它标明广告的主旨，是区分不同广告内容的标志。

一、广告标题的功能

（一）吸引注意力

人们每天都要接触大量的广告，据美国哈佛大学商学部的调查，在所有广告中，大约有 85%的广告引不起人们的注意，其中的一个重要原因就是广告的标题不吸引人。“看书看皮，看报看题。”在一般情况下，人们接触广告作品时，视线常常首先扫描到标题。如果标题引不起兴趣，那么消费者往往会放弃阅读，或产生不了继续阅读的欲望，这就会导致广告传播的失败。而标题精彩有趣，则能够抓住消费者的注意力，吸引消费者继续阅读，使广告获得成功。所以，广告标题首先就要做到吸引住消费者的视线，使其在一瞥之中产生继续阅读广告正文的兴趣。

（二）传递广告的主要信息

广告学家经过反复研究发现：阅读广告标题的人是阅读广告正文的人的五倍。人们往往读完标题，就不再继续阅读了。因此，广告标题不仅要生动、优美，还应该成为向消费者传递信息的一个主要渠道，使不读广告正文的人，通过阅读标题，也会获悉整个广告作品的基本信息。这样，广告标题要能够包含广告的主要信息，显示出广告作品的精华，使人们即使只阅读广告的标题部分，也能理解整个广告内容的基本含义。

（三）引导继续阅读广告正文

虽然很多人只看标题，但是如果标题传播的信息是他们所关心的，或标题引起了他们的兴趣或好奇心，他们就会继续阅读广告正文。例如，“卡西欧到底是与众不同”，“禁止抽香烟，皇冠牌也不例外”，“有意想不到的效果”（录音机广告）。读了这些标题，一般读者都会想从广告正文中来寻找答案，广告标题在这里就起到了引导的作用。

（四）强调核心诉求

广告标题能突出商品或服务的独特卖点或核心诉求，避免冗长和复杂，帮助消费者快速识别商品的优势和特点，以与竞争商品区别开来。具体来说，广告标题通过明确核心诉求，突出独特卖点，使用可操作性强的动词，提炼价值主张，引发情感共鸣，使用关键词或情景化语言等方法，可以有效吸引消费者的注意力，使消费者一目了然。

（五）具有索引功能

现在基于网络的社交媒体和视频平台上的广告中，广告标题也发挥了索引和导引的功能。同时，在广告标题中使用简明的关键词，能够确保标题在搜索结果中清晰可见，可以提高广告在搜索引擎和社交媒体上的易发现性，便于消费者更好更容易地发现广告信息。

二、广告标题的类型

广告标题，按其内容与形式的组合不同，可分为以下几类：

（一）直接标题

通过简明的文字表明广告的主要内容，消费者只看标题就能了解广告的主要信息。采用直接标题的广告主要有两种情况：一是只有标题，没有广告正文，如路牌广告、招贴广告等多数是标题与图画相配合，将主要的广告信息包含在标题中。例如，“白猫洗衣粉，洗衫好干净”，“钻石男表卓然超群”等。二是标题与正文相配合，标题引导消费者去阅读正文，而正文是对标题的补充与说明。例如，飞利浦218WAP手机新上市时的广告，标题是“自由声控，潮流好礼”，简要突出这种新型手机的性能，以及销售时附赠礼品的信息，然后在正文部分对这种新产品所具备的具体功能、购买时将获得什么样的礼品及其售卖地点做了具体的说明。

（二）间接标题

间接标题同直接标题不同，在标题中不直接点明广告主题，而是用耐人寻味的语句引导消费者去阅读正文。例如，“热气腾腾，蒸蒸日上”是电饭锅广告的标题，“寒冷与宁静的联想”是电冰箱广告的标题，“夏夜伴侣”是蚊香广告的标题。消费者读了这些标题后，只有继续阅读正文，才能了解广告的主要内容。间接标题一般比较含蓄，容易引起消费者的兴趣。

直接标题和间接标题一般是单一型结构，由一行主题组成。

（三）复合式标题

复合式标题往往兼具直接标题和间接标题的双重性质，通常由引题、主题、副题三种标题组成。例如天府花生广告的标题：

引题：四川特产，口味一流
主题：天府花生
副题：越剥越开心

有的复合式标题是由两种标题组成，如引题与主题，或主题与副题等。例如：

主题：海内存知己，天涯若比邻
副题：电视电话能使山阻海隔的亲友见面畅谈

三、广告标题的表现形式

广告标题的表现形式大致可以分为这样几类：

（一）新闻性标题

通过标题为消费者提供一些新的信息，如新发生的情况、新的知识等。这类标题迎合的是消费者希望从广告中获取新的商品信息或市场信息的心理。新产品销售、新建成企业、商品牌号变更等，多采用新闻性标题。例如，“华夏大地教育网网上课程公开测试擂台大会”，“服用圣达牌中华鳖精比吃甲鱼更补”等。

（二）判断式标题

在标题中直接表现商品带给消费者的好处，或是在标题中直接赞扬商品的优点。例如，法国人头马白兰地酒的“饮用法国人头马，使您出人头地”，可口可乐的“可口可乐——令你精神爽朗，回味无穷”，LG海鲜冰箱的“噪音听不见，省电看得见!”。这些广告标题，均是判断式的。

采用判断式标题要避免俗套，但切忌夸张。例如，谨慎使用“誉满全国”“世界首创”等说法，这些说法容易引发消费者怀疑和反感。

（三）提问式标题

提问式标题又分为疑问式、设问式和反问式。这类标题用直接性或间接性问句，向消费者提出问题，以此吸引消费者的注意。例如，化妆品广告标题“女人，你追求什么?”，某个英语学校广告标题“你的英文有错误吗?”。这种广告标题往往针对消费者的心理来提问，引起消费者的同感和兴趣。

（四）提倡号召式标题

在标题中提出企业的主张、建议并号召人们从速购买。例如，日本三得利广告标题“星期五，喝葡萄酒的日子”，美国通用电气空调机广告标题“为什么还要苦熬另一个夏天呢？让通用空调机使你保持凉爽吧!”。号召人们从速购买的广告标题，如“存货有限，欲购从速”等。

但是，在标题中进行提倡号召，意义要明确，要真正起到引导、促使消费者产生行动的作用，不要让消费者费解。例如，一则商住房的广告标题是“这是别人赚钱的地方，你还等什么!”购房与赚钱有什么必然的联系？这种号召实在没有多少鼓动性。

（五）祈求式标题

用劝勉、希望、呼吁的口气，催促人们采取购买行动。例如，“请使用白兰牌洗衣机来简化您的家务劳动”，“在红标志前留步”（可口可乐的广告标题）。

（六）情感式标题

通过诉诸消费者的情感，而给人留下深刻的印象。例如，可口可乐的广告标题：“让我们一起创造更好的世界，同享和平、欢乐、洁净的家园。”日本星辰表的广告标题：“在时光的流逝中，女人呼唤着爱；在时光的流逝中，男人呼唤着人生。”

（七）比较式标题

通过与同类商品相比较，突出本商品的独特之处。但这类标题要注意避免贬低同类产品，借以抬高自己，违背正当竞争法则，使用时要谨慎。

（八）悬念式标题

在标题中布下悬念，使消费者首先产生惊奇、疑惑之感，然后为了寻根求源不得不把整个广告作品读完，并加以思考，从而对广告留下深刻的印象。

例如，以色列航空公司曾经做过一则广告，广告用了一张大西洋地图做广告图片，一边被撕下 20%，配上“从 12 月 23 日起，大西洋将缩短 20%”的标题。粗看这样的广告，读者似乎还不明就里，经过思索后恍然大悟：这说的是该公司开辟了欧洲航线，飞机速度快，能够节省时间，也就使大西洋的距离变短了。

（九）数字式标题

在标题中使用具体的数字或统计数据，能够增强可信度和吸引力，简洁明了。同时，在标题中可使用数字产生对比感，提高说服力。数字式标题也会结合其他的标题类型，增强传播效果。例如："三个月内提高30%销售额的秘密！""如何让皮肤年轻10岁？点击了解更多。"

（十）品牌型标题

在标题中通过强调品牌名称或品牌故事，提升品牌的曝光度、认知度、好感度和信任度，同时也更高效地传达了品牌名称及其价值理念，将品牌形象与广告内容有效结合，从而增强品牌的影响力和竞争力。例如，"百年品牌，值得信赖"，"怕上火喝王老吉"（见图8-4，文前彩色插图），"汽车的发明者，再次发明汽车"。

四、广告标题写作的基本要求

广告标题要真正能够发挥其作用，在写作上要注意以下几个方面：

（一）突出精华，标出新意

在写作广告标题时，要注意突出广告内容中最重要最精彩的部分，如突出商品给消费者带来的好处，点明商品的作用、功能。例如，一则宣传使用一种IP电话卡的广告，其标题是：

引题：现在打IP卡
主题：就这么简单！

打电话用IP卡，电话费比普通电话要便宜，但打电话之前要输入好多数字，用起来不是很方便，特别是让一些老人望而生畏。针对这种消费状况和心态，标题突出使用某种IP直拨卡打电话简易方便的功能，同时配上一对老人与不在身边的孩子进行通话时的情景的照片，自然吸引消费者的注意力。

突出精华，还要注意有新意，把新的信息传递给消费者，比如某商品具有新的作用，不同于同类商品的效果等。有一则广告标题是：

×××太阳能热水器
洗澡不用电和煤气

这则广告标题虽然把×××太阳能热水器可以代替电和煤气的作用标明了，但是，人们却并不感到新鲜：既然是利用太阳能，那么肯定可以不用电和煤气等来烧热水洗澡了。读了正文之后才知道，这种商品适用于家庭和企事业单位，晴天水温高，安装比较方便等。如果标题在应用范围、性能、使用等含有新的信息方面做些文章，肯定会比上面的标题更能给消费者留下深刻印象。

（二）既要简洁，又要明确

广告标题要简单明了，字数不宜过多。例如，"要想居室美 还是到集美"，虽然只有10个字，但重点突出，意义明确。而比较烦冗的标题却容易造成拖沓的印象，同时也不能简明地表达广告的主旨。如有的广告标题字数多达几十个，把本来几个字就可以说清楚的意思变得模糊了，消费者难以理解，也不容易记住。

但是，简洁不等于含糊。广告标题不仅要做到简明扼要，而且要明确，给予消费者完整的印象。例如有一条推销网站的广告，标题是“上班炒股”。且不去讨论这条标题是否有违背劳动纪律的问题，就标题本身来说，含义也是很模糊的。

消费者阅读广告，往往犹如阅读一则报道，只看标题，不读正文。因此，广告标题最好能将商品的名称或品牌包含进去。如果标题不明确，那么消费者读完后可能还不知道是什么广告，就会丧失继续阅读的兴趣，从而使这条广告失去作用。

（三）题文相符，互为一体

这也是写作广告标题时需要注意的一个方面。广告标题是广告整个内容的提要、概括，对消费者起提示作用。因此，广告标题要符合广告创意的要求，不能脱离主题，不能为追求某一方面的效果，使广告标题游离于广告内容，题不达意。

题文相符，一是注意标题所表达的意思，与整个广告内容要一致；二是标题所做出的结论，应该与广告主旨相吻合。比如，某企业推出新产品，标题说该产品具有超水平的品质，而广告正文中不过是说明该产品达到了某个标准、具有了什么样的性质等。这样的标题也是题文不符，有拔高、吹嘘之嫌。

另外，也要注意广告标题与广告正文应融为一体、不可分割。广告标题要能与广告中的文字、图画等形成一个有机的整体，相互配合，相辅相成。不能使标题从整个广告内容中分离出去，造成割裂。例如，一则广告为追求悬念，制作了这样的标题：“吸引你的并不只是模特儿……”而正文部分却是诉求一种有助于产妇哺乳的产品，实在想不出该产品与模特儿有多少联系。这样的标题，一是有诱骗之嫌，二是令人费解，起不到应有的作用。

（四）易懂好记，引人注目

阅读广告标题，往往是在消费者的一瞥之中完成的。要能引起消费者注意，留下较为深刻的印象，或唤起其兴趣，使其继续读完广告全文，就要注意广告标题的遣词造句要尽量浅显明白，易于大多数消费者在短时间内理解。不宜追求华丽，应力求避免晦涩。要富于创造性，不能使用陈词滥调，套话空话大话一大堆。此外，还可运用特殊的编排形式，注意运用好标题的字号、字体。一般来说，标题的字号要大于正文，字体也要有异于正文，以便引起消费者的注意。

（五）依托场景，保持一致

广告标题不是孤立的文本存在，它必须在特定的场景和语境中发挥作用，确保与广告发布的环境、媒介形式协调一致。不同的媒介形式有不同的特性，标题设计应根据这些特性做出调整，以提升传播效果。

场景适配要求写作广告标题时根据广告媒介的物理特征、消费者行为习惯及信息接收节奏调整标题策略。

五、广告标题的写作技巧

（一）引人注目

吸引力：标题应具有吸引力，能够在众多信息中脱颖而出。

简洁有力：使用简洁有力的词语，避免冗长和复杂。

（二）传达核心信息

明确主题：标题应明确传达广告的核心信息，让消费者一目了然。

突出卖点：强调商品或服务的独特卖点和优势。

（三）引发兴趣

悬念和好奇：标题可通过设置悬念或提出问题，引发消费者的兴趣。

趣味性：使用幽默、有趣的词语或表达方式，吸引消费者注意。

（四）情感共鸣

情感触动：标题应能引发消费者的情感共鸣，让他们产生共情或认同感。

故事性：通过讲述小故事或生动描述，在标题中引入情感元素。

（五）使用动词

行动导向：标题可使用动词来引导消费者的行为，如“了解”“发现”“获得”等。

强烈动词：使用动感强烈的动词，增强标题的行动力和吸引力。

（六）使用数字和具体细节

使用数字：标题可使用具体数字，如“10 个技巧”“5 种方法”，增加标题的可信度和吸引力。

具体细节：提供具体的信息和细节，让消费者对标题内容有更清晰的预期。

（七）符合目标受众

受众定位：标题应符合目标受众的需求和兴趣，使用他们熟悉的语言和表达方式。

个性化：针对特定群体，制定个性化的标题，增强相关性。

（八）关键词优化

重视关键词：标题应含有关键词，关键词类型可分为核心词、场景词、痛点词等。

嵌入关键词：应将关键词策略性地嵌入与目标受众搜索习惯、消费需求及平台算法高度匹配的核心词汇，以提升广告的可见性、相关性及转化效率。

通过遵循这些技巧和要求，可以写出吸引人且有效的广告标题，从而有助于广告在众多信息中脱颖而出，并成功吸引目标受众。例如，引人注目的广告标题——“立即行动！抢购限时折扣，优惠不容错过！”，简洁有力的广告标题——“发现生活的美好：5个简单的健康习惯”，使用数字的广告标题——“10种提升工作效率的方法”，情感共鸣的广告标题——“这些故事会让你重新相信爱情”。

第三节　广告正文

一、广告正文的构成

从文字结构来看，广告正文主要由三部分组成：

（1）开端。在标题和正文之间起承上启下的作用，既能衔接标题，又能为后面文字的展开进行铺垫。

（2）中心段。广告正文中的重要部分，主要是根据广告目标和要求，阐述商品的状况、品质及其优点。

（3）结尾，也叫“随文”。一般是为方便消费者或用户迅速付诸购买行动而做的服务方面的种种说明，比如售卖时间、地点、价格、服务保证以及电话、银行账号、厂址、联系人等。

二、广告正文的表述方法

广告正文是广告文案的主体。根据广告目标和广告主题的要求，在撰写广告正文时，可有很多种表述的模式。虽然文无定形，并非一定要依照固有的模式去写作，但这些模式所提出的写作要领和方法，对于实际的广告正文写作还是有帮助的。

（一）记叙体

记叙体就是以叙述的方式写作，它又可分为直叙式、报道式、对话式、文告式、目录式、证明式等形式。

直叙式就是以摆事实为主，让事实说服人的一种诉求方法，对广告商品或服务的特点，不加任何渲染和修饰，直截了当地、明明白白地表述出来。一般来说，直叙式文稿的魅力并不在于文稿本身的写作技巧，而在于广告商品或服务本身的诉求力量。

报道式文稿也被称为“新闻式文稿”，即用写作新闻的方式表现广告内容。因为一般受众都对新闻感兴趣，有一种好奇的心理。如果带着这种新闻意识来写作，无疑会收到好的效果。报道式文稿可以是对新闻报道形式上的模仿，采用新闻稿的格式，并且将之与新闻人物或新闻事件联系起来；也可以采用撰写新闻稿件的思维方式，突出有价值的东西。

对话式文稿就是将广告要传播的内容，通过两个或几个人的对话表达出来，这种形式显得活泼自然。对话式文稿需要材料集中，针对性强，禁止说空话、套话，并且要以口语为主，一般不用书面语言。对话式文稿常常用来解释某些价值较高、技术性较强或新面市的商品。

文告式文稿用途广泛，各行各业都可利用，其形式多种多样，如启事、声明、通知、海报、公告等均属此类。这类文稿大都观点鲜明，选材严格，篇幅短，有明确的阅读对象。因此，在用词造句时要准确，在结构安排上要层次分明、条理清楚。

目录式文稿一般按照固定的规格和项目撰写，有的还用一定的表格形式来分项填写，它的用途也很广泛，内容简短，项目齐全，语言平实，如影视剧节目广告、出版新书广告等。

证明式文稿是指为传递广告所要表达的内容，证明商品或服务的可靠有效，博得消费者的信赖，以借助权威方面的鉴定、奖评结果或各界知名人士、专家、学者、典型用户的赞美之词为依据写成的文案。这类文稿既可独立成篇，也可作为其他文稿形式的组成部分。

（二）描写体

描是描绘，写是摹写，描写体重在对商品或服务的特点进行具体形象的描绘与再现，把客观对象写得有声有色，给消费者留下具体而深刻的印象。描写体又可分为细写和白描两种形式。

细写式文稿是指以生动细腻的描绘和刻画，使商品或服务形象化，从而激发起消费者的情感和购买欲望。细写式文稿无论是刻画人物，还是描写景物，都要细致入微，而且文辞要优美、修饰要自然，这样才会有极大的冲击力和促销力量。

白描式文稿是指在描写时，不尚修饰、不加烘托，抓住商品或服务的特点，以质朴的文字，淡淡几笔勾勒出形象。白描原是指中国画用墨线勾描物象，不着颜色的画法，现用在写作中指那种不加辞藻修饰的描写方法。采用这种描写方法，往往能使人一目了然，容易产生信服的感觉。

（三）论说体

论说体以说理、议论为主要表达方式。其特点是以概念、判断、推理为主要形式，直接阐明道理。

在论说体文稿中，论点、论据和论证是不可缺少的要素。在写作时要注意论点必须正确，论据必须真实，论证要合乎逻辑。在论证过程中，可以恰当地综合运用各种表达方式，除运用议论外，也要运用说明、叙述、描写等手法。这些手法和议论交织在一起，直接或间接地为说理服务。

论说体又可分为事实论证和理论论证两种形式。

论说体要“明理”，但是如果离开事实，便无法明理。所以，用事实进行论证是论说体中最常见的一种论证方法。

理论论证的特点，是用已被实践证明了的科学原理、定理定律以及人尽皆知的常理等作为论据，来证明个别性的论点，也就是用已知的道理来分析未知的问题，从而得出新的结论。这种论证方法从逻辑上说是演绎推理，或称为“引证法”“事理论证”。

（四）说明体

说明体以说明为主要表达方式，对商品或服务的性质、特点、内容、功效等做出解释，使消费者能了解商品或服务。

这类文稿在解释、剖析商品时，一般要求客观实在、概念准确、判断恰当、分类清楚、种属分明；在语言上要求言之有序。说明体又可分为定义式、分类式、举例式、引用式、比较式、数字式和图表式等形式。

定义式文稿是指对商品或服务的本质和它所属的范围，用简洁而明确的语言进行概括，广告内容要阐释明白，条理要清楚。

分类式文稿是指根据商品或服务的形状、性质、成因、功用等属性的差别，分成若干类别，分别加以说明，简明扼要地让消费者了解。

举例式文稿是指举出实际事例来说明商品或服务，使所要介绍的商品或服务具体化、形象化，以便让消费者理解。

引用式文稿是指说明商品或服务时，引用一些同类的或有关的资料，以充分说明所要说明的内容，或者作为说明的依据。引用说明所引用的资料，可以是权威著作、科研资料，也可以是谚语、民谣、传说、诗歌等。引用的方式可以多种多样，既可摘引原意，也可以直接引用原文，但引用的资料必须确凿可靠。

比较式文稿是指将自己的商品或服务的特点，在同其他商品或服务的比较过程中显现出来。用来比较的商品或服务必须是同类，或虽然类别不同，但有某种共同点。需要注意的是，应遵从公平竞争的原则，不可诋毁、攻击同类商品或服务。

数字式文稿是指在说明某种商品或服务时，依靠罗列数字来说明情况。文稿中所引的数字一定要准确，不准确的数字绝对不能使用，像“大约”“有些”这类表示约数的词以不用为宜。另外，对数字的使用要把握好量，并不是数字越多越好。数字的使用要视说明的需要而定，应力求做到恰到好处，不可堆积。

图表式文稿是指为了把商品或服务说得更加清楚、明白，而在文稿中用图片或表格显示。

（五）文艺体

文艺体是指借助形象思维，以记叙、描写、抒情、说明等为主要表达方式，对商品或服务进行形象化的描述。这类广告文稿一般都讲究文采，语言以准确、形象、生动、潇洒、自然和有节奏感为特色，还可塑造人物形象、编织故事情节，以增强文稿的趣味性和生动性。这类文稿又可分为诗歌、对联、戏剧、故事、曲艺等形式。下面主要介绍诗歌式、戏剧式和曲艺式。

诗歌式文稿是指以浓厚的抒情语调来叙述商品或服务，寓一定的情节和人物形象于诗行之中。诗歌式文稿又包括自由诗、格律诗、民歌等等。

戏剧式文稿是指运用戏剧这门综合性艺术，借用戏剧中的各种艺术手段来表现广告信息。戏剧式文稿可以不追求完整的故事情节和细腻的人物刻画，而通过文学、音乐、美术、舞蹈等要素，给人以新颖、独特、风趣、幽默的感觉。

曲艺式文稿是指采用曲艺形式，以故事、传说、神话等为创作体裁，把广告内容编成相声、说唱以及快板等，以博得消费者的喜爱，收到事半功倍的效果。

三、广告正文写作的基本要求

广告文案人员并不是根据现成材料来撰写广告正文的，他必须参与广告创作的整个过程，透彻地把握有关消费者、商品或服务及市场等的基本情况，在此基础上才有可能用恰当的文字将广告的诉求重点、商品的基本特性等信息传达给消费者。据调查，阅读广告的人，只有很小的比例去读正文。怎样吸引更多的人去看正文，接受正文所提供的信息，对广告文案人员是一个很大的考验。

广告正文的写作，要符合以下几方面的要求：

（一）简明扼要

走在街上的行人看到广告牌，目光往往一扫而过，很少驻足观看；阅读报纸时，读者遇到广告，多半匆匆浏览一下，不会像读新闻那样认真；而收听收看广播电视广告时，很少有人聚精会神。面对受众接收广告信息的这种情况，广告文案人员应该明白，如果广告正文写得啰唆、冗长，就会失去很多受众，因为几乎没有人会耐下心来阅读或倾听很长的广告正文。

但广告正文的长短是相对的，并不能一概地说文字越短越好。一般的日常用品，消费者对其性能已基本了解，广告正文可短些；而某些新产品、机电产品、高档消费品等，往往需要对其性能做详细介绍，广告正文可长些。不同的广告媒体对广告正文写作的要求也不同。报纸、杂志、直邮广告等，广告内容可详细些，广告正文一般比较长；而广播广告、电视广告、路牌广告等，广告正文则要简明扼要。

（二）重点突出

广告正文的篇幅不可能很长，所以在写作时一定要注意突出重点，也就是突出广告的主题思想、诉求重点。有的广告正文追求面面俱到，除了介绍商品的性能、特点、使用方法、质量外，同时还介绍企业的历史、售后服务措施、购买的方法等。这种广告表面看来似乎信息量很大，但由于消费者抓不住重点，反而使广告的主要信息流失，传播效果受到影响。

（三）措辞得当

广告正文的写作，要根据广告对象的特点，选择相应语言文字来表达，这样才有可能使消费者产生认同感。例如，广告的目标对象是文化水平较低的消费者，使用的语言文字就应该浅白一些。面向农村市场的广告和面向城市市场的广告在语言文字上也应有所区别。

广告商品所具有的特点，也是广告措辞时需要兼顾的。广告商品是工业用品、医疗器械、科学研究用品，一般要用客观、准确的语言文字和描述方法来介绍；广告商品是日用品，如香水、首饰、时装、手表等，就可以使用让人产生丰富联想的词句，对从商品本身派生出来的特点进行描述，通过各种想象的形式来表现商品，让消费者感受到广告商品所具有的情调、风格，促使其购买这类商品，获得物质和心理上的双重满足。还有一些价格昂贵的耐用品，如家用电器、小轿车等，介于上述两类商品之间。消费者既想知道商品的风格、时髦程度，又想知道商品的具体技术和质量标准。在介绍这些商品时，可以综合运用上述两种措辞风格。

（四）生动有趣

很多人是由于受标题的吸引而继续阅读广告的，如果广告正文部分枯燥乏味，消费者就很难卒读了。因此，广告正文的撰写，要生动有趣，富有文采。在开端部分就应先声夺人，一下子吸引住消费者。主体部分要结构紧凑，语言活泼，具有趣味性和人情味，使消费者能将广告正文从头读到尾。

（五）有号召力

广告的目的，是通过告知、说服和动员，使消费者对商品产生印象并采取购买行动，因此，广告文稿必须有鼓动的力量。首先要让消费者感到真实可信，常用的办法是提供说明商品功能的证据，或是由公认的权威，或是通过可信的科研证据加以证实。在用词用语上要避免虚夸，以免给人言过其实的印象。

为使消费者采取购买行动，美国通用电气使用更富于想象力的说服办法，可资借鉴。该公司在某年圣诞节期间刊发了一则推销大摆头真空吸尘器的广告，目标对象是家庭主妇。广告全文均是鼓动家庭主妇如何向丈夫暗示，买一台吸尘器作为圣诞节礼物送给她们，并如何才能有把握让他们“非买一台不可”。广告告诉主妇们：如果按广告出的主意去做，那一定会说服她们的丈夫。广告的最后一句：“这样一来，你家的圣诞节将是有史以来最快乐（也是最清洁）的节日。”

除了以上要求外，广告正文的写作还要符合人们对商品或服务信息接受和理解的思维逻辑。广告标题与插图起开门见山的作用，用以吸引消费者的注意力和兴趣，而广告正文则是对广告标题的发挥，一般是按这样的顺序来写作的：

（1）对广告标题许诺的说明。

（2）对广告标题许诺的证实。

（3）介绍商品或服务与同类商品或服务竞争的优越性。

（4）对所要达到的推销目的的说明。

第四节　广告口号

广告口号又叫“广告标语”。口号本来是一种战时鼓动性语言，后来广泛运用到政治、宗教、艺术、商业及各种群众运动中去。口号反复使用，可以给人以强烈的印象，从而成为鼓动民众行动的力量。口号用在广告传播中，就叫作“广告口号”。广告口号也被称作“广告语（词）”。

一、广告口号的作用

广告口号是一种较长时期内反复使用的特定商业用语，一般为简明扼要但意义完整的一句话，具有较强的鼓动性和传播力。

广告口号浓缩广告的主要信息，能以最简短的文字把企业的经营理念、商品或服务的独特性等表达出来，加深受众对广告主体信息的印象。广告口号还可以保持广告活动的连续性，使人一接触到某则广告口号，就联想起广告商品或广告内容。具体说来，广告口号可有以下作用。

（一）传达和加强企业的经营理念

由于广告口号可以在一段时间里反复使用，企业的经营理念以及商品或服务的独特性等，就可以通过广告口号持续不断地灌输给目标受众，并不断予以加强。例如，我国改革开放之初，日本产品为进入中国市场，在我国投放了大量广告。其中，索尼提出“将以卓越的电子技术，为中日友好做出贡献”的广告口号，以博得中国消费者的好感。日本精工表的广告口号“为社会各领域，提供准确计时”，把精工表的商品特色和企业的经营目标概括出来，使社会公众和消费者对其有比较清楚的认识，发挥了其他一些宣传手段不能发挥的作用。

（二）促进记忆，加深受众印象

广告口号凝练了企业的经营理念、商品或服务的独特性等，一般都简短明了，易懂好记，而且在运用中比较灵活，便于受众接触、领略、认同。例如，雀巢咖啡的广告口号“味道好极了”，农夫山泉饮用水的广告语“农夫山泉，有点甜”，都是大白话，既易于上口传诵，又方便入脑存留。经反复传递，这些广告口号及其商品，都给受众留下了深刻的印象。

（三）创造流行，丰富社会文化

广告口号的创作，也是文化建设的一个部分。好的广告口号，经广告传播后，能够较快地流传开来，成为流行语，汇入社会语言的长河中。例如，“困了累了，喝红牛”，“让我们做得更好”，“Just Do It”等。广告文案人员应充分发挥自己的才智，创作出更多更好的广告口号，为丰富社会文化做贡献。

（四）广告口号与广告标题的差别

广告口号与广告标题很相近，有时被混为一谈，但二者的差别还是很明显的。

首先，从组成上看。广告标题可以是一句话也可以是一个词或词组，而广告口号必须是意义完整的一句话。

其次，从运用目的上看。广告标题的目的是引起消费者注意并进一步阅读广告正文，广告口号的目的则是使消费者建立一种观念，用以指导他们选购商品或服务。

再次，从设计布局上看。广告标题必须与正文放置在一起，往往放在广告作品中最醒目的地方，应与照片、插图等有机地结合。广告口号可以单独使用，即使放在广告作品中，其位置也不受特殊的限制。

又次，从运用方法上看。广告标题经常是一次性使用的，一则广告一个标题。广告口号却可以多次重复出现在不同的广告中，而且，只有反复使用才有意义。

最后，从适应程度上看。广告标题在不同媒体平台的表现形式和功能作用略有差异，但是广告口号则是多重适应的，适应性更强。

二、广告口号的类型

把广告口号划分成不同类型，从不同侧面认识和把握广告口号，也可以提供撰写广告口号的手法和思路，有助于广告口号的创作。其划分方法有多种，比较常见的是按照职能来划分。广告口号可分为突出商品特性型、展现企业形象型和促进销售型。

（一）突出商品特性型

这类广告口号以强调商品的特点为主，以凸显商品个性、对消费者做出利益承诺和塑造商品形象等作为出发点。或突出给消费者带来的好处，或含蓄地表达商品的优点，例如：

晶晶亮，透心凉（雪碧汽水广告）
钻石恒久远，一颗永流传（戴比尔斯钻石广告）
骆驼进万家，万家欢乐多（骆驼电扇广告）
初恋般的感觉（小洋人妙恋奶广告）
人头马一开，好事自然来（人头马白兰地酒广告）
金利来，男人的世界（金利来领带广告）
你简直不知道你的黄牙锈都到哪里去了（百素丹牙膏广告）

（二）展现企业形象型

这类广告口号或是突出企业的历史与传统，或是反映企业的国际性或其市场规模，或是标榜企业的技术水准，或是以反映企业未来为主题，展示企业的经营理念、企业的社会价值及公共服务性。其中心和重点是为塑造、展现企业美好的形象服务，例如：

单反相机的历史就是潘太克斯的历史（潘太克斯相机广告）
我们的主要产品是进步（美国通用电气广告）
联结全世界（东京银行广告）
真诚到永远（海尔广告）
百万的企业，毫厘的利润（奥尔巴克百货公司广告）
与九州1 200万人民在一起（日本九州电力广告）
只要认准是威斯汀豪斯字号，那你就尽管放心（美国威斯汀豪斯汽车公司广告）

（三）促进销售型

这类广告口号主要是号召消费者采取购买行动，往往运用鼓动性的词句，直接动员消费者购买广告商品或服务。有些广告口号还将突出商品或服务的优点及号召购买结合在一起，例如：

请喝可口可乐吧（可口可乐广告）
请选择太平洋联营公司吧（百货商场广告）
星期六是吃手卷寿司的日子（日本寿司店广告）
喝口 Seven-Up 汽水提提神（七喜汽水广告）
大宝，明天见。大宝，天天见（大宝护肤品广告）

三、广告口号写作的基本要求

广告口号是品牌或商品的核心口号。它简短、易记，能够快速传达品牌理念或商品特点。以下是广告口号的特点和书写方法：

（1）明确核心信息。明确广告诉求，确定广告口号要传达的核心信息或品牌理念。

（2）使用关键词。精挑细选，选择能够代表品牌或商品的关键词和核心利益点。

（3）创造性表达。尝试不同的表达方式，使广告口号新颖、有趣。

（4）测试易记。确保广告口号易于记忆，可以通过重复测试来验证。

（5）考虑受众文化背景。考虑目标受众的喜好和文化背景。

（6）使用韵律和节奏。利用押韵、节奏等语言技巧，提高广告口号的吸引力。

（7）避免复杂性。避免使用复杂或难以理解的词汇和结构。

（8）反复打磨。不断修改和完善，直到达到最佳效果。

（9）考虑视觉呈现。考虑广告口号在不同媒介上的视觉呈现效果。

（10）进行市场测试。在发布前进行市场测试，收集反馈并进行调整。

（11）朗朗上口。反复朗读几遍，避免有拗口和不通顺的情况。

例如，耐克的“Just Do It”简洁、有力，鼓励人们追求卓越，具有强烈的行动号召力。

苹果电脑的“Think Different”强调创新和独特性，与品牌形象紧密相连。

广告口号集中体现了广告的整体战略思想，是对广告主题、广告表现等的高度概括。从某种意义上说，广告口号可谓一则广告的灵魂。而且，广告主还可能对撰写广告口号有具体的限定和要求。因此，创作出简洁、贴切、明晰、有独创性和有趣味性的广告口号，是一项艰难的工程。具体说来，要注意以下几点：

（一）要简明易记

广告口号的目的，在于通过反复不变的传播过程，使消费者对商品、服务或企业留下印象。因而广告口号一定要简短，便于口传诵读，易于记忆。例如，一则香皂广告的广告口号“今年二十，明年十八”，短短八个字，就高度地概括出香皂美容、使人年轻的功能，疑似夸张，却又十分迎合商品的目标消费者——女性的心理，且又非常通俗，一经上口，即可入脑。

要达到这一要求，首先要善于抓住商品或企业的特点，将其功效、品质的特点予以概括。例如，台湾地区有一则针对孕妇的补品广告，就用“一人吃，两人补”的广告语将产品效能简洁地表达出来。其次要尽量使用口语化语言。以上各例广告口号无不朗朗上口。群众的语言、生活中的话语，是长期积淀的结果，是经典的，因而也会是简明的。最后是尽可能地利用节奏韵律，使广告口号节奏明快，字句铿锵，如“活力28，沙市日化”，读起来就有韵律、节奏感，当然就容易记忆。

（二）要富有特色

一个平淡无奇、毫无特色的广告口号，很难给消费者留下印象。因此，要尽量使广告口号与其他企业或商品的广告口号区别开来。例如，作为化妆品广告，欧蕾化妆品广告语是“我是你的高中老师”。一位女教师使用了欧蕾化妆品，被高中男生错认为同学。此种场景和话语的奇想，就很有个性特色。以后要有化妆品广告跟进，使用所谓“初中老师”“小学老师”，将是模仿复制，拾人牙慧罢了。

要使广告口号有特色，就要注意与众不同，使之成为品牌意象的“特有语汇”。四川恩威的洁尔阴洗液，其效用众所周知，又不宜明言。一句“难言之隐，一洗了之”的广告语，就把产品的特殊功效在雅俗之间清晰明白地表达出来了，显得很有特色。要能产生联想，也是使广告口号个性化的一个创作思路。例如，美加净的颐发灵“聪明不必绝顶”、丰韵丹的丰胸产品“没有什么大不了的”等广告口号，就把商品卖点与消费者的想象联系到一起，开辟了联想空间，加深了消费者对商品的印象。

在创作广告口号时，注意兼顾企业或品牌的名称，也能起到与同类其他广告口号区隔的作用。“一旦拥有，别无所求”，如果没有特别提示，很难想到是手表广告，更不能知道是什么品牌了。而“武汉一枝花，洁净千万家”，虽优雅性稍逊，但指向明确，不致歧义。

（三）要有感召力

广告口号应该具有某种魅力，产生号召、鼓动、感染的力量，才可能产生效力。例如，人头马白兰地酒的广告口号：“人头马一开，好事自然来”，就非常具有感召力。

广告口号写得生动、有趣，也会产生一种感召力。例如，“喝了娃哈哈，吃饭就是香”充满生活情趣，“牙好，胃口就好，身体倍儿棒，吃嘛嘛香”亦庄亦谐，都是能打动消费者的广告口号。

激发消费者的兴趣，才会引起注意，发挥感染作用。日本丰田汽车在中国做广告，其中有一个广告口号是“车到山前必有路，有路必有丰田车”，套用中国的俗语来突出广告主题，构思独特，别具新意，就引起了很多人的兴趣，曾经一度到了家喻户晓的程度。同样是日本汽车企业，三菱汽车的广告口号是“有朋远方来，喜乘三菱牌”，日产汽车的广告口号是“古有千里马，今有日产车”，形式上和丰田汽车相似，但其感召力就逊色得多。

撰写广告口号，也要倾注情感，使之富有哲理，这样才能与消费者进行交流，产生互动。“其实，男人更需要关怀”（丽珠得乐广告），消费者在充满温情与关爱中接受了广告商品。“只有时间比欧米茄更尊贵”，既有情感，又具哲理，消费者自然感同身受。

（四）要注意文化认同

随着经济全球化的深化，广告传播越来越国际化，而随之而来的是广告传播如何地方化的问题，即跨文化传播的问题。由于广告口号在广告传播中的特殊地位，国际广告口号如何在当地落地，是需要引起高度重视的。现举几则反面例子为鉴。

美国肯德基炸鸡的广告口号是“香得令人舔指头”，如果翻译不当，则变为“香得把你的手指头吃掉”。最初英译汉就是这种译法。

美国波德鸡的广告口号是“只有强悍的男人才能做得出鲜嫩的鸡”，而在墨西哥，广告牌上却写着：“只有大力士才能唤醒波德鸡。”

布英尼尔推销室内装潢产品的广告口号是“轻松似飞翔”，结果在西班牙，被人们认为是“裸体飞翔”。

（五）要有承接和转化

广告口号虽然在一段时间内反复使用，但并非一成不变。随着市场变动和企业营销目标的调整，产品更新换代，广告诉求重点转移等，广告口号应相应地有所创新。这种创新应注意承前启后，处理好连贯与转化的关系。既要注重品牌形象的一贯性，又要考虑市场变化和营销策略的需要。雀巢咖啡“味道好极了”，数十年一以贯之，与其产品和经营方针是相适应的。而可口可乐一直以运动、活力作为营销主线，同时又迫于市场竞争压力，一百多年来，广告口号处在既变又不变之中。

可口可乐广告语的变迁大致如下：

1886 年（刚上市）提神美味的新饮料

1890 年 可口可乐——令你精神爽朗，回味无穷

1905 年 可口可乐——保持和恢复你的体力

20 世纪 20 年代 令人精神爽朗的时刻

20 世纪 40 年代 可口可乐——全球性的符号

20 世纪 50 年代 可口可乐的欢欣人生 真正的活力

20 世纪 80 年代 挡不住的感觉

20 世纪 90 年代 永远是可口可乐，这就是可口可乐

21 世纪 要爽由自己

（六）要有多重适应性

广告口号是品牌或商品在多种媒介中长期、反复使用的，因此要具有以下三方面的适应性。

首先是时间适应性，适应现在和未来的发展，日后长期使用无过时感。

其次是媒介适应性，适应不同符号传播的各种媒介的传播特性。

最后是地域适应性，适应不同地域受众的语言习惯和文化心理需求。

第五节　各类广告文案的写作要点

广播电视广告文案与平面广告文案的写作要求相比，有其相同之处，但由于媒体的传播特点、传播方式等的制约，也有不少区别。广播以声音诉诸听众，电视以声像诉诸观众，因此，广播电视广告文案的写作，更有一些特殊的要求和技巧。而且，广播电视广告一般只有数十秒甚至数秒的时间，在运用一些传播要素时要更精练、更经济、更艺术。

广播电视广告的文案部分，主要以解说词为主。在广播电视广告创作过程中，脚本的撰写、故事版的绘制等多有涉及语言文字的问题，但这些属于策划设计广告阶段的创作活动，可以不归入广告文案之列。

广播电视广告解说词包括画外音解说、演员台词、字幕、歌词等。有些写作要领与一般的广告文案类似，但也有其特殊的要求。

一、广播广告词的写作

广播广告利用电波传播信息，以声音诉诸听众，因此，广播广告要注意扬长避短，充分发挥声音的优势。广播广告由广告词、音乐、音响三方面的要素构成。除了注意恰当地发挥音乐、音响等要素的作用外，广播广告词的写作也至关重要。

广播广告词的写作，同报纸杂志的广告文案有一定区别。广播广告主要通过声音传递有关信息，因此，广告词首先就要让听众听得清楚明白，易于理解记忆。在写作时，要特别注意以下几点：

（一）简明易懂

广播广告的声音转瞬即逝，听众在收听广告时注意力往往并不集中，因此广播广告的广告词应尽量简短，多用短句，少用修饰语，注意口语化。

（二）适宜口播

广播广告的广告词主要是由播音员或演员口头表达出来的。因此，广告文辞要富有节奏，适宜朗读或口述。播音时也要注意掌握速度，太快了会使听众难以听清楚，或者听起来感到疲劳，太慢了则会显得拖沓沉闷。

（三）重点突出

一则广告只能突出一个主题，要在广告一开始就能明确重点、富有特色，一下子就抓住听众的注意力。需要重点突出的词句，更要简明扼要，以便重复朗读。特别是商品的名称，反复说明以后，才可能为听众所记忆。

二、电视广告词的写作

电视广告以声音和图像两个方面诉诸观众，具有综合优势。虽然电视的画面语言能够对观众产生强烈的吸引作用，但对电视的语言文字也不能等闲视之。它通过话语和字幕，补充、加强电视图像，与画面语言相互配合，相得益彰，是电视广告作品不可或缺的组成部分。

电视广告词的写作，除符合以声音诉诸受众的传播特点外，还要注意以下方面：

（一）不是对电视画面的简单解说

电视广告的解说词应当尽量拉大和广告具体形象本身的距离，注意从心理和感情层次上接近观众，不要用看图说话的方式，见山说山，见水说水。解说词应根据广告主题的需要，去补充完善画面形象的不足，延伸、扩展与深化画面，向观众提供画面之外更多的信息、无形的信息，把握好解说词与画面的内在联系。

（二）不必追求自身表达的完美无缺

电视广告解说词不必像写文章那样，结构完整无缺，表达细密周全。应注意基于电视传播的特点、电视解说词的非独立性，电视广告解说词不必独立成章。电视广告解说词，结构可不严密，形式可不完整，语句可不连贯，语言自身逻辑关系允许有明显的缺憾和不足。而这些缺憾和不足，恰恰为电视其他表现要素开辟了天地。如若追求语言文字自身形式的完美，将是电视广告解说词写作的大忌。

（三）不要去描绘事物的外部形态

电视广告主要通过画面形象来再现事物，因此，解说词就不必画蛇添足，再用语言做一番描述。电视广告解说词，一方面要具有画面感和形象感，运用巧妙的语言引导观众强化对画面形象的感受，揭示画面内涵和画面组接的逻辑关系；另一方面，又要注意不能用抽象笼统的语言文字去描绘具体形象的事物，应尽量避免直接描写。

三、互联网等新媒体广告文案的写作

互联网作为传播媒介以后，广告的形态随着技术的变化日趋多元，发展迅速。多种复杂的广告类型都以新媒体广告一言以蔽之。新媒体是一个相对的概念，这里的“相对”指的是在一定时间内新媒体应该具有相对稳定的概念内涵。同时，新媒体也是一个发展的概念，这里的“发展”指的是以往没有出现或者被广泛应用的物质手段正成为广告媒介。广告作为一种信息，必须依附于一定的物质手段才能传播。因此凡能在广告主与广告对象之间起媒介和载体作用的物质手段都可以被视为广告媒介。广告的基本功能还是传递信息，那么新出现的技术手段和传播媒介，也都有广告应用的潜质。广告媒介的市场是动态的，现在的媒介形式不断适应广告化生存的需要，新的媒介形式不断出现和得到应用。而作为广告主的企业则不再单纯地满足于传统的广告形式，而越来越重视自我掌控的、付费方式透明多元的会展、活动、终端、新产品、新媒体、客户关系管理等。

寻找和应用新的广告媒介，一般遵循以下三个原则：

（1）在新出现的科技成果中寻找。

（2）通过细心观察开发广告媒介。广告媒介中逐渐出现了“周围媒体”，任何承载信息或者能够吸引注意力的物体都可以被开发为广告媒介。

（3）对传统媒介进行改造和重新利用，不断推陈出新，加强媒介融合。

新媒体广告文案的写作原则如下：

（1）信息真实原则。

（2）全面袒露原则。

（3）多元旁证原则。

（4）即时沟通原则。

新媒体广告文案的写作需要注意以下问题：

（一）依附于媒介形态

广告文案的写作板块——标题、正文、口号和随文，会依托于不同的媒介形态而有不同的位置和功能。不同媒介有不同的属性，有不同的长度篇幅、语言风格、布局以及速度、频率和时机等的要求，因此新媒体广告文案依托于媒介形态的语言特征，以口语化表现偏多，社交媒体上会利用相对平等的意见领袖风格。广告文案的主体内容需要将趣味性和逻辑性相结合，和当下时事热点相结合，利用网络热梗，制造网络迷因。

（二）依托于空间与语境

新媒体广告文案要与广告出现的场景高度契合，语言轻松活泼、感染力强，其广告内容或媒介形式会成为消费者当下时空的主要信息来源与关注点。同时，新媒体广告文案也要有效地和其他行为结合和互动。广告文案写作要紧密结合传播空间和上下文语境，依托于语境与场景，分析平台提供的数据，与投放对象紧密结合，据此实现物理空间与心理空间的个性化投放和精准营销。

（三）依附于新知识、新信息的传播

万物皆媒，一切物体都被赋予了传播的可能性以后，广告不仅是推销商品或服务的单一手段，而且承担起传递有价值的信息和知识的功能，符合广告的内容化发展趋势。受众也许会对广告产生回避行为，但是对优质的内容和有价值的信息一直有需求。因此，新媒体广告要成为承载新知识、新信息的有效平台，也成为品牌与消费者沟通的桥梁，助力二者建立更持久和深入的联系。基于此，新媒体广告文案更侧重于兼具逻辑性、可信度和趣味性的长文写作。

（四）多媒体形式的搭配

新媒体广告融合了多种媒介形态，因此更注重广告文案的逻辑与位置、广告文案与视觉符号及行为流程的搭配，通过多种媒介形态来展示不同的信息层次。在这一过程中，广告文案要适时地提供关键信息和关键利益点，同时设计交互环节，加强互动性和对话感，此外也要整合和利用用户参与内容，设计跨媒体的链接，优化整体的内容布局和逻辑。标准化专业化设计展示的广告文案，指向明确，直击痛点，强调稀缺，突出功效和

核心利益点，引发用户好奇心，设置关键词，提供有价值的信息来不断吸引用户，同时利用新媒体的实时性，更新广告内容，确保信息时效性。

四、人工智能与广告文案写作

2023年初，ChatGPT掀起人工智能（AI）科技热潮，关于AI未来发展和落地场景的讨论如火如荼。广告营销行业是最快与AI结合并产生实际落地效果的领域之一，其在消费市场分析、文案生产和创意广告生产等领域已有诸多突破。在海外，包括Meta、Google和Amazon都在加速生成式AI制作广告的进程。例如，Meta在2023年3月推出了Advantage＋自动生成广告系统。在国内，众多广告营销公司和品牌也开始将AI与实际的业务需求相结合。例如，百度营销在2023年9月发布全球首个AI Native营销平台“轻舸”，多个品牌如飞猪、伊利、美团优选相继发布由AI创作的广告作品。

其中，由AI创作的广告文案因其生成效率高和应用范围广受到高度关注。随着互联网广告的迅猛发展，市场对广告文案的需求量急剧增长，面对人工成本不断攀升的压力，不少公司开始研发广告文案智能生成技术，以此技术生成的文案被称为“智能广告文案”。纽约创业公司派萨多（Persado）研发的人工智能写作系统，能生成16种风格的电子邮件标题和100字到600字的广告正文；日本广告公司电通安吉斯（现更名为电通国际）研发了广告文案智能生成技术。在国内，京东研发的“莎士比亚”系统一秒钟能生成上千条广告标题和与之匹配的广告正文；阿里巴巴研发的“悉语·智能文案”系统一秒钟能生成20 000条不同风格的广告标题。此外，智能广告文案开始尝试应用于信息流广告、电商广告、邮件广告、搜索引擎广告等互联网广告中，这几类广告都具有广告文案在广告作品中分量重、更换频繁、需求量大的特征。

广告行业被AI替代的声音一直不绝于耳，尤其以创作类的工作为甚。但经过测试与研究，人工智能虽生产效率高，却在内容质量和修辞能力上不尽如人意。因此，广告文案的职能与具体工作定位要相应发生变化。目前，AI技术正在广告创意和文案写作中发挥越来越重要的作用。AI技术可以通过数据分析理解消费者的需求和行为模式，从而生成个性化和高效的广告文案。然而，广告文案的写作是一个复杂的过程，其中包括策略单解读、广告目标确定、遣词造句、依据不同媒体平台创作等，这些工作在短时间内不可能完全被AI代替。在人工智能对文案生产效率的急速提高引人关注的同时，我们要用更加开放的心态看待人工智能对广告文案的影响。目前，它还是一个正在讨论的问题。

思考题

1. 什么是广告文案？现在的媒体环境对广告文案提出了哪些新的要求？
2. 广告标题的写作要注意哪些问题？
3. 广告正文的写作有哪些基本要求？
4. 怎样才能写好广告口号？
5. 你认为AIGC自动生成的文案可能会存在哪些问题？

第九章

广告设计与制作

本章要点

- 广告设计的视觉构成
- 平面广告的设计与制作
- 视听广告的设计与制作
- 户外广告的设计与制作
- 新技术在广告设计与制作中的应用

广告的设计与制作，是运用各种方法和技巧，将广告创意具体化、形象化，最后形成广告作品的过程。广告制作成功与否，关系到广告创作的目标能否最终实现，影响着广告信息传播的有效程度。不同类别的广告作品，在设计与制作上有不同的要求。

第一节　广告设计的视觉构成

在比较多的情况下，广告受众是通过视觉来接收广告所传递的信息的。在设计广告时，需要有效地运用各种表现形式，以增强广告的视觉效果。

构成广告的视觉要素，主要有布局（构图）、语言文字、图画、色彩以及其他一些符号。除语言文字外，其他要素都属于非语言文字符号。了解这些要素的基本特征和运用方法，有助于我们更好地设计和制作各类广告。语言文字要素已在第八章进行了详细介绍，在此不赘述。这里主要介绍布局、图画、色彩三大要素。

一、布局

所谓布局，就是在一定的平面空间里，对广告传达的内容所必需的各种要素做适当的关联和配置，使其相辅相成，构成一个整体，对消费者的视觉形成刺激和冲击。电视广告中，每一个画面实际上也是一个平面，也涉及布局问题。在进行布局时主要注意以下方面：

（一）分清主次，突出重点

广告在平面空间里需要表现各种各样的内容。由于广告主题的要求，这些内容会有主次轻重之分，因此在布局时要对重点表现的内容予以突出。

一是把重点内容尽量安排在视觉中心的位置。在一个平面上，由于地心引力的原因，有一个力场问题，使人们对平面空间的各部分产生不同的感觉。一般上、左部分感觉比较轻松、流动和自由，下、右部分则比较压抑、紧密和沉重。人们的视线一般很快会转移到平面的中心，这个中心不是平面的几何中心，而是比几何中心稍高一点的位置，即视觉中心（见图 9－1）。重要的广告内容应放在视觉中心的区域，然后再依次安排其他内容。

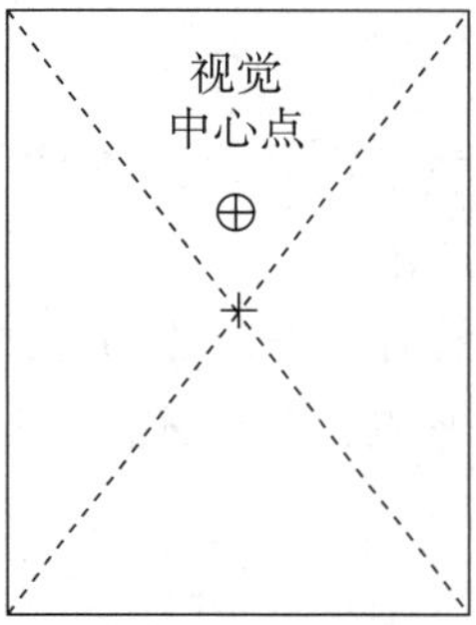

图 9－1　视觉中心示意图

二是通过增加强势的方法，即增加广告内容自身的刺激强度，如对重点内容采取加大空间、改变字号字体、运用对比等办法，以引起消费者的注意。

（二）巧妙组合，合理配置

在进行布局时，要能巧妙组合，即把照片、图表、商品名称、标题、正文、广告语、商标、价格、公司名称、地址等广告内容有机地联系起来，进行合理的配置。一则广告可能包括多种要素，可以利用它们之间的某些联系，把它们组合在一起，增加刺激强度。例如：文字和照片的组合，既使消费者直观地看到广告商品的形象，又通过文案使广告商品得到进一步理解；广告标题和广告语的组合，使消费者从不同角度和它们的相互呼应中加强对广告商品或企业形象的认识。另外，还可以利用形状、颜色、距离等要素的搭配，对消费者的视觉产生冲击力。

（三）既有变化，又要统一

平面广告能否吸引消费者，首先在于版面必须美观，使人赏心悦目。要使版面的布局结构美观，必须做到变化与统一相结合。布局有变化，版面才富有生气；但又要有统一，才能使广告的各要素条理清晰，构成一个整体。因此，进行布局时要注意变化与统一的紧密联系，在变化中贯穿着统一，在统一中包含着变化。

变化的方式可有多种：一是体裁的变化。一则广告应该包含多种要素，有图有文，使版面显得丰富多彩，才能产生多重刺激。二是文字的变化。广告标题、广告语、正文和随文等，都可在字体、字号、排列方式等方面进行适当的改变。三是空间的变化，特别是恰当地运用空白，以凸显广告诉求重点。例如，2023年电影《芭比》即将上映时的一则平面广告，在整个粉色的广告画面中只有最下方有一行文案“7月21日 先粉一波”，除此之外再无其他视觉元素，从而将电影的上映日期作为核心信息凸显了出来。四是色彩的变化、线条装饰的变化等。

同时，在进行布局时更要注意在变化中求得统一。这就要求布局均衡、有秩序、比例协调。平面广告设计的要求虽然与一般版面设计不尽相同，但也需要遵循一些构图的基本法则，如对称法则、均衡法则、对比法则、分割法则等，使版面或者匀称、规则，或者活泼、生动，或者庄重、大方等。

二、图画

广告图画是指广告中的插画，包括广告绘画和广告摄影。广告图画是广告作品的重要组成部分，能够产生强大的视觉冲击力。

由于图画具有直观形象性，能够在广告作品中形象地传达广告信息，更能吸引消费者的注意力，增强广告的说服力，所以，“一图值万言”，必须高度重视图画在广告中的运用。

（一）广告图画的表现形式

广告图画根据产品类型、生命周期等的不同，大体上可分为三大类型。

一是写实型。着重表现商品的外在形象和特征，家用电器、时装、汽车等多采用这种形式。

二是寓意型。主要通过象征物与被象征物在内容和形式上的某些联系，使被象征物的特点得到强烈而集中的表现。化妆品、食品、日化用品等常用这种形式。

三是暗示型。通过再现商品的某一方面，间接地表现出与它有联系的其他方面，对复杂的内容用精练、简洁的形式加以表现。

具体的表现方法有：

1. 直接展示商品本身

以商品自身作为画面的主体，展示商品所带来的魅力，使消费者能够直接感受到，并产生好感，如照相机、汽车、通信工具等。

2. 展示商品的局部

在画面上着重突出商品最有代表性、最有特点的部位。例如对一些机械产品，通过特写镜头展示其特别之处，能增强消费者的信赖感。

3. 将商品置于一定的背景之中

根据商品的特点，将之放在适当的背景中展现，通过背景衬托商品独特的性能、功用等。例如，把饮料放在清凉的溪水中，让越野车在崎岖的山路上行驶。

4. 使商品正在使用中

将有关商品正在使用的状况展现在画面上，使消费者通过视觉形象推断或联想商品的某些优点。例如，表现饮料正在被人饮用，展示时装穿在模特儿的身上。

5. 使商品处在试验中

用试验的方法验证商品的质量、性能等，增强对消费者的说服力。

6. 用名人推荐

用人们熟知的人物，如歌星、影星、体育明星、权威人士等推荐商品，把商品与名人联系起来，以增加商品的附加值。

7. 画面具有象征性

利用神话传说中的人物形象与商品进行有机的联系，使画面具有某种象征意义。

8. 画面具有夸张性

用奇特、夸张的画面来吸引消费者的注意，从而使消费者对广告商品留下深刻的印象。

（二）广告绘画

广告绘画是广告图画的一种类型，或者称为“广告画”，有多种表现手法，如水彩画、素描画、剪影画、线条画和漫画等。其最大特点是能够把一些抽象的、夸张的内容形象化。反映社会问题、反映服务内容的广告，企业广告等，较多运用广告绘画。

广告绘画不同于一般的艺术绘画，其创作目的是与广告作品中的其他部分相配合，共同为广告主题服务。构思广告绘画时，要考虑与文字的关系，注意图文相互配合。同时，还要考虑与媒体传播特点相适应的问题。报纸广告的绘画，应力求简洁；路牌广告的绘画，则要精美，更具观赏性。

（三）广告摄影

广告摄影是通过各种造型技巧，在二维的平面上塑造出物体的三维形象。由于广告摄影照片具有较强的说服力，制作比较简单，有比较丰富的表现手段，因此，在各种平面广告中有较高的使用率。

广告摄影包括拍摄和后期两大部分，要有较高的技巧。不论是在拍摄阶段还是在后期处理阶段，都需要注意以下方面：

1. 突出主体

在一幅广告照片中，主体部分应是明确的。这就是说要突出能够充分体现广告主题思想和诉求重点的主体形象。突出主体，可采用直接展现、进行烘托、虚实对比等方法来实现。

2. 准确再现商品形象

特别在拍摄阶段就要注意：选择好角度，多采用正面、侧面等方向，以再现商品的主体特征；把握好用光，根据商品本身的质感，采取侧光、前侧光等不同的方法，使商品特征更加突出；还可利用焦点透视、空气透视等原理，准确再现商品所处的空间。

3. 增强画面的感染力

这涉及摄影方面的技术和方法。构图要新颖，拍摄角度和景别要符合突出主体的要求。要注意对光线的运用，对于摄影师来说光线也是一种表达的语言，要善于运用。要注意摄影前后期的有机配合，在拍摄时就设计好后期合成和处理的大致方向，做到胸有成竹、有的放矢。

三、色彩

色彩能够给消费者强烈的视觉刺激，对于平面广告、视听广告、网络广告、新媒体广告、户外广告等而言，色彩都是不可缺少的视觉要素。

（一）色彩的基本原理

1. 三原色和四间色

色彩的三原色是红、黄、蓝，这是最基本的颜色，不能由别的颜色调配出来。四间色是橙、绿、紫、黑，分别由三原色混合而成：

红色＋黄色＝橙色

蓝色＋黄色＝绿色

红色＋蓝色＝紫色

红色＋黄色＋蓝色＝黑色

2. 色彩三要素

每一种色彩都具有色相、明度和纯度三种要素。

（1）色相。

色相是指色彩的相貌、种类。三原色和四间色是标准色相，不同标准色相混合，构成不同的色相。现在视觉能够辨认的色相有100多种。

（2）明度。

明度又叫“亮度”，是指色彩本身的明亮程度。色彩由明到暗，有很大差别。在各种色相中，黄色最亮，紫色最暗。

（3）纯度。

纯度也叫“彩度”，是指色彩纯粹的程度，或者是色彩的饱和度。纯度达饱和状态的就是标准色，也称“正色”。

3. 色彩的对比与调和

（1）色彩的对比。

两种以上的色彩放在一起，如果出现清晰可见的差别，就形成对比。色彩对比可运用色相、明度、纯度、冷暖等多种形式。适当的对比，往往能够使广告主题更加鲜明、突出。

（2）色彩的调和。

一是指配色所产生的协调、舒适、美好的状态；二是指配色的手段、方法。调和能改变色彩的明度和纯度，能使整体画面均衡、柔和。在实际运用中，色彩调和是非常重要的。

（二）色彩的象征意义

色彩除了生理感知特征外，还有心理感知特征。它能调动起人的微妙情感和种种联想，使人产生不同的心理感受，具有一定的象征意义。

总体上来说，红色、黄色、橙色等都是暖色，橙色最暖。这些颜色能加速人的血液循环，使人联想到太阳、火焰而感觉温暖。蓝色、绿色等是冷色，蓝色最冷。这些颜色能减缓人的血液循环，让人联想到冰川、海洋而感到寒冷。

一般来说，红色给人以热烈、艳丽、饱满充实而富有生命力的感觉。红色在社会生活中往往象征幸福、喜庆和欢乐。但红色也会使人联想到血与火，产生恐惧、愤怒等情绪。

黄色使人感到光明、辉煌、柔和、纯净。黄色在社会生活中则象征着光明、希望和财富。但黄色不能同其他色调和太多，那样容易变脏，给人以病态、没落之感。

蓝色能造成一种深远、宁静和沉思的气氛，象征和平、纯洁和理智，但有时也会使人有悲伤之感。

绿色是大自然普遍存在的色彩，给人以平和、安静和有活力的感觉。不同的绿象征着生命的不同阶段。黄绿昭示青春和活泼，中绿展现健美和成熟，土绿表示衰老和沉重，而青绿则有理智、智慧、沉稳的含义。

橙色类似红色，色彩强度大，使人感到明亮、华丽和高贵，常在广告设计中建有衬托、点缀之功。

紫色往往给人以高雅之感，象征着高贵、尊严和优雅，但也有孤独、神秘的含义。与红色配合，象征华丽、和谐，与蓝色配合，象征华贵、低沉；与绿色配合，象征感情成熟。

青色明亮效果较差，使人感到凝重、淳厚、古朴。

此外，还有非彩色的黑色和白色。黑色象征严肃、悲哀、死亡，但又可用来做对比色，做衬托；白色象征纯洁、朴素、高雅，能与其他所有色彩特别是黑色构成明快的对比调和关系。还有许多种色彩都会令人产生不同的心理感觉，此处不再一一列举了。

不同的人、不同的民族、不同的国家、不同的地区、不同的时代等，对色彩的联想和好恶也不一样。在运用色彩设计广告时，必须了解和熟悉各类消费者、各个国家或地区对色彩的不同理解和特殊禁忌，以使用色有的放矢，产生积极的传播效果。开展国际广告活动时更要注意这一点。

（三）色彩的运用

在广告中运用色彩，根据美国广告学家托马斯·比·斯坦利的研究，要注意七个方面：

1. 利用色彩引人注意

色彩应能吸引人的视线，让人产生继续观看的兴趣。实验表明，相比之下，彩色广告更有吸引力。

2. 利用色彩真实地反映商品、人物

色彩应把商品以及人物的有关信息真切自然地表现出来，以增强消费者对商品的了解和信任。

3. 利用色彩突出广告主题

通过广告色彩所显示的情调，使消费者受到某种特定情绪的感染，直接领悟到广告所要传达的主旨。

4. 利用色彩暗示商品特性

运用独特的色彩语言，借以表达商品的种类、特性，便于消费者辨认、购买。

5. 利用色彩营造悦目的视觉效果

赏心悦目的广告色彩，不仅能够有效地传达广告信息，而且具有审美功能。它能调动消费者的观赏兴致，使之保持对广告更多的注意。

6. 利用色彩树立品牌的个性

把色彩作为传达和塑造品牌个性的一种工具，通过色彩的知觉刺激和象征意义，形成独特的品牌识别，传播品牌的个性、理念和特点。

7. 利用色彩增强记忆

人们在不同场合受到同一信息的反复刺激，就会形成牢固记忆。广告运用色彩反复传递同样的信息，就能加深消费者的印象，促进记忆。①

第二节　平面广告的设计与制作

现代广告的雏形就是平面的印刷广告。其最初以海报、招贴等形式出现，后逐渐发展为以报纸和杂志广告为主体。在新媒体不断涌现的趋势下，作为传统的广告表现形式，平面广告依然在发挥重要作用，我们仍然需要对平面广告的设计与制作予以重视。

一、设计与制作平面广告的一般流程

平面广告主要指在长宽二维平面内以形态图像的形式进行信息传达的广告。传统意义上的平面广告大多以印刷媒介为载体，如报纸广告、杂志广告、户外海报、宣传手册等。随着新媒体的发展，平面广告也以各种电子屏幕和智能终端为媒介载体。平面广告作品需要经过严格的设计与制作程序，首先应了解几个基本的环节：

（一）初步决定广告的表现形式

平面广告的一般表现形式，主要有图画式、文字式、实物式和综合式等。这可根据广告策划所选定的媒体类型和广告主题的要求来初步确定。

（二）深刻理解广告创意和诉求重点

在基本确定广告表现形式后，就要考虑如何恰当地运用各种表现符号。其前提是对广告中心思想、对创意有深刻透彻的理解。要认真地揣摩广告所要传达的概念和所要表现的

① 杨帆．广告设计．北京：中国商业出版社，1997：122－123.

内容，在这个基础上选择适用的表现手段、元素，使之与广告表现内容有机地结合在一起。

（三）领会广告文案部分的重点和核心

仔细研读广告文案，抓住重点和需要突出之处，精心布局，合理安排广告的各部分内容，使各种表现要素相辅相成、相得益彰，达到使其重点突出、结构合理、引人注目、易于理解的目的。

以上环节是尚未进入实际作业的酝酿、准备阶段。要做到“意在笔先”，才能“成竹在胸”，为建构完美的广告作品打下坚实的基础。

（四）草拟初稿

根据前期的构思与设计，设计广告作品的草图，完成初稿。有时可能需要画很多张草图，通过比较鉴别后选出最满意的一幅，然后将广告作品草稿交付广告策划人员和广告客户审查、征求意见，进行修改，直至最后获得通过。要注意在这一环节中应该不厌其烦，精益求精。

（五）制作清样

广告初稿得到广告客户等方面的确认后，进入终稿草图阶段。这一阶段需统筹安排插图、广告标题、广告正文以及广告口号等的字号、字体，对广告正文可以预留位置。将终稿草图进一步整理修改，然后制作成广告画稿，即为清样。清样还应请广告客户最后审定，必要的话还要广告客户签字确认。

（六）制版印刷

在经过以上程序后，确定的终版广告作品就可以根据预定计划，在电子媒介上投放或者交付印刷。印刷方式一般有凸版印刷、平版印刷、转轮凹版印刷、网版印刷等。可根据需要选择合适的印刷方式。正式开印前，还应再次对蓝图校样、色基、模拟校样、清样等进行检查，做好各项准备工作，防止出现瑕疵。

二、报纸广告的设计与制作

报纸是最先出现的大众传播媒体，也是广告传播应用最早、历史最长的载体。在传播媒体高度发达的今天，报纸仍然不失为提供广告信息服务的优良工具。精心设计报纸广告，对于更加有效地发挥报纸的传播功能十分重要。

（一）报纸广告的表现方式

报纸主要运用字符、图像、色彩、线条以及空白等版面语言表现广告内容。这些版面语言的不同组合，构成不同方式的报纸广告。

（1）纯文字型。

广告内容全用文字表现，没有任何图片。适宜于表现信息内容比较抽象、庄重而又严谨、时效性较强的广告，制作简捷，发布方便。

（2）图文并茂型。

广告由多种视觉要素构成，既有文字，又有图片。它能通过图片直观地展现商品的形状、特征等，又能借助文字对商品做进一步的说明或解释。这样一来，既刺激消费者的感官，又有助于加深其对广告的理解。

从色彩表现的角度看，报纸广告又可分为：

（1）黑白广告。

在相当长的一段时间内，黑白广告是我国报纸广告的常见形式。一般以纯文字为主，也有图文结合的，色调为黑灰色。随着印刷技术的进步，我国报纸大都已采取彩色印刷，广告彩色化已经非常普遍。但在没有图片的情况下，还是以黑白广告为多，同样能取得较好的效果。

（2）套色或彩色广告。

不同的颜色会让读者产生不同的心理反应。报纸采用彩色、套色等方法来刊登广告，其效果会更好。调查显示，比起黑白广告来，彩色广告的注目率要高10%～20%，回忆率高5%～10%。因此，报纸采用彩色广告，能得到比较理想的传播效果。即使是纯文字广告，也可利用彩色形成反差，以引起读者的注意。但彩色广告的价格一般要高一些。

（3）空白广告。

利用大面积的版面留白，通过虚实的强烈对比，突出广告主题。此处无字胜有字，反而使广告内容更突出、更醒目，能产生更好的视觉效果。但这种手法只能根据广告主题表现的要求，偶尔采用。它适宜于版面较大的广告，或者系列报纸广告，为制造悬念而运用。

（二）报纸广告的类别

如何对报纸广告进行分类？由于各个国家或地区的广告运行方式和对广告的认识等有所不同，分类方法也不尽相同。例如美国的报纸广告，从形式上看可分为展示广告、分类广告和插页广告。展示广告即为报纸上常见的大幅广告，有半版、整版等，又可分为全国性广告、地方性广告等。因美国地区性报纸和社区报纸居多，所以其分类广告的占比较大。分类广告以主题归类，分栏刊出，涉及社会生活、日常消费等方方面面，服务性很强。插页广告就是夹在报纸中的散页广告，预先印出，随报派送。

日本仅把报纸广告分为普通广告和案内广告两大类。案内广告即分类广告，除此之外的报纸广告皆为普通广告。

我国目前将报纸广告分为三类：商业广告、分类广告和公益广告。把公益广告单列为一类，与新闻媒体不仅是传递信息的载体，更是大力宣传党和政府的有关方针政策，加强公共服务、社会服务的机构有重要关系。同报纸相同，广播电视等媒体也把公益广告单列为重要一类。

我国台湾地区的报纸广告按内容进行分类，有五种：商业广告、人事广告、法律广告、公共关系广告和分类广告。

这是从广告的性质上来认识的，报纸广告还可以有其他的一些分类方法，后面还要提到。

（三）报纸广告的设计技巧

设计报纸广告，要为提高报纸广告的注目率服务。注目率指接触报纸广告的人数与阅读报纸人数的比率，是测评报刊广告阅读效果的一项重要指标。注目率越高，说明广告的传播效果越好。因此，要讲求设计技巧，努力提高报纸广告的注目率。

1. 版面大小的安排

按版面大小，报纸广告大致可分为全版广告、半版广告、半版以内广告如1/4通栏、1/8通栏、小广告等。小广告多是分类广告栏中的广告。广告版面的大小，对广告注目率有直接的影响。一般情况下，版面越大，所产生的声量也会越大，注目率就会越高。在国外，报纸广告大型化已成为一种发展趋势，整版广告的运用率已越来越高，两版连在一起的广告也不鲜见（见图9-2，文前彩色插图）。

版面越大，购买费用就会越高。一方面有广告客户的财务状况问题，一方面也有成本效益的问题。在某些情况下，将版面与表现手法等有机地结合起来，即使版面较小的广告，也可能得到较高的注目率。

2. 版面位置的选择

报纸广告的版面位置，是指广告刊登在报纸版面的位置。其包含两个方面：一是版序，即广告安排在哪一版；二是版位，指广告位于某一版面的空间位置。

一般来说，报纸的正版（第一版或要闻版）最引人注目，其他各版，可因版面安排的内容而各有侧重。现代报纸一般版面较多，往往按要闻、体育、财经、娱乐等分成许多叠，而每叠又出现了第一版。按读者一般翻阅报纸的习惯，横排版的报纸，右边版要优于左边版。但随着报纸版面的增多，读者往往对某些版面形成定读性。这样，广告的目标消费者与形成定读性的读者联系越紧密，其注目率就可能越高。根据这样的规律，选择在第一版（要闻版）发布可能会获得较高的注目率，但实际上广告主可能会因广告价格和有关规定等问题而放弃这一选择。尽量考虑选择广告目标消费者与读者接近的版序，也是一种策略。

在同一版面上，读者视线扫描的顺序，一般先是上半版，然后是下半版。在上半版，读者视线首先注意的是左上区，然后是右下区。因此，同一版面的广告，读者的注目率通常是左半版优于右半版，上半版优于下半版。如果按版面的四个区间来划分，其注目率依次是左上版区、右上版区、左下版区、右下版区，可参见图9-3。

由此可以看出，同一版面的不同位置，注目率也不一样。要尽可能地依从读者的阅读顺序，在适当的版面位置安排刊载广告。当然，注目率高的版面空间，广告价格也会高一些。

3. 遵从读者的阅读方式

报纸阅读的选择性较强，读者有时会出现跳读情况，把整版或半版的报纸广告跳过去，从而影响广告的注目率。这需要研究读者的阅读方式和习惯，善于抓住广告内容和表现形式与报纸版面的联系，“强迫”读者阅读。例如，把半版及以下的广告安排在与其内容相近的版面上，把整版体育用品广告安排在与体育新闻版相邻的版面等。变化广告的形

图 9－3　不同报纸版区的注目率

状和编排方式，采用六边形、圆形、三角形、异形等广告形状，适当予以横排、竖排或横竖结合等编排方式，让广告自然而然地出现在读者的阅读过程中。例如，剧集《权力的游戏》2013 年在报纸上刊登了龙形阴影广告（见图 9－4）。

图 9－4　《权力的游戏》报纸广告

4. 充分运用各种表现方式

为了提高广告的注目率，更要注意巧妙地运用各种表现方式如图画、色彩、文字、装饰等，并予以有机地组合和布局，增加强势，加大刺激，吸引人们的视线。这方面已有一定的撰述，在此不赘述。

5. 开发创意互动方式

报纸广告还可以充分利用自身的印刷媒介特性开发与读者互动的方式，提升广告的参与感和体验感。例如，日本动画电影《你的名字》的报纸广告将男女主角分别印在一个版面的正反两面。当读者对着夕阳观看时，由于报纸本身的透光性，男女主角就会在夕阳下“相遇”。除此之外，报纸广告还可以基于跨页、翻页以及报纸日更的连续性等进行互动创意。

三、杂志广告的设计与制作

杂志广告的设计与制作同报纸广告有许多相同之处。但杂志因其所具有的独特传播特点，在表现形式和稿件安排上与报纸广告也有一定的差异。

杂志门类繁多，印刷相较于报纸更为精美，且期总发行量大，读者对象相对稳定且又有很强的针对性，适宜于对不同类别的目标对象进行广告信息传播。因此，设计与制作好杂志广告，要求更高。

（一）形式的开发利用

杂志的开本相对于报纸要小得多，就杂志本身版面的信息承载量来说，它不如报纸。但杂志的空间却可以伸展，使得杂志广告的表现形式多样化。

1. 全页（版）广告

这是经常采用的最基本的形式。

2. 跨页广告

一则广告印在同一平面的两个页面上，比全页广告的面积扩大了一倍。

3. 折页广告

有一折、双折、三折等形式，以扩大杂志的页面。

4. 插页广告

插在杂志中，可以分开的独立广告。

5. 特殊形式的广告

例如：立体广告，根据广告商品的形状，借助读者的翻页等阅读行为做成立体型；有声广告，让广告能够发出声音；香味广告，让广告能散发与商品有关的香味；等等。

（二）版面的选择安排

和报纸广告相近，杂志广告的版面选择也分版序和版位两种情况。版序主要有封面、封底（这两版在杂志的所有版面中注目率最高）；封二、封三、扉页（这三版的注目率次之）；正中内页和底扉（注目率再次之）；一般内页（注目率最低）。

版位即广告在同一版面的位置。如是横排版，左比右的位置优越；若是竖排版，则右比左的位置要好。

不同的版序或版位，广告价格也会不一样，在进行选择时，同时要做好成本决策。

（三）广告与正文的互动

要引起读者的注意，利用杂志正文内容和广告信息的关联而形成互动，也是一种有效的设计思路。比如，在一个全页或二连版上，一部分介绍相关商品和生活方式的知识，一部分刊载相关商品的广告。

（四）视觉要素的整合

杂志广告的印制一般要比报纸广告更精美。为了增强表现力，杂志广告应多以图片为主，文字部分要短而精，注意图文的有机组合。此外，色彩的运用也非常重要。

四、新媒体平面广告的设计与制作

新媒体平面广告即在门户网站、搜索引擎、社交媒体、各类应用中以平面形式出现的品牌广告、开屏广告、信息广告、海报等。新媒体平面广告设计与制作的要求和方法，同报纸、杂志等平面广告是类似的，但又具有一些适应新媒体的特征。

（一）功能入口性

新媒体平面广告更多地扮演了功能入口的角色。消费者通过点击这些平面广告就能进入下一级页面或跳转到其他平台去了解更多信息或者直接参与广告传播活动。因此，新媒体平面广告应当力求简洁，将设计与制作的重点集中在吸引目标群体的关注和兴趣上。

（二）突出情感诉求

在新媒体上，人们往往因为相同的兴趣或观点而聚集在一起形成社群。因此，新媒体平面广告更偏向于情感诉求，通过发布符合目标群体价值认同的内容来唤起他们的情感。极具共鸣感的文案就是新媒体平面广告最常用的情感召唤方法，常用于品牌的社交媒体发布等。

（三）动态化

随着智能设备的不断升级以及网速的提升和网络资费的下降，新媒体平面广告越来越多地融合动态元素，以动静结合的方式更生动地传达广告内容。

（四）终端兼容性

不同的终端设备和平台对于色彩、文件尺寸、文件大小等都有不同的要求，新媒体平面广告必须符合这些要求才能成功发布。不同设备的显色技术也会导致广告产生一定的色差。因此，在设计与制作新媒体平面广告时必须符合相应终端设备和平台的要求，并注意调校细节。

第三节 视听广告的设计与制作

视听广告就是以视频和音频为信息传播介质的广告。大众媒体时代，人们主要从广播和电视上接收这种形式的广告，因而“广播广告”“电视广告”“影视广告”等是更常用的概念。新媒体时代，人们接收音频和视频的介质已不再局限于传统的广播和电视，因而“视听广告”是更为恰切的概念。

一、音频广告的设计与制作

音频广告诉诸听觉，利用声音符码来传播信息，具有伴随性、在场感、交流感、私密性和较强的感染力。与此同时，音频广告有声无形，对于形象化内容的表现力不足。音频广告目前主要以传统广播广告和新兴的播客平台广告为主，二者在音频内容的设计、制作和传播上有一定的相似之处，但在媒介生态和广告形式等方面又存在不同。

（一）传播广播广告

1. 广播广告的播出方式

广播广告大体可分为节目赞助型广告和插播型广告两种播出方式。

（1）节目赞助型广告。

由广告主向电台直接提供节目，或者向电台所开办的节目提供赞助，然后在节目中插播这些企业的广告，同时在节目正式开始前或结束时播报节目赞助的企业名称。每次在节目中插入多少广告，主要根据节目的长度来决定。各个国家或地区实行的比例不一样。例如，美国规定：长度为5分钟的节目可插播1次广告，时间为1分钟；长度为10分钟的节目可插播2次广告，长度为15分钟的节目可插播2次广告，每次时间也是1分钟。而在时间更长的节目中，针对不同对象，在不同时段，都有不同的广告插播次数和时间的规定。日本也根据节目的长度来决定插播广告的时间，5分钟节目可插播1分钟广告，15分钟节目可插播2分30秒广告，30分钟以上的节目，按节目时间的10%插播广告。

节目赞助型广告与听众群之间有着连带关系，能够针对节目的听众群传送其所喜爱的和愿意接受的信息。此外还可以利用在节目中出现的人物做广告，从而产生更大的效果。节目赞助型广告每次播出时间一般较长，可容纳较为详细的信息内容，易于与听众沟通。

（2）插播型广告。

插播型广告也叫“夹播广告”，是安排在节目与节目之间播出的广告。广告与节目没有关系，通常约为1分钟时间。插播型广告的长度分为5秒、10秒、20秒、40秒、60秒等数种，其中10秒或20秒的小广告运用得更多。这种广告播出方式的特点，是可以自由选择播出时间，播出费用相对较低，但收听率不够稳定。

（3）特约广告。

根据广告客户的要求，在特定的时间或节目中播出广告。特约广告一般置于新闻、天气预报、体育等节目前后，收听率较高。

（4）特别赞助广告。

由广告主特别赞助电台举办节目或组织社会活动，从中插播广告客户的商品广告或播报企业的名称。

后面这两种广告播出方式，再加上诸如专题广告、电台分类广告等，实际上都是前面两种广告播出方式的变形。

2. 广播广告三要素的运用

广播广告主要通过声音来传递信息，广播广告的声音，包括人声、音乐和音响三要素。要根据广播广告的表现方式有机地加以运用。由于商品特性和广告主题等的要求，广播广告有多种表现方式，如直接陈述、对话、小品、广告歌、曲艺和效果声等。有的广播广告还和电视广告的摄制配套，录制下电视广告的声音部分，稍加剪辑即成。

（1）人声。

广播广告中的人声由多方面构成，其中，语言是人声的主体。广告信息主要是通过语言传递的。要使广播广告发挥作用，首先其语言要能让听众听得清楚明白，易于理解记忆。为此，在写作和表述广播广告语言时要能做到以下方面：

第一，要符合广播特点。

听众在收听广播时往往精力不集中，对广播广告更是如此。广播广告的声音转瞬即逝，比较长的广告或是广告中比较长的语句，常常就会被忽略过去。因此，广播广告的语言应尽量简明扼要，多用短句，少用修饰语，注意口语化，避免同音词。

第二，声音应与广告内容相宜。

广播广告语言以什么样的速度、音量、声调等诉诸听众，与广告的传播效果有很大关系。总体来说，广播广告语言的声音应该充分体现和烘托广告内容，要有个性和形象感。广播广告不同的表现形式，在声音的处理上应有所不同。例如，直陈式广告就要求播音员的播音速度适中，不快也不慢。广播广告也要注意掌握播音节奏，节奏太慢，会显得拖沓沉闷。有的需要较快节奏，但也要让听众能听清楚，或者听众听起来不会感到紧张、疲劳。

第三，发挥好重复朗诵的作用。

广播广告中的某些词句是需要重复的。反复朗诵主要有两种作用，一是鼓动，二是加强记忆。特别是商品的品牌名称，只有经过反复朗诵以后，才会在听众的脑海中留下印象。

第四，注意吸引听众的注意力。

由于听众收听广播往往心不在焉，因此，如何用声音吸引住听众是非常重要的。广播广告一开始就要有特色，明确重点，形成强有力的刺激，一下子抓住听众的注意力。一条广播广告一般只能突出一个主题，如果头绪太多，则会分散听众的注意力。同时，广播广告要尽量增强语言的亲近感，拉近广告与听众的距离，唤起听众的兴趣。

（2）音乐。

在广播广告中，音乐的作用有三个方面：一是引起听众的兴趣，避免广告平淡单调；二是营造气氛与情调，加深听众对企业或商品的印象；三是突出广告主题，增强广告的感染力。在广告中配音乐，首先要注意音乐与广告主题的协调配合。音乐选择得当，可以使广告主题得到更好的表现；相反，则会削弱广告的效果。其次音量要适中，不要使音乐的音量盖过广告词。

如果在广播广告中采用广告歌的形式，则要注意曲调通俗、悦耳动听，广告歌词要能朗朗上口，内容不要过于复杂，否则，难以给听众留下印象。此外，要注意音乐创作和使用的法律法规。如果不是原创，而是利用现有的音乐作品，就有著作权的问题、国家法律法规制约的问题，要妥善处理好。

（3）音响。

广播广告配上各种音响，往往能使听众听其声如见其物。广告中的音响，主要有：环境音响，如风、雨、雷、波涛、鸟鸣等自然环境音响；产品音响，指广告商品在使用中发出的各种音响，如吸尘器的嗡鸣声、照相机的快门声等；人物音响，即广告中人物活动的声音。

广告使用的音响，一定要与广告主题密切相连，不能有响必录。同时，音响必须清晰、悦耳，不能制造噪声。

3. 广播广告的制作过程

广播广告的录制，相对于电视广告要简单一些。但首先仍然要写出广播广告的脚本，在得到有关方面认可后，方可进入广告制作阶段。其过程有以下几个步骤：

(1) 选择演员。

在广播广告的制作中，演员的选择是很重要的一环。一般直陈式、对话式的广告，往往选择播音员来播读。但应该注意一点，听众对播音员的声音比较熟悉，如果播音缺少变化，就很难使听众产生新鲜感，会导致听觉麻木。

有些有一定故事情节的广告，如父亲、母亲、孩子等，需要各种不同角色的演员来扮演。演员可以从话剧演员、电影演员、配音演员中选择。

(2) 确定音乐效果。

以前的广播广告，大多采用现成的音乐，但现成的音乐有时很难和广告主题吻合，而且可能涉及版权等诸多问题。因此，广播广告提倡原创音乐。现在大多数广播广告的音乐，都由专人创作。广播广告使用的音响效果声，则要靠平时积累。

(3) 实地录制。

广播广告的制作是在演播室内完成的。一般在录制的前一天，演播室要做好各种器材准备工作，同时将广告脚本送交各位演员。在实地录制时，要经过以下几步：

其一，对台词。广告演员在广告导演的指导下，阅读脚本，对台词。

其二，进行预排。把广告演员的演播同音乐、音响等放在一起预排，观测它们之间的配合效果，从中发现在脚本写作过程中还没有意识到的问题，进一步修改完善。

其三，正式录音。经过几次排练后，就可以开始正式录音了。正式录音时，先要在开头录上表示广告内容与播出时间的声音。在此之前至少要留出 15 秒的空白，广告结束之后再留出 60 秒左右的空白，以便剪辑加工。最后对录音进行后期处理，然后送电台播出。

（二）播客平台广告

播客可以理解为一种网络广播节目，它是一种基于互联网和移动互联网传播的音频内容。“播客”（podcast）一词是苹果播放器“iPod”和广播“broadcast”两个单词重新拆解组合而成的。作为一种网络音频自媒体，播客平台给予了非专业内容生产者以内容生产和传播的能力。收听播客的场景主要包括交通出行、居家生活、户外活动等。

目前各大中文播客平台上的主要节目类型包括文化沙龙漫谈节目、垂直领域知识分享节目、日常生活分享节目、讲故事节目等。

中文播客平台上的广告形式主要有：

1. 视觉类广告

视觉类广告是指播客平台上出现的诉诸视觉传播的各种广告，以新媒体平面广告为主，如 App 开屏广告、首页推荐、焦点图推荐、浏览过程中的信息流广告、节目海报、冠名露出等等。

2. 音频贴片广告

音频贴片广告即在播客节目正式播出前、中、后出现的声音广告。音频贴片广告有时以主播原声口播的形式出现，有时是专门的音频广告。

3. 口播冠名与植入广告

节目冠名与植入广告除了视觉广告之外还会以主播口头播报的形式出现，通常情况下会介绍冠名品牌、感谢赞助、说明品牌促销活动的相关信息并引导听众参与活动。

4. 定制化原生节目

在播客平台上有大量深耕某一专业垂直领域的主播，定制化原生节目即广告主自己与这一领域的主播达成合作，以这一品类或者这一品牌、商品为主要内容制作播客节目。由于这些主播在长期的运营过程中积累了大量垂类粉丝，因此这类原生节目具有直接的影响力和号召力。

5. 品牌自有电台

品牌自有电台即广告主自行建立播客账号，以内容生产者的身份，围绕自身进行音频内容生产。不少移动音频平台专门推出了面向企业的“品牌电台”创建服务，帮助企业开通官方账号。企业自身可以通过自制节目、与其他主播合作等多种方式，以自有电台为依托进行广告传播活动。

二、视频广告的设计与制作

视频集声音、色彩、画面、语言文字等于一体，同时对受众的视觉和听觉产生作用。大众媒体时代，视频广告的主要承载媒介电视是最受欢迎的传播媒介，也是传递广告信息的主要途径之一。随着媒介技术的发展，视频广告在各类新媒体平台上依旧拥有重要的位置。设计与制作优秀的视频广告作品，要使视频广告吸引观众的注意力，抓住观众的眼球。

（一）视频广告的表现样式

表现样式是视频广告的主体框架，是广告创意的物化形态。如何设计、选择视频广告的表现样式，其依据是创意。摄制视频广告，首先就要确定好采用什么样的表现样式。视频广告常用的表现样式，主要有说明式、示范验证式、名人推荐式、日常生活式、戏剧式、解决问题式、演员直陈式、记录式、比喻式等。现择其经常运用的几种做些说明：

1. 名人推荐式

在广告中展现名人消费或使用某种商品的场景，或名人在广告中直接出面推荐某种商品，利用名人效应，使观众对广告商品产生好感和信赖感。采用这种方式，一是要注意名人的体验推荐真实可信，二是防止名人推荐成为推荐名人，导致观众记住了名人而忽略了广告商品。

2. 解决问题式

在广告中先展示个人生活中遇到的一些问题，如口臭、牙痛、汗渍、污垢、头皮屑等，然后出现广告商品，使用广告商品后使问题得到解决。广告往往还以科学实验、对比等形式，显示广告商品功效的科学性和可靠性，从而产生说服力。日化产品就经常采用这种表现样式。这种表现样式取得成功的关键在于简洁明了地突出商品的特性，抓住商品与观众关联的某一利益点。但是同时也要克服可信度差的难题。

3. 日常生活式

把广告场景置于人们的现实生活中，以人物的生活经验、境遇来影响其他消费者，或改变人们对某些商品的态度。这类广告的表现样式把广告内容与人们的日常生活联系在一起，贴近生活，令消费者感到亲切、自然、放松。

4. 演员直陈式

邀请一个演员在广告中介绍、表述某个商品或某项服务，这个演员不一定是名人，但应与商品或服务有一定的联系，有一定的表演才能。演员陈述广告商品的情景通常用中近景或特写镜头来表现。

（二）视频广告的设计要素

在确定了广告创意与表现样式后，就进入视频广告的脚本撰写和故事板设计阶段。

1. 撰写视频广告脚本

视频广告作品的设计与制作是一个复杂的过程。在正式拍摄前，究竟要运用哪些要素，如何表现，需要先打“草稿”，做好基础性的工作，也就是用视频广告脚本的形式将创意、剧情、场景、对白、角度等具体细节都记录出来。

脚本是对电影文学剧本创作活动过程的一种描述。在视频广告创作中，脚本也是基础和蓝图，是为广告导演创作提供的详细计划、文字说明和蓝本。具体来说，一种是文学脚本，一般由广告文案人员撰写；一种是分镜头脚本，主要由导演完成。文学脚本是分镜头脚本的基础，分镜头脚本是对文学脚本的切分和再创作。

（1）文学脚本。

视频广告借鉴了电影文学中的蒙太奇思维和电影语言，在脚本写作上既要遵循广告文案写作的一般规律，又要依从视频广告脚本创作的特殊规律。有几个方面需要特别注意：

其一，用镜头叙事。文字结构一般以镜头为段落进行描述，叙事要有动作性，具体、形象，过程要清晰、连贯。必要时要在脚本的前或后加上“创意说明”“创意概要”等进行提示。

其二，要有时间概念。一则视频广告的时间非常有限，15 秒、30 秒等。因此，对每一个画面的叙述都要考虑时间的约束。一般来说，一则视频广告的标准时间是 30 秒，画面不能超过十几个。

其三，多掂量，多修改。脚本的最后形成，绝不是一气呵成、一蹴而就的事情。每一个镜头、每一个画面，都要多揣摩，反复推敲，慎重定稿。脚本完成后，还必须得到广告客户的认可。如果是比稿，那就更要谨慎。

（2）分镜头脚本。

视频广告分镜头脚本是在文学脚本的基础上进行再创作，主要运用蒙太奇思维和蒙太奇技巧对文学脚本所描述的内容，按照拍摄的要求，用文字说明进行镜头切分。这项工作主要由导演来完成。

分镜头脚本可借鉴电影分镜头剧本的创作方法。一般按镜号、镜头运动、景别、时间长度、画面内容、场景设计、演员调度、广告词、音乐音响等顺序，制成表格，分项撰写。

2. 设计视频广告故事板

故事板译自英语“story board”，也可译成“画面脚本”“故事画纲”等。这是将视频广告脚本视觉化，用图像来表达视频广告的创意，把分镜头脚本图案化。设计视频广告故事板，即将视频广告的主要内容、重要画面、关键性的动作、造型以及动态画面的流程等，都通过故事板的形式表现出来。

故事板比分镜头脚本更进一步，故事板完成，就意味着视频广告可以由策划创意阶段转向实际拍摄阶段。视频广告主要是用画面传递信息的。广告能否拍摄成功，可通过以下方式进行推断，即在脱离文字说明的情况下仅依据故事板的画面构成，能否充分地把广告的意义流畅清晰地表达出来。因此，视频广告故事板不仅可以检验广告创意的视觉化效果，也有助于视频广告顺利进入实际拍摄阶段，是保证拍摄效率和创作质量的一个依据。

视频广告故事板大多采用绘画形式，分为速写和色彩两种，也可将这两种类型结合起来，以脚本内容为依据，一般一个镜头画一个故事板。要注意画好开头和核心画面（见图 9-5，文前彩色插图）。

3. 选择广告时间长度

一则视频广告时间的长短，一方面要受到广告整体策划的控制，要符合实现广告目标的要求，另一方面要根据广告商品和内容、制作费用来确定。同时还要兼顾购买媒体的预算。一般来说，国际上最常采用的长度是 30 秒，进一步扩展可有 40 秒、45 秒、60 秒等，采用 60 秒的多一些。经过压缩剪辑后，则有 10 秒、15 秒、20 秒、25 秒等，相对来说 15 秒更多些。我国新创的一个时间长度为 5 秒，多用于“标版”，国际上运用不多。现在，我国通常播出的视频广告长度有 5 秒、15 秒、30 秒和 60 秒等。

据研究表明，时间为 30 秒的视频广告，长度是较为适中的。在观众眼里，60 秒的广告和 30 秒的广告在信息内容的含量上似乎没有太大的差别，因此所得到的传播效果差不多。但 60 秒广告的播出费用却要成倍增加，而且时间长了还会引起观众的厌烦。15 秒广告是 30 秒广告的压缩版，和 30 秒广告相互配合，既能节约播出费用，也能达到和 30 秒广告相近的传播效果。5 秒的视频广告多是播报商品或企业的名称，不能向观众提供更多的信息，但往往在黄金时段播出，如与其他时段的 15 秒或 30 秒广告配套，也能收到较好的传播效果。

（三）视频广告的设计要点

要创作出能够吸引观众的优秀视频广告作品，要注意发挥视频广告得天独厚的优势，同时尽量弥补其不足。设计与制作时要注意以下要点：

1. 用画面讲话

视频是一种视听传播媒介，既有图像，又有声音。但在信息传播中，吸引观众的首先还是画面，如果广告画面枯燥乏味或者信息残缺，视频广告的吸引力就会受到影响。

视频广告要尽量做到用画面突出主要信息，紧紧抓住观众的注意力。要能做到即使没有声音和文字，也能比较清楚地表达出广告的意思。另外，也要尽量使画面与声音相互补充、相得益彰，使观众获得更为丰富的信息。

2. 先声夺人

对观众的调查发现，一条视频广告能否吸引观众的注意力，最初的 4～5 秒钟极为重要。因此，视频广告的开头要富有特色，能够先声夺人。为了吸引观众，视频广告的开头一般可选择新颖独特的角度，如从报道某个新闻、解决一个问题、展现一个精彩场面，或者是一种正反面的强烈对比等入手。例如，蕉下的视频广告《惊蛰令》的开头，用一声响亮的春雷迅速吸引了观众的注意力，接着在富有生命力的秦腔之中，广告演员从绿意盎然的林间苏醒过来，观众的视听感官从广告的一开始就被牢牢抓住了。

3. 让观众记住商品名称

经常有这样的情况，观众能回忆起某个广告的内容，但却忘了这个广告宣传的是什么商品，有时还将这个广告的内容与另一个品牌的商品混在一起。这一点对于新产品的推广尤为不利。因此，在视频广告中，要想办法突出商品名称。人们的记忆活动，一般对最初或最后得到的印象比较深，因此，要能在广告的前几秒钟就出现商品名称，同时形式要尽量新颖，使观众对商品名称有一个比较深的印象。商品名称在广告结束前可再次出现，以加强观众已形成的印象。

4. 突出重点

同报纸、杂志等平面广告相比，视频广告的信息容量要受到更大限制。一般视频广告的时间仅有 30 秒左右，我国还有 5 秒标版广告。由于时间有限，在一则视频广告中，只有重点突出某些信息，才可能产生传播效果。有些视频广告，不仅介绍产品的性能、特点，而且包括售后服务措施、销售方法、联系地址等等。从表面上看，这类视频广告信息含量很丰富，但由于重点不突出，反而分散了观众的注意力。需要重点突出的信息内容，应通过精心策划来确定。

5. 画面要有特色

画面是显现视频广告内容的主要手段，视频广告提倡此时无声胜有声的创作意境，多用画面说话。因此，画面语言要有特色或个性。无论是镜头抓取角度，还是画面的构图、色彩、剪辑等，都应有较好的视觉效果。没有冲击力的画面，肯定抓不住观众。

6. 发掘声音的潜力

尽管画面在视频广告中起着举足轻重的作用，但声音的作用也是不可忽略的。首先是广告音乐，它能够渲染气氛和打动观众情感。其次是广告音响，它能从另一个侧面突出商品的特点，对画面起着补充与深化的作用。此外还有广告语言，包括两个方面：一是画面中的语言，如人物对白与独白；二是画外音，如广告解说等。广告语言要根据画面内容恰当运用。从调查结果来看，同样的广告词，由画面中的人物来说，比画外音更容易引起观众的兴趣。

7. 使用好字幕

字幕也是视频广告中一种重要的表现手段，能够构成对观众的多重刺激，加深观众的印象。因此，适当地使用字幕很有必要。经常采用的方式，是将广告口号打成字幕，久而久之，便给观众留下较深的印象。例如，“怕上火喝王老吉”，“要旅游，找途牛”等，就经常打成字幕推出。但应该注意字幕要尽量与声音相一致，否则会引起混乱。

8. 解说词要简练

解说词切忌啰唆，要避免废话和套话，用尽量少的语言传递尽可能多的信息。

（四）视频广告的拍摄制作过程

视频广告的摄制，大体上分为三个阶段：

1. 策划设计阶段

这一阶段的工作主要包括：提出广告计划书，完成广告分镜头脚本、故事板的创作，确定广告制作人员的构成，如导演、摄像师、照明师等，根据脚本的需要选择演员，召开制作人员会议，做具体分工。

（1）演员选择。

广告演员的选择常常在改编分镜头脚本、设计故事板的前后进行。这也是策划设计阶段的一项重要工作内容。在选择演员时，一方面要考虑摄入镜头、展露画面的演员；另一方面也要考虑配音或画外音的演员。前者应考虑这样一些因素：演员的形象气质是否符合广告脚本的要求，是否与商品的特点及企业的形象吻合，是否有过广告表演或其他表演的经验，演员的报酬如何。后者主要考虑配音人员的音质、音调是否符合广告内容的要求，其语音、语调是否与广告表现内容相符等。在视频广告中，依靠演员推荐某种商品或服务的比例较大，因此，演员的选择应非常慎重。

（2）广告制作人员组成。

视频广告制作人员主要有制片人、导演、摄像师、照明师、剧务等。

制片人。制片人是视频广告制作的总负责人，其职责是准确理解广告计划，选择适当的广告制作人员，正确进行广告费预算，制定广告制作的日程表，并监督执行。视频广告的制片人要具备一定的组织能力以及准确的判断力和决策力。通常情况下，制片人是和广告设计人员共同研究之后，再确定广告制作人员人选的。制片人的首要任务是选好导演，然后，在与导演共同研究的基础上确定其他人选。

导演。导演的任务是将广告的提纲或文学脚本转化为分镜头脚本，并让所有制作人员理解脚本的构思，然后是挑选演员，在与摄像师共同研究的基础上，确定所要拍摄的画面。此外，导演还要与编辑人员共同参与广告片的编辑，与作曲者、录音师等共同确定音乐及音响效果。

摄像师。摄像师的职责是根据故事板的要求，在和导演共同研究之后，确定广告画面的景别、角度、焦距、镜头的移动及色彩等。

照明师。在视频广告中，用光是一项重要的表现手段。照明师的职责就是利用各种人工光来塑造商品和人物的形象，创造画面的气氛。

剧务。剧务的主要职责是负责演出、摄像、照明、美工、编辑、录音、录像等各方面的协调配合，做好后勤保障，争取在规定时间内完成视频广告的制作。此外，准备要拍摄的商品、道具，以及安排交通、住宿、饮食等方面的事务，也是剧务的工作。

（3）道具和布景。

视频广告中用来表演、展示的商品和其他物品都称为“道具”。为烘托、支持广告信息设置必要的场景，即称“布景”。使用什么样的道具，怎样布景，在策划设计阶段也要予以密切注意。最关键的，是所有的道具和布景都要与广告诉求重点相关，不要安排多余的视觉材料，不能分散观众的注意力，不能让观众产生误解。

2. 实际拍摄阶段

这一阶段主要分前后两个部分：拍摄前各种器材、设备及技术条件的准备，以及现场具体的拍摄。

（1）做好拍摄前的准备。

广告拍摄前的准备工作，对广告拍摄起着关键性的作用。这一工作主要需要做好三方面的准备：

首先是思想上的准备。在广告拍摄之前，必须把有关广告拍摄的意图及相关情况向广告拍摄人员做详细介绍，同时，认真听取拍摄小组每个成员的意见，群策群力，集中大家的智慧设计出最佳方案。

其次是物质上的准备。摄像机一般应在两台以上，录像录音设备、照明设备及各种配件是否完备无缺、运转正常，要进行仔细的检查检测。根据脚本的需要，查看相应的布景、服装、道具等是否准备妥当。

最后是人员上的准备。要预先通知和了解广告拍摄的相关人员能否到位。特别是要确保导演、演员、摄像师等关键人员按时到达拍摄现场，做好分工，明确职责。

（2）实际拍摄。

视频广告的拍摄需要各方面人员的协同配合。首先要考虑拍摄场地，是在摄影棚拍摄还是在外景地拍摄。如果是在外景地拍摄，要考虑当地的自然条件、交通条件以及和拍摄相关的其他各项因素。

在拍摄时，要尽量抓取最有表现力和感染力的镜头，注意角度、景别的变化，可以利用各种摄影技巧和用光技巧，使视频画面更为丰富。同时也要注意拍摄的镜头尽可能多一些，以备后期制作阶段有较多的素材可选。

3. 后期制作阶段

（1）剪辑。

剪辑就是将拍摄的各个镜头画面、声音等素材进行选择、整理和修剪，按照蒙太奇原理和内容要求分解重组。这是电影制作的一道工序，也被引入视频广告的制作中。充分利用各种剪辑技巧，可以使前期拍摄的素材发挥最大的作用，为视频广告增添新的光彩，因此剪辑是一种再创造。

蒙太奇是法语“montage”的音译，原为建筑学中的“构成”“装配”之意，借用到影视制作中，成为剪辑画面、连接镜头的一种艺术手段，也是视频广告作品的基本结构手段、叙述方式和镜头组合的艺术技巧。蒙太奇主要分叙事蒙太奇和表现蒙太奇两种，前者又可细分为连续蒙太奇、平行蒙太奇、交叉蒙太奇、重复蒙太奇等，后者则包括对比蒙太奇、隐喻蒙太奇、心理蒙太奇、抒情蒙太奇等。通过蒙太奇，可以把广告所要表现的时空、光影、声像等要素有机地组合成一个整体，强化广告的表现力和诉求点。

与蒙太奇这种多个镜头组接以完成叙事的手法相对的是长镜头。长镜头是将单个镜头的时长拉长，在一个镜头内完成场景变化和叙事的影像创作手法，也被称为“一镜到底”。长镜头通常在30秒到10分钟之间。长镜头能够产生强烈的临场感和真实感，常用于跟随人物视角展现大范围的场景、复杂的动作场面，或者展现人物不中断的内心转折等。长镜头尤其是运动长镜头的拍摄需要极强的场面调度能力。

（2）音乐音响的配置。

视频广告音乐音响的配置与音频广告的要求基本一致，但需注意声画结合的三种不同方式。

声画同步，即声音与画面内容一致，共同塑造完整的叙事空间，观众看到画面的同时可以听到画面中声源的声音。这是最常见的声画结合方式。

声画对位，即声音与画面分别表达不同的内容，但是主题相同，从不同的方面来说明同一内涵。在声画对位中，跟画面相对的可能是人声，也可能是音乐音响。通俗地说，就是明亮欢快的画面就匹配轻松愉悦的音乐，紧张刺激的画面就匹配节奏快速的音乐。

声画错位，即声音与画面内容完全对立，产生强烈的视觉冲击力。

（3）调色与特效。

视频广告还需要进行调色、特效等其他后期工作，来使广告画面更为统一、美观，更符合品牌自身的性格和调性，具备更强的视听感染力。

（五）短视频平台及其广告形式

短视频是一种新型视听形态，它的特殊性并不仅仅在于时间的长短。短视频平台还具有移动化、碎片化、娱乐化、竖屏化、智能推送等特征。短视频的具体时长并没有统一的规定，通常认为在1分钟之内。短视频内容短小、社交属性强，短视频平台操作简单、制作门槛低，适合快节奏生活的现代人碎片化的娱乐和社交需要。

短视频平台目前已经形成了一些相对固定的内容类型，包括前文中曾提到过的3B（美人、婴儿、可爱的动物）类、美食类、才艺展示类、口才社会评论类、情景短剧类、技能分享类、百科知识分享类、影视剪辑解说类、街头采访类、生活片段分享类、产品评测类等。从整体上看，短视频平台具有高度的娱乐化和商业化特征。

短视频平台的广告形式主要包括：

1. 开屏广告

开屏广告即短视频App启动时自动展现的广告，时长一般为3～5秒。开屏广告虽然时间短，但是具有一定的强迫观看性，能够在用户无意识的状态下完成传播。

2. 信息流广告

信息流广告是夹杂在用户浏览过程中的短视频广告，是短视频平台的原生广告，一般由品牌官方账号或其他达人创作者发布，从表面上看与一般用户发布的内容没有太大差异，因此具有更高的接受度，不易引起用户的反感。根据我国广告法的相关要求，这类广告必须明确注明“广告”等字样。

3. 贴纸广告

贴纸广告是短视频平台特有的广告形式。贴纸就是用户在制作视频时可以用来装饰视频画面的视频元素和特效，包括静态贴纸和动态贴纸。广告主可以将广告信息转化设计成可供用户使用的定制贴纸，从而达到广告信息传播的目的。目前，贴纸广告通常会结合增强现实技术来实现虚实相融的效果，在这方面较为成熟的平台是色拉布（Snapchat）。

第四节 户外广告的设计与制作

户外广告是指在露天或室外的公共场所向消费者传递信息的广告物体。新媒体技术对报纸、杂志、电视、广播等传统媒体广告造成了巨大的冲击，但是户外广告作为相对传统的广告媒体之一却依旧保持着较为旺盛的生命力，并且借助新技术的发展，呈现出更多交互性强、参与度高、奇观化的新鲜创意。户外广告大致可分为传统户外广告和户外装置两类。

一、传统户外广告

户外广告可能是现存最早的广告形式之一，传统户外广告主要包括户外广告牌、霓虹灯广告、交通广告、灯箱广告等。

（一）户外广告牌

这是常见的一种户外广告媒体，具有展示面积较大、制作精美、画面精致等特点。加上灯光的作用，户外广告牌广告信息的传递不受时间的限制，没有昼夜的区别。

1. 从表现形式上分类

据表现形式分类，户外广告牌主要有以下类型：

（1）立柱广告牌。

擎天柱（单立柱）。一般放置在高速公路、城市立交桥两旁，具有视野开阔，遮挡少，车流量大等优势。单立柱有三面、双面、单面等几种样式。柱体多采用钢筋混凝土结构，广告画面部分则用钢架结构。

多立柱。一般设立在马路、花坛和人行道旁，有双柱、三柱、四柱等样式。广告画面从一面到多面皆有。

（2）电子广告牌。

电子广告牌有三面翻、电子显示屏、投影等种类，可以利用微电脑技术和程序控制，能够同时储存多幅画面，循环播放，画面清晰，声像兼备，具有动感，容易吸引人们的视线，还可发布公共服务性信息，也较易保养。

近年来，各地纷纷出现了裸眼3D大型电子广告屏幕，这种电子广告屏幕不需要佩戴3D眼镜就能够实现三维立体的视觉效果。这些电子广告屏幕通常不是平整四方的，而是带有一定的弯曲弧度或者本身就是立体结构。基于屏幕本身的构造和向屏幕外飞行、跳跃等具有动感的视频内容，这些电子广告屏幕能够制造出超乎寻常的视觉体验。

（3）立体广告牌。

使广告物具有一定的立体感，利用立体和机械特色来塑造广告个性的户外广告。常见形式有产品模型、实物广告、平面画面和立体模型相结合等。

2. 从安放位置上分类

根据放置的位置，户外广告牌可分为多种类型，但主要有以下类型：

（1）路牌广告。

这是较早产生的户外广告，一般设置在道路两侧。所在地段越好，行人越多，所产生的广告效应就越强。路牌广告画面应醒目简洁，文字应精练，这样信息才易于捕捉。随着绘制、材料、灯光等技术的进步和成熟，路牌广告继续发挥着巨大作用，在行业中仍然占有重要位置。

（2）墙体广告（建筑物广告）。

墙体也是历史较长的广告媒体。现代墙体广告依附于建筑物，面积大、不易被遮挡，有震撼力。其制作简易且表现力强。要注意选好墙体的位置，这是广告成功的基础。墙体广告画面设计应该简洁、醒目、新奇，色彩的块面感好。设计时还要考虑透风性和安全性。

（3）跨街广告牌。

跨街广告牌是横跨街道上空的广告形式，广告位高，空间开阔，行人和车辆经过时都能看到。这类广告的造型非常丰富，有门楼式、彩虹式、人行天桥式等。跨街广告牌应根据力学原理做好设计，以轻盈安全为要。

3. 设计要点

户外广告牌的设计主要是从造型和画面两个方面着眼。

（1）造型设计。

造型是对物体形状的创造。户外广告牌的造型应该追奇求新，不可千篇一律，盲目贪大。要能与周围环境、建筑风格等浑然一体，相得益彰。还可通过装饰、添加一些元素，或更改原来造型，以产生视觉冲击力。

（2）画面设计。

主要涉及平面广告的创作要求。画面要形成冲击力、吸引力和想象力；文字要简洁易懂，醒目清楚；色彩应能抓住行人等的视线，或亮丽夺目，或与周边形成反差，进行对比。

（二）霓虹灯广告

霓虹灯是户外广告中灯光类广告的主要形式之一，已有近百年的历史。一般设置在城市的制高点、大楼屋顶和商店门面等醒目的位置上，亮丽、闪动、多姿，吸引人们的注意，为城市夜景增添美色。

霓虹灯一般由特制的霓虹灯管、变压器、程序控制器和高压线组成。霓虹灯广告应精心策划，设计前要看好现场，根据广告客户要求和实际环境提出设计方案，多做构想，酝酿修改，征得广告客户同意后才能组织实地施工。

霓虹灯广告的设计要注意充分利用霓虹灯的光学特点，体现出活跃、多变的特征，使灯光、颜色的变化和形式统一起来，产生韵律和节奏感，使层次比较丰富，诉求主题鲜明突出。

（三）交通广告

设置在车辆、船舶、飞机、火车、地铁、轻轨等交通工具的外部或内部，以及站点的广告，称为“交通广告”。交通广告因以下优点而受到重视：信息发布灵活，传播快捷；广告诉求直接，重复曝光率高；受众广泛，信息接收主动；广告主有一定的媒体选择余地，广告投入费用低廉。交通广告有一定的涵盖面，其主要形式有：

1. 车身广告

在车身、机身等交通工具的外面发布广告信息，特别是利用公交车的车身传递广告信息。全车身、车头、车尾、车窗等都可用来做广告。

设计车身广告，首先要针对机动车流动性强这一特点，力求广告文本简洁醒目。其次创意构想要新颖独特，能产生强烈刺激。最后要结合车身自身的变化如开门、关门、开窗、关窗、停靠等巧妙运用各种表现元素，以引起人们的注意。

2. 车厢广告

在交通工具的厢体内所做的广告。车厢广告形式多种多样，类别繁杂。这类广告的设计，从总体上要适应车厢的特点。广告信息应文字简要、制作精美、可读可看性强。

3. 候车（机）场广告

在调度、等候各类交通工具的场站所设置的各种广告形式，均可归纳为候车（机）场广告。广告媒体大到车站路牌、霓虹灯、广场单立柱，小至车（机）票、登车（机）牌，甚至候车（机）场、车（机）的进出口等，都可以作为传递广告信息的载体。这类广告的受众即出入候车（机）场的乘客（含接送人员）。

各类广告媒体都有各自的制作要求，也应注意不同车站、机场对广告规格、内容、位置等的限制性规定，注意相应媒体的传播特点和优势，扬长避短，适应广告客户的需求，争取较好的广告效果。

（四）灯箱广告

用金属材料做内撑架，利用灯光把灯片、招贴纸、柔性材料照亮，形成单面、双面、三面或四面的灯光广告，形如箱体，故名。这种广告现在已普遍采用电脑喷绘制作，色彩鲜艳，效果逼真，外形美观，画面简洁，视觉效果好。

1. 从形体上分类

（1）方形（或长方形）灯箱、灯柱广告。有立在人行道上的，也有挂在路灯灯杆上的，有单面的也有双面的。

（2）两只以上的灯箱组合成灯箱广告群体。大都用在候车亭、站台、大型商场门口、广场以及马路人行道转弯处。

（3）除此之外，还有异形灯箱、剪纸灯箱、景观灯箱、古风灯箱、换画灯箱等各种不同的类型。在运用时，应当根据现场的环境以及广告的策略要求灵活设计和调整。

2. 从材料上分类

（1）有机玻璃（亚克力）灯箱。

（2）灯箱片灯箱。

（3）灯箱布灯箱。

二、户外装置

户外装置不同于传统的户外广告，它一般都是立体的，具有一定的双向交互功能。户外装置是一种能够出现在消费者日常生活语境之中的直接沟通触点，结合了品牌、创意、艺术、科技、空间、游戏等，具有极强的感染力和参与感。目前主要的互动装置可以分为两大类。

（一）与环境互动的观赏型

与环境互动，即广告装置与所处的时空环境相配合，借助所在地的地形、建筑、阳光、投影、植物、雨雪、潮汐等环境条件及其变化来实现广告诉求的创意表达。消费者面对此类户外装置时更多的只是观看，不会介入其中与之互动。

例如，2022年名创优品推出了“夹缝中的笑脸”。名创优品利用广州珠江新城CBD高德置地广场的两个门柱设计了这个装置，在门柱之间塞入了一个巨大无比的由品牌标志衍生出的直径13米的笑脸装置。这个装置让现代人的生活压力和人们在生活压力之下的乐观形成了对照，引发了强烈的共鸣，且有效强化了品牌的符号与价值观（见图9-6，文前彩色插图）。

（二）与用户互动的参与型

与用户互动，即广告装置需要用户参与进来，通常是以体验空间、互动游戏等方式存在。这类户外装置能够让消费者用起来、玩起来，因而能够使其获得更为难忘的记忆，也相对地对广告创意和设计提出了更高的要求。

例如，2023年京东推出了“清凉站台”。炎炎夏日，京东在北京街头搭建了空调样式的异形装置——京东清凉站台。路过的行人进入清凉站台按下站台屏幕下方的红色按钮，就可以享受到从顶棚吹出的冷风。这个清凉站台为夏天的户外工作者提供了一个休憩纳凉的场所，也以互动体验的方式展现了京东的社会关怀。

随着科技的进步与社会的发展，新的户外广告形式不断涌现，采用户外投影、无人机表演等新的户外媒体以及利用传统的名胜古迹、自然风景等都可以创新出新鲜的户外广告。同时，在生成式人工智能、虚拟现实与增强现实、元宇宙等技术的加持下，线上数字世界与线下物理世界的界限逐渐模糊。未来，在线上虚拟空间中，户外广告可能也会成为一种重要的广告媒体。

第五节　新技术在广告设计与制作中的应用

一、生成式人工智能

生成式人工智能（generative artificial intelligence，GAI）是一种依赖大规模数据集训练的深度学习来创建新内容的人工智能技术。它可以根据指令自动给出回应，生成文字、图片、视频、声音、程序等不同形式的内容。这些由生成式人工智能产出的内容被称为“人工智能生成内容”（AI-generated content，AIGC）。目前主要的生成式人工智能产品包括 ChatGPT、Gemini、Midjourney、Stable Diffusion、DALL-E、Sora、文心一言等。

生成式人工智能正在对各行各业产生深远的影响。对于广告行业来说，生成式人工智能一方面能够在调查、策划、创意等各个流程环节给予人们支持，提升广告内容生产的效率，另一方面也可能替代部分基础性的工作，带来失业风险。具体来说，目前生成式人工智能在广告设计与制作中的应用主要有以下几个方面。

（一）AI 辅助内容生产

AI 辅助内容生产，即借助生成式人工智能来生成文案、平面、视频、音频等各种形式的广告内容。这也是目前广告行业应用生成式人工智能最直接和最多的领域。从积极的方面来看，生成式人工智能不仅能够提高广告设计与制作的效率，一键产出原本需要专业团队才可能完成的创意作品，而且能够丰富广告设计人员的想象空间，拓宽广告设计表现的边界。这方面的案例已有很多，如 2023 年飞猪利用 AI 生成了近千张广告作品，展现了 AI 想象的旅游目的地，投放在沪杭两地的地铁站。类似的还有利用 AI 设计产品包装、生成视频广告等。

（二）AI 辅助创意洞察

AI 辅助创意洞察就是在广告设计与制作的前置环节就用上生成式人工智能技术，利用生成式人工智能的数据深度学习能力，自动分析市场态势、消费趋势、人群属性、竞品定位等，智能化生成新品开发和营销传播方案。例如，蓝色光标的智能营销助手销博特可以根据输入的文字需求迅速制定策划方案，电通中国开发的 AI 智能产品 MIXER 能够根据输入的请求快速开发出符合市场需求场景的新品。

（三）AI 互动程序

AI 互动程序是以智能化的内容生成程序来建立品牌与消费者之间的互动沟通，传达品牌的主张和价值观。例如，百度基于 AI 文心大模型开发的互动程序“AI 画笔连接爱”，智能化分析黄公望的笔法，可以基于用户的个人创作，把用户随手创作的涂鸦转化为专业的山水画，从而在用户手机上将《富春山居图》分藏于海峡两岸的两半《剩山图》

和《无用师卷》连接起来。AI互动程序用这种智能化的内容生成方式大大降低了普通用户参与艺术创作的门槛，让用户以亲身实践的方式感受到自身与品牌的充分连接。

整体上看，生成式人工智能技术能够将广告设计人员从简单重复的劳动中解放出来，人机协同或将成为一种相对主流的广告设计与制作方式。与此同时，也应当注意生成式人工智能潜在的问题，如侵犯隐私、侵犯知识产权、强化歧视与刻板印象等。

二、虚拟现实与增强现实

虚拟现实（virtual reality，VR），也被称为“虚拟技术”“虚拟环境”等，是利用数字化的技术模拟产生三维世界，并使用立体显示设备和三维交互装置为用户提供视觉、力觉等多感官的模拟，让用户能够沉浸在虚拟场景之中并与之互动的技术。在虚拟现实中看到的一切都是数字化技术创造的虚拟假象。虚拟现实具有沉浸性、想象性和交互性等特点。

增强现实（augmented reality，AR），是一种在真实世界场景之上叠加数字信息从而起到丰富用户对该环境感知作用的体验技术。虚拟现实中的一切都是数字模拟的，但增强现实是把数字模拟的信息叠加到真实场景中，这是二者的主要不同。增强现实的主要特点包括虚实融合、实时交互、三维注册等。

虚拟现实与增强现实都能够带来强烈的在场感、沉浸感和视觉冲击力，能够展示更为真实或新奇的场景，或者提供观察世界的新视角。目前，这两项技术在广告设计与制作中的应用主要有以下几种方式。

（一）体验与试用

虚拟现实与增强现实技术都能够创造新鲜和沉浸的体验。虚拟现实技术可以让无法到生产现场参观生产过程的消费者真实地感受商品的生产过程，或者用虚拟化的方式来体验汽车、房屋、旅游目的地等商品或服务。而增强现实技术在目前主要应用于试妆、试装、家居布置等场景，在真实的面部、身体上叠加虚拟的数字效果，或在真实的房间中放置虚拟的家具来测试家装效果。

（二）沉浸叙事

虚拟现实技术是一种极佳的叙事媒介，它能够真正创造一个沉浸式、双向的讲故事环境。例如，善待动物组织PETA使用虚拟现实技术让参与者直接与一只兔子对谈，通过互动聊天和在沉浸空间中以第一视角体验动物所经历的猎捕、屠杀等过程，以富有冲击力的方式来讲述该组织的观点，号召人们爱护动物。

（三）奇观体验与游戏

虚拟现实和增强现实技术能够创造出现实中不存在的奇观场景，在保证安全的情况下让人们以互动游戏的方式去获得现实世界中很难或者不可能得到的体验。例如，三星利用虚拟现实技术来模拟高空走廊、面试、公开演讲等场景，来帮助胆小的人克服心理障碍。百事可乐推出 AR 表情符号瓶，用户只要使用 QQ 扫描瓶身就能够看到从瓶子中跳出的 Emoji 表情动画。腾讯 QQ 影像中心推出的 AR 视频贴纸，让用户可以通过手机扫描地标建筑的照片或实物的方式看到华丽的“赛博国风”特效。

（四）其他应用

增强现实技术还可以用来扩展平面媒介，用户只要使用 AR 应用扫描平面媒介就能够看到叠加在其上的动画、三维模型等特殊效果，这让平面媒介可以承载更多信息。

除了虚拟现实、增强现实的概念之外，还有混合现实、扩展现实的概念。混合现实（mixed reality，MR），是物理世界与现实世界更为深度的融合。它不仅可以像 AR 一样将虚拟元素叠加到现实世界中，还可以让这些虚拟元素与现实世界的物体进行交互。而扩展现实（extended reality，XR），则是一个宏观的概念，包括了 VR、AR 和 MR。

三、元宇宙

元宇宙（metaverse）由“meta”（超越）和“universe”（宇宙）两个单词拆解组合而来，可以理解为一种虚实相融的互联网应用和社会形态。这个概念最早由科幻小说家尼尔·斯蒂芬森在 1992 年出版的赛博朋克小说《雪崩》中提出，他将其描述为一种虚拟世界，人们可以通过数字化身在虚拟世界中交往并来往于元宇宙和现实世界之间。

元宇宙的概念脱胎于电子游戏，但是元宇宙超越了电子游戏，强调虚拟世界和现实世界的相互交融和影响。同时，元宇宙也不像电子游戏一样存在既定的任务，而是完全开放自由的世界。当下元宇宙的发展还处于初级阶段，相关的实践探索还只是概念雏形。总的来看，元宇宙具有虚实融合、具身互动、去中心化、自由创造等特征。

元宇宙在广告设计与制作中的应用探索目前主要有以下几个方面。

（一）元宇宙户外广告

元宇宙是一个与现实世界相似的虚拟世界，存在大量各式各样的建筑，它们的外立面与现实世界中建筑的外立面一样，是可供利用的广告媒介资源。在虚拟的元宇宙世界中同样存在着人流量较大的区域，如公共广场、地标性目的地等，在这里投放户外广告能够被成千上万的用户看到。例如，2022 年户外广告媒体公司 Ocean Outdoor 就在 Somnium Space 中投放了户外广告牌。元宇宙中的户外广告基于其数字和虚拟的特质能够提供比现实世界的户外广告更华丽的画面和更沉浸的交互体验。

（二）元宇宙游戏原生广告

元宇宙游戏原生广告就是将商品、服务、理念等植入元宇宙游戏中，如将理念融入游戏情节之中，将商品作为游戏中的关键道具等，从而达到与元宇宙中活跃的用户沟通的目的。特斯拉、玛莎拉蒂等汽车品牌的部分车型均在游戏《和平精英》中能够找到对应的汽车道具。游戏中的玩家不仅充分认知了品牌和商品，更以虚拟化的方式直接获得了驾驶体验，不同品牌、不同车型的具体信息都以虚拟体验的方式刻印到了玩家的脑海之中。

（三）元宇宙体验空间

元宇宙体验空间目前主要基于电子游戏和智能终端搭建。品牌能够在数字空间之中搭建一个虚拟展厅、虚拟商店或其他形式的空间，用来展示商品、推广品牌或提供各种新鲜的虚拟体验。例如，纪梵希（Givenchy）在元宇宙游戏平台 Roblox 中推出了沉浸式美容体验空间 Givenchy Beauty House，古驰（Gucci）也在 Roblox 中搭建了自己的虚拟空间 Gucci Town，空间中有免费的数字藏品，玩家可自行探索获得。与这类依托已有游戏平台相对的，是品牌自行搭建元宇宙世界。例如，2022 年安踏构建的数字体验空间"安踏冰雪灵境"，用户只要用手机扫描二维码就能进行体验，其中包括"超能炽热空间""安踏数字博物馆""灵境冰雪天宫"三个部分，不仅能体验冰雪世界，看到安踏的新款产品，而且能解锁多款数字藏品。

（四）元宇宙活动

元宇宙活动即品牌在元宇宙中举办发布会、音乐会、演唱会、会议、论坛等活动。用户以数字化身的方式参与这些活动，获得身临其境的活动体验。例如，百度在 2022 年推出的"元宇宙歌会"，以及美国多位歌手在元宇宙游戏《堡垒之夜》中开办的虚拟演唱会等。

（五）虚拟代言人

虚拟代言人就是不用真实的名人而用虚拟的数字人作为代言人。这些数字人是用计算机图形技术和生成式人工智能等技术打造的类似真人的形象。相比真人代言，虚拟代言人的成本、风险等都更为可控，但是也存在缺乏感染力、有违和感、影响力不足、效果不佳等问题。品牌可以选择已有的数字人，或自行设计开发专属的虚拟代言人。目前具有一定影响力的数字人包括柳夜熙、南梦夏、翎、AYAYI 等。

思考题

1. 广告设计的视觉构成有哪些？
2. 如何提高报纸广告的注目率？
3. 简述音频广告的设计要点。
4. 简述视频广告的设计要点。
5. 户外广告有哪些形式？请注意观察周边的户外广告运作情况。
6. 观察和思考各种新技术在广告设计与制作中的应用。

第十章

广告媒介

本章要点

- 广告媒介的分类
- 新媒体广告的特点与运用
- 媒介计划的制订
- 媒介组合策略
- 广告日程决策

广告活动的一个重要方面，就是要运用广告媒介，充分发挥各类广告媒介的传播优势，及时、准确、巧妙地把有关信息传递给目标消费者。

第一节　广告媒介的类别与特点

一、什么是广告媒介

媒介译自英语的“medium”。从传播学的角度看，媒介通常是指那些传达、增大、延长人类信息的物质形式。换句话说，媒介是人体的延伸，是人借助用来传递信息与获取信息的工具、渠道、载体、中介物或技术手段。一切承载并向消费者传递广告信息的媒介都是广告媒介。

与之相关，从事信息的采集、加工制作和传播的社会组织，即传播机构，则更多被称之为“媒体”。媒介与媒体在中文语境下常被混用，因此需要明确二者之间的关系。媒体除了指代传播机构，在个别情况下也可以与特定的修饰词组合，用来指代传播机构中对信息呈现影响较强的媒介，如大众传播媒体、流媒体、社交媒体。

一般来说，我们在分析广告媒介的概念时，比较多的是将其作为一种工具来认识；而在讨论如何运用广告媒介策略时，又引进传播机构的含义，涉及一些具体的传播机构即媒体。

广告媒介能够适时、准确地把广告主有关商品、服务和观念等方面的信息传送给目标消费者，刺激需求，指导消费；能够吸引消费者阅读、收看（听）有关的信息；能够唤起消费者接触媒介的兴趣，使消费者有可能接收到相关的广告信息；能够适应广告主的选择应用，满足对信息传播的各种需求。所以，广告媒介在广告活动中处于十分重要的位置。

广告媒介通过广告公司的代理，沟通了广告客户和广大消费者之间的联系，使信息发送和接收成为可能，使广告公司的业务活动得以开展。随着移动互联网的发展，企业已无须依托广告公司购买所需的广告媒介资源。

广告媒介使企业的全方位信息交流能够顺利进行。企业要加强整合营销传播，没有媒介的参与是不可能实现的。整合营销传播所运用的工具都与媒介密切相连，需要通过媒介传播有关的信息，直接或间接地与消费者沟通。由于整合营销传播是一个长期的过程，需要企业灵活地运用媒介组合传达主张、获得反馈。

广告的信息内容通过媒介传播出去，广告与媒介实际上形成了一种交换关系，二者相互依存。特别是在大众传播媒体的经营活动中，广告与媒介之间的关系更为紧密。大众传媒提供各种信息服务，需要一定的资金支持，而广告收入则是其主要的经济支柱。作为一种信息服务，广告传播需要依存于节目、版面之中，凭借公众对大众传播媒体的信任和好感而达到一定的效果。正是这种依存关系，使得传播机构能够持续发展，也使广告活动不断迈上新的台阶。另外，移动互联网的普及催生了更多类型的媒介，它们的传播效果并不完全依靠公众对平台的信任，公众的使用频次、使用时长和使用偏好能在数据层面直观地反馈传播效果。

二、大众传播媒体

大众传播媒体主要是指报纸、杂志、广播、电视、电影等媒体。特别是前四种，是传统广告传播活动中最为经常运用的媒介。

（一）报纸

报纸是最早面向公众（消费者）传播广告信息的大众传播媒体。报纸运用文字、图像等印刷符号，定期、连续地向公众传递新闻、时事评论等信息，同时传播知识、提供娱乐或生活服务，一般以散页的形式发行。

报纸广告制作比较简便，广告价格相对较低，即使经费预算有限，也可利用报纸开展一定程度的广告传播活动。但是，报纸的读者需要有一定的阅读能力，在移动互联网普及的今天，报纸的时效性相对落后，信息展示的框架更加固定，无法适应广告主为目标消费者定制广告的需求，其竞争力受到严重挑战。

（二）杂志

杂志和报纸一样，也是一种以印刷符号传递信息的连续出版物，但出版周期较长，出版速度较慢。杂志最大的特点是针对性强，保存期长，记录性好。读者层次和类别较为分明，尤其是专业性杂志，读者群大多比较稳定。杂志的读者生活水准一般较高，对于新产品或服务的反应比较敏锐，消费能力较强。

不过，杂志一般发行范围有限，读者范围较狭窄，市场覆盖率低。由于发行间隔时间较长，缺乏即时性，因此对有时效性要求的广告在传播时间上较难适应。

（三）电视

电视是运用电波或网络把声音、图像（包括文字符号）同时传送和接收的视听结合的传播工具，是一种具有多种功能的大众传播媒体。

电视普及率高，观众范围广泛，能在极广的地域范围里迅速传递信息，极易于配合新产品上市、销售等促销活动。传统的电视节目多由电视台、地方广电部门提供。近年来，数字电视的普及率日渐上升，观众除了能够收看电视频道，也可以利用网络进行在线点播，收看电影、电视剧、综艺节目等，这种服务被称作“OTT”（over-the-top）。OTT 服务的运行系统与手机异体同源，因此二者可承载的广告形式多有类似。随着网络视频的发展，观众正在向网民转移，使电视观众群更加分化。

（四）广播

广播是比电视更早一些的电子媒介，它通过无线电波或金属导线，用电信号向听众提供信息服务。广播可以拥有众多节目主持人，每个节目能够形成个性特色，可以通过热线服务等进行双向交流，引发想象力，产生亲近感，构成相对固定的听众群。广播广告语言口语化程度高，比较通俗，感性诉求力强。其制作过程较简单，播出费用不高。广播数字化、分台化后，其独特的竞争力日益增强。

在我国，随着居民人均收入的提高，我国居民拥有或利用汽车等交通工具的比例增长很快，车载广播的有效听众越来越多。近年来，网络上出现了与广播节目组织形式类似的播客，网民可以通过流媒体软件收听。目前，播客中的广告形式仍在探索中。这一切也使广播广告业务具有较大的潜力。

（五）电影

电影是应用光学、声学和机械学等技术进行声像信息传播的媒介。电影银幕面积大，声音效果好，真实感强，不受读秒限制，诉诸观众的信息密集，诉求重点明确。电影广告一般在正片之前放映，观众接收广告信息时环境较舒适，心情较松弛，对广告的排斥心理较少，注意力较集中；因而能收到比较好的广告效果。而植入影片中的广告，则由于与故事情节融合，易于被观众接受。电影广告受放映时间和场地的限制，传播范围有限，且电影广告的拍摄费用比较高，因而受重视的程度不高。但电影观众一般都是消费能力比较强的群体，如果广告的投放量相对可以酌减，那么电影也是一种可以选择的媒介，特别是在进行媒介组合时，是可以考虑的一种理想媒介。随着我国广告业的发展，电影广告逐渐受到重视，已被不断开发和利用。

三、数字媒介

数字媒介指通过电子方式处理和传播数字信息的媒介。“数字”既表示其处理和传播信息的方式，也表示其信息传播的效果可以被一定程度量化。随着信息技术的发展，相较于纸媒，数字媒介的竞争力在不断提升。数字媒介能够生动展示图像、声音，并与用户进行互动，因而越来越多的广告作品选择在数字媒介上发布。

（一）个人数字终端

1. 智能手机和个人电脑

目前最常见的个人数字终端是智能手机和个人电脑。个人数字终端的普及实现了信息生产和传播的赋权，使得这一过程愈发去中心化。个人数字终端依托操作系统提供基础服务，用户可以自由安装应用程序来满足生活所需。

随着智能手机和个人电脑的普及，这些设备能够覆盖广泛的用户群体，实现高效的信息传递。广告主可以借助用户的浏览习惯、地理位置和社交关系，实现精准的广告投放。同时，智能手机和个人电脑支持图像、视频、动画等多种广告形式，能丰富广告内容，提高用户的接受度。实时互动也是一大优势，用户可以通过点击、扫码等方式直接参与广告互动，增加广告的互动性和吸引力。此外，通过收集和分析用户行为数据，广告主能够评估广告效果，优化广告策略，提高广告的投资回报率。

然而，广告的过度曝光可能导致用户广告疲劳，甚至引起用户反感，影响品牌形象。同时，由于互联网广告市场竞争激烈，获取优质广告位的成本在不断上升。此外，用户隐私保护的问题也是一大挑战，广告主需要确保数据采集和使用的合法性和透明度。在技术层面，不同设备和操作系统的兼容性也可能影响广告的展示效果，增加了广告设计和投放的复杂性。最后，广告的效果常常受到外部环境的影响，例如网络连接不稳定可能导致广告加载失败，影响用户体验。

2. 虚拟现实、增强现实和混合现实设备

虚拟现实、增强现实和混合现实设备是近年来出现的新型个人数字终端。相较于智能手机和个人电脑，这类设备可以提供更具沉浸感的画面。它们的共同特点是可以结合现实中的空间场景，在此基础上叠加丰富的多媒体内容，给使用者有如身临其境的体验。虚拟现实、增强现实和混合现实都是一种视觉技术，除了可以应用在具备特殊传感器的专业设备上，也可以丰富手机的视听体验。

（二）户外终端

采用数字电视机为接收终端，以楼堂场馆等公共场所为传播空间，播放各类信息的新型电视节目传送形态，我们称之为“楼宇电视”。楼宇电视是目前主要的户外终端。从传播内容上看，楼宇电视可分为楼宇广告电视和楼宇数字电视两大类。

1. 楼宇广告电视

楼宇广告电视又叫“楼宇液晶电视”。在商业楼宇、高级住宅等场所的电梯轿厢内或等候厅上方，放置液晶显示屏，每天自动循环播放有关信息，以商业广告信息为主，兼播一些娱乐节目和社会公益宣传片。楼宇广告电视，单机独立，设有人工密码，自动定时开关。楼宇广告电视的目标受众明确，品位较高；所传递的信息声像俱备，比较生动详尽，又减少了中间环节，容易集聚受众注意力，品牌认知较为理想。其受众接触信息具有强制性、封闭性和不可选择性，能在被动情况中产生对楼宇电视广告信息的需求，同时广告传播成本低廉。但由于它基本上是“一元目的”媒介，过多的商品信息、广告宣传，无法选择、无法控制的传播方式，反而容易令人厌烦、产生抵触心理。

2. 楼宇数字电视

楼宇数字电视亦称“城市电视”。采用数字技术，通过无线数字信号发射，播放新闻、娱乐、财经、体育等栏目，也传送交通、天气、股市、突发事件等公共信息，由楼宇内的液晶屏幕接收。这实际上是传统电视媒介的延伸，也依托于传统电视媒介。其节目均由电视台和专业制作公司提供，除新闻节目外，还有经过编辑处理的天气预报、交通状况、展会信息、股市行情、政府法令等日常实用信息，由中央电视塔控制，远程发送到各个终端，通过机顶盒还原成图像播出。与楼宇广告电视相比，楼宇数字电视被国家政府部门正式列入新型的电视媒介，其传播内容具有综合性，以受众的需求为出发点，以新闻等服务性信息为主导，实时播放广播电视节目，还能发挥城市应急预警的功能。将广告信息服务融入其中，更能为受众理解和接受。楼宇数字电视所集聚的注意力和吸引力更强一些，传播成本则更低，且采用先进的数字电视地面广播技术，能做到发射信号统一、即时、安全、清晰，因而具有更大的市场空间和竞争力。但楼宇数字电视的目标受众较为杂乱，质量相对略差，强制性的收视效果较弱。

（三）户外数字大屏

户外数字大屏可以提供良好的沉浸式体验，常见于交通站点、大型购物中心、广场等地。户外数字大屏的内容形式与楼宇电视类似，在形态上可以分为四类：其一为播放型大屏，仅可播放视频内容；其二为功能性大屏，如铁路站点的候车厅大屏，可以在提供列车时刻表的同时播放视频；其三为交互式大屏，观众可以通过身体动作、声音或者手机与屏幕内容进行交互；其四为裸眼 3D 大屏，观众无须佩戴特制的 3D 眼镜，只用站在特定的位置即可享受到震撼的三维视觉体验，屏幕上的内容呼之欲出，观众仿佛身临其境（见图 10－1，文前彩色插图）。

户外数字大屏广告具有可见度高、灵活性大、展示多样化、定位精准以及互动性强等优势。由于位置显眼且屏幕巨大，它能够吸引大量注意力，提升品牌曝光率，且广告内容可以即时更新，以满足不同活动和促销需求。户外数字大屏支持多种展示形式，使广告更加生动有趣，并且安装在高人流量区域，能够精准触达目标人群。此外，户外数字大屏广告能结合社交媒体和移动设备，互动性较强。然而，户外数字大屏广告的成本较高，安装和维护费用昂贵，在黄金地段租赁广告位的费用也较高。天气、光照等外界因素可能会使屏幕可见性受到干扰，且多城市对户外广告有严格法律法规限制，可能需要获得各种许可，并遵守相关规定。在内容方面，户外数字大屏需确保适合所有观众，避免敏感和违规内容。此外，户外数字大屏需要定期维护和技术支持，以防显示故障或设备损坏，从而增加了运维的复杂性。

四、销售现场媒介

这类媒介是设在商店、建筑物内外的广告物，能够展示广告商品信息，主要为促进销售服务。销售现场媒介可在销售现场为消费者起到引导和指示的作用，促成和便利其购买；还能营造销售气氛，激发消费者的购买热情，促使消费者产生购买冲动，直接提高购买率。

快闪店是一种特殊的销售现场媒介。它是一种临时的店面，一般出现在人流量较大，或者目标消费者分布较为密集的商场、街道。相较于一般的店面，快闪店的存在时间从数天到数星期不等，且往往与广告主的特定营销活动有关。在快闪店中，人们可以购买到限量商品、促销商品，或者可以参与游戏。它常常依托于一个明确的主题或者营销口号，通过主题乐园式的设计吸引消费者驻足，能够提升消费者的品牌好感度。

五、直接营销媒介

这是对直接进入消费者的家庭和工作场所，以及通过个人之间的信息沟通，表明比较具体的商品或服务信息的广告形式的总称。其中，直接邮寄是最早开展也是最主要的媒介形式。直接邮寄是指将广告信息通过信件直接邮寄的方法传达给广告主所选定的目标消费者，向消费者介绍商品或服务，引发消费者的兴趣，也可以将优惠卡或附送样品、折扣券等直接邮寄。

在广告活动中，还有一些直接营销媒介被经常运用，例如：用电话告知商品或服务信息；直接把广告送到家庭或信箱以及办公室的上门广告；在街头或商店门前散发广告传单或带有广告的物品；把广告夹在报纸中，随报纸递送的折叠广告（也叫“夹报广告”）。

六、交通媒介

交通媒介有多种形式，可被运用来表现和传递有关的信息内容。它既可随交通工具流动，具有动态性，又可固定在车站、机场、码头等场所，具有稳定性；既可运用喷绘、招贴等表现手段，又可采用影片、音响等艺术形式。一般来说，交通媒介展示广告信息的时间长，广告内容富有持久性。广告主可根据广告目标的要求，选择目标消费者经常使用的有关交通工具的线路、场所做广告。交通媒介的广告价格相对低廉，对广告主有很大的吸引力。

但使用公共交通工具的乘（旅）客流动性大，成分复杂，较难进行市场细分，因此传播对象的针对性不够，容易流于平泛。另外，交通媒介因交通工具和线路等对广告有一定限制，相应地，受众接触这类广告就会有一定的局限性。由于交通设施具有公共性，所以交通媒介上的广告对设计有较高的要求，必须具有一定的欣赏价值，富于美感。

七、其他媒介

（一）流媒体

流媒体（streaming media），全称“流式媒体”，原代指对多媒体资料压缩、通过网络进行分发的数据传输手段，现也指运用该技术进行内容分发的媒介。在内容类型上，流媒体可以分为视频类流媒体、音频类流媒体和融合类流媒体。除了沿用电视、电影内容的创作模式，依托于互联网，流媒体还实现了对大众的创作赋权。因此，广告主除了基于流媒体本身的类型提供相契合的广告内容，还可以委托创作者进行口播、推荐、演绎，以此获得受众的信任。

视频类流媒体是当前最受欢迎的流媒体形式之一。人们可以通过移动应用程序、网页或者其他观看终端收看喜欢的视频内容，无须受限于播出时间。视频类流媒体内容包括直播、影视、泛娱乐录播节目，以及普通大众创作的视频内容。从内容时长的角度划分，可以分为短视频和中长视频。短视频和直播是时下热门的创作形式。

与视频类流媒体相对应的是音频类流媒体。常见的音频类流媒体有音乐流媒体、播客、有声书和音频课程。使用音乐流媒体时，用户无须购买完整的音乐专辑，可以仅为单曲付费，或者以会员订阅服务的形式收听平台的大部分音乐资源。播客与广播类似，区别在于创作播客不需要专业身份，但用户收听播客需要使用网页或者移动应用程序。

融合类流媒体指的是综合了视频、音频、图文的流媒体平台。从信息推荐方式的角度可以划分为基于个性化推荐的融合类流媒体和基于人为筛选的融合类流媒体。它们多以信息流的方式呈现，如门户网站、新闻资讯平台等。

（二）社交媒体

社交媒体（social media）指通过互联网提供用户间互动、信息共享和社交活动的平台，也叫作“社交网络”（social network services，SNS）。社交媒体具有高度的互动性、精准的目标受众定位以及广泛的传播能力，是人们用以分享观点、交流意见、生产内容的网络平台。社交媒体的诞生依托于互联网，早期的社交媒体形式有论坛、博客等。随着移动互联网的普及，社交媒体呈现细分的趋势，即时通信平台、垂直内容社区也都属于社交媒体的范畴。

社交媒体作为广告媒介具有显著的优势，包括广泛的用户基础、精准的用户定位、多样化的内容形式、高互动性以及丰富的数据分析能力。社交媒体广告具有高互动性，用户可以点赞、评论、分享和参与互动活动，极大增强了广告的传播效果。

（三）在线搜索引擎与对话式人工智能

用户可以使用在线搜索引擎对互联网上的信息进行检索，检索方式可以是输入关键词、短句、图片或者语音。在线搜索引擎除了依据关联度对返回内容排序，也常常将个别内容位设置为可供广告主实时竞价的广告位。在线搜索引擎可以分为广域搜索引擎和垂直搜索引擎，前者能够检索到不同网站的内容，后者只能检索到特定网站的内容。

对话式人工智能指的是可以使用自然语言与之对话，并以此获取信息或者完成特定任务的人工智能产品。与在线搜索引擎类似，对话式人工智能除了可以完成通用的任务，也可以经由微调、外置数据库等方式，被调整为适用于特定场景的对答助手。例如，在电商平台上，用户可以通过对话快速检索到所需的商品。由于对话式人工智能可以理解自然语言，这种检索方式门槛更低。在广告投放层面，自然语言处理提供了全新的用户数据获取方式，并且这种人机对话的流程也具备一定的投放潜力，即广告主可以在人工智能的回答中插入广告信息。

第二节 新媒体广告的特点与运用

所谓新媒体，是一个相对的概念，是指随着时间的推移而新出现的媒介或被赋予新的媒介属性的介质。20 世纪 60 年代后相继出现的有线电视、卫星电视等，就曾被称为“新媒体”。随着现代科学技术进步速度的加快，作为信息载体的新媒体形式不断出现。近些年来新出现的媒介，主要是依托数字技术、计算机网络技术、移动通信技术、物联网及传感器技术等产生的媒介形态。总的来说，这些新媒体具有超媒介、超时空、交互性和虚拟信息传播及个性化信息服务等特性，一出现，即成为广告媒介的新家族，为扩大传播广告信息的领域，加强信息传递的时效和水平，增进与目标消费者的沟通，发挥着越来越大的作用。

得益于新媒体海量用户数据体量，如今的广告可以做到更精准地定位目标受众，实现有限预算下的最大化收益。网络终端厂商、应用程序开发商都可以在合法范围内收集用户的基本信息、模拟用户的使用行为、推测用户的购买意图。

实力较强的互联网公司往往会推出涵盖用户若干生活场景的一系列应用产品，这使得可收集的数据变得愈加体系化，能够更真实地预测消费者的购买行为和信息反馈。Google 就曾推出了 AdSense 广告平台，提供旗下平台如 Google 搜索、YouTube 的用户数据，便于广告主精准投放广告。阿里巴巴也有阿里妈妈大数据营销平台，覆盖了其电商业务及其应用集下的广告投放与效果评估工作。相似的产品还有腾讯广告平台、百度营销等。大数据催生了新型的平台商业化运营方式，是如今互联网最重要的变现方式之一。

另外，新媒体与信息技术密不可分，信息接收终端的迭代为大众提供了更丰富的声光电体验，也丰富了广告的创意形式与呈现形式。依托互联网，广告的生产、传播、效果评估都与传统媒介时代下的有所不同。

新媒体广告融合了传统广告媒介的优点，更有利于与消费者进行沟通。网络传播信息是全天候的，不受地域和时间等限制，信息覆盖面广、受众选择性大。另外，网络可以实现精准传播，确保广告信息到位、有效。它能使广告公司和广告客户及时地了解掌握广告发布后的消费者接触情况，测定和把握广告的传播效果，并能根据获取的有关广告效果测评信息，相应地调整和改进广告的创意、内容和表现形式。

一、展示型互联网广告

展示型互联网广告是指在网页上以图像、视频、动画等多媒体形式展示的广告。这类广告通常出现在网页的顶部、侧边栏或内容之间，形式包括横幅广告、插页广告、弹出广告等。其目的是通过视觉效果吸引用户注意，提升品牌曝光率和用户点击率。

展示型互联网广告一般以 CPT（cost per time，每个展示时间段的花费）或者 CPM（cost per mille，每千次展示的花费）来计费。展示型互联网广告的受众触达效果较难直接衡量，一般适用于侧重广告的后续效果而非直接转化数据的广告主。它们常常在页面固定的位置显示，且并非千人千面。在效果衡量上，可以关注 PV（page view，页面访问量）和 UV（unique visitor，独立访问用户数）两个指标。我们可以举例来说明二者的区别：当用户注册并登录网页后，手动刷新网页时 PV 会增加，而 UV 不变。

展示型互联网广告若附有可供点击的超链接，则可以引入 CTR（click through rate，点击率）来衡量广告效果。由于展示型互联网广告无法精准定位受众，所以由此产生了竞价型互联网广告，即采用实时竞价（real time bidding，RTB）来决定广告素材能否在广告位上展示，这一过程是通过程序化采买实现的。竞价型互联网广告基本上可以做到千人千面，因此可以优化预算的使用，实现对受众的精准定位。

二、竞价型互联网广告

竞价型互联网广告是指通过实时竞价系统购买广告位的一种广告方式，广告主根据 CPC（cost per click，单次点击的花费）、展示量或 CPA（cost per action，每次转化行动的花费）等指标竞价，确定广告展示的优先级和频次。常见平台包括谷歌广告（Google Ads）和脸书广告（Facebook Ads），它们通过复杂的算法和数据分析，动态调整广告展示结果以使广告主的投资回报最大化。

（一）搜索引擎广告

简言之，搜索引擎是指能够自动从互联网上搜集信息，将其进行整理、处理后提供给用户查阅、检索的系统。搜索引擎主要有全文搜索引擎、目录搜索引擎和元搜索引擎等方式，现已成为人们发现、查询信息的基本渠道之一。搜索引擎实现广告信息传播，目前可有三种方式：

（1）广告主将广告发布在网站上，广告内容成为以网页形式出现的信息源，供搜索引擎抓取。

（2）用户利用关键词进行检索后，在搜索页面上展现广告内容。

（3）通过注册，将网站或网页收录到搜索引擎索引数据库，经过分析后，投放与网站内容相关的广告，如 Google AdSense 的广告模式。相应出现的两种广告形式是：

其一，关键词广告。

关键词广告指显示在搜索结果页面的网站链接广告，也称为“关键词检索”。在用户利用某一关键词进行检索后，在检索结果页面会出现与该关键词相关的广告内容。由于关键词广告是在检索特定关键词时才出现在搜索结果页面显著位置的，所以其针对性非常高，被视为性价比较高的网络推广方式。链接的关键词既可以是词，也可以是语句。目前，关键词广告主要有五种：公司关键词、公众关键词、关键词语、搜索关键词和竞价排名广告。关键词广告形式比较简单，使用比较方便，可以随时选择位置投放，针对性和目标性强，一般按点击次数收费。这也是目前搜索引擎中运用最多的广告形式。

其二，垂直广告。

垂直广告指通过垂直搜索引擎发布广告。垂直搜索引擎针对某一特定领域、某一特定人群或某一特定需求提供有一定价值的信息和相关服务。与通用搜索引擎的海量信息无序化比较，垂直搜索引擎显得更加专注、具体和深入，具有精、专、深等特点，近年来人气较高，有较大的发展空间。

搜索引擎广告可以出现在三个区域。第一是搜索引擎主页，可以信息流形式展示内容；第二是搜索结果之中，广告主可以通过实时竞价的方式，将自己的网页展示在用户的自然搜索结果中；第三种是相关区域，这种广告一般位于自然搜索结果的右侧，单独成列、形式多样。

提升广告内容在搜索引擎的展示次数和触达效果的做法被称为“搜索引擎营销”（search engine marketing，SEM）。搜索引擎营销可以从自然搜索或者付费搜索（实时竞价）中获得流量。仅优化自然搜索流量的做法被称为“搜索引擎优化”（search engine optimization，SEO）。

（二）Feed广告

Feed广告是一种在信息流中插入的广告，常见于社交型平台或者资讯类平台。Feed一词的中文意思是“喂食”，事实上，Feed广告是基于对用户画像的分析而向用户推送的，颇有投其所好、投其所需之意。为了避免打断用户的操作，Feed广告的外形通常与信息流的其他信息单位一致，其不同之处在于一般会被打上“广告”或者“赞助”的标签。

Feed广告虽然是千人千面，但在不同平台上的推荐方式有所不同，用户社交关系的强弱都可能会影响到同一广告素材在特定人群中的出现方式。具体来说，为了提升Feed广告的转化效果，同一个广告素材被投放时所参考的用户数据是实时的，并且会采用竞价的方式与其他广告素材竞争，通常出价高者会得到曝光机会。以微信朋友圈Feed广告为例，广告素材在被初次投放时会参考用户的人群特征，当被推送的用户与该广告发生了交互（如点赞、评论、点击进入落地页等），则该广告素材有极大概率被推送给与其有好友关系的其他用户。这一过程很像我们做大众传播学研究时，采用“滚雪球”的方式寻找受访者的做法。

（三）上下文广告

Feed广告属于上下文广告的一种，但上下文广告并不仅存在于信息流中。

上下文广告是一种基于网站内容推送恰当广告素材的广告形式。比如，当我们在浏览网页上的文章时，会发现文章末尾的“猜你想看”栏目，这就是一种上下文广告。在某些平台，这个栏目可能会被替换为相似商品的橱窗，以便用户能直接点击购买。这种广告可以利用用户的即兴需求，促成冲动消费。

（四）对话式人工智能广告

前文提到，对话式人工智能是近年来的新型产品。用户可以像与人沟通那样，委托人工智能进行翻译、文案写作、代码编写等工作。接入了搜索引擎的对话式人工智能还可以为用户展示实时的信息，并对互联网上的特定内容做分析总结。在现阶段，为了使它更高效地完成任务、解答问题，用户需要与其进行多轮对话，并且需要熟悉提示词（prompt）的使用。由于对话中包含了用户的意图，所以这也是定向展示广告的好机会，广告主可以事先准备好广告素材，以便在适当的对话中展示给用户。对话式人工智能仍处在发展阶段，同 Feed 广告一样，还需要大量的用户数据作为投放的支撑，总体来说具有良好的行业前景。

三、人际传播广告

互联网广告是一种依托大数据进行精准匹配的广告形式。在实际的业务运作中，还有一类广告并不完全依赖数据的预测，它强调人际传播在广告传播中的重要性，重视口碑、渠道和客户关系的运营，我们把这类广告归纳为人际传播广告。

（一）裂变广告

当我们在浏览互联网时，遇到有趣的内容会想要分享给朋友或者家人，这种分享的习惯已经随着手机和移动互联网的普及逐渐成为日常活动。转发微博、浏览朋友圈都能够促成内容的裂变。内容就像细胞分裂一样，经由转发实现迅速传播。假设一位用户有 100 个微信好友，这 100 个微信好友又各有 50 个微信好友，那么在最理想的状态之下，这位用户分享的内容会至少影响 5 000 人。这样的路径就像枝叶的生长，它不断分叉形成参天大树，而内容就在其中流动。

为了无限接近最理想的状态，广告主在准备广告素材时需要紧抓热点，试图与同一个用户圈层内的大多数人形成共鸣，或者能够满足他们的实际诉求，比如分享获得优惠、集赞抽奖等。

（二）种草广告

种草广告强调“种草”这一行为。“种草”是网络用语，意为分享、推荐商品。个体接受“种草”并采取行动的做法被称为“拔草”。种草广告能否取得预期的效果，与种草者的影响力、个人魅力，以及种草采取的方式、曝光程度有关，它本质上是一种基于口碑的商品推荐。

善于种草且拥有较大影响力的个体可以被称为“关键意见领袖”（key opinion leader，KOL），影响力较小的个体可以被称为“关键意见消费者”（key opinion consumer，KOC），他们都属于“达人”。因此，采用种草广告推广商品的做法也可以被称为“达人营销”。

（三）社群广告

社群原意指爱好类似、身份属性类似的人聚集而成的群体。在行业中，常被用来指代企业围绕某一商品或者品牌的利益相关者建立起来的虚拟群体组织，群体的活动地点常在微信群。社群可以及时传达商品信息、接收客户反馈、维护客户关系。由于能够直接接触消费者，很多快消品品牌都有自己的社群。它们可以在群内发送推广讯息，无须购买昂贵的公域媒体，这能够在一定程度上减少营销预算。

四、其他新媒体广告

（一）定制化广告

定制化广告不是一种具体的广告形式，而是一种媒介所有者面向广告主提供的服务售卖组合，组合中可能包括一系列具体的广告位、整合营销传播方案或者可使用的广告素材等。以百度营销为例，它的“定制化资源”是将一系列体量较小或者没有经过商业验证的产品资源打包售卖的一种服务方式。也有一些传统媒体会在广告位招标时提供配套的制作团队或者口播人员，允许广告主自由搭配选择。

（二）场景广告

场景广告可以从两个方面理解。一方面，场景广告需要从用户需求与感知出发，构建能够让用户代入的消费场景。这里的场景指的是日常生活中的场景，比如售卖智能家居产品的品牌，会在广告素材中体现使用产品带来的愉悦家居体验，通过视觉、声音来呈现科技赋能的未来家居生活。另一方面，场景广告也可以创造场景。宜家、无印良品就是很好的例子，快闪店、大幅的地铁车厢广告也属于这一类。品牌通过在现实空间中搭建理想中的生活场景，使得消费者与产品或者品牌的理念产生共鸣，继而达到促成购买转化或者品牌传播的目的。

（三）开屏与贴片广告

开屏与贴片广告可以是展示型互联网广告，也可以是竞价型互联网广告，这取决于广告平台对个性化推荐技术的掌握程度，以及实际的投放需求。

开屏广告的诞生，源于手机厂商为了掩盖手机 App 启动速度短板而设计的开屏动画。在手机性能突飞猛进的今天，开屏动画仍作为一种特色被 iOS 系统的开发规范保留。当用户逐渐习惯了在打开 App 后静候数秒时，这段等待的时间便成了广告投放的“黄金时间”。为了更好地抓取用户注意力，广告行业开发了各式各样的开屏广告。从最初的图片开屏、视频开屏，再到摇一摇、滑动屏幕，平台为广告主提供了多元化的选择，以便广告主能合理地利用自己的广告素材。需要注意的是，由于存在易误触、强制性的问题，开屏广告非常容易引发争议，目前相关的政策与法律法规仍在不断完善中。

贴片广告常见于视频流媒体，一般分为前贴（pre-roll）、中贴（mid-roll）、后贴（post-roll）。贴片广告一般是长度大于等于 5 秒的视频。当用户暂停视频时，暂停按钮附近出现的信息弹窗也是贴片广告的一种。有些视频流媒体平台会自产剧集，或者购买热门剧集的独家播放权，作为自己一段时间内的主推内容。这种视频内的贴片广告定制化程度更高，能做到与剧情紧密结合。比如，中贴可以选择主演担当代言人做口播，播放进度条上也可适时弹出剧集中出现的商品介绍。

（四）富媒体广告

富媒体广告是一个较大的概念，通常指综合了视频、音频、图文和人机交互的综合广告形式。在制作上需要借助程序开发语言，如 JavaScript、HTML 等实现生动的交互。近年来新兴的虚拟现实、增强现实、混合现实，以及人们常说的 H5 广告都属于富媒体广告。

H5 广告是指通过 H5 技术制作的互动性强、表现力丰富的网络广告。它利用 H5 的多媒体和交互功能，在网页或移动设备上呈现视频、音频、动画和用户交互操作等多种元素，提供沉浸式的广告体验。H5 广告常见于移动端，通过链接或二维码进行传播，用户点击后可以直接在浏览器中打开，不必下载 App。这种广告形式以其轻便、灵活和丰富的互动性，能够吸引用户深度参与，有效提升广告的传播效果和转化率。

（五）推送广告

1. 手机通知

手机操作系统赋予了 App 发送通知的权限，手机通知一般由 App 图标、App 名称、正文和缩略图组成。广告主可以在通知中加入文案，用以告知新活动、召回老用户等，这种通知也被叫作“服务通知”。用户点击通知后可以跳转至 App，或者直接进入落地页（landing page）。随着手机系统的不断迭代，市面上涌现了一些全新的通知形式，如 iOS 系统的实时活动（live activity）、OriginOS 的原子通知等。

2. 推送短信

广告主还可以通过短信的方式发送信息。相较于手机通知，短信的文案可以更长，有的短信甚至可以带图，我们一般称之为“彩信”。随着运营商资费的下调，发送短信的单价远比过去便宜，有的企业为了避免运营商风控，会购买一个数字段内的若干号码，随机发送信息。但推送短信是最初级的广告形式，极有可能成为垃圾短信，引起用户反感。

除此之外，广告主还可以在短信内加入链接，以便用户点击后直接跳转到对应的页面采取行动。为了更好地监测用户的来源，这些链接中还常常添加 UTM（urchin tracking module）代码，一般会被置于链接的尾部。这种做法适用于所有可分享的链接。

3. 推广邮件

推广邮件与推送短信的作用类似。但由于邮件支持 HTML 语言，广告主可以利用 HTML 语言像编写网站那样编写出精美的邮件模板，使其图文并茂、生动有趣。同样，企业也可以在其中添加 UTM 代码来获知流量来源。

查询电子邮件，是人们上网的一项经常性工作，如今使用电子邮件的人数在直线上升，因此电子邮件也是互联网广告传播的良好载体。利用电子邮件做广告，主要有两种形式。一种是邮件列表广告。利用网站电子刊物服务中的电子邮件列表，运用横幅、插页等多种形式，把广告加在读者所订阅的刊物中发放给相应的电子邮箱所属人。一种是电子邮件广告。广告利用拥有免费电子邮件服务的网站，直接向个人电子邮箱发送广告，广告以横幅形式为主。这里，在不侵害个人隐私的情况下，得到个人电子邮件地址的有关资料是非常重要的。

第三节　媒介计划的制订

一、媒介计划的含义和内容

（一）媒介计划的含义

根据广告目标的要求，在一定的费用内，为把广告信息内容最有效地与目标消费者进行沟通所做出的策划，这就是广告媒介计划。媒介计划是广告整体策划中的一个重要组成部分，它依据广告目标制定，又规定着广告媒介目标的制定，指导着广告媒介的选择。

广告媒介计划的核心是确定媒介目标。媒介目标是广告信息经媒介传播后对现实的和潜在的消费者可能传达以及影响的程度。媒介目标要和广告整体目标联系起来考虑，通过一些具体的指标如暴露度、到达率、转化率、影响效果等来体现和衡量。如何选择传播媒介，怎样进行媒介组合，以何种方式推出广告等，都是围绕着媒介目标来展开的。

媒介计划是广告计划在媒介应用方面的具体展开。由于媒介计划是广告信息传播实施前的运筹，因此，要从企业的整体营销规划、广告目标、广告战略的要求出发，一方面充分地、深入地对各类传播媒介进行研究分析，一方面考察与媒介传播有关联的其他方面的情况，如广告文案、广告预算等因素的影响，从而准确恰当地选择适用的传播媒介。

媒介计划的实质，是确定传播媒介的选择方案。广告主投入的大量广告费，其中八成以上是用来购买媒介的时间、空间或流量。广告能否取得效果，首先还是看广告信息是否被广告传播对象触达，进而才可能影响目标消费者，达到预期目的。这就要求媒介计划制订周密，媒介选择策略运用得当。在广告活动运行的链条中，媒介计划处于相当重要的环节。

（二）媒介计划的内容

从总体上看，媒介计划主要围绕五个方面展开。

1. 传播对象

广告活动针对谁而展开，广告信息传播的目标对象是谁，这是制订媒介计划时首先要明确的。在进行广告整体策划时，在制定广告表现战略时，广告的目标对象都要经过认真分析和选择，广告媒介战略要与之具有一致性。

2. 沟通渠道

这是需要重点策划的内容，即根据广告目标的总体要求，选择适用的传播媒介，使广告信息尽可能地触达目标消费者。一般来说，传播媒介是客观存在的，制订媒介计划要根据现实的传播媒介情况来进行。不同类别的传播媒介具有不同的传播特点，对受众所提供的信息服务各有差别，由此，受众在接触各类传播媒介时的状况和方式会显示出不同。要依据传播媒介的情况、目标对象接触传播媒介的情况等来进行选择，使目标对象尽可能地接收到有关的广告信息内容，保持信息沟通渠道畅通。

3. 何时进行、如何进行

这两个方面主要是策划如何运用已经选定的传播媒介，考虑推出广告的时间和方式，特别是要根据广告预算的要求来考虑广告应该选择在什么时机、什么时间投放最为合适、有效，以何种方式推出最为恰当。媒介计划要做出具体安排，做好广告排期。

在一般情况下，广告预算已经确定了购买媒介的费用，媒介计划要在广告预算允许的条件下进行。媒介计划首先需要考虑所选择的传播媒介能最大限度地被目标消费者接触到，以使媒介目标能够实现。但是，如何选择传播媒介，还要与购买媒介所需的费用联系起来，受广告预算的限制。尽管许多传播媒介都很理想，但如果广告预算不允许，也只能放弃。媒介计划的最终目标和最佳结果，就是使之既符合广告预算的要求，也能达到预想的传播效果。

4. 时间属性

这里指广告投放的时间选择和频次安排。它包括广告应该在一天中的哪个时间段、星期几或者特定的节假日进行投放。广告效果可能因投放时间的不同而有所变化。例如，电视广告在黄金时段的效果显然优于深夜时段。还需要考虑广告的频次，即广告信息重复出现的次数，这有助于增加广告的记忆度和影响力。

5. 空间属性

这里指广告的地理覆盖范围和传播地点的选择。要考虑广告应该在什么区域范围内投放，如是在全国范围内还是在某个特定的城市或地区。还要考虑广告位置的选择，如公共交通工具上的广告，甚至是针对某些特定场所（如购物中心、影院）的广告，这些广告所选择的位置都是需要考虑的空间属性。空间属性直接影响广告信息的传播广度和到达率。

（三）拟定媒介计划的步骤和方法

日本电通提出了拟定广告媒介计划的三个步骤和方法（见图 10－2），可供参考，在此不赘述。

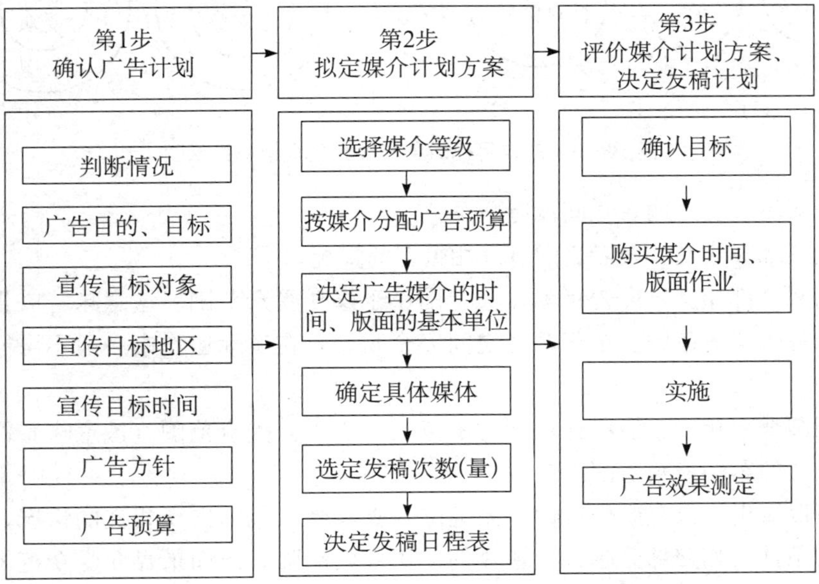

图 10－2　拟定广告媒介计划的步骤和方法

总的来说，媒介计划是广告活动的具体执行过程，旨在确保广告信息能高效地到达目标受众。这包括制定明确的广告目标、调研合适的目标对象、选定适合的传播媒介、安排具体的投放时段和地域布局、进行广告预算分配和广告排期。相较于媒介策略，媒介计划更注重细节和具体操作。媒介策略则是广告活动的整体蓝图，关注广告目标设定、受众定位、媒介组合与核心信息传达，确定广告传播的方向和方法。策略着重于方向和总体布局，而计划则是在这一蓝图下的实际操作步骤。

二、对各类媒介的考察评估

制订媒介计划，选择适用的媒介，需要对各类媒介进行考察评估。

（一）普及状况和受众成分

这主要是考察广告目标对象和媒介受众的关系。某一类或某一种媒介的影响范围，所拥有的受众群体，是相对稳定的。这些受众群体与广告传播的目标对象会有哪些联系，可从三个方面考察，也能进行量化。

首先，看某一媒介的影响程度，包括发行或覆盖的区域、受众规模、受众成分等。这是对媒介基本情况的了解认识。

其次，看广告目标对象与媒介所覆盖的受众即媒介受众相联系的程度，也就是媒介可能被广告目标对象触及的程度。这是需要认真研究考察的方面。广告目标对象的人数和成分，取决于媒介所拥有的人数和成分。它们之间的关系，可有下面几种关系（见图 10－3）：

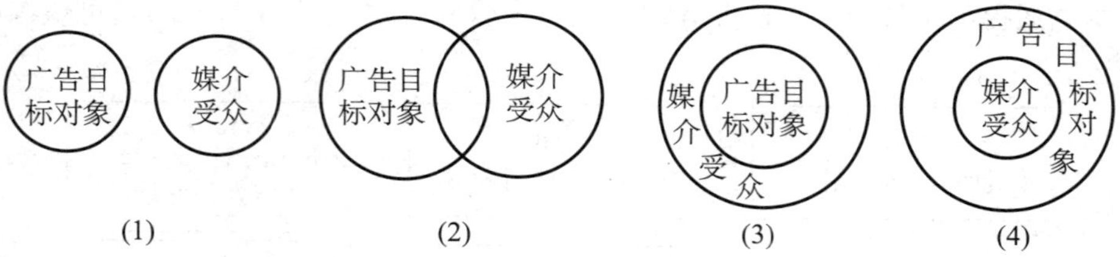

图 10－3　广告目标对象与媒介受众相交关系图

（1）两圆不相交，两者之间没有联系。

（2）两圆部分相交，两者之间有互相覆盖的情况。

（3）两圆全部相交，广告目标对象范围小于媒介受众范围。这意味着广告目标对象处于媒介的影响覆盖范围。至于两者之间完全吻合，在实际运作中一般不可能出现这样的情况。

（4）两圆全部相交，但广告目标对象范围大于媒介受众范围。这意味着广告目标对象超出了媒介的影响覆盖范围。

由此可以看出，只有广告目标对象范围与媒介受众范围出现相交的情况，媒介才具备被选择的条件，相交部分越大，媒介的适用性就越强。但如果媒介受众范围小于广告目标对象范围，那这一媒介也是不理想的，需要通过其他方式来弥补。

在此基础上，需要认识对相交程度进行质量评估的参数。广告目标对象人数除以媒介接触人数得到的比率，就是相交程度的质量参数。质量参数小于1的媒介，就是理想的广告媒介。

$$质量参数=\frac{广告目标对象人数}{媒介接触人数}$$

最后，看媒介被接触的程度，即媒介被受众阅读、收看、收听、使用的状况。媒介的影响覆盖范围并不等于媒介受众的接触程度，还不能真正说明媒介受众与广告目标对象之间的关系，还要进一步通过具体指标，如反复性（是否被反复收听、收看）、注意率（媒介不同时间或空间被注意的状况）、传阅率（读者相互传阅的情况）、转化率（接触到内容的受众的购买情况）、机动性、保存性等来进行评估。这个评估，还应该包括广告信息被接触的状况在内。

（二）媒介使用条件

这一问题可通过三个方面来看：

（1）购买媒介的广告时间、空间或流量的难易程度，购买手续和过程是否简便易行。这关系到广告信息能否利用合适的时段、合适的空间进行传播，能否及时有效地被目标消费者接触到。

（2）媒介对于传递广告信息的表现程度。有些媒介因为固有的特性，表现广告信息存在一定的局限性。这要评估媒介对于广告信息如色彩、动静、声像等要素的再现和传真能力如何。例如，对音像要求比较高的广告，印刷媒介的使用条件就不如电子媒介。

（3）媒介制作广告的水平、风格，也会对广告传播效果产生影响。当然，在现代化广告作业的条件下，广告的设计与制作可交由专门的广告制作公司去做，但对媒介这方面的评估也不可忽视。

（三）媒介相对广告费用

不同媒介刊播广告的费用有很大的差别，例如：《人民日报》与《北京日报》一个整版的广告价格不一样；同在一个时段插播广告，中央电视台综合频道的广告价格与北京电视台综合频道的广告价格也相差很远。但是，在费用上很难比较使用哪一种媒介更合算一些。可用计算相对广告费用的办法来做参考比较。相对广告费用的计算公式为：

$$相对广告费用=\frac{每次广告单位时间（单位面积）的价格}{预计媒介触及人数}$$

这里，广告单位时间或单位面积的价格，指本次广告购买媒介的费用。媒介触及人数，印刷媒介看发行量，可能的话，还要考虑传阅率的因素，电子媒介看总视听率。这个除法公式的商越小，媒介的适用性就越好。这和考察每千人成本的意义近似。

（四）媒介传播效益

通过对以上几个方面的综合评价，看媒介的传播效益如何。

综合评价可运用比较的方法，即与广告目标相比，分析某种媒介适合做何种形式的广告，对实现广告目标的适应性如何；对各种媒介进行相互比较，看哪种媒介更易实现广告目标，且相对广告费用更便宜（见表10－1）。

表10－1　不同媒介与广告目标比较表

指标媒介		媒介权威性	媒介受众成分	质量参数	媒介的阅读、收视（听）状况	使用条件			相对广告费用	媒介传播效果	
										刊播适宜性	与广告目标相比的名次
报纸	1										
	2										
杂志	1										
	2										
电视	1										
	2										
电台	1										
	2										
户外	1										
	2										
交通	1										
	2										
……	……										

三、影响媒介计划的内外因素

（一）外部因素

外部因素主要是指除媒介之外影响制订媒介计划的诸多因素，侧重于以下方面：

1. 产品的特点

这里主要考虑广告商品有什么特性、处于生命周期的哪个阶段、是名牌还是大路货等。比如，新开发的产品、新上市的商品，就要考虑选择能够扩大受众认知的媒介。如果广告商品是技术性复杂、性能难以理解的产品，则要选择有利于受众理解的媒介。要是属于名贵品牌的商品，所选择的媒介，其权威性就应该高一些，应该是受众心目中的主流媒体。

2. 目标市场的特点

这里主要根据目标市场的各种状况，如人文因素以及受众的需求状况、生活习惯、媒介接触方式等，对目标消费者进行分类，以适合各类媒介的传播。一方面作为选择何种媒介的参考，另一方面也为如何确定广告的推出方式提供依据。

3. 经销系统的特点

这里主要掌握企业产品的销售方式、销售范围以及销售各环节的配合等。必须充分了解企业的这一系列经销方式，以使选定的媒介能与之配合，保证目标受众能够接触到广告信息，广告活动能对企业产品的经销过程发挥促进作用。若实行整合营销传播，了解把握企业经销系统的特点就更为重要。

4. 竞争对手的特点

要摸清竞争对手各方面的情况，特别是运用媒介的情况，知己知彼，发挥自身优势，增强竞争能力。

5. 广告作品的特点

所选择的媒介要能够体现广告作品的创作特色，有利于表现广告主题，有利于与目标受众沟通。广告的表现战略和媒介战略虽然是分别展开实施的，但都是广告战略的组成部分，都是为实现广告目标服务的，二者要能够相互协调、浑然一体。如果广告作品的创作先于或与媒介计划的制订同时进行，选择媒介时就要想到如何使广告作品充分发挥作用。当然，创作广告作品时也要考虑媒介选择的情况。

6. 广告预算的内容

对媒介的选择和组合，要符合企业对整个广告活动的总体构想，在广告预算许可的范围内进行。购买媒介时间、空间或流量，要注意不能超过广告预算总额中用于购买媒介的费用额度。

（二）内部因素

内部因素主要是指媒介自身影响制订媒介计划的各种因素。

1. 购买费用

这是媒介选择不可逾越的一条控制线。总体上看，可能很多媒介都是适用的、需要的，但因为购买费用问题，就必须有所取舍。在具体媒介选择上，要看收视（听）率、阅读率、转化率、CPM、CPA 等指标，根据这些指标以及媒介对广告内容的适应性等因素比较不同媒介的费用支出情况，另外看有无折扣的情况。

2. 传播效益

应把传播效益作为选择衡量媒介的重要标准，争取最好的传播效果。这实际上也是对媒介业绩的考察，对其发行量、收视（听）率、到达率、CPM 等各项指标综合起来进行评估，看可能取得的传播效益如何。另外，也要注意有效频度的问题，即消费者通过相关媒介接触多少次广告信息。这会受到各种因素的影响和制约，要进行综合评估，避免浪费。

3. 可行性

每种媒介都有自身的传播特点，都有其优势和不足。因此，要看媒介的可行性，即媒介对广告作品和推出方式的适用程度如何。例如：电视能够促进消费者认知，对音像有较好的表现力；广播适宜向消费者告知商品的销售地点等信息，传递信息快；报刊可以提供较为详细的信息内容，能加深消费者理解，更适宜推广一些理智型购买的商品。

4. 寿命

媒介的寿命，是指媒介推出广告信息持续触及受众的时间长短。不同类型的媒介，其传播信息的寿命长短不一。了解各类媒介传播信息的寿命，由此相应地安排在媒介上刊播广告的次数，才能保证广告作用的持续影响。若媒介寿命较短，就要考虑多次反复推出广告的方式，以延长广告触及受众的总时间。

5. 灵活性

媒介的灵活性，是指在某一媒介上推出广告的可以修正调整的程度。例如，在推出广告前，修改广告作品是否容易？调整广告推出时间和方式有无困难？不同类别的媒介，其灵活性是不一样的。要从企业的广告目标对灵活性的要求来考虑对媒介的选择。如果促进短期销售、推广的商品多样、广告作品中的商品价格多变等，对媒介灵活性的要求就高一些。

6. 协调性

媒介的协调性主要是看媒介同其他营销环节相互配合的程度。从整体营销传播的角度，看媒介能否与营销方法有效配合，是否符合企业进行综合信息交流的要求。例如：利用电视推出广告，能与企业开展较大范围的公共关系活动相呼应；设置快闪店，可以丰富品牌形象，提升直接转化的收益，引发互联网上的二次传播。

四、互联网广告的程序化购买

互联网普及率的提升为企业提供了海量的用户数据，广告主、媒介与消费者的数量空前增加。在这种背景之下，媒介的程序化购买应运而生。它将传统广告业中繁杂的媒介内容匹配流程简化为目标制定、预算分配、自动投放、效果监测与优化共四个核心步骤，使得广告主可以根据量化的投入产出适时调整广告投放策略，发挥跨媒介的规模效应。互联网广告经历了从展示广告、定向广告到程序化广告三个发展阶段。这三种广告形式并不是互相替代的关系，一个完整的媒介计划通常需要综合考虑三者的搭配。

展示广告是互联网广告最基础的呈现形式，以视觉化内容为核心，通过固定广告位向用户传递品牌信息。典型形态包括网页横幅、侧边栏图文、视频前贴片及弹窗广告等，常见于门户网站、新闻客户端及视频平台的信息流中。展示广告一般按照展示量或者广告位的租赁时间计费，本质上是对传统媒体购买版面逻辑的数字化迁移。

定向广告则在展示广告基础上引入数据标签技术，将抽象流量转化为可定义的细分人群。例如，通过人口属性定向（如年龄、性别）、地域属性定向（如一线城市等区域划分）、上下文定向（如体育新闻页面上投放运动鞋广告）、用户行为定向（如搜索过“减肥”等关键词）及重定向（如向浏览过商品但未下单的用户二次推送）等策略提升广告投放的精准度。

程序化广告进一步提升了个性化的程度，借助算法和用户数据分析，不同消费者在他们的终端设备上所看到的广告内容大不相同，从而更有效地满足个体需求并提高个体参与度。

（一）程序化购买的发展

最初的网络媒介采买采用的是合约的形式。广告主与媒介所有者直接联系，选定广告位，依照展示次数和展示时间计费。与之相关的计费指标有 CPM、CPD（cost per day，每天展示的花费）、CPT 等。在媒介资源有限的情况之下，通常需要媒介所有者精确协调不同广告的展示时长。合约采买能够发挥“橱窗效应”，由于广告主独占广告位，这有助于提升品牌价值，促成转化的集中增长，流量溢价较高，可以类比体育赛事中的冠名播出策略。

定向技术的出现提升了媒介资源的利用效率，同一广告位上可以根据用户的区别展示不同的广告。随着媒介资源越来越多，在线广告联盟开始出现，它聚合了多个媒介资源，简化了广告主的采买流程。

实时竞价最初来自搜索引擎广告，它允许广告主预先设定一个预算，在特定的媒介资源池内进行广告位的实时采买。实时竞价依托于广告交易平台。

（二）实时竞价中的广义第二高价

在实时竞价中，为了提升媒介所有者的收益、避免广告系统产生过多的运算，通常会让出价最高的广告主以出价第二高的价格付费，这种定价被称为“广义第二高价”(generalized second price，GSP)。广告主在竞价的时候处于一种博弈的状态，会尽可能地想要节约广告投放成本。因此，理性的广告主通常会从较低的价格开始互相竞价，当价格攀升到一定程度时，出于对成本的控制，部分广告主会停止出价。此时剩余的广告主并不会继续加价，而是尝试压低价格，以寻求一个刚好能获得广告位且不会比同行高出太多的价格。但随着价格的降低，原先放弃竞价的广告主可能会重新参与进来，开启新一轮的循环，这会造成非必要的程序运行成本。因此，采用广义第二高价付费是必要的，它能赋予广告主更强的出价信心，避免上述循环博弈状况的发生。

（三）程序化购买中的其他主体

广告主可以通过需求方平台与在线广告联盟相连接，进行媒介的自动化购买。为了明确、细化、调整广告目标，广告主还可以通过数据管理平台调用所需的消费者数据，制定合适的广告投放策略。

媒介资源的所有者可以将资源统合到供应方平台进行统一售卖，在线广告联盟就是供应方平台的一种。

（四）实时竞价的流程

当用户接触到 App 或者网页的广告位时，前端会向广告交易平台发起广告请求。广告交易平台会把用户或者设备的识别信息、广告位的信息发送至需求方平台。此时，需求方平台会发出竞价请求，一方面询问数据管理平台获取对应用户的数据，另一方面指示竞价引擎开启竞价。

广告主提前在需求方平台上设置好预算以及投放目标，当合适的竞价开启时，会由算法引擎进行多个广告主的竞价博弈。一段时间后，需求方平台会返回最终价格和广告主的识别信息至广告交易平台。广告交易平台在需求方平台返回的多个价格中选取最高价，将对应的广告内容推送至广告位。一次实时竞价至此结束。

（五）广告效果的衡量与优化

衡量程序化广告效果的指标有很多，广告主关注的核心是广告预算的 ROI（return on investment，投入产出比），教材中提到的 PV、UV、CTR 都是常见的衡量指标。此外，在一些具体的场景，客单价也值得参考，与之相关的概念有 CPV（cost per visitor，单个访问成本）、CPF（cost per follower，单个关注成本）、CPS（cost per sales，单个销售成本）。

在营销理论中，我们认为点击、访问和行动以倒三角漏斗模型呈现。自上而下每越过一级，用户的数量就会减少。在实践中，并不是某一广告素材的点击率越高，其转化率就越高。广告投放的精准程度、广告素材的美观性、受众注意力抓取的效率等都会影响各自数据的呈现。因此，广告主需要制订可行的广告投放计划，调整广告素材和定向策略，并合理地分配广告投放预算。

第四节　媒介组合策略

所谓媒介组合，即是对媒介计划的具体化，是在对各类媒介进行分析评估的基础上，根据市场状况、受众心理、媒介传播特点以及广告预算的情况，选择多种媒介并进行有机组合，在同一时期内，发布内容基本一致的广告。运用媒介组合策略，不仅能最大可能地提高广告的触及率和重复率，扩大消费者认知，增进消费者理解，而且能在心理上给消费者造成声势，留下深刻印象，增强广告效益。广告媒介组合要和市场营销组合、综合促销活动等联系起来，选择最有效的传播媒介加以实施。

一、确定媒介的步骤和方法

进行媒介组合，首先是选择单个的适用的具体媒介，大体上要经过确定媒介级别—确定具体媒介—确定广告单位等三个步骤。

（一）确定媒介级别

媒介级别就是媒介的类别档次。由于各类媒介具有不同的传播特点，覆盖不同的区域，拥有不同的受众，在符合广告目标的要求、有效触及目标受众、与广告表现战略相配合等方面程度不同，从而产生不同等级的广告效果。确定或加大哪一类媒介的选择比例，需要考虑四个方面的问题。首先要比较各类媒介的优缺点，主要应根据广告活动的需要来评判。其次是要明确广告媒介的费用档次及其是否有组合售卖的折扣等。再次是要注意同以前广告活动的连接，这主要是考虑广告效果的累积问题。最后是竞争对手运用媒介的情况，或实力抗争，或避其锋芒。

（二）确定具体媒介

在已经被选定的媒介级别的基础上，再选择一到几个广告主需要的、符合广告目标要求的具体媒介，确定媒介的具体名称。例如，选择电子媒介，是选择中央电视台还是选择北京人民广播电台，还是其他网络媒介，抑或是兼而有之？

确定具体媒介，有三个方面需要重点考察。一是覆盖域，即考察所选用媒介传递的广告信息，能否被目标市场的消费者接收到。二是针对性，即考察媒介能否有效地触及广告主的目标市场。三是可行性，即考察媒介能否适应和体现广告内容的特点。这些在前一节对媒介的考察评估部分已有所阐述。

媒介能否被正确地选用，与平时对有关媒介资料的收集整理有很大关系。广告公司和企业都应对此引起充分注意，留意各类具体媒介的绩效信息。有关媒介也应对自己的实绩及时总结公布。涉及某一媒介传播特性和效果的评估，除前面对媒介的相关分析外，还需要通过以下的一些指标进行。

1. 覆盖域

覆盖域即广告媒介发挥影响的区域范围，也就是媒介的普及状况。例如：小红书的覆盖域是 18～35 岁的年轻群体，拥有较高的消费意愿和相当的购买力；今日头条的覆盖域则以男性为主，其中超过四成在 35 岁以上。覆盖域是考察广告媒介的一个重要指标，广告主或广告公司在选择广告媒介时，首先就要考虑某一媒介的覆盖域，看能否影响营销计划所针对的目标市场，是否与广告的目标受众相吻合。

2. 收视（听）率

这一指标主要是针对电子媒介的评估。收视（听）率为转收某一特定电视节目或广播节目的人数或户数的百分比。通常是以 100 家户（人）为基数，然后测定收视（听）节目的家户（人）所占的比率。广告主和广告公司往往以此来决定是否购买这一时段（节目）的广告，而电台和电视台也以此作为制定广告价格的一个依据。

3. 到达率和触及率

到达率是表示在一定时期内，“不同的”的人或家户接触某一媒介刊播的广告的比率，可用百分比表示。以 100 为基数，如接收一定节目或广告 1 次以上的家户（人）（不重复计算）为 20，则有 20％的到达率。

触及率是广告经某一媒介传播后，触及的人数与覆盖域内总人数的比率。计算公式为：

$$触及率=\frac{接收人数}{覆盖域总人数}\times 100\%$$

这里，接收人数为触及媒介及可能接触到广告信息的人数，但不可重复计算，覆盖域总人数指某一媒介覆盖域内的所有人数。触及率不能准确地表明触及广告信息人数与媒介受众之间的关系，但触及率高的，媒介的可用性肯定大一些。

在实际的广告运作中，往往通过媒介组合来增加广告的到达率，但计算时仍要注意把受众人数的重复部分扣除。到达率不可能达到 100％。

4. 毛感点

毛感点指广告通过有关媒介传播所获得的总效果，是各次广告传播触及人数比率的总和。电子媒介一般用总收视（听）率来表示，是把一段时期的各收视（听）率相加得出的。因为电子媒介需要多次反复播出广告，观（听）众往往会多次接触到广告信息，这就有一个频度的概念。频度又称“平均收视频度”，是表示收视1次以上家户（人）的收视次数。把广播电视的到达率乘以频度，就可以知道总收视（听）率。印刷媒介的接触频度一般只有一次。

毛感点是可以重复计算的，经过累加后可能得到超过100%的数字。这一指标能够比较清楚地表明一则广告运用媒介所取得的总的传播效果。

5. 权威性

这项指标主要是衡量媒介的影响力大小，是对媒介的传播效果质的方面的考察。广告对消费者产生影响，一是广告作品产生的作用，二是广告在某媒介上推出后所产生的作用。不同的媒介会因其级别、受众群体、性质、传播内容等不同，而权威性各异。例如，一家体育类报纸刊登体育用品的广告可能更有说服力，一个娱乐性的节目插播文化消遣类的广告可能更有吸引力，对受众资信较高的媒介所发送的广告信息可能更令人信服。从媒介本身来说，其内容的权威性也会因空间和时间的不同而有所差别。例如，在报纸要闻版刊登的内容，要比其他版面刊登的内容更具权威性。在电视台黄金时间播出的节目，要比其他时间播出的节目权威性更强。

一般说来，影响力大、权威性强的媒介广告单位，其收费标准就会较高。新的研究表明，有些广告单位的权威性也不是绝对的，只有媒介受众与目标消费者的比率越接近，权威性才会越高。美国的女性杂志权威性较高，因为在美国，家庭消费的主要支出者是妇女，广告主更愿意选择女性杂志刊载广告。电视台在黄金时间播出的某一电视连续剧具有较高的收视率，但该连续剧观众的绝大部分成员并不是广告主的目标对象，其权威性就相对弱些。而在另外的一般时段，相比之下，某节目的收视率要低一些，但针对性很强，广告的质量比较高，而广告价格却可能低很多。

6. 每千人成本

每千人成本为广告信息到达1 000个人（户）平均所付出的费用成本。公式为：

$$\text{每千人成本}=\frac{\text{广告费}}{\text{广告到达人数}}\times 1\,000$$

这是从媒介费用和到达效果的相互关系来考察媒介成本效果的指标，是对媒介的传播效益的评价，也是媒介选择的重要参数，多应用在数字媒介上。

以上涉及媒介评估指标的资料，较多情况下是由专业的媒介研究机构、调查公司等在调研后提供的。媒介也会汇编介绍自身的材料，但大部分信息应来自第三方，这样才能体现公平竞争、科学专业的原则，才能为广告主正确地制订媒介计划、进行媒介组合提供有效的信息资料。

（三）确定广告单位

在确定具体媒介后，还要进一步明确在媒介的何种位置上投放广告，也就是确定广告单位。这在讨论各类广告的设计与制作时已有所涉及。不同类型的媒介具有不同的广告单位。

广播电视等电子媒介主要考虑以下方面：电视广告或广播广告的时间长度，如 5 秒、15 秒、30 秒等；播出时段，如黄金时段、一般时段；推出方式，如插播、赞助。

报纸主要考虑以下方面：广告篇幅的大小，如整版、1/2 版、通栏（n 行）等；广告版位，在哪一版，具体什么位置；色彩，是全彩、套色还是黑白。

杂志主要考虑以下方面：广告刊登位置，如封面、封底、插页、活版页等；广告面积大小，如全页、折页、连页、1/3 页等；色彩，如四色、单色。

户外广告主要考虑位置、高度、面积、周边环境等。

在网络媒介中，广告单位主要通过内容形式和呈现位置来界定。网络媒介的广告单位不仅包括传统的图片和文字广告，还延伸至更复杂的广告形式，如视频广告、互动广告和社交媒体广告等。当前，网络广告更加关注用户体验和互动性，因此广告单位不仅衡量作为基础的像素尺寸，而且考虑广告的交互性、内容丰富度和用户参与度。也就是说，网络广告单位的测量方式已不再局限于尺寸或数据大小，而是综合考虑一系列因素，包括广告在页面上的视觉重量、可点击性、动态元素等，这些因素直接影响用户注意力和互动行为。此外，随着程序化广告的广泛应用，广告单位的选择还需适应不同平台的优化要求，以确保内容的最大化可视性和用户参与度。

如何确定广告单位，首先要考虑的是广告价格问题。广告费用不足，广告单位的选择就要受到限制，要在位置、面积、时段等方面与广告预算相适应。

其次，要根据广告战略的总体要求、广告信息量的大小，来考虑实施广告单位的大小。还可参考同一类商品一般经常运用的广告单位。竞争对手使用的广告单位情况，也是需要参考的因素。根据是采取对抗性措施还是避实就虚，相应地确定适当的广告单位。

最后，在广告费用允许的情况下，选择确定相应的广告单位，尽量提高注目率。比如，在单位面积（时间长度）相同、费用支出相近的条件下，选用广告和编辑环境优良的媒介广告单位，以增强广告传播的质量。

广告单位的选择，有两点在实际运作过程中是需要慎重考虑的。一是注意与媒介信息服务内容的相关性联系起来。二是观照广告单位影响力的相对性，主要看某一特定广告单位的广告受众与目标消费者的接近率如何。例如，电视的一般时段是相对于黄金时段而言的，但当这一时段的观众与广告商品的目标消费者接近率较高时，其影响力可能就不亚于黄金时段了。海王集团的系列产品，如海王金樽的目标消费者多是应酬较多的商务人员、公司职员等，他们往往深夜才能返回家中，打开电视，夜晚十一二点对于这类消费群体就是黄金时段。而海王银杏叶片的消费对象则是中老年人，白天的时段对他们则更为适宜。这个集团在利用电视推出其产品时，就把电视的黄金时段和一般时段有机结合起来，变“垃圾”为珍宝，化腐朽为神奇，投入不大，却得到了较高的有效收视率。

二、优化媒介组合

（一）媒介组合的意义

运用媒介传递广告信息，主要有两种方式：一是单个媒介的运用，即通过经验和筛选的方法，选择运用某一种媒介传递广告信息。运用这种方式的主要是一些小型企业。大型企业在有临时性、短期需要时也会运用这种方式，一般情况下较少采用。大型企业经常运用的是另一种方式，即进行媒介组合。媒介组合是广告媒介战略的核心和主框架。

运用媒介组合策略，具体来说，主要有以下作用：

1. 能够增加总效果和到达率

单个媒介对目标市场的到达率是不高的，即使是覆盖范围较大的媒介，也不可能将广告信息送达目标市场内的大多数人以至每一个人。所以，运用单个媒介，会导致目标市场内的许多消费者未能接触到广告信息。

而媒介组合则能够弥补这一缺憾。运用两个或两个以上不同的媒介，就可以使不同媒介所拥有的受众组合起来，从而使广告能到达更多的目标受众，使广告影响的广度扩大。

2. 能够弥补单一媒介传播频度的不足

有些媒介的传播寿命较长，有些媒介的传播寿命较短，这就影响到受众对媒介广告的接触程度。只有增加传播的频度，使目标受众能够多次触及广告信息，才可能取得较好的传播效果。有些媒介因广告的费用太高而难以重复使用，如果运用单个媒介，这些不足就难以避免。选择多种媒介进行组合运用，就能使受众在不同媒介上接触到同一广告信息，增加广告传播频度，强化重复效应，保证广告能在花费不多的条件下，仍能获得较高的传播效果。

3. 能够整合不同媒介的传播优势，形成合力，增强传播效果

某些媒介有一些固有特性，但同时也有一些不足和缺陷，如电视的费用高、杂志的时效慢、广播电视的选择性差等。媒介组合使媒介所具有的特性有机地结合起来，既能使某些媒介的特长得到发挥，又可使其缺陷被其他媒介所弥补，整体广告效果得到加强。这样，就使认知促进和理解促进有机地结合在一起，可以强化广告的重复和累积效果，推进广告目标的实现。

4. 能够相对减少成本，增加广告效益，有利于企业量力而行

媒介组合不是对媒介的简单排列，而是经过有机整合，发挥媒介各自特长、克服各自不足的过程，媒介组合能够发挥整体效益。因此，许多企业就可利用媒介组合的整体优势，在资金有限的情况下，组合多种费用低、效果相对一般的媒介，形成声势，实现预期的广告目标。

（二）媒介组合的方法

选择确定媒介的过程，实际上也是媒介组合的过程。媒介组合包括两个方面的内容，即媒介载体的组合和广告单位的组合。

1. 媒介载体的组合

即对具体媒介进行组合运用。可以在同类媒介中进行，也可以在不同类型的媒介中进行；可以把自用媒介和租用媒介结合起来，也可以以租用媒介为主进行组合。下面介绍三种主要的媒介载体组合。

（1）同类媒介组合。

把属于同一类型的不同媒介组合起来使用，刊登或播放同一广告，就是同类媒介组合的运用。例如，把同属于印刷媒介的报纸与杂志组合，把全国性报纸与地方性报纸组合等。在电视台不同的频道播出同一广告，也可视为一种同类媒介组合，这种组合情况不多，有时是以配套播出的方式出现。

（2）不同类型媒介组合。

这是经常采用的一种方案，如把报纸与电视组合，把报纸与广播、电视组合，把传统媒介与新媒体组合等。这样，不仅能扩大广告触及的范围，而且可以有效地调动目标对象的感官，得到更为理想的传播效果。

（3）租用媒介和自用媒介组合。

即把需要购买的广告媒介与企业自用的社交账号、自办网站、社群、论坛等进行组合。租用媒介能快速扩大品牌知名度，而自用媒介则有助于与受众深入互动，提升品牌忠诚度。通过这种组合，可以优化成本，实现广泛覆盖和持续影响。其优势在于能够最大化传播效果、优化费用支出，同时形成多渠道协同的传播合力。

2. 广告单位的组合

广告单位指实施广告传播的媒介的时间、版面等基本单位。在选择组合媒介载体的同时，也要进行广告单位的组合。对此，前文在“确定广告单位”中已有介绍，这里不赘述。

（三）善于运用不同媒介

运用多种媒介推出广告，不是简简单单将所选用的媒介累加在一起，要善于筹划，深入细致地分析媒介组合所构成的传播效果，对媒介组合进行优化，使组合的媒介能够发挥整体效应，使传播效果达到最大化。随着媒介数字化的推进，媒介融合正成为发展趋势，不同类型媒介的联姻融合、同一媒介的多媒体形态，也为如何运用媒介提供了新的思路。总体来说，有三个方面需要注意：

1. 要能覆盖所有的目标消费者

把确定的具体媒介排列在一起，将其覆盖域相加，看能否把大多数甚至绝大多数的目标消费者纳入广告可以产生影响的范围之内。也就是说，看媒介能否有效地触及广告目标对象。还可用另一指标来衡量：将具体媒介的针对性累加，看广告目标消费者能否都接收到广告信息。如果这两种形式的累加组合，还不能够保证所有的目标消费者接收到广告信息，就说明媒介组合还存在问题，需要重新调整或增补某些传播媒介，把遗漏的目标消费者补进媒介组合的影响范围内。但是也要注意媒介影响覆盖的范围不能过多地大于目标消费者范围，以免造成媒介资源的浪费。

2. 注意选取媒介影响力的集中点

媒介的影响力主要体现在两个方面：一是量的方面，指的是媒介覆盖面的广度，即广告被接触的人数越多，影响力越大。二是质的方面，指的是针对目标消费者进行说服的深度，即媒介在说服力方面的效果。其受到广告环境、编辑环境以及媒介广告被关注和干扰的程度等因素的影响。媒介组合后，其影响力会有重合。重合的地方，应是企业的重点目标消费者，这样才能增加广告效益。反之，如果所选用的媒介影响力重合在非重点目标消费者上，甚至是非目标消费者上，这样就得不到理想的广告效果，会造成广告费的浪费。因此，要以增加对重点目标消费者的影响力为着眼点，确定媒介购买的投入方向，避免在非重点目标消费者身上浪费广告费。

3. 应符合整合营销传播要求

运用媒介组合策略，还要树立系统观念。媒介组合是为实现广告目标服务的，广告目标依据企业营销目标的要求。企业要实现营销目标，也要运用营销战略，进行多种营销手段的组合。媒介组合要与之保持一致，特别是在现代营销战略的指导下，要符合整合营销传播的要求，在广告计划的统一安排下进行。同时还要注意与企业公共关系战略相配合，与促进销售策略相呼应，尽可能地发挥整体效用。

但是，如何实现媒介组合的最优化，争取最佳的传播效果，涉及许多方面的因素和条件，既是一个比较复杂的理论问题，在实际操作中也有较大的难度。

第五节　广告日程决策

广告日程决策是对在已经确定的媒介上如何推出广告、在什么时间进行、以什么样的方式展开的策划。广告日程决策的核心是制定广告发稿日程表，精心做好广告排期。

从总的方面看，编排广告发稿计划，要综合考察广告预算的限制、目标市场内产品生命周期、产品特性、广告诉求重点、目标受众接触媒介的状况等多个要素，根据广告目标和媒介目标的要求，在时间、时机、频度等方面做出决策。

一、广告时间策略

广告在媒介上推出的时间，主要是相对于商品进入市场的时间而言的，一般有拖拉推出、即时推出和延时推出等方式。

（一）拖拉推出

即广告推出的时间早于商品进入市场的时间，用广告拖拉出商品，目的在于事先制造声势，先声夺人。在商品尚未投放市场时推出广告，给消费者制造悬念，让消费者翘首以待。等到商品上市之时，即可形成旺销。

此种方式选用的范围较广泛。首先，适用于全新产品的推出，声势在前，商品在后，能够刺激消费者的好奇心，激发其购买动机。其次，适用于老产品经更新换代或部分改进后重新上市，使消费者“未见其物，先闻其声”，唤起新的消费欲望。最后，适用于季节性商品在旺季到来之前的推广。提前做广告，能先入为主，抢先占领消费者的记忆空间，一直延伸到旺季的到来，使消费者对商品始终有较深刻的印象。特别是市场竞争比较激烈的商品，拖拉推出方式应用更多一些。

需要注意的是，广告推出的时间与商品上市的时间间隔不可过长，否则将失去拖拉的意义和作用。

（二）即时推出

广告推出的时间与商品推向市场的时间相同。这种推出广告的时间方式最适合于老产品、供求平衡或供应稍偏紧张的产品。其目的在于告知，好处是见到广告，就可买到商品，但此种方式不适应竞争激烈的情况。

（三）延时推出

推出广告的时间晚于商品进入市场的时间，此种方式用得不多。一般情况下，适用于没有把握的新产品。商品先行上市试销，根据销售情况或少做或多做广告，且针对性强。另外一种情况，就是在商品上市后，先做试探性广告，视情况再决定是否做广告及其投放的规模大小。

二、广告时机策略

利用媒介发布广告，还要善于利用和把握各种时机。时机就是时间上的机会。企业的一切营销活动都存在如何利用和把握时机的问题。抓住了时机，就能事半功倍；失去了时机，就会失去效益，就是最大的损失。广告的时机，是在时间上与广告商品、市场行情以及人们的注意程度等有关的一系列机会。发布广告信息的时机要注意把握下面几种情况：

（一）商品时机

利用商品与时机的内在联系，巧妙地发布广告信息。例如，飞亚达手表的广告曾选择中央电视台晚间七时《新闻联播》前的瞬间时段，“飞亚达为您报时”，就得到了较高的收视率，引起了观众的关注。

（二）重大活动时机

抓住并利用重大活动的时机推出广告。一般来说，涉及全国甚至全世界瞩目的重大活动，如体育比赛、文艺演出、会议等，新闻媒体和受众的关注度高，信息量密度空前，是推出广告的良好时机。例如，奥运会历来都是广告主重点关注的时机，许多企业都愿意把巨额的广告费投放其间。北京奥运会申办和举办期间，许多广告主都瞄准并抓住了这些发布广告的良机。2010 年上海举办世界博览会，这个举世瞩目的盛会亦吸引了众多广告主投放广告。

（三）黄金时机

即抓住“黄金时间”，把握人们记忆“最珍贵瞬间”的策略。电视和广播均有其“黄金时间”，就是观（听）众收视（听）电视广播节目的高峰时段。在黄金时间，观（听）众收视（听）节目的注意力比较集中，易于接受信息，记忆率比较高。但此一时段的广告费相对比较昂贵。例如，中央电视台《新闻联播》后与天气预报前的时段就是一个黄金时段。所以，很多企业都不惜重金，争取抓住这一时机，在这一时段播出广告，以争取较好的传播效果。

毋庸置疑，黄金时段收视（听）率高，传播效果好，能产生较大的冲击力，会是一个好的时机。但也要具体分析，综合各种因素，真正把握住时机，使高投入带来高回报，而低投入也能获取较好的回报。

（四）节令时机

节令时机是节日和季节为商品销售带来的时机。逢年过节、假日，往往是人们大量消费的时间，会形成销售的旺季，要善于抓住这销售旺季前的机会发布广告。属于季节性的商品，也会在季节变换更替之时产生销售旺季。在销售旺季前的一段时间便是广告的良好时机。抓住节令时机发布广告，在选择时机时，要考虑安排恰当的提前量，但又不要使广告的弛豫时间过长。

三、广告频度决策

广告以什么样的频率和进度推出，也需要精心策划安排。这主要是依据人们的记忆曲线来进行设计的。从总的方面来看，同样数量的广告，如以一年为期计划发稿，可有集中型和分散型两种思路。集中型是把全年需要发布的广告集中在几个月时间内发出。分散型是把广告分散在全年内逐次发出。调查研究表明，集中型发稿一般在发稿期间可获得较高的广告再生率，但广告停止发布后，人们对广告的忘却也快。分散型发稿的广告再生率一般不高，但总体上是呈上升状态的，在达到最高点时效果也比较理想。

具体来说，有以下几种发稿方式可供参考。

（一）固定频率

即在一段时间内，广告均衡推出，广告费支出呈水平状况，以求有计划地持续地取得广告效果。固定频率有两种类型：

1. 均匀序列型

广告的频率按时限平均运用，如一旬 10 次，每天 1 次，或一旬 10 次，每隔 1 天 2 次。

2. 延长序列型

广告频率固定，但间隔距离越来越长。例如，广告仍按总量 10 次、1 天 1 次的进度推出，但广告发布时间延长到约 20 天。第一波每天 1 次间隔，持续 4 天；第二波每 2 天 1 次间隔，持续 3 次；第三波每 3 天 1 次间隔，持续 3 次。这是既为了节约广告费，又按照人们的遗忘规律来设计的，使时距由密到疏，在广告费一定的情况下，延长了广告影响的时间。

适用于这种媒介进度的广告商品，大都属于人们经常要购买的生活必需品。另外，还有一部分商品如药品、电视机、洗衣机等一般是根据消费者可能采取购买行为的时间和地点，选用传播范围和地区与之相适应的媒介，适时发布广告信息。

（二）变动频率

即在广告周期内发布广告的频率和进度是不等的。广告费的投入随着广告频度的不同，有时先多后少，有时呈滚雪球式渐进加强，可以有三种类型：

1. 波浪型

在一个广告周期内广告频率由低到高，再由高到低变化的策略。例如，电视广告第一天发布 1 次，第二天发布 2 次，第三天发布 3 次，第四天发布 4 次，这时频率达到最高，以后频率逐天下降，第 5 天发布 3 次，第六天发布 2 次，第七天发布 1 次。频率曲线呈波浪形。这种方式适用于季节性、流行性强的商品。

2. 渐进型

在一个广告周期内广告频率由低到高，至高峰时戛然而止，节日性广告常用此法。例如，中秋节的月饼、元宵节的汤圆等商品一般在节日期间消费，多采用此方式进行促销。临近节日前使广告达到高峰，会起到很好的促销作用。

3. 递减型

在一个广告周期内广告频率由高到低，直至停止。例如，开展文娱活动、新影片上映、商场开张或大酬宾等，均可采用此法。

思考题

1. 掌握各类广告媒介的传播特点，特别是认识把握新兴的广告媒介。
2. 如何考察各类广告媒介？影响广告媒介计划的因素有哪些？
3. 如何运用媒介组合策略？试结合实例进行分析。
4. 如何做好广告排期？其运用策略有哪些？
5. 试制订一份广告媒介计划书。

第十一章
广告受众

本章要点

- 受众与广告受众
- 广告受众与信息传播
- 广告受众的心理特征

在广告活动中，作为广告客体，广告受众占有十分重要的位置。应该说，广告活动的所有环节，都是围绕着广告受众而展开的。广告成功与否，最终要看广告对目标受众的刺激并引起的反应程度如何。因此，很有必要专门对广告受众做进一步的分析和讨论。

第一节　受众与广告受众

"广告受众"这一概念，是由广告是一种信息传播活动这一特性引起的。

一、广告的传播特性

表面上看，广告是经济领域的产物和落点，但广告为达到企业促进销售、加强与消费者的联系等目标，却是通过信息传播实现的。广告是一种特殊的"传播"活动。

（一）从广告的发展过程看

广告的发展经过了漫长的过程。为适应市场的需要，各种各样的促销活动产生了，广告也应运而生。起初，广告采取的是简单的、原始的口传、实物展示等方式；随着科学技术的进步和营销活动的增加，广告不断得到发展。广告的手段和方式增多了，信息内容丰富了，影响面扩大了。其中的一个重要因素，就是传播媒介的变化。有了文字，有了纸张，有了印刷技术，产生了报纸、杂志等纸质媒介，继而又诞生了电子媒介，出现了广播电视，现在，互联网络又进入人们的社会生活中。而正是这些媒介成为传播广告信息的载体后，才逐步使广告活动现代化。而从另一方面看，又是广告促进了传播媒介的大众化，如使报刊得以普及，使广播电视节目拥有更多的听（观）众，现也正在促使互联网络延伸到千家万户。广告从产生之日起，就和传播媒介联系在一起，进行着信息传播活动。

（二）从广告的运作方式看

广告活动包括广告调查、策划、创作作品和媒体发布等内容，由广告主和受广告主委托的广告经营机构来运作，针对目标市场中的消费者进行有关信息内容的发布。广告信息怎样到达目标市场，就有一个传和受的关系。广告主和受广告主委托的广告经营机构作为信息发送方，目标消费者作为信息接收方，有一个传播的过程。没有目标消费者作为受者的存在，就没有广告信息传播的必要，也就不需要传者的运作活动。传者和受者的信息沟通，是通过传播完成的。

（三）从传播的一般特征看

据考证，汉语“传播”一词，最早出现在唐初李延寿所著的《北史·突厥传》中，该书大约成书于公元 7 世纪中期。而传播学意义上的“传播”，与之相对应的英语“communication”，大约在 20 世纪初正式开始使用。“传播”，在传播学中，是指人与人之间通过符号传递信息、观念、态度、感情，以此实现信息共享和互换的过程①，是社会信息的传递或社会信息系统的运行②。

一个基本的传播过程主要包括如下要素：

（1）传播者。即信源，传播行为的引发者，可以是个人、群体或组织。

（2）受传者。即信宿，讯息的接收者和反应者，传播者的作用对象，但与传播者能够形成互动。个人、群体或组织都可以成为受传者。受传者和传播者的角色在传播过程中会转换或交替。

（3）讯息。即能够表达某种完整意义的信息，由一系列相互关联的有意义的符号如文字、图像等组成。相对于信息来说，讯息的含义覆盖的范围要窄一些，强调信息的完整性。

（4）媒介。讯息的载体，指传播渠道、信道、手段或工具。传播媒介多种多样，如纸质媒介、电子媒介等。

（5）反馈。即受传者对接收到的讯息的反应或回应，是受传者能动性的体现。传播者的意图和目的是获得反馈讯息。在传播过程中，反馈是不可缺少的要素。

人类传播的类型主要有：

（1）人内传播。也称“自身传播”或“内向传播”，指个人接受外部信息并在人体内部进行信息处理的活动，主要是个人内部的意识、思维或心理活动。

（2）人际传播。即个人与个人，或者两个个体系统之间的信息传播活动，如两个人谈话、打电话等。

（3）群体传播。群体是指在追求共同的目标或兴趣中相互依赖的两个或两个以上的

---

① 辞海：缩印本．7 版．上海：上海辞书出版社，2022：305.

② 郭庆光．传播学教程．北京：中国人民大学出版社，1999：5.

人，包括家庭、朋友等直接群体和具有共同社会属性的间接群体。群体与成员、成员与成员之间的传播互动就是群体传播。

（4）组织传播。即以组织为主体的信息传播活动，具有协调组织内部关系、进行指挥管理、应变决策和达成组织成员的共识等作用。

（5）大众传播。即专业化的媒体组织运用先进的传播技术和产业化手段，以社会上一般大众为对象而进行的大规模的信息生产和传播活动。①

（6）分众传播。即基于计算机多媒体技术和计算机网络技术所构成的传播系统而出现的一种新的传播形式。传播对象分层、分区，按兴趣、职业、爱好等不同而形成不同的受众群体。相对于大众传播来说，分众传播的受众面更窄，针对性更强。分众传播是大众传播的补充和延伸，并不能完全取代大众传播。

广告活动包含了传播的基本要素，广告活动的过程也是信息传播的过程。就目前来看，广告主要还是运用大众传播媒体传递信息，更多是体现了大众传播的特点，因此需要从大众传播的角度去考察受传者即受众，当然，也应从新传播技术、新传媒的层面上来研判受众的变化。

二、受众的含义和特点

“广告受众”和“受众”还不是完全相同的概念，要深入把握广告受众，应先对受众加以理解。

（一）什么是受众

“受众”（audience）是传播学上的概念。

什么是受众？研究者对其看法不一。仅从国内研究传播学的学者来看，他们对受众就有着几种不同的见解。有人认为，受众既包括接受大众传播媒体所传递的信息的大众群体，也包括通过其他传播方式和手段在小范围内进行信息交流的个体。② 也有人认为，受众是指大众传播媒体的信息接受者或传播对象，是读者、听众和观众的集合。③ 有关辞书对该词条的释义，主要强调受众是群体。如《辞海》（第7版）的解释为：“传播学术语。指大众传播过程中信息的接收者。包括读者、观众、听众、网民等。其特点是众多、混杂、分散、流动、隐匿等。”《中国大百科全书》（第2版）中也指出，受众是“以视听阅读的方式接受大众传播信息、享受大众传播资源的个人或群体。……原指表演或讲演的现场听众和观众，引入大众传播学后，被用来泛指大众传播的对象，例如报刊、书籍的读者，广播的听众，电视、电影的观众等”。作为大众传播理论中的一个特定概念，我们可以把受众理解为大众的群体。但随着信息传播方式和手段的发展变化，以及综合信息交流的程度加深，受众的含义在演变。它已经超出了大众传播的范畴。因此，可以这样认为：受众是正在外延的概念，从狭义上说，受众是大众传播信息的受传者；而从广

① 郭庆光．传播学教程．北京：中国人民大学出版社，1999：111.
② 邵培仁．传播学．北京：高等教育出版社，2000：196.
③ 郭庆光．传播学教程．北京：中国人民大学出版社，1999：173－174.

义上看，一切在信息交流活动中的信息接收方，都可以称为“受众”。它是“众”的集合，也具有个体的特征。

（二）受众的特点

一般认为，作为群体的受众，表现出众多性、混杂性、分散性、流动性和隐匿性等特点。而在接收信息的过程中，受众又具有下面几个特点：

1. 主动性

受众在信息传受过程中，并不是完全被动地、消极地接收信息，往往也与传播者处于同样的位置，有着强烈的自主意识、自尊心理和创造意识。一方面，对信息作品有自己的选择、理解和判断，不为传播者所任意左右和支配；一方面，也能积极做出反馈，向传播者暗示或建议某些信息内容、传播方式等应做出改进。

2. 归属性

受众虽然是自发的、松散的，但实际上由于社会文化、个人特征等因素的影响，又自觉不自觉地把自己划归于某些社会类型，形成特定的接受群体。工人、农民、干部，或老年人、中年人、青年人等，有着不同类型、不同性质的信息需求。这种归属，需要媒体针对不同的接受群体提供相应的信息服务，开辟专题节目、专版等。

3. 自述性

受众对接收的信息，并不会全盘接受，因此受众所获取的感知和认识，并不是完全由传播者决定的。受众往往会做出自己的理解和阐释，而后进行再次传播。特别是属于意见领袖的受众，其自述的影响甚至超过媒体的力量。

（三）受众的类型

对受众可以有多种不同的分类方法，现根据受众接收信息的状态和行为，对受众进行不同的分类。

1. 积极选择型和随意旁观型

积极选择型的受众由于根据以往的经验、与人进行交流、受到启发和指引等原因，期待而且相信某些媒体传播的内容能够满足其需求，因而在接收信息时，对这些媒体内容采取积极主动的行为。而随意旁观型没有预先形成某种接受期待、接受定向和接受需要，可能因为没有选择、无法避免、尊重某种惯例等，而偶然、随意接触或浏览媒体内容。在实际的信息接收行为中，许多人可能同时属于这两种类型。

2. 纯粹受众和介质受众

只接收信息而不再进一步扩散的人是纯粹受众。他们只受不传，处于信息传播的终点。介于传播者与纯粹受众之间的人为介质受众。这些人具有双重身份，既是受者，也是传者，具有双重行为，既译码，也编码，是信息传播中的中转站，是不同传播系统或符号系统的中间人，如翻译、传话人、意见领袖等。

3. 预期受众、现实受众和潜在受众

传播者在想象中遇到的或者在编码过程中设定的接收者或“收件人”为预期受众。这类人存在于传播者的意识或潜意识中，会影响或参与信息的编码和播报。现实受众是指在现时状态下正在活动着的接收信息产品的人。他们参与对信息的传播扩散，参与同传播者的后续对话和沟通，参与对符号意义的挖掘和创造。这部分接受群体使媒体有了现实的作用对象，能促进媒体的进步和发展。潜在受众是指潜藏、内含在信息之中或传播过程之中，但并没有充分显现出来或者即将成为现实受众的群体。这是传播者需要争取、发展的对象。

4. 俯视型受众、仰视型受众和平视型受众

这是按接收信息和对待职业传播者的视角进行的分类。俯视型受众常居高临下，大都以评估者、指导者的身份和心态出现，具有一定的权威性。仰视型受众尊敬、仰慕、遵从传播者以及所传递的信息，或是出于崇拜，或是希望获取知识、受到教育等。被仰视的人，有影视明星、著名节目主持人、有相当声望的人等。平视型受众与传播者平等相对，情感和理智较为平稳，是日常生活中最常见、人数最多的受众。他们的反馈意见值得重视。

（四）受众在传播活动中的地位和作用

1. 信息产品的消费者

作为一种产业，大众传播业向受众直接或间接提供了大量信息产品。受众阅读报刊，收视（听）广播电视节目，包括购买与传媒有关的产品如收音机、电视机、录音（像）机、音像制品等，实际上都在进行消费，需要付出一定的金钱或代价。没有作为信息产品的消费者的受众存在，就没有媒体生存和发展的可能性。而传播活动的大众化，又是与广告传播联系在一起的。随着我国社会主义市场经济的不断完善，我国传媒的产业经营日渐繁荣，更需要重视受众在传播活动中的这一特殊地位。

2. 接收信息具有选择性

受众接收传媒的信息，需要对其传播符号进行还原或者“翻译”，即译码。因此，受众要具备识码的能力（如认字、识谱等）和一定的知识及共同的经验范围，才能对符号进行译读理解，才能共享信息、彼此沟通。而且，对于媒体传递的信息，受众并不是全盘接收，而是根据自身的需要进行选择。在传播过程中，人们会选择性接触与自己的认识、观点相近或相同的信息，同时对相抵触的信息有避开、排斥的本能。受众往往依据自己的价值观念以及思维方式对已经接触到的信息做出个人的独特解释，或创造性发挥，或进行歪曲，或卷入其中，这就是选择性理解。在经过了选择性接触和选择性理解后，受众还会进行选择性记忆。受众一般只把那些对己有利的、认为有意义的、符合需要的、自己愿意记住的信息记下来，存储进大脑。

3. 检测和反馈传播效果

在传播活动中，受众还具有互动、反馈的地位和作用。受众是传播活动的积极参加者，在传播过程中，他们不是消极地接收信息，而是对接收到的信息做出反应。这种反应，往往就是对媒体的意见和态度，也是对传播效果的检测。媒体必须高度重视受众的反馈，注意双向沟通。

4. 享有几种基本权利

受众也是社会成员和公众，拥有各种各样的正当权利。在传播活动中，受众享有的基本权利有以下几种：

（1）知晓权。

知晓权或者称为“知情权”，指受众能够获得知悉有关自身所处的环境及其变化的信息、保障社会生活所需的各种有用信息的权利。具体来说，就是有权了解有关政府等行政机构的公共信息，国内外新近发生的重大的、有意义的事件和影响个体日常工作生活等方面的信息。

（2）表达权。

表达权是指受众有权通过一切合法手段和渠道，把自己的思想、观点、认识和见解等，运用各种方式如言论、著述、创作等表达出来。利用大众传播媒体进行表达，传统上是重要渠道。网络媒体出现以后，受众表达自己意见的方式和途径发生了很大变化，需要深入地加以研究。

（3）反论权。

这种权利涉及受众接近大众传媒的权利。当个人或集团受到传媒方面以新闻和广告等形式的攻击或歪曲性报道时，有权要求传媒为自身做公开反驳，以便澄清事实真相。外国新闻界如美国、日本等国家都有这方面的事例。这种权利的根本在于要求传媒应该客观、公正、真实、全面地传递信息，报道新闻。传媒是“社会的公器”“公众的讲坛”，而不是某些人或集团的工具。在资本主义制度下，传媒往往为维护自身利益而忽视公共利益，受众需要享有反论权，要求传媒向受众开放，以防止传媒滥用权力。我国实行市场经济，大众传媒逐渐成为经营实体，也需要警惕损害公共利益的问题。

（4）隐私权。

隐私权指受众享有个人独处，私生活与公共利益和公共事务无关时不受新闻媒体干扰，个人名誉和利益不受伤害的权利。这种权利受到法律保护。受众的隐私权与他的知名度成反比。一般来说，公众人物的隐私权就比普通社会成员小。

（5）监督权。

监督权是指受众有权监督大众传媒的运作和传播者的行为，以避免信息传播产生不良后果。受众监督传媒有起诉、写信、停止订阅、舆论声援等多种形式，这是一种更为有效、更有权威的监督方式。

三、广告受众的含义及其特性

广告受众是受众派生出来的，除具有作为受众的一般特点外，还具有在广告信息传播过程中的特殊属性。

（一）广告受众的含义

顾名思义，所谓广告受众，就是广告信息的接收者，广告信息传播的对象。

它首先属于传播学的范畴，具有“受众”的一般意义，但又是特定的，指在传播过程中广告信息的接收（受）方。其包括两层意思：一层意思是通过媒体接触广告信息的人群；另一层意思是广告主（广告信息发送方）的目标受众，即广告的诉求对象。

1. 广告的媒体受众

广告的媒体受众是指通过特定的媒体渠道接触广告信息的特定人群。这些人群可根据其受众特征、媒介使用习惯等因素被广告主识别和定位为广告的目标受众。广告是一种非人际的信息传播活动，需要运用一定的媒体。传播广告信息的媒体多种多样。随着科学技术的进步，互联网等新媒体不断加入传播广告信息的行列。由此，广告的媒体受众也可以分成相应的类别，如报纸广告受众、电视广告受众、户外广告受众、交通广告受众、网络广告受众等。

讨论不同媒体的广告受众，有助于根据不同类型的媒体传播特点，制定相应的媒体战略和策略。

2. 广告的目标受众

广告的特性之一，就是其传播对象具有选择性。也就是说，要根据广告目标的要求，来确定某项广告活动特定的诉求对象。就商业广告来说，广告的目标受众主要有三种类型：

（1）一般消费者。

一般消费者即为满足个人生活需要而购买商品的消费者大众，由个人和家庭组成，是广告活动的主要传播对象。

（2）组织市场中的机构代表。

由企业、社会团体、政府机关等组织用户构成一个产业或组织市场，广告需要面对这一市场用户进行诉求。实际上，广告诉求面对的不是组织机构而是这些组织机构的代表。这些代表，可能是某一方面的负责人、某一领域的专业人员或权威人士，也可能是有一定影响的意见领袖，是比较特殊的消费群体。

（3）商品经销中的采购决策人。

它指针对流通行业的广告活动所诉求的对象。多与这些行业机构的采购进货的决策人员有关。他们是流通领域中商品经销单位与广大消费者的牵线人和守门人。

这三类人既以个体出现，又构成不同的群体。对广告的目标受众进行分析，有助于针对不同的目标对象，采取不同的广告战略和策略。

3. 广告受众与受众的关系

广告受众与受众既有联系但也有区别。我们在讨论受众的概念时，一般是将其作为大众传媒的受传者来认识的。广告传播需要运用大众传媒，大众传媒的受传者必然是广告信息的受众。但是，并不是所有受众都是广告受众。广告受众主要是指通过非人际传播方式接收广告信息的群体。因此，广告受众与受众存在以下几种关系：

（1）在数量和特性上完全等同。在实际的广告运作中，这是非常理想的情况，却又是难以做到的，需要精心选择适用的媒体并进行有机的组合，以最大限度地接近这一目标。

（2）二者在特性上相同，但广告受众在数量上小于受众。这种情况需要进一步做好媒体组合，尽量避免浪费购买媒体的资金。

（3）二者在特性上相同，但广告受众在数量上大于受众。这说明媒体选择和组合没有达到理想的覆盖面。

（4）广告受众和受众出现交叉。受众中有部分不是广告受众，尤其不是目标受众。

（5）广告受众和受众没有联系。一旦出现这种情况，则表明媒体策略严重失误，需要调整。

（二）广告受众的特性

广告受众是广告传播的客体，是广告作用的对象。在广告传播活动中，广告受众具有下面几个特性：

1. 扮演多重角色

广告传播活动是社会传播活动的一个组成部分，作为“大众”，广告受众实际上是在参与社会传播特别是大众传播的活动中进入广告传播领域的。因此，广告受众又是多种角色的扮演者。

首先，广告受众是社会成员，是作为社会生活中的人而存在的。在特定的社会环境中生活，每一个人都有其自身的社会角色，产生相应的心理和行为。在讨论广告受众时，必须将其与社会角色联系起来考虑。

其次，广告受众是消费者，是市场活动中的核心。企业组织生产、开发产品和提供服务，都是以广大消费者为中心，为消费大众服务的。为了满足个人生活的需求，消费者需要进行消费活动，也希望得到商品或服务等种种信息，广告传播便是消费者获取有关信息的最有效手段。同时，消费者也是广告传播理想的沟通对象。只有作为消费者的广告受众才是有意义的。

最后，广告受众又是媒体受众。一般来说，广告信息是在接触媒体过程中接收到的，所以，受众只有与媒体联系在一起时，才能进入广告受众这一角色。媒体受众对媒体的需求、接触媒体的习惯、通过媒体获取信息的行为方式等，是影响其成为广告受众的重要因素。

2. 占有主导地位

前文已述，广告活动是指广告内容、广告表现方式、广告的运作行为以及所产生的效果等信息传播的全部过程，包括进行广告调查、制订广告计划、创作广告作品、运用媒体传播广告信息和测评广告效果等。广告主为了达到某种目的而开展广告活动，需要委托广告经营者代理相关业务，还要有广告发布者参与发布传播。这三者是广告活动的主体。同时，为了保证广告活动有序运作开展，广告管理者也加入其中。但是，广告活动所有内容的设计开展，广告主体和广告管理者的所有努力，都是以广告受众为中心来进行的。在广告活动中，广告受众虽然处于客体的地位，却举足轻重，起着主导的作用，广告活动的其他成员基本上是围绕广告受众来各司其职的。广告主以广告受众的需求喜好为转移；广告经营者和广告发布者的工作成效受到广告受众的检验；广告管理者需要竭诚为广告受众（消费者）服务。

3. 具有互动功能

在广告传播过程中，广告受众是受作用的方面，广告对传播对象产生影响，表面上看，广告受众是被动的。但实际上广告受众又是能动的，能够对广告活动中的信息发送方产生反作用，由此形成互动。

对作为消费者的广告受众来说，广告会影响消费者消费观念和消费行为的变化，引导消费者趋向广告主预期的目标。但消费者消费需求的扩展、消费欲望的增加以及消费心理和行为的改变，又促使企业生产和销售的革新、广告策略的调整、广告信息质量的提高。

媒体大量的、反复的广告信息服务，一方面沟通了信息，促进了企业与广告受众之间的交流，另一方面又使广告受众得到教育，获取了知识，特别是增强了其广告意识，使其态度从反感变为喜爱，从排斥变为需要。从某种意义上说，广告受众就是信息产品的消费者，构成媒体的市场。媒体需要适应广告受众的需求，根据广告受众对媒体的消费方式（如媒体接触行为、购买方式等）来制定和调整传播策略，最大可能地满足广告受众在信息方面的消费需求。在媒体的发展进步过程中，广告受众起到了很大的促进作用。

对作为社会成员的广告受众来说，由于广告无处不在，无时不有，广告已成为一种社会现象，成为社会文化的组成部分。广告对社会大众的价值观念、道德观念和社会行为等，都起着潜移默化的作用。这种作用在现当代更为明显和突出。社会成员观念和行为的变动，又直接影响消费观念和行为的更新，推动企业生产和媒体传播的发展，带动整个社会的进步。

在整合营销传播中，广告受众已逐步发展成为企业的资料库成员。企业也在传播者与受传者的互动中，努力使广告受众成为忠诚顾客、忠实用户。

4. 形成群体特点

广告受众接触广告信息，往往是以个体、家庭的形式出现，处于分散的状态，但由于受到社会、经济和文化等多种因素的制约，以及受众个体特性的影响，又会形成观念和行为相近或相同的群体。这些群体会产生相近或相同的消费特征。不同的消费群体形成不同企业的目标市场，也是广告诉求的不同传播对象。这一特性为企业市场定位提供依据，也是影响企业进行正确的广告定位、制定相应的广告战略和策略的重要因素。因此，也要从群体特点出发，来研究和把握广告受众。

5. 参与广告内容的生产与创作

随着社交媒体成为当下主要的媒体形式，现代广告传播越来越强调受众的参与性。通过互动广告、社交媒体活动、用户生成内容等方式，广告受众可以积极参与广告传播，分享、评论、点赞，甚至创造内容。这种参与性增强了广告的传播效果和受众的品牌认知度。广告受众在接触广告信息后，会通过多种途径（如社交媒体评论、在线调查、购买行为等）反馈他们的意见和建议。这些反馈对于广告主优化广告内容和传播策略具有重要意义。

第二节　广告受众与信息传播

广告传播的一个重要任务，是要让消费者或者媒体受众成为广告受众，才可能使广告主与目标受众进行有效的沟通。这一目的的实现，是与媒体的信息传播联系在一起的。消费者必须接触相关媒体，才可能接收有关的信息包括广告信息，才可能完成角色的转换。

一、媒体接触方式

（一）媒体环境

受众接触媒体首先受到媒体环境的影响。良好的媒体环境能使受众得到较多的接触机会，反之则较少。所以，对于受众能否成为广告受众，先要看其所处的媒体环境。

媒体环境包括两个方面：

1. 社会环境

社会的媒体环境指媒体的分布、传播的条件等多个方面。大众传播媒体方面的指标，有报纸杂志的种类、数量、销量、发行范围、方式、份数等，有广播电视发射台的数量、频道（率）、覆盖域等。这是衡量社会的媒体环境优劣的主要内容。小众传播媒体方面的指标，有路牌、电子显示板、交通广告等在消费者所处的社区、经常活动的场所、线路等的数量、位置等，直接广告的种类、方式等。在新媒体不断涌现的今天，互联网的发达程度与覆盖程度，也是需要予以认真考察的方面。

社会的媒体环境，一方面体现着一个国家、一个地区的发达程度、富裕程度，另一方面则直接影响着社会公众对媒体的接触。在无法接收到电视信号的深山老林中，就不可能接触到电视。我国东部地区的媒体发展较之西部地区要繁荣，相应的媒体接触程度就要高一些。一项对我国北京、上海、广州、西安、沈阳五座城市的调查显示，在接触电视、广播、报纸、杂志和互联网等的频度方面，东部地区城市一般均高于西部地区。

2. 家庭环境

家庭的媒体环境分物质和精神两个方面。物质环境主要是家庭所拥有的媒体状况，包括收音机、电视机、报纸、杂志、电脑等的占有数，收视（听）、阅读的条件，是否联网等。精神环境包括家庭成员的构成、文化程度、价值观、对媒体的喜好以及接触媒体的氛围等。

社会环境构成信息传播过程中传的方面，家庭环境则构成受的方面。媒体的社会环境和家庭环境有机结合，就使受众的媒体接触具备了客观条件。

（二）不同媒体的受传方式

不同媒体有着不同的传播特点，也使受众在接触媒体时有着不同的受传方式。

1. 读者的阅读方式

印刷媒体主要以文字符号传递有关的信息内容，读者则以阅读的方式接触印刷媒体，主要运用视觉器官。

阅读可以思维的参与程度、视线的移动状况和认读单位来进行区分，有浏览和研读之分，有一次性阅读和反复多次阅读之别，也有点读和略读的情况。对于报纸来说，读者大多数采取的是浏览、一次性阅读的方式，除非有非常重要的内容或者极感兴趣的内容，也很少有点读的情况。杂志的阅读比报纸要好一些，读者往往要投入一些，但不可避免地也会出现扫描式、放射式阅读，从而降低阅读的质量。而读者在阅读报纸杂志的广告时，更多的情况是视而不见，或是跳读，或是翻页（版）。因此，要使读者变成广告受众，要注意研究读者的阅读方式，特别是阅读广告的方式，强迫、吸引读者阅读有关信息。

2. 观众的收视方式

电视以声音和图像两种方式刺激观众的视觉器官和听觉器官。观众只要这两种器官健康，就有能力接触电视。由于付出的成本较小，所得到的刺激较强，观众接触电视的频度较高。

观众收看电视多带有娱乐性，希望从中得到放松、获取愉悦，同时也得到信息、知识。收看电视多是在家庭中发生的，环境比较宽松，没有多少约束力，观众注意力可以不集中，而且会受到一定的干扰。虽然从纵向上看观众对电视节目没有选择性，只能听从某一电视台（频道）的节目顺序安排，但在横向上看却可“生杀予夺”，手中的遥控器使其能随时“点杀”，稍不中意便换台换频道。从这个意义上来看，怎样吸引并保留观众的注意力，是电视节目编排的一个重要课题。特别是在插播广告时，能够吸引观众观看广告而不至于调换其他的节目内容，其中蕴含着无限的技巧。

3. 听众的收听方式

作为广播的受众，听众的收听方式与观众的收视方式近似。所不同的是，广播主要对听众的听觉器官起作用，听众在收听有关信息时随意性更强，不受场所、时间等的限制，随时随地可以收听，但注意力更为分散。听众有时会按时收听自己钟爱的节目，有更强的目的性。汽车内装广播的听众是一个特殊群体，他们收听广播的方式，与在家庭或其他场所听广播是不一样的。司机在驾车时，收听广播精力比较集中，比较留意播出的信息。随着家用轿车越来越多，有车族在不断壮大，这是一个值得关注的听众群体，是有着巨大市场潜力的广告受众。

4. 互联网用户的上网方式

互联网向广大网民展示出变幻莫测的虚拟世界，也吸引着众多受众进入。特别是伴随着移动互联网技术的普及，网络生活已经成为人们日常生活的重要组成部分。诸如查询信息、在线购物等目的性强、主动性强的网络使用行为，以及消遣娱乐、沟通交流、社交媒体使用等情感驱动、互动性强、即时性高的网络使用行为，使得网络广告成为当下广告的主要形式。互联网用户长时间停留在网络上，会主动或被动地接收广告信息。

5. 其他类型的接触方式

随着新媒体的不断涌现，受众以不同角色、身份接触有关媒体。例如，作为乘（旅）客接触交通媒体，作为行人接触户外媒体，作为顾客接触销售现场媒体，作为住户接触楼宇媒体，等等。这些接触方式往往带有一些共同的特点：扮演着“兼职”的角色，没有明确的目标性，受众接触媒体时的注意力不够集中等。而媒体所传递的信息主要是广告，具有直接性。要使这些角色成为广告受众，需要运用策略和技巧。

根据相关研究，近些年来，受众对于传统媒体的日接触时间明显减少，而网络媒体的日接触时间还在呈现上升趋势。有关数据表明，受众在媒体选择上已逐渐倾向于网络媒体，接触媒体的方式已发生巨大变化。这是需要正视的事实。

二、受传的制约因素

受众由于主观或客观的条件，在接收信息时会受到许多因素的制约，概括起来，以下几种是主要的。

（一）接触媒体的时间

时间对于每一个人来说，都是平等的、相等的，人人都有支配和享用时间的权利。但是，如何利用和安排时间，人与人却各不相同。一般来说，人的时间有三种：

1. 制约时间

时间的安排受到某些制约，只能进行一些规定活动，如正常上班工作、在学校上课学习等，不能安排其他的事项。这种时间还包括为了工作和学习在其他方面所耗费的时间。

2. 必需时间

为正常生活所必需消耗的时间，这种时间是必不可少的，如睡眠、日常生活用品的购买、进食、洗漱等。但在具体安排上可有一定的自由度，一部分时间可以转移，如直接去餐馆就餐，而省下在家烹饪的时间就可以用于其他地方。

3. 闲暇时间

上述两种时间之外的时间即为闲暇时间。闲暇时间可由个人自行安排。①

随着社会的进步和人们生活质量的提高，人们的制约时间和必需时间相应减少，闲暇时间相应增多。闲暇时间的增多，也意味着人们接触媒体、沟通信息的时间增多了。

如以一天为单位，一般人们在晚上比较有闲暇；如以一周为单位，则周末的时间较为宽松。相关研究表明，人们在闲暇时间接触媒体明显多于在其他时间。

不同的群体，由于工作性质、特点不一样，受时间制约的程度也不一样。例如在我国，一般人每天接触媒体的黄金时间是晚上 7：00 到 10：00，而有些公司职员、白领阶层需要在晚上应酬、加班，接触媒体的最好时间却可能在夜间十一二点。媒体的不同传播方式，也导致接触媒体的时间有差异。例如：有人利用在上下班的路上收听广播；假工作、学习之便，在制约时间阅读报刊、上网；而收看电视，则大都只能在家里利用晚上、节假日的时间。

（二）识（解）码能力

本章第一节已经讲过，受众要对接收到的信息符号进行还原、译码。受众的这种识码、解码能力，在信息传播、媒体接触过程中，或者形成障碍，或者予以推动。丧失听觉的人肯定听不了广播，也难以接纳电视。识字不多的人，就缺乏阅读报刊的能力。文化水平高的人可能对各类媒体都有接触的欲望和需求，而文化水平较低的人则较易接受广播与电视等。文化程度、素养、健康状况等，都影响着广告受众识码、解码的能力，

① 郑兴东．受众心理与传媒引导．北京：新华出版社，1999：17.

是接触媒体的重要条件。许多调查研究的结果也证实了这一点。

（三）兴趣与偏好

当媒体传播环境有一定改善、受众能够选择时，受众的兴趣、偏好就会凸显，从而影响对媒体的接触。年龄、性别、性格、文化程度、价值观、社会角色等，都可能影响受众产生对某些（个）媒体的兴趣和偏好。兴趣和偏好可能使受众出现分流。比如，一些人对电视的新闻频道感兴趣，另一些人则喜爱文艺频道；有些女性喜读时尚杂志，男性大都关心体育赛事等。受众对媒体的兴趣和偏好，很多情况下需要媒体的引导和培养，才能逐渐形成习惯性接触和定传（受）性。

（四）广告意识

广告意识是社会公众对广告传播的认识、看法和评价，直接影响一个受众能否成为广告受众。相关研究表明，在单一信息传递的情况下，受众较易成为广告受众，而要使媒体受众变成广告受众，除此之外还有许多工作要做。加强社会公众的广告意识是一个方面，但作为传播者，怎样引导受众、怎样使广告信息真正成为消费者的需求则更为重要。

三、广告受众的变动与应对

新技术的迅猛发展，新媒体的不断涌现，特别是网络技术的改进，使得社会信息化、数字化的进程加快，传播手段和方式在不断发生变化，受众和广告受众也相应地发生变动。同时，经济的多元化使社会生活多元化的态势越加鲜明，从而在同一时间、同一地域造就了有着不同需求的多种消费群体，使广告受众的构成变得愈加复杂。

（一）受众的碎片化

所谓“碎片化”，英文为“fragmentation”，原意为完整的东西碎成诸多零块，是描述当前中国社会传播语境的一个形象性的说法。20世纪末以来，随着我国社会进步导致的社会分层和信息传播技术的飞速发展，特别是互联网的逐步普及，媒体呈现出多样性，传统媒体的受众不断被分化，受众群体更加细分化。受众的细分化就形成了许许多多受传者群落的“碎片”。这种碎片不仅表现在媒体接触方面，受众在内容偏好、接触习惯等方面的个性化越来越强，也表现在受众成分方面，越来越难以凭借简单的年龄、学历等指标去区分受众。人们的注意力被极度分散，本来稀缺的注意力资源进一步被稀释。如何克服传播过程中受众的“碎片化”，就成为营销传播理论和实践的一个热门话题。

受众的“碎片化”，导致每一种媒体涵盖的受众相对有限，与受众的接触规模缩小，不足以形成品牌发展的市场规模。不少专家学者提出“聚合”的观点，希望通过有效的方式聚合受众。

1. 内容聚合

内容聚合指用内容黏合受众，通过内容的聚合来聚合受众。近些年来，新媒体不断产生，相应需要大量的信息内容。要获取受众，就需要广泛的优质的信息资源，需要有足够的内容向受众提供，以备选择。这包括两个方面：一是内容产品的生产要专业化、精品化，在保护知识产权的前提下，重视原创、重视创新，形成产业链。二是做好信息资源的整合。现在特别是网上，信息海量充斥，但受众接收（受）却相当困难，对海量信息容易造成排斥。这就要把散乱的、无序的信息内容集聚起来，进行整合。整合的过程，也是对信息内容优化、程序化的过程。现有的一些网络站点，或者内容空泛，或者信息混杂，这样是无法通过内容聚合受众的。

2. 渠道聚合

渠道聚合有两个层面：一是加强传播渠道建设，走“专业、精细、特色”的道路，尽可能地吸引、抓住受众，可以设置一些能够引起受众兴趣、吸引其参与的平台，增加与受众接触、互动的机会。二是向媒体融合方向努力。“媒体融合”原意是指各种媒介呈现出多功能一体化的趋势，但现在更多是强调各个媒体之间的合作和联盟，包括一切媒介及其有关要素的结合、汇聚甚至融合，不仅包括媒介形态的融合，还包括媒介功能、传播手段、所有权、组织结构等要素的融合。通过融合，增强为受众服务的能力，使受众能够用无所不能的终端通过无处不在的网络，获取各自所需要的服务。

3. “社区”聚合

进入 Web 2.0 时代，网络社区成为主流。它能够突破时空地域的限制，将具有相同的消费习惯、类似的爱好或价值观的受众聚合在一起，从而组成一个个虚拟社区，进而形成一个个细分的社区群体受众，在你来我往中逐步形成一个细分化的聚合圈。

（二）受众的精准化

如果说 Web 2.0 时代受众的碎片化成为趋势，那么在智能传播技术影响下的智能传播时代，受众则更加呈现精准化的趋势。依托于大数据、人工智能和机器学习等技术，受众的细分更为精准，利用数据分析工具和技术，广告主可以对海量数据进行处理和分析，识别受众的兴趣、需求和行为模式。这一精准化表现在以下几个方面：

1. 受众个性化识别

受众个性化识别是广告精准化的基础。通过收集和分析用户数据，广告主可以构建详细的用户画像，从而实现精准定位。广告主可以通过社交媒体、搜索引擎、电子商务平台和移动应用等多个渠道，获取用户的行为数据、人口统计数据以及地理位置数据。这些数据来源的多样性确保了用户画像的全面性和准确性。利用数据管理平台，广告主可以将不同渠道的数据进行整合，形成完整的用户画像。这种数据整合不仅提高了数据的利用效率，还能揭示用户行为的全貌。通过将用户划分为不同的细分群体，从而进行用户画像构建，制定有针对性的广告策略。

2. 内容精准生产

精准的广告内容生产是实现广告受众精准化的关键。通过个性化创意设计、内容测试与优化以及内容多样化，广告主能够提高广告的相关性和吸引力。动态创意生成是个性化创意设计的重要手段。利用人工智能技术，广告主可以根据用户的个性特征和实时行为生成动态的广告创意，从而提高广告的吸引力。同时，根据不同平台和设备的特点，制作多种格式的广告内容（如视频、图片、文字、互动广告等），可以提高广告的适应性和覆盖面。另外，确保在不同渠道发布的广告内容具有一致性，有助于建立统一的品牌形象。

3. 渠道精准推送

精准的渠道推送是实现广告受众精准化的最后一步。通过程序化广告投放、跨渠道整合和用户旅程跟踪，广告主可以确保广告信息的有效传递。实时竞价平台是程序化广告投放的核心工具。通过实时竞价，广告主可以在最合适的时间和地点向最合适的用户投放广告，最大化广告资源的利用效率。跨渠道整合包括多渠道协同和全渠道触达。通过整合社交媒体、搜索引擎、电子邮件和移动应用等多个渠道，广告主可以确保广告信息的连贯性，并提升用户的体验。全渠道触达则确保用户在不同设备和平台上都能接收到一致的广告信息。广告的精准推送不仅依赖于程序化广告投放和跨渠道整合，还需要对用户旅程进行全面跟踪和分析，以实现最有效的广告投放策略，并基于此进行个性化触点管理，根据用户在购买旅程中的不同阶段，提供个性化的广告内容和互动体验。例如，在用户首次访问网站时，可以展示品牌介绍类广告；在用户将商品加入购物车但未结账时，可以展示促销或优惠信息类广告。

（三）受众角色的增生和转换

在数字化、信息化的传播环境下，受众的角色发生了变化。

1. 扮演的角色更多

随着媒体的日益丰富，受众扮演的角色越来越多：不仅是读者、听众、观众，也是网民、用户等。甚至在社会生活中的一举一动，也都可能促使受众成为一个角色。作为社会成员，人们几乎陷入了媒体传播的包围之中，随时随地都可能成为各种信息包括广告信息的接收者。也正因为媒体的丰富性和受众角色的多样性，受众选择媒体、选择信息的自主性、主动性进一步增强。如何适应受众的需求，如何培育受众的忠诚度，以使受众真正成为广告受众，应是各类媒体、营销传播需要切实关注的课题。

2. 受众身份的转换

按媒体的传播方式，以传统媒体为主的传播，可称为“介质时代”，即运用一定物质承载传递信息的传播方式。一般来说，受众间接付费甚至免费消费媒体，获取有关信息，因此，对信息质量、传播方式等的个性化需求不是很强烈。而数字媒体的信息传播，基本上是在虚拟空间里进行的，受众往往根据自己的需求，直接付费消费媒体，以得到需要的信息。这可谓“数字时代”。进入这样的阶段，一个重大变化，就是从受众变成用户。

用户是使用商品或服务的一方，即购买者，一般用于商业，现在在IT行业里的使用率越来越高，指网络服务的应用者。受众转换为用户，就对媒体传播提出了严重挑战。要能通过媒体这样的平台，构成运营商、内容商以及其他组织与消费者（广告受众）之间的充分互动，需要提供为用户量身定做的信息服务。媒体应该加强对用户价值的深度挖掘，争取拥有更多的用户群。

（四）长尾理论的应用

长尾（long tail）理论是新（知识）经济时代的重要营销理念，其中心观点是：只要存储和流通的渠道足够大，需求不旺或销量不佳的产品共同占据的市场份额，就可以和那些数量不多的热卖品所占据的市场份额相匹敌甚至更大。这个理论，是美国《连线》杂志主编克里斯·安德森2004年首先提出来的，被认为是对传统的“二八定律”的彻底颠覆。长尾理论主要是对大热门之外世界的描绘，分析经济驱动模式所呈现出的从主流市场向非主流市场转变的趋势。在互联网以及娱乐媒体产业中，长尾理论的应用最为突出。Google就较好地运用了长尾理论，把数以百万计的小企业和个人纳入广告客户，形成一个巨大的长尾广告市场，从而获得丰厚利润。中央电视台不仅重视黄金时段，而且力图做好一般时段的营销，也可视作对长尾理论的一种应用。

应用长尾理论，就要重视非主流、属于尾部的受众人群。截至2024年12月底，我国拥有11.08亿网民，这是一个巨大的媒体受众群体，其发展成为广告受众的空间巨大。据相关研究，当代中国已形成了国家与社会管理者、经理人员、私营企业主、专业技术人员、办事人员、个体工商户、商业服务业人员、产业工人、农业劳动者和城乡无业失业半失业者等社会阶层。排在前面的五大阶层，被认为是主流目标消费人群，是高价值的广告受众。但是，排在后面的几个阶层，除在政治、经济、教育等诸方面应予以关注外，也应视为一个庞大的潜在广告受众群体。

第三节　广告受众的心理特征

广告受众一方面是受传者，一方面又是消费者。不论是在传播过程中还是在消费过程中，广告受众必然具有各种各样的心理特征。作为消费者，在采取一定的购买行为前，一般都经历了复杂的心理活动过程，受到各种心理因素的影响。作为受传者，在接触各类广告信息时，也会产生各种心理活动和反应。

广告传播的落点，在低层次上是促进销售，但更重要的是培育消费者的品牌意识。因此，我们在讨论广告受众的心理特征时，也多从消费者的角度来探究其心理活动。

一、广告受众的心理活动过程

广告受众的心理活动过程，一般包括认知过程、情绪过程和行为意向过程三个部分。

（一）需要和动机

1. 需要

每个人都因生理上或心理上的紧张状态而有许多需要。需要是个体在一定的生活条件下，感到某种欠缺而力求获得满足的一种内部状态，是机体对延续和发展生命所必需的客观事物的需求和愿望的反映，是机体自身或外部生活条件的要求和欲望在脑中的反映。

人的需要是多方面和多层次的。按需要的产生和起源，可以分为生理需要和社会需要；按需要的对象的性质，可以分为物质需要和精神需要；按需要的主体，可以分为个人需要和公众需要；而从时间上看，又可以分为长远需要和眼前需要。人的需要往往由低级向高级发展，呈上升状态。

2. 动机

动机是需要的具体表现或它的内在动力系统，是直接推动一个人进行活动的内部动因或动力。需要变成动机往往有一个发展阶段。需要只有发展到一定强度和水平时，才能成为动机。人还必须有能满足个体需要的外在事物，即一定的诱因条件，才能为满足愿望去采取行动，这时愿望才可能表现为活动的动机，去推动行动达到目标。

动机作为活动的动力，具有三种功能：

（1）引起和发动个体的活动。

（2）指引活动向某一目标进行。

（3）维持、增加或制止、减弱活动的力量。

因此，动机的性质和水平必然影响到活动的水平和效能。对于广告受众来说，主要有基于需要的基本动机及次要动机两大类。这是决定他们产生某一行为的重要因素。

人类的需要和由此产生的购买动机，通常是多方面的，具有无限性、伸缩性、可替代性和关联性等特点，很少只为某一单项的需要和动机所支配。同时，需要和动机也表现出某些规律性。比如，作为消费者，追求实用、廉价、新颖，体现独特、美观、艺术，获取愉悦、知识、情趣等购买心理，就有一定的规律性。作为受传者，在广告信息传播过程中，也同样体现出一般消费者所具有的心理需要特性和购买心理规律。广告传播必须适应广告受众的心理需要，激发其动机，推动目标选择；必须明确广告商品与目标受众选择之间的关系，调动其潜在需求；必须密切注意消费者的需要和动机的变化，及时调整广告传播策略。

3. 几种流行的理论

研究消费需求和动机方面，有几种流行的理论。

（1）马歇尔的经济理论。

这种理论认为，消费者购买商品大多考虑商品的实用性和功能性，期求以最低成本获取最高效用，评估商品比较理性化。故广告诉求应注意突出商品的优点，提供有力的承诺。

（2）弗洛伊德的心理理论。

这种理论认为，形成人们行为的真正心理因素大多是无意识的，也是不可预见的。同时人类也有很多欲望受到抑制，有很多需求与生俱来，天生就具备通过某种方式获得满足的本领。因而，需要广告去强化其欲望和需求。

（3）巴甫洛夫的学习反应理论。

这种理论认为，消费者的购买行为是习惯性的，经常依照过去的习惯进行消费，具有自发性和例行性。故含有提醒性信息的广告比理性或感性诉求更为重要，能够给予消费者刺激和教育。

（4）维布雷宁的社会理论。

这种理论认为，消费者购买多属于一种从众行为，是为满足或追求与社会团体行为保持一致，喜欢模仿。团体规范、所处的社会角色和地位等对其购买行为影响很大。该理论强调流行的广告采用感性诉求的方式，对这类消费者更为有效。

（5）马斯洛的需求层次理论。

马斯洛认为，人都有欲望，但需要什么取决于已经获得什么。人的需求是以层次的形式出现的，按其重要程度，由低级向高级发展，依次为生理需求、安全需求、社交需求、尊重需求和自我实现的需求。低层次需求满足后，较高层次的需求才会出现并希望得到满足。广告则可针对不同层次的需求进行诉求，激发消费热情。

这几种理论从不同侧面解释了产生消费动机的原因。实际上，消费动机的产生是很复杂的，还应综合进行分析考察，这样才有利于对消费者的心理活动过程有更准确、更深刻的理解和把握。

（二）心理活动的认知过程

广告受众的心理活动，是从对商品的认知开始的。这一过程构成了消费者购买商品的认识阶段和知觉阶段，是消费者产生购买行为的重要基础。这里，消费者认知商品的过程，就是消费者对商品个别属性产生各种感觉并加以联系和综合的反应过程，主要是通过消费者的感觉、知觉、记忆、思维等心理活动来完成的。

1. 感觉

感觉是对刺激物的反应。感觉可定义为“个人通过选择、组织并解释输入信息来获得对世界有意义的描述之过程”[①]。人们对相同的事物、同样的情境，往往会产生不同的感觉，这主要是因为三种感觉过程在起作用：

（1）选择性注意。

人们在日常生活中会接触到大量刺激，如铺天盖地的广告信息。据统计，广告发达的国家或地区，人们平均每天要接触 1 500 多条广告，但实际上这些广告中绝大部分要被过滤掉。被注意的都是与当前需要有关的刺激、所期盼的刺激和超出正常刺激规模的刺激。这种过程特点就要求广告在诉求时应尽量引起消费者的注意。

（2）选择性理解。

消费者并不是对注意到的刺激一律予以接受。人们多把所获取的信息与自己的意愿结合起来，按自己现有的思维模式决定接受与否。以先入为主的思路来解释信息的情况比较多。

（3）选择性记忆。

对于接触过的信息，人们一般只记住那些符合自己的态度和信念的信息，而其他的则可能被遗忘。

2. 知觉

消费者通过一定的途径，获得有关商品的各种信息及其属性的资料，并经过神经系统，将有关信息从感觉器官传递到脑部，从而产生对商品个别的、孤立的和表面的心理印象，然后随即甚至同时对感觉到的商品信息进行综合整理，在头脑中构成对商品的整体反映，这就是知觉过程，比对商品的印象和感觉又深入了一步。

---

① 科特勒．市场营销管理：亚洲版．北京：中国人民大学出版社，1997：171.

感知是消费者对商品的外部特征和外部联系的直接反应，是认知的初级阶段。通过这一阶段，消费者得到为进一步认识商品所必需的材料，形成记忆、思维、想象等一系列复杂的心理过程，在此基础上对商品产生情感信任，从而采取购买行动。消费者还会从表象形式向思维过渡，进入认知的高级阶段，从而把握商品的一般特征和内在联系，全面地、本质地认识商品的品质，进而做出购买决策。

3. 学习

学习是指经验所引起的个人行为的改变。人类行为大多来源于学习。学习是由于驱使力、刺激、诱因、反应和强化等的相互作用而产生的。在广告传播过程中，消费者由于需要，通过学习，获取有关消费信息，改变对某些商品的印象和态度，从而产生购买行为，这是主动学习的类型。而对一些价格低廉的、属于经常性购买的商品或服务，消费者的关心程度较低，不通过学习就会采取购买行动，然后改变印象和态度。当消费者对购买的选择产生不满时，则进入行为改变—印象改变—学习的模式。

另外，人们通过实践和学习，形成了自己的信念和态度，这些又会反过来影响人们的消费行为，这也需要注意分析研究。

认识到消费者的认知过程，有助于制定相应的广告策略，通过有效的广告传播，促进实践与学习两个阶段的相互转化、交替发展，提升广告受众的认知，为增加广告受众对广告商品的好感奠定基础。

（三）心理活动的情绪过程

在接收广告信息和购买商品或服务时，广告受众会受到生理性需要和社会性需要的支配，引起不同的内心变化和外部反应，形成各有特点的对商品或服务的情绪色彩。基于广告能否满足其消费需求，或产生愉快、喜爱等积极态度，或产生愤怒、烦闷等消极态度。这种依据客观现实是否符合自己需要而产生的态度的体验，就是广告受众心理活动的情绪过程。情绪过程是广告受众心理活动的一种特殊反映形式，对是否接受广告信息，是否进而采取购买行动有着重要的影响。

广告受众的情绪，往往通过神态、表情、语气和行为等表现出来，形式可能多种多样，表现程度也有明显差异。但总的来看，可分成三大类：积极的、消极的和双重的。

在购买过程中，消费者情绪的产生和变化，要受到购买环境、商品或服务、个人情绪和社会情感等因素的影响。这些因素的影响也会体现在消费者接收广告信息的过程中。广告受众对于广告信息的接受，是积极的，还是厌恶的，抑或是无所谓的，也会受到这些因素的影响。比如，在舒适的传播环境中会比在恶劣的传播环境中接触信息更令人心情畅快，表现形式新颖、形象优美的广告作品会更使人赏心悦目。适度的信息传递会使人得到一种满足；而那种地毯式轰炸、没完没了的灌输就会令人闻而生厌，产生腻烦心理。因此，也要注意广告受众心理活动的情绪过程，力争让广告传播在受众愉悦的过程中进行，对受众产生积极的影响。

（四）心理活动的行为意向过程

作为消费者的广告受众心理活动的行为意向过程，是在认知和情绪的基础上，在购买过程中表现出有目的地、自觉地支配和调节自己的行动，努力克服各种障碍，从而实现既定购买目的的心理活动。它对消费者购买过程中的行动阶段和体验阶段有着较大的影响。

消费者心理活动的行为意向过程有两个基本特征。

1. 有明确的购买目的

消费者为了满足自己的需要，总是经过思考，明确提出购买的目的，再有意识、有计划地按照购买目的去支配和调节购买行动。消费者这种意志与目的性的联系，集中体现了人的心理活动的自觉能动性。

2. 是排除干扰、克服困难的过程

实现既定目的，实际上是一个复杂的过程。消费者在从拟定购买计划到实施购买计划，此间需要一定的意志行动，排除和克服各种各样的内外部干扰和阻碍，把决定购买转化为实行购买。意志一方面可以推动人为达到既定目的所必需的情绪和行动，一方面又可以制止与既定目的相矛盾的情绪和行动。

消费者产生一定的需要和动机，要经过认知、情绪和行为意向的心理活动过程。这三个方面是有机统一、相互联系、密不可分的。行为意向过程有赖于认知过程，但又能促进认知过程的发展变化。情绪过程对行为意向过程有着很大的影响，而行为意向过程又会反过来调节情绪过程的发展变化。

二、广告受众的个性心理特征

消费者在购买活动中所产生的感觉、知觉、记忆、思维、情感和意志等心理过程，体现了人类心理活动的一般规律。但消费者的购买行为实际上又是千差万别的，构成差异的主要心理基础就是消费者的个性心理特征。对于广告受众来说，其个性心理特征具体表现在一个人的能力、气质和性格等方面。

（一）能力

能力是人能够顺利地完成某种活动，并直接影响活动效率的个性心理特征。人既需要观察、记忆、想象、思维和注意等一般能力，也需要视听、运算、鉴别、组织、检验等特殊能力。两种能力彼此联系相互促进，共同发挥作用。

由于人的素质、社会实践、文化教育和主观努力等不尽相同，人们的一般能力和特殊能力不仅存在着质量和数量上的差别，而且在发展水平上也是不同的。这就构成了人的能力的个别差异。反映在购买活动中，由于能力的影响，有的消费者对商品的识别能力、评价能力、决断能力和语言表达能力等较强，则能独立自主、迅速做出购买决定。反之，就会犹豫不决、优柔寡断、不知所措，难以决定是否购买。

（二）气质

气质是人的典型的稳定的心理特征，表现为人的心理活动的动力方面的特点。个体间的气质差异，使每个人在各种活动中的心理活动表现出不同的动力型，形成各自独特的行为色彩。气质主要是由神经过程的生理特点所决定的，具有较明显的稳定性和持久性。同一种气质类型的人，尽管进行活动的动机不同、内容不同，但在行为方式上却表现出相同的心理动力特点。

公元前5世纪希腊人希波克拉底曾把人的气质分成多血质、黏液质、胆汁质和抑郁质四种类型，但这种分类不很科学。巴甫洛夫从高级神经活动的学说出发，提出人的气质表现为兴奋型、沉静型、活泼型和安静型四种方式。气质对消费者个体的购买行为影响比较深刻。消费者具有特性的言谈举止、反应速度和精神状态等，都会不同程度地将其气质反映出来，或急躁，或沉稳，或怯懦，或随意，等等。了解人的气质类型，有助于根据消费者的各种购买行为，发现和识别其气质方面的特点，从而进行积极引导。

（三）性格

性格是人对客观现实的态度和行为方式中经常表现出来的稳定倾向，是人个性中最重要、最显著的心理特征。性格与气质相互渗透、相互作用。气质对性格的形成和发展有影响，性格又促使气质的变形，而性格更能突出反映个体的心理面貌。

人的各自不同的已形成习惯的行为方式，首先取决于对现实的态度，比如对待社会、集体和他人的态度，对待劳动、学习和生活的态度等，另外也取决于人的各自的认知、情绪和行为意向这些心理活动过程的不同特点。这些行为方式又构成人们的不同性格，形成某个人与众不同、明显的差别。表现在消费活动中，个体的性格则对购买行为方式起决定性的作用。有的人比较外露，有的人比较内向，有的人比较理智，有的人则比较情绪化等。需要通过观察、交谈或调查分析等手段，认识消费者的个性特征，掌握其性格类型，正确了解判断不同的个体的性格对购买态度、购买情绪、购买决策和购买方式等的影响。

综上所述，广告受众（消费者）的能力、气质和性格等个体心理特征，是构成其购买行为的重要心理基础，并产生着较大的影响。准确地分析和认识广告受众的个体心理特征，对于提高广告策划质量和广告创作水平，增强广告传播效果，有着重要作用。

三、广告受众的社会心理特征

人是生活在社会、组织和群体之中的，因此，其所具有的心理状态和心理现象又不可能是孤立的、个体性的，而必然是社会性的。这种社会性的心理，以及在此基础上发展起来的社会态度，对广告信息的传播效果有着根本性的影响。因此，我们不仅要研究广告受众的个性心理特征，更要把握其社会心理特征。

研究表明，个人在群体行为过程中，往往会失去个人应当具有的或者在个人情境下具有的个人的本性；在群体心理过程压力下，个人会做出个人情境下一般不会采取的行动。这就是失个性化。应该说，失个性化并不是人群的积极心理现象，也不是人的全部群体心理过程。但是，广告受众在接收广告信息时，会明显地产生失个性化现象，受到群体心理过程的影响。如此一来，受众在群体情境下接收广告信息就有其特有的规律和现象，主要有相互模仿、相互感染、社会性服从等。

（一）模仿

模仿是社会心理学的一个重要方面，许多社会性行为都是模仿性的，模仿行为具有普遍性。从个人发展角度看，儿童幼年时模仿他们的长辈，青少年时模仿他们所能接触的其他人。国外有句格言“模仿是最真挚的奉承形式”，即反映了这种现象。而从商品销售、广告传播来看，在繁华街头设摊售货、设置广告，会招致人们更多的注意。这种群体行为是自发产生的，往往依赖于参与者的相互刺激。这种相互刺激，首先就是模仿。大众传媒广告可利用模仿的社会心理特征进行促销活动。例如，新产品上市就可运用电视广告，大量列举用户的情况，说明商品或服务被消费的情景，刺激人们模仿，加入消费者和使用者的行列。

（二）感染

感染是一种群众性的模仿，即使感情或者行为从人群中的一个参加者蔓延到另一个参加者，它是群体行为赖以存在、发展的另一种刺激。感染有两种：

1. 情绪感染

情绪感染指的是把一群人的情感统一起来，使个人放弃平常抑制其行为的社会准则，个人行动主要由自己的情绪发动。如果所有参与者的态度、信念和价值都基本一致，情绪感染便容易发生，会促进个体之间的模仿过程。例如，在中秋节、元宵节前投放有关月饼、元宵等食品的广告，会使消费者个体受到节日气氛的感染，获得较好的传播效果。而当所有参与者的注意力都集中在一个特定的人或事物上时，就会加剧情绪感染。例如，运用当红明星做广告，利用当前流行话题推销商品或服务。消费者个体往往易于接受这些情绪暗示，采取购买行动，如印有著名球星乔丹影像的运动服装在年轻人中畅销，北京举行奥运会时印有其标志物的各类用品就吸引了人们大量购买。

2. 行为感染

行为感染是指以行为方式从一个人向另一个人乃至许多人的传播。应用在广告传播过程中，就是不要使广告信息仅停留在说服的阶段，而且要想法让广告商品动起来。所以，应进行整合营销传播，把广告传播与促销活动有机结合起来。这样，可能更能感染目标消费者，取得更好的传播效果。

（三）服从

人们生活在社会或群体中，无论是否有个人主见，也不管其主观上是否有一定程度的正确性，终究都要服从群体。个人寻求与他人或群体意见、观念和态度之间一致性的倾向，就是服从。由这种倾向性导致的行为，就是服从行为。这是影响、决定人们行为的更为深刻的社会心理现象。

服从产生的原因，主要是由于人受到信息方面的压力和规范方面的压力。因为在现实生活中，有关客观世界的许多信息，甚至包括我们自身的信息，也都来自他人。如旅行迷了路，要询问他人；不会使用电脑，也要向他人学习请教。广告的功能之一，就是传播商品知识。广告受众收看收听广告，其中一个目的也是学习，获取有关的消费知识。

广告信息有助于广告受众实现这个目的，这就是信息缺乏的原因形成的服从。但只有那些能作为信息正确来源的人，才能成为服从、相信的对象。对于广告传播来说，只有在确信广告信息真实、权威的情况下，人们才会服从。另外，人们总有一种服从规范、同化于群体的内在倾向，这就是规范方面的压力造成的。广告传播者最为关心的，就是广告传播的信息能否使受众产生服从行为。

（四）角色

人生活在社会或群体中，最终还要固定或相对稳定在一个角色上，扮演一个角色。角色是人们期待某一特定社会位置上的个人所具有的一种行为模式。从个人的角度看，它是人所处的一种地位以及由此决定的态度与行为的复合体。对于群体心理过程来说，角色既是一种心理现象，也是社会群体心理分析过程的一个阶段。角色是系统而稳定地影响广告传播的一个重要因素。

在广告传播中，运用角色以及角色理论是常见的一种策略。例如，使用歌星、影星、体育明星等各种角色来带动服装、化妆品等商品的消费，这就是对角色技术的应用。把商品与具有一定社会地位的角色联系起来，是利用人们的角色期待和角色标定。不同的商品，运用不同的模特，会收到不同的效果，这也涉及角色问题。

对角色进行划分，也有助于深入地分析广告受众。不同的广告受众实际上就是社会群体中的不同角色，对广告信息会有不同的接受和理解状况。因此，广告应该对广告受众及其角色特征有深入的了解，包括他们接触广告的行为规律。这样，广告就可以主动地、有目的地针对不同的角色，制定相应的广告策略，获得理想的传播效果。

我国经过了漫长的封建社会，有着深厚的传统文化底蕴，而当代社会又正处于市场经济体制改革不断深化的发展转型期，因此，我国的广告受众除具有人类共有的一些心理特征外，还受到我国社会文化等因素的影响，形成了一些特有的心理特征，这也应该认真分析。广告从业者应力争适应我国广告受众的心理需要，以得到预期的广告效果。

在相当长的一段时间里，我国实行的是计划经济，广告曾被视为资本主义的专利，被认为是骗人的玩意儿。时至今日，人们对广告的认同感也不是很强。消费者主动寻求广告信息的比例不高，有些消费者仍然残留着对广告的怀疑态度。加上广告实际运作过程中还有不少不够规范的地方，对广告信息的接受存有心理障碍的还大有人在。所以，使我国广大消费者真正从心底接受广告信息的传播，还需要做很多努力。

思考题

1. 什么是受众？受众有哪些类型和特点？
2. 如何理解广告受众和受众之间的关系？
3. 如何理解作为广告受众的消费者？
4. 如何看待新媒体条件下的广告受众？
5. 广告受众有哪些心理特征？
6. 联系我国实际，对消费者的消费心理进行调查分析。

第十二章
广告管理

本章要点

- 广告管理的意义和特性
- 广告管理的内容和方法
- 广告准则和广告审查
- 外国和我国港台地区的广告管理概况

广告不仅是市场经济行为，同时也对社会发展和文化进步有着显著的溢出效应。在我国社会主义市场经济体制下，广告管理在推动我国社会主义物质文明和精神文明建设上发挥着积极作用。为保障广告传播活动有序开展，使广告业沿着健康轨道运行，需要基于外部环境变化持续且动态地加强对广告活动的有效管理。

第一节　广告管理的意义和特性

对于“广告管理”的内涵可以从两个维度进行解读：从微观层面看，广告管理是指经营管理，即广告主、广告公司、广告媒体等广告行业主体围绕广告业务开展的经营管理活动；从宏观层面看，广告管理是指社会管理，即国家、社会等对广告活动进行指导、控制和监督。本章重点讨论后者，即以广告为对象的社会管理，亦可被称为“广告规制”。

而在针对广告的社会管理中，有大量组织机构均可在其中扮演角色，因此可从狭义和广义两个层面分别介绍。从狭义上说，广告管理是国家行政管理机关依据有关法律法规对广告传播和广告经营活动进行的管理。但从国内外广告管理的发展历程及我国市场经济发展实践来看，除了国家和政府主管部门，社会舆论、消费者、行业协会等对于保障广告行业健康发展也发挥着建设性作用。例如，国家市场监督管理总局发布的《互联网广告管理办法》将竞价排名认定为广告，背后便有来自社会舆论的积极协助推动。因此，从广义上把握广告管理的含义有其积极意义。

从广义上看，广告管理应指以从事广告活动的机构和人员行为为对象，由法律法规、社会组织或个人、社会舆论与道德等发挥监督、检查、控制和约束作用的行为。这是综合的、全面的管理，既包括广告法律法规的调整与规范，又有从业者的自我约束；既有来自行业主管部门的监督与治理，同时涵盖行业规则的保障以及广大消费者的监督。

一、广告管理的意义

广告管理是伴随着广告业的发展、广告活动的进步而产生并逐步健全的。加强广告管理，对于广告行业自身发展、市场经济繁荣、社会文明进步等各方面兼具重要意义。

（一）规范广告活动的需要

广告是商品竞争的产物，是社会经济生活的重要组成部分，只有对广告活动进行规范管理，确保其符合所在社会的基本规范，才能保障广告活动顺利进行，为社会经济秩序的有序运转做出贡献。例如，《中华人民共和国广告法》在开篇“总则”部分就提到如下基本要求：广告活动需保护消费者的合法权益；应当真实、合法，以健康的表现形式表达广告内容，符合社会主义精神文明建设和弘扬中华民族优秀传统文化的要求；不得含有虚假或者引人误解的内容，不得欺骗、误导消费者；从事广告活动时应当遵守法律法规，诚实信用，公平竞争。广告事业要能为国家的经济发展和社会进步发挥积极作用，首先就应达到上述基本要求。为实现这样的目的，就有必要加强对广告活动的规范管理。

（二）保证广告业健康发展的需要

随着我国改革开放进程的深化，市场经济的持续繁荣推动广告业迅猛发展。当前，我国广告业务年收入规模已跨过万亿大关。但需注意的是，行业在发展的同时不可避免地会出现一些消极现象和不健康因素，如果不对其予以重视并及时纠正，就会损害行业正当性并阻碍其进一步健康发展。例如，所谓“神医”“神药”广告就对医疗秩序和广告观感造成负面影响，行业主管部门通过加大监管力度、曝光典型案例等手段有力加强了对该类不当广告的围堵。广告管理是国家发展广告业的方针、政策得以落实的手段，只有通过法律、行政以及其他手段加强管理，才可能抑制和消除各种消极现象和不利因素，推动广告业健康发展。

（三）保护消费者合法权益的需要

《中华人民共和国消费者权益保护法》（简称《消费者权益保护法》）明确提到：“保护消费者的合法权益是全社会的共同责任。”作为企业与消费者之间交互联系的重要纽带，广告真实与否、合法与否、健康与否对消费者利益有着直接的影响。广告管理就是要对广告传播行为进行监督，对各广告活动主体严格要求，使广告主、广告经营者及广告发布者从思想上和认识上重视发布违法广告的危害和后果，通过震慑和打击各种广告违法行为保障消费者的合法权益，这也是国家相关部门严格立法与执法的重要目的。在现实广告活动中，尽管广告管理部门做了大量工作，但利用广告散布虚假信息、坑骗消费者的现象仍时有发生，因此广告管理需要持续、动态增强，不可松懈。

（四）维护社会经济秩序的需要

良好的社会经济秩序是社会经济活动正常运行的前提，也是社会稳定和市场繁荣的基本保障。作为一种常见的企业竞争手段，广告本身在形式与内容上是否合法对社会经济秩序健康与否有着显著影响。如果广告活动处于混乱无序的状态，那么市场秩序必然被扰乱进而侵害社会经济生活。例如，企业在广告宣传中随意使用“国家级”“最高级”“最佳”等绝对化用语就有可能导致对其他企业的不当竞争，因此需要通过广告管理手段限制类似广告语的出现。除了保护企业合法权益、抵制不正当竞争以外，在经济全球化、市场国际化的环境下，我国经济已经深度嵌入全球市场，因此更要在跨文化传播中尊重规则，增强竞争能力，用国际视野认识广告管理的重要性。

（五）推动健康文化建设的需要

广告不只是企业经营的工具，同时也承担着文化使者的作用。作为一种文化现象，广告对社会的影响往往日积月累、潜移默化。它是社会发展的镜像与民众生活的忠实记录者，但其负面的传播效果如果不引起注意则会导致严重后果，如对消费主义的单向倡导和夸张宣传就可能导致人的异化与社会资源空耗。因此，广告宣传也要讲导向，保证广告从形式到内容都健康向上是关系到发展社会主义文化事业的大事。从虚假广告、污秽广告到对城市环境造成不利影响的“小广告”，不当广告可能带来经济与精神危害、毒化社会空气并污染人们的生活环境。因此，不能仅依靠行政主管部门开展广告管理，需要全社会共同投入并推动更高质量的广告行业风气建设。

二、广告管理的特性

与一般管理相比，广告管理无论在对象、方法还是内容上均有独特的规律体系。由于社会意识形态、国家体制、法律制度等方面存在差异，各国广告管理的体系、内容与方式不尽相同。我国是社会主义国家，实行具有中国特色的社会主义广告管理，其特性主要有以下方面：

（一）行政性

国家对广告的管理目前主要通过各级市场监督管理部门执行。例如，国家市场监督管理总局就下设广告监督管理司，负责拟定全国广告业发展规划及实施广告监督管理的制度措施等工作。市场监督管理部门对广告的管理与一般的综合经济管理不同，与企业的业务技术管理亦有区别，即它不参与具体广告活动的计划、创意、策划等职能工作，而是一种具有行政性特点的外部管理，主要手段是在宏观上制定和实施广告法规、规划、政策以及在微观上对广告活动进行审查、查处和指导等。上述广告管理活动的目的，是确保广告活动在国家法律和政策许可的范围内开展和进行。

（二）强制性

作为国家经济管理和信息传播管理的一部分，广告管理需严格按照有关法律法规进行并具有强制性。第一，以《中华人民共和国广告法》为代表的行业相关法律以及《中华人民共和国食品安全法》《中华人民共和国药品管理法》《中华人民共和国电子商务法》

等法律中所涉与广告相关的内容，与其他法律一样均由国家强制力保障执行，对所有广告活动及相关主体均具有普遍约束力；第二，市场监督管理部门开展的广告管理活动在行政执法上也具有较大强制性，相关部门可通过强制手段维护广告活动正常秩序与健康发展。例如，行业主管部门于2023年共查处各类虚假违法广告案件4.76万件，罚没4.66亿元，有力地维护了广告市场秩序。

（三）广泛性

《福布斯》指出大多数人每天接触的广告数量达到4 000至10 000条①，这显示广告活动日益泛在化，即无处不在，无时不有。首先，广告通过媒体持续、批量和快速传播；其次，广告主具有广泛的社会性，既涉及生产领域，也涉及流通领域，既包括个人，也有各类法人及社会组织等；再次，广告内容包罗万象、海纳百川，涉及社会道德伦理、意识形态、价值观念等精神层面，并对民众生活习惯等形成影响。尤其在新媒体环境下，广告活动广泛渗入日常生活，如大量中小商家、餐饮店和网络达人等为提升业绩或扩大影响而加大广告投放，成为广告活动的积极参与者。正是由于广告活动涉及面广、范围大，与社会各方面关联日趋加深，因此广告管理极具必要性并需积极做出适应性调整。

（四）综合性

由于广告活动往往涉及不同环节且需运用多种媒体，这一特征决定广告管理不是对广告活动某一环节或某一方面的管理，而是贯穿于广告活动全过程、全方位的管理。值得注意的是，不同行业的广告对应不同的行政主管部门，适用于不同的法律法规，因此在实施广告管理时往往也需跨部门密切配合、相互协调。例如，医疗广告发布行为的规范就有赖于卫生健康行政部门与市场监督管理部门的联合执法。除政府部门外，广告协会、消费者协会等社会组织以及媒体等舆论力量在广告管理中也可发挥关键作用，通过动员全社会力量投入广告管理将有效确保广告事业健康有序推进。

但需明确的是，加强广告管理绝非限制广告行业发展，而是旨在促进广告事业健康、可持续、高质量地融入社会生活，推动广告行业加强自身建设，以实现与国民经济和社会发展相适应，为我国社会主义建设事业发挥更大的积极作用。

第二节　广告管理的内容和方法

一、广告管理的内容

对广告活动实施管理，主要包括以下四个方面的内容：

---

① Finding Brand Success in the Digital World [EB/OL].（2017-08-25）[2025-04-10]. https://www.forbes.com/sites/forbesagencycouncil/2017/08/25/finding-brand-success-in-the-digital-world/? sh=5b1af347626e.

（一）维护广告的真实性

“真实”是《中华人民共和国广告法》中对广告活动提出的基本要求。所谓真实，涵盖以下两个层面：在事实维度上需保证客观和准确，在主观维度上需确保说真话和诚信。由于广告通过做出承诺为消费者提供购买依据，因此其真实与否直接关乎消费者的切身利益。从广告内容看，广告可以分为真实性广告和欺骗性广告两类。

1. 真实性广告

如何界定“真实”是甄别真实性广告和欺骗性广告的首要问题，在判断标准上有时难以把握，各国对此都有一定的规定和说明。例如，基于对《中华人民共和国广告法》等国内法律法规和美国最高法院相关判例所涉“真实”内容的比较，可发现美国以相对微观和具体的方式定义“真实”，而中国在广告管理中以相对宏观和灵活的方式定义“真实”，需行政执法部门结合案例实质进行个案甄别（见表 12－1）。

表 12－1　中国与美国法律法规及政策文件中与广告“真实”相关的表述

中国	美国
• 广告应当真实、合法、以健康的表现形式表达广告内容，符合社会主义精神文明建设和弘扬中华民族优秀传统文化的要求。(《广告法》第三条) • 广告不得含有虚假或引人误解的内容，不得欺骗、误导消费者。广告主应当对广告内容的真实性负责。(《广告法》第四条) • 应当真实、全面，不得作虚假或者引人误解的宣传。(《消费者权益保护法》第二十条) • 互联网广告应当真实、合法，坚持正确导向，以健康的表现形式表达广告内容，符合社会主义精神文明建设和弘扬中华优秀传统文化的要求。(《互联网广告管理办法》第三条)	• 在判断某一广告是否具有误导性时，应考虑（除其他因素外）广告通过陈述、用词、设计、装置、声音或这些元素的任意组合所做出的明示或暗示，以及该广告在上述表示的语境下，或在广告规定的使用条件下，或在通常或习惯性使用条件下，未能披露对相关商品使用后果具有重要意义的事实的程度。(《美国法典》第 15 编第 55 条)

但无论如何，各国均将真实视为广告活动的基础。而要保证广告的真实性，各广告主体应认真遵守以下原则：

（1）实事求是。不随意夸大商品优点，商品在某些条件下对消费者的潜在损害须在广告中注明，如烟草广告须明确标明“吸烟有害健康”字样。

（2）广告表现不能给人造成错觉或误解，要坚持艺术性和真实性的统一。

（3）广告主的许诺必须有根据且能够实现，如保健食品广告不可夸大疗效、普通食品广告不可宣传不切实际的功效。

（4）有关商品知识的宣传是正确的，如广告宣传中需避免套用绝对化用语。

（5）广告不能利用给消费者设圈套的方式达到销售目的，如利用恐吓手段或信息不对称愚弄消费者。

基于上述原则，可以将真实性广告定义为“凡是在内容上符合事实原貌，且作为一个整体也不会使消费者产生误解的广告”。

2. 欺骗性广告

基于全球广告管理实践，欺骗性广告的确认应同时满足以下三个条件。[①]

---

① 莱恩，金，赖克特．克莱普纳广告学：第 18 版．北京：中国人民大学出版社，2019.

（1）在内容上存在可能误导消费者的表述、省略或行为。广告内容本身即便是真实的，但如果对其他真实信息的隐瞒导致消费者误解，也可能确认为欺骗性广告。

（2）在认知上有可能对大多数理智的消费者构成误导。广告管理并非苛求广告为每一位消费者的解读负责，但需要对大多数理智的消费者负责。

（3）在行为上对消费者的决策构成实质性影响。欺骗性广告真实地干扰了人们的预期进而引发具体的行为决策，并使消费者承担潜在风险或实际损失。

具体来说，欺骗性广告又可分为诈骗性广告和失真广告两类。

（1）诈骗性广告。

诈骗性广告是指各广告主体有欺骗消费者的主观故意，同时广告内容也与事实不符的广告。该类广告在世界各地如同过街老鼠，侵蚀广告行业正当性但又难以杜绝。

本质上，这种现象是市场经济的副产品。如果诈骗性广告能够扩大销售并为企业带来丰厚利润，那么就不可避免地会出现害群之马铤而走险。诈骗性广告一般通过民事调解或行政方法惩治，但情节严重的则要动用法律手段予以解决。在我国广告管理实践中，已有犯罪分子因诈骗性广告被以虚假广告罪、帮助信息网络犯罪活动罪等判处有期徒刑。

诈骗性广告通常有以下几种表现：

第一，虚假谎言型广告，即有意使用与事实不符的虚假谎言描述和传播不实信息，如明星在未充分使用商品时就贸然以亲身经历进行品牌代言便存在虚假谎言的问题。

第二，遗漏回避型广告，即不完整地传递商品信息进而引导消费者错误推断，如广告传单中故意将“××元起”的“起”字大幅缩小导致消费者的价格预期出现偏差。

第三，混淆歧义型广告，即故意使用模糊、无关的语言表达或容易造成歧义的话语情境引导消费者错误理解，如餐厅在宣传牛肉面时展示的是厚切牛肉，但实际商品中使用的仅是牛肉丁。①

（2）失真广告。

失真广告是指虽然广告主体在主观上并无欺骗意图，但客观上却与事实有违并造成欺骗效果的广告。这类广告如果情节严重并造成后果，相应主体可能被追究法律责任。

失真广告可通过主观努力和科学管理加以避免，尤其在广告策划和创作时需高度重视真实性原则。值得注意的是，消费者对企业、品牌或商品的满意与否取决于预期和效用间的比较，效用大于预期形成满意，反之则不满意。如果一个企业仅仅因为传播失真广告导致消费者错误形成过高预期，虽可能短时间内刺激销量，但易引发消费者普遍不满而折损企业声誉和品牌根基。因此，广告诉求应适当留有余地，力避夸大吹嘘，通过合理控制消费者预期推动“喜出望外”的购买后评价，从而引发更多重复购买行为和口碑传播效应。

（二）正确引导消费者

20世纪以来，随着经济飞速发展，广告与社会生活的关联日益密切并对消费者产生着越来越大的影响。广告不断向消费者提供生活信息，为消费者做出消费决策创造便利，

① 郭羽佳，康瑾．广告实践中的“真实”困境与伦理反思．编辑之友，2024（4）：71-79.

从而丰富消费者生活、增长消费者知识、开阔消费者视野，其不仅直接决定消费预算去向，更对消费者价值观念变化和对生活的态度构成长期影响。因此，正确引导消费者是广告管理的重要内容。在我国，应将其放在建设两个文明的高度来认识。

具体来说，该层面的广告管理应至少包括：

（1）坚决清除和取缔有反动、淫秽、丑恶、迷信等内容的广告。例如，一些房地产开发商公然宣扬风水等迷信内容就应禁止。

（2）广告的传播与倡导应与经济发展相适应，对于超越现阶段发展水平、过度鼓励奢侈消费、与国家整体发展目标不相适应的诱导性广告应加以限制。例如，在广告中卖力炫富等现象就有必要予以规范。

（3）广告应维护民族尊严、弘扬民族精神、树立民族自尊心，反对无原则地崇洋媚外。例如，餐厅广告在文案中宣扬并凸显“租界”就存在有损民族尊严的问题。

（4）广告不能影响人们的正常生活、学习、休息和娱乐，不能造成环境污染和噪声污染。例如，济南、昆明等地方政府就通过出台地方法规等方式明令禁止企业在商业经营活动中使用高音喇叭或采用其他高噪声的方法进行广告宣传。

（三）保护广告行业正当竞争

加强广告管理绝非限制行业发展，而是通过管理防止、处罚和取缔无序的、非法的广告活动。《中华人民共和国广告法》第三十一条指出“广告主、广告经营者、广告发布者不得在广告活动中进行任何形式的不正当竞争”，因此，保护和促进广告行业正当竞争，规避不正当竞争带来的各种隐患与风险，是确保广告经营活动健康活跃的前提。

参考《中华人民共和国反不正当竞争法》以及结合广告经营活动的实际，广告行业可能存在以下不正当竞争隐患：

● 混淆行为：通过实施混淆行为引人误认为是其他商品或者与其他主体相联系。例如，擅自采用与其他商品相同或高度相似的名称、包装、装潢、标识等。

● 贿赂行为：通过采用财物或其他手段贿赂谋取交易机会或竞争优势。例如，媒体通过贿赂广告采买人员获得企业广告预算。但需注意的是，以明示方式支付折扣或向中间人支付佣金不属于贿赂行为。

● 侵犯商业秘密行为：通过盗窃、贿赂、欺诈、胁迫等方式不当获取、披露、使用商业秘密的行为。例如，在广告公司比稿过程中通过不当手段获取甚至抄袭竞争对手方案。

● 损害竞争对手信誉行为：通过编造、传播虚假信息或误导性信息达到损害竞争对手商业信誉、商品声誉的行为。例如，通过“黑公关”等手段散播竞争对手存在产品质量等问题进而影响舆论。

在有关广告竞争是否正当的讨论中，如何看待比较广告是重要议题。所谓比较广告指含有对比内容的广告，即通过选取某一个、某一类商品或服务进行对比，用以说明自身商品或服务优点或特征的广告。但由于比较广告涉及竞品之间的讨论与比较，因此需要特别慎重地甄别其与商业诋毁、商业混淆等行为间的区别。从我国司法实践来看，以下行为存在被认定为不正当竞争的可能：

● 市场主体为推销商品发布的广告，采取强化自身优势、散布竞品劣势的直接比较手段并造成相关公众误认的构成不正当竞争。

● 市场主体在比较广告中以贬损他人的方式实现抬高自己的目的，超出一般提示和提醒范畴的构成不正当竞争。

● 实验类比较广告的对比内容并非客观真实且对比结果实质上实现对竞争对手声誉贬低的构成不正当竞争。

因此，构成正当竞争的比较广告需满足以下条件：

● 符合一般广告的基本准则，如应当公平、真实、不妨碍竞争等。

● 对比的商品应该是相同商品或可类比商品，即属于同一竞争领域的商品，比较之处本身应当具有可比性。

● 对比的内容应以具体事实为基础并且这些事实是可以证明的。

需要注意的是，正当竞争的比较广告对于推动消费者理性决策、促进企业良性竞争具有积极意义和价值。随着我国广告业日益成熟，这种形式的广告应用会更加广泛，而对它的规范也就更具必要性。

（四）提高广告发布的质量

媒体是广告信息的发布者，提高广告信息发布质量也是广告管理的重要内容。广告业内部往往通过“广告监播”和“广告监测”两个环节管控质量：广告监播主要负责监督广告是否被正常且高质量曝光，如电子媒体是否准点播送广告、纸质媒体广告印刷质量是否正常、户外媒体屏幕是否正常显示等；广告监测主要监督广告的浅层及深层效果，例如发行量、收视（听）率、展示量乃至点击率、转化率等。广告业相对发达的国家或地区往往对广告媒体的管理更加细致和严格，其中部分经验值得借鉴。

1. 重视第三方机构的价值

广告发布质量的认定既与广告主的利益相关，也与广告媒体的利益相关，因此如果仅由广告主或广告媒体单方认定发布质量与效果就存在不够科学公正、缺乏有效监督管理的问题。在这一背景下，广告业亟须重视第三方机构的作用并建立对应制度。

例如，在部分国家或地区成立了发行量审计局（ABC）。该组织是一个由广告媒体、广告公司和广告主组成的非营利机构，其主要目标是获得并认证会员单位出版物净付费销售的真实发行量数据以利于广告主进行广告投放决策。由于其秉持第三方立场检查并确认出版单位公布的发行规模，因此对提高广告发布质量有积极价值。除此之外，广告行业中也涌现出大量专职从事监播与监测工作的第三方公司，成为一股推动广告业健康持续发展的有机力量。

2. 重视行业协会的作用

行业协会既是政府和企业间的桥梁，同时也是平衡不同商业主体间利益的关键角色。相较于刚性的制度管理，行业协会的引导、督促和教育可以更柔性地提高广告发布质量，实现全行业整体水平有效提升。

美国于1964年成立媒体评估委员会（Media Rating Council，MRC）。作为一家非营利性行业协会，该组织的目标是确保广告媒体测量服务的合理性、有效性、可靠性，包括审核和认证数字、印刷、广播、电视和跨媒体渠道的媒体测量产品和数据源。该协会主要监督第三方监测服务的质量，本质上承担着“广告监测的监测”职责。截至目前，MRC已对超过一百个测量服务产品进行审计。而在中国，中国广告协会也于2016年成立了中国媒体评估委员会（China Media Assessment Council，CMAC），从行业协会的角度对媒体测量服务质量进行标准合规审核，承担着与MRC类似的职责。这种相互监督的机制设计有助于避免潜在的广告发布质量隐患，提升广告行业发展水平。

3. 重视广告发布量的规定

广告发布质量与广告发布量之间有着密切关系，广告发布量过多可能导致消费者反感进而引发广告回避行为，影响广告刊播的整体质量。对于媒体应该以多少时间或空间发布广告，我国目前针对部分场景或领域做出了限制。例如，国家广播电影电视总局于2009年发布并在2012年调整的《广播电视广告播出管理办法》就对广告发布量进行了规范，规定“播出机构每套节目每小时商业广告播出时长不得超过12分钟”“播出机构每套节目每日公益广告播出时长不得少于商业广告时长的3%”“播出电视剧时，不得在每集（以四十五分钟计）中间以任何形式插播广告”。随着广告业的快速发展，针对新现象、新模式的广告管理需要与时俱进。例如，部分电视剧中的创意中插等原生广告形式应该如何管理，或有待进一步厘清。

二、广告管理的对象

广告管理的对象主要包括广告活动主体和广告活动本体两大部分。

（一）广告活动主体

基于《中华人民共和国广告法》的规定，可将广告主、广告经营者和广告发布者视为广告活动行为主体，它们是广告管理的对象，对所从事的广告活动均应承担基本法律义务。

1. 广告主

广告主是指为推销商品或服务，自行或者委托他人设计、制作、发布广告的自然人、法人或其他组织。广告主是广告活动的出资人，既是广告活动的潜在受益者，同时也对广告活动开展和广告作品发布具有话语权和主导权，因此应成为广告管理的关键对象。

2. 广告经营者

广告经营者是指接受委托提供广告设计、制作、代理服务的自然人、法人或其他组织。作为广告活动的具体设计者与执行者，广告经营者理应成为广告管理的主要对象。

3. 广告发布者

广告发布者是指为广告主或者广告主委托的广告经营者发布广告的自然人、法人或其他组织。由于广告发布者具有较大的舆论影响力，在服从商业目的的同时肩负着巨大的社会责任，因此需要被纳入广告管理的范围并自觉接受监督和管理。

（二）广告活动本体

广告活动本体是指作用于广告客体并实现广告主与消费者互动目标的物质实体，以及其在预先安排下，受到各种内在和外在因素影响而形成的全部的运动过程，涵盖广告运动、广告活动和广告作品三个层面。[①] 广告本体也是需要进行审查管理的对象。

1. 广告运动

广告运动指广告主为实现长远目标，在较长时间内按照一定的广告战略持续开展的广告活动的总和。通常来讲，广告运动应该避免零碎的广告活动，而需要确保广告活动之间相互联系并统一在广告战略之下，服务于企业的整体经营战略。由于担负着将广告活动系统化的职责并扮演广告与企业经营间桥梁的角色，广告运动需要被纳入广告管理的范畴。

2. 广告活动

广告活动指广告主为实现短期目标，在较短时间内按照一定的广告策略开展的单项广告活动。它具有较大的独立性，广告计划时间较短，内容较为单一，是企业通过广告触达消费者乃至引导消费者行为的重要支撑。

3. 广告作品

广告作品指直接提供给广告媒体发布并直接触达广告受众、对其发生作用的实体。广告作品可以被视为广告运动或广告活动的结果，是企业与消费者的直接交互界面，因此是广告管理作用于广告活动本体的主要形式。

同为广告管理的对象，对广告运动、广告活动的管理主要是对广告交易过程的管理，对广告作品的管理更侧重于这些方面，如广告采用何种表现形式、信息内容为何、是否符合法律法规与公序良俗、是否侵害同行和广大消费者的正当利益、是否对社会经济秩序造成危害等等。

三、广告管理的方法

在我国，对于广告的管理主要依托法律法规、社会监督、行业自律以及教育与处罚结合等方法。

（一）法律法规管理

1995年2月1日正式施行、2021年4月29日完成第二次修正的《中华人民共和国广告法》是我国目前管理广告的最主要、最权威的专门法律文件。除此之外，《广告管理条例》《互联网广告管理办法》等法规、规章以及规范性文件同样在广告管理中发挥作用。目前，相关法律法规已基本形成体系，成为我国指导和规范广告活动的依据。广告从业人员需要遵纪守法，自觉在国家允许的范围内开展广告业务活动。各级市场监督管理部门则需要根据这些法律法规的内容，运用行政手段对广告活动进行必要的监督、检

---

① 丁俊杰．现代广告通论：对广告运行原理的重新审视．北京：中国物价出版社，1997：269.

查与指导。

（二）社会监督

社会监督是指人民群众通过某些社会组织和社会团体、舆论机关、各种群众自治组织或者公民自行对广告活动的各个方面进行监督，包括新闻舆论监督、消费者监督和群众监督等，这是动员全社会力量加强广告管理的有效方法。

以消费者监督为例，它是指通过各类消费者组织行使的监督。各种类型的消费者组织是消费者为维护自身合法权益不受侵害而形成的社会团体，也是实施消费者监督和管理的主体单位。从国内外广告管理实践来看，消费者组织确实能对广告施行监督与间接管理，是国家行政管理以外的重要补充，所发挥的作用正越来越大。例如，中国消费者协会就曾反映“摇一摇”跳转广告泛滥等问题，引发行政管理部门及相关广告主体关注并纠正。需要注意的是，消费者监督当前开始与新闻舆论监督和群众监督相结合，促进社会监督和管理更实在与有效。

（三）行业自律

相较他律，加强广告行业自律有着更重要的意义。如果广告主体能够对广告活动进行自我约束，自觉遵守各项法律法规，服从市场监督管理部门的监督和管理，就能够从根源上解决不正当、不合法广告的问题，降低广告管理的难度，而推动行业自律的关键角色便是各级广告行业组织。《中华人民共和国广告法》在第七条明确提出“广告行业组织依照法律、法规和章程的规定，制定行业规范，加强行业自律，促进行业发展，引导会员依法从事广告活动，推动广告行业诚信建设”，从法律层面确认了广告行业组织在推动行业自律过程中可发挥的积极作用。

自广告业恢复以来，我国成立了中国广告协会、中国商务广告协会、中国广告主协会等广告行业组织，它们在政府部门的指导下对全国广告行业进行指导、协助，提供咨询、服务，在增强行业自律等方面的功能和作用愈发凸显。以中国广告协会为例，它发布了《中国广告协会自律规则》《自律劝诫办法》《广告自律宣言》《广告主自律宣言》等文件，从广告内容、广告行为、自律措施等方面进行了详细规范，逐步成为广告主体开展广告活动时的指引。除此之外，行业组织也开始主动承担和推动广告行业的国家标准、行业标准、团体标准等的制定工作，涵盖“互动广告国家标准”“互联网广告发布审核规程”“自媒体营销标准”等内容。总的来说，我国广告行业在加强自律方面已经形成一系列成果，在维护广告市场秩序、树立良好行业风气上渐有成效。

（四）教育与处罚结合

加强教育培训，使企业、媒体和广大广告从业人员能够充分了解广告管理的重要性，熟知广告管理的有关内容，做到“防患于未然”，这是比法律制裁、行政和经济处罚更为有效的方法。因此，广告行业应加强与行政执法部门、行业组织、高等院校等机构间的联系，通过定期举办或参与培训、组织学习有关法规政策等，及时提醒广告业务中应该注意的问题。在思想教育的同时也需要对不合规行为及时惩戒，通过对典型案例的处罚以一儆百，借助教育与处罚结合的方法增强广告管理效果。

第三节　广告准则和广告审查

一、广告准则的作用

广告准则指发布广告的一般原则与限制，是判断广告内容是否合法的依据，是广告法律法规规定的广告内容与形式应符合的要求。对于广告活动，广告准则有五个方面的作用：

（一）规范广告活动行为

广告经营者策划、设计、制作的广告内容和形式应当符合广告准则的要求。广告主自行或委托他人设计、制作广告应当具有或者提供真实、合法、有效的文件，以确认广告内容的真实性，而广告经营者则应当依据国家有关规定查验有关证明，核实广告内容是否符合广告标准。

（二）广告发布者审查广告内容和形式的依据

广告发布者在发布广告之前，应当依照法律法规，审查广告内容真实性的证明文件，审查广告内容和形式是否符合广告准则，以决定是否发布广告。

（三）广告审查机关进行广告审查的依据

对于涉及人体健康和人民财产、生产安全的特殊商品广告，应当进行事先审查，方能发布。广告审查机关必须在发布前依照广告准则以及法律法规的相关规定对广告内容进行审查，未经审查或者审查不符合有关规定的，不得发布。

（四）判断违法广告的重要依据

主管机关对已发布的广告有事后监督责任，相关单位应当依据广告准则及其他规定，对已发布的广告进行监督，查处不合规广告。

（五）司法审查的重要依据

对进入司法诉讼程序的相关案件，司法机关可以参照广告准则对有关案件进行审判。

二、一般广告准则的内容

根据作用范围与重要性的不同，广告准则可以分为一般广告准则和专门广告准则。其中，前者是一切广告所必须遵守的根本原则，适用于所有广告并贯穿广告活动的始终。其主要表现为相关法律法规对一切广告内容和形式的要求，以及对广告内容和形式的限制性规定。一般广告准则主要包括以下方面：

（一）广告要能促进文明建设

广告内容必须符合社会主义建设事业的总体要求，为推动社会主义物质文明、政治文明、精神文明、社会文明、生态文明协调发展服务，确保广告的社会效益。

1. 有利于人民身心健康

广告内容需要符合社会主义精神文明建设的要求，对人民的身心健康有利。如果广告存在诱使受众产生不健康心理、负面影响受众道德认知乃至误导受众产生错误行为的情形，这类广告就不应该获得执行或发布的机会。

2. 促进商品或服务质量提高

商品质量关系到企业发展、社会整体利益、国家经济发展水平和整体形象，是一个至关重要的问题。作为与商品或服务有关的活动，广告应为促进商品或服务质量提高做出努力。

3. 保护消费者合法权益

广告的目的是满足消费者日益增长的物质和文化需求。广告传播应将消费者合法权益摆在首位，不得妨碍社会安定和危害人身、财产安全，损害社会公共利益。

4. 遵守社会公德，维护国家尊严和利益

广告是开展社会主义公共道德教育的有效方式，广告内容应该体现出高尚的精神文明，引导受众培养崇高的道德情操。广告更要在维护国家尊严和国家利益方面发挥作用，不得有损于人民群众、有损于国家。

（二）广告内容必须真实

广告内容应真实、客观地传播有关商品或服务的信息，不能传播虚假信息欺骗受众或对受众产生误导。广告的真实性主要表现在以下几个方面：

（1）对商品的性能、功能、产地、用途、质量、成分、价格、生产者、有效期限、允诺等有表示的，要真实。

（2）对服务的内容、提供者、形式、质量、价格、允诺等有表示的，要真实。

（3）广告中表明推销的商品或者服务附带赠送的，应当明示所附带赠送商品或服务的品种、规格、数量、期限和方式。

（4）广告使用数据、统计资料、调查结果、文摘、引用语等引证内容的，应当真实、准确，并表明出处。引证内容有适用范围和有效期限的，应当明确表示。

（三）广告要具有可识别性

广告应在形式上具有可识别性，能够使消费者辨明其为广告。例如，搜索引擎中出现的竞价排名广告就需要明确标注“广告”等字样，以免用户将自然搜索内容与付费推广信息混淆。另外，大众传播媒体不得以新闻报道形式发布广告，通过大众传播媒体发布的广告应当有广告标记，不得使消费者产生误解。

（四）广告不得含有贬低其他商品或服务的内容

此项涉及不正当竞争行为，例如：广告中直接含有贬损其他商品或服务的内容；以诋毁的方法给予竞争商品或服务不公正的评价；进行不全面的比较，抬高自己并贬损他人；侵犯竞争者商品或服务的声誉，损害竞争对手合法权益。这些不正当竞争行为是不允许的。

（五）广告不得损害未成年人和残疾人的身心健康

未成年人通常指未满18周岁的公民。广告不得损害未成年人和残疾人的身心健康，主要包括以下内容：

（1）在制作、发布广告时要尊重他们的权利，维护他们的尊严。

（2）广告语言文字、画面等不得含有歧视、侮辱未成年人和残疾人的内容。

（3）有关未成年人和残疾人的食品、用具、器械等商品广告，应当真实、明白、容易理解，明白无误地说明产品性能、用途及适用方法，不得损害特殊群体的身心健康。

（4）针对不满14周岁的未成年人的广告，不得含有劝诱其要求家长购买的内容，亦不得含有可能引发其模仿不安全行为的内容。

（六）广告应当禁止的情形

（1）使用或者变相使用中华人民共和国的国旗、国歌、国徽，军旗、军歌、军徽。

（2）使用或者变相使用国家机关、国家机关工作人员的名义或者形象。

（3）使用“国家级”“最高级”“最佳”等用语。

（4）损害国家的尊严或者利益，泄露国家秘密。

（5）妨碍社会安定，损害社会公共利益。

（6）危害人身、财产安全，泄露个人隐私。

（7）妨碍社会公共秩序或者违背社会良好风尚。

（8）含有淫秽、色情、赌博、迷信、恐怖、暴力的内容。

（9）含有民族、种族、宗教、性别歧视的内容。

（10）妨碍环境、自然资源或者文化遗产保护。

（11）法律、行政法规规定禁止的其他情形。

三、专门广告准则的内容

对于部分与人民生产生活、生命财产安全高度相关的产品，比如药品、医疗器械、农药、烟草、食品、酒类、化妆品等以及其他法律法规中规定的应当进行特殊管理的商品，有必要针对其广告活动做出更加严格的规定和要求，并制定特殊标准。

（一）涉及专利的广告

（1）广告中涉及专利产品或者专利方法的，应当标明专利号和专利种类。

（2）未取得专利权的，不得在广告中谎称取得专利权。

（3）禁止使用未授予专利权的专利申请和已经终止、撤销、无效的专利做广告。

(二)药品、医疗器械广告

我国对于药品、医疗器械广告制定了严格规范。其中，麻醉药品、精神药品、医疗用毒性药品、放射性药品等特殊药品，药品类易制毒化学品，以及戒毒治疗的药品、医疗器械和治疗方法，不得做广告。而在上述负面清单之外的药品和医疗器械可进行广告活动，但予以严格限制。

1. 对广告内容的要求

● 不得使用或者变相使用国家机关、国家机关工作人员、军队单位或者军队人员的名义或者形象，或者利用军队装备、设施等从事广告宣传。

● 不得使用科研单位、学术机构、行业协会或者专家、学者、医师、药师、临床营养师、患者等的名义或者形象作推荐、证明。

● 不得违反科学规律，明示或者暗示可以治疗所有疾病、适应所有症状、适应所有人群，或者正常生活和治疗病症所必需等内容。

● 不得引起公众对所处健康状况和所患疾病产生不必要的担忧和恐惧，或者使公众误解不使用该产品会患某种疾病或者加重病情的内容。

● 不得含有“安全”“安全无毒副作用”“毒副作用小”；明示或者暗示成分为“天然”，因而安全性有保证等内容。

● 不得含有“热销、抢购、试用”“家庭必备、免费治疗、免费赠送”等诱导性内容，“评比、排序、推荐、指定、选用、获奖”等综合性评价内容，“无效退款、保险公司保险”等保证性内容，怂恿消费者任意、过量使用药品、保健食品和特殊医学用途配方食品的内容。

● 不得含有医疗机构的名称、地址、联系方式、诊疗项目、诊疗方法以及有关义诊、医疗咨询电话、开设特约门诊等医疗服务的内容。

2. 必须经过严格审核

● 国家市场监督管理总局负责组织指导药品、医疗器械等品类广告的审查工作，相关药品广告审查申请应当依法向生产企业或者进口代理人所在地广告审查机关提出。

● 药品广告的内容应当以国务院药品监督管理部门核准的说明书为准，医疗器械广告的内容应当以药品监督管理部门批准的注册证书或者备案凭证、注册或者备案的产品说明书内容为准。

● 申请广告审查时应当依法提交《广告审查表》、与发布内容一致的广告样件，以及下列合法有效的材料：(1) 申请人的主体资格相关材料，或者合法有效的登记文件；(2) 产品注册证明文件或者备案凭证、注册或者备案的产品标签和说明书，以及生产许可文件；(3) 广告中涉及的知识产权相关有效证明材料。

● 广告内容需遵守特殊规定，包括但不限于：(1) 处方药广告应当显著标明“本广告仅供医学药学专业人士阅读”，非处方药广告应当显著标明非处方药标识（OTC）和“请按药品说明书或者在药师指导下购买和使用”；(2) 推荐给个人自用的医疗器械广告，应当显著标明“请仔细阅读产品说明书或者在医务人员的指导下购买和使用”，医疗器械产品注册证书中有禁忌内容、注意事项的，广告应当显著标明“禁忌内容或者注意事项详见说明书”；（3）相关广告应当以药品监督管理部门批准的文书为准，不得超出说明书或其他获批文书的描述范围。

（三）烟草广告

考虑到烟草的成瘾性及其对身体的潜在危害，《中华人民共和国广告法》对烟草广告做了严格的禁止性规定，其第二十二条明确指出：

- 禁止在大众传播媒介或者公共场所、公共交通工具、户外发布烟草广告。禁止向未成年人发送任何形式的烟草广告。
- 禁止利用其他商品或者服务的广告、公益广告，宣传烟草制品名称、商标、包装、装潢以及类似内容。
- 烟草制品生产者或者销售者发布的迁址、更名、招聘等启事中，不得含有烟草制品名称、商标、包装、装潢以及类似内容。

（四）食品、酒类、化妆品广告

1. 食品广告

食品广告的内容必须符合卫生许可标准和事项，如食品主要成分、生产日期、保质期等信息必须与标准相符，不得使用医疗用语或者表示功效、安全性的断言等易与药品混淆的用语。

2. 酒类广告

酒类广告不得含有下列内容：（1）诱导、怂恿饮酒或者宣传无节制饮酒；（2）出现饮酒的动作；（3）表现驾驶车、船、飞机等活动；（4）明示或者暗示饮酒有消除紧张和焦虑、增加体力等功效。

3. 化妆品广告

化妆品广告所宣传商品必须达到卫生许可标准，在广告中表述的主要配方、功用、生产日期、有效期等均要与标准相符，不能使用医学用语或易与药品相混淆的用语。

（五）农药、兽药、饲料和饲料添加剂等农资广告

考虑到该类广告的主要受众是农民，因此须对广告内容予以严格规范以避免误导消费者决策。农药、兽药、饲料和饲料添加剂广告不得含有下列内容：（1）表示功效、安全性的断言或者保证；（2）利用科研单位、学术机构、技术推广机构、行业协会或者专业人士、用户的名义或者形象作推荐、证明；（3）说明有效率；（4）违反安全使用规程的文字、语言或者画面；（5）法律、行政法规规定禁止的其他内容。

四、广告审查

广告审查是指在广告发布前依照法律法规对广告内容进行审核的活动。由于广告是既负有法律责任又负有道德责任的信息传播活动，因此，建立广告审查制度是非常必要的。

我国的广告审查可以分为广告经营者和广告发布者的审查以及行政主管部门的审查。前者是指广告公司和广告媒体自行开展的合规审查，而后者主要是指对特殊商品以及依照法律法规应当进行审查的广告开展的审查。需要注意的是，根据商品品类不同，除国家市场监督管理总局以外，包括国家卫生健康委、国家中医药管理局、农业农村部、工业和信息化部等其他行政主管部门也担负审查和监管广告的职责，其中部分特殊商品广告的主要审查部门，如表 12－2 所示。

表 12－2　部分特殊商品广告的主要审查部门及职责依据

广告类型	广告审查部门	职责依据
医疗广告	卫生行政部门	《医疗广告管理办法》《医疗广告监管工作指南》《医疗美容广告执法指南》
中医医疗广告	中医药主管部门	《中华人民共和国中医药法》《医疗广告管理办法》
兽药广告	兽医行政管理部门	《兽药管理条例》《兽药广告审查发布规定》
农药广告	农业主管部门	《农药广告审查发布规定》
药品、医疗器械广告	市场监督管理部门 药品监督管理部门	《中华人民共和国药品管理法》 《中华人民共和国药品管理法实施条例》 《医疗器械监督管理条例》《互联网药品信息服务管理办法》 《药品、医疗器械、保健食品、特殊医学用途配方食品广告审查管理暂行办法》
保健食品广告	市场监督管理部门 药品监督管理部门	《中华人民共和国食品安全法》 《药品、医疗器械、保健食品、特殊医学用途配方食品广告审查管理暂行办法》
特殊医学用途配方食品广告	市场监督管理部门 药品监督管理部门	《中华人民共和国药品管理法》《中华人民共和国食品安全法》 《药品、医疗器械、保健食品、特殊医学用途配方食品广告审查管理暂行办法》

（一）应查验核实的内容

《中华人民共和国广告法》第三十四条规定，“广告经营者、广告发布者应当按照国家有关规定，建立、健全广告业务的承接登记、审核、档案管理制度”。依据相关规定，广告经营者与广告发布者在制作与发布广告前普遍需要查验核实如下内容：

1. 广告主主体资质

普通企业、民办非企业、事业单位等不同性质的行业主体需要具备对应发证机关要求的主体资质，具体所需资质文件如表 12－3 所示。

表 12－3　不同性质的行业主体投放广告时一般需要提供的资质文件

主体性质	所需资质	发证机关
企业	企业营业执照	市场监督管理局
个体工商户	个体工商户营业执照	市场监督管理局
事业单位	事业单位法人证书	事业单位登记管理局
民办非企业	民办非企业单位登记证书	民政局

续表

主体性质	所需资质	发证机关
法律服务	律师事务所执业许可证	司法局
社会团体	社会团体法人登记证书	民政局或社会团体管理办公室
民办学校	办学许可证	教育局或人力资源和社会保障局

2. 行业资质

依据广告所推广的商品或服务所在行业的不同，广告主需要提供具体的行业资质。广告主如果投放特殊行业的广告，则应根据该行业资质要求提交相关证明文件，如商品房预售许可证明、食品经营许可证。

3. 特殊资质

如果广告素材涉及商标、专利、版权等内容，那么广告主需要提供商标注册证、专利证书、著作权登记证书等。如果涉及肖像授权、品牌授权、数据来源证明等内容，那么广告主需要提供真实、合法的相关授权文件、证明、说明函或确认函等。如果涉及经营性互联网信息服务类业务，那么广告主需要提供增值电信业务经营许可证。

（二）部分特殊商品广告审查的内容

特殊商品广告的审查是在广告发布前，依据法律法规对需要特殊管理的商品的广告内容进行的审查。现对部分特殊商品广告的审查略做说明。

1. 医疗及中医医疗广告的审查

医疗机构发布医疗广告，应当向其所在地省级卫生行政部门申请，并提交以下材料：（1）《医疗广告审查申请表》。（2）《医疗机构执业许可证》副本原件和复印件，复印件应当加盖核发其《医疗机构执业许可证》的卫生行政部门公章。（3）医疗广告成品样件。电视、广播广告可以先提交镜头脚本和广播文稿。

中医、中西医结合、民族医医疗机构发布医疗广告，应当向其所在地省级中医药管理部门申请。

2. 兽药及农药广告的审查

在全国重点媒体发布兽药广告的，应当经国务院兽医行政管理部门审查批准，取得兽药广告审查批准文号。在地方媒体发布兽药广告的，应当经省、自治区、直辖市人民政府兽医行政管理部门审查批准，取得兽药广告审查批准文号；未经批准的，不得发布。

农药广告的发布须由有关部门对广告内容进行审查。农药广告内容应当与《农药登记证》和《农药登记公告》的内容相符，不得任意扩大范围。未经审查，不得发布。

3. 药品及医疗器械广告的审查

国家市场监督管理总局负责组织指导药品及医疗器械广告审查工作。

发布药品广告，应当向药品生产企业所在地省、自治区、直辖市人民政府药品监督管理部门报送有关材料。省、自治区、直辖市人民政府药品监督管理部门核发药品广告批准文号的，应当同时报国务院药品监督管理部门备案。发布进口药品广告，应当向进口药品代理机构所在地省、自治区、直辖市人民政府药品监督管理部门申请药品广告批准文号。在药品生产企业所在地和进口药品代理机构所在地以外的省、自治区、直辖市发布药品广告的，发布广告的企业应当在发布前向发布地省、自治区、直辖市人民政府药品监督管理部门备案。

发布医疗器械广告，应当在发布前由省、自治区、直辖市人民政府确定的广告审查机关对广告内容进行审查，并取得医疗器械广告批准文号；未经审查，不得发布。

4. 保健食品及特殊医学用途配方食品广告的审查

国家市场监督管理总局负责组织指导保健食品和特殊医学用途配方食品广告审查工作。

保健食品广告的内容应当经生产企业所在地省、自治区、直辖市人民政府食品安全监督管理部门审查批准，取得保健食品广告批准文件。省、自治区、直辖市人民政府食品安全监督管理部门应当公布并及时更新已经批准的保健食品广告目录以及批准的广告内容。

特殊医学用途配方食品广告适用《中华人民共和国广告法》和其他法律、行政法规关于药品广告管理的规定。广告内容应当以国家市场监督管理总局批准的注册证书和产品标签、说明书为准。

五、广告监督管理

广告监督管理是指国家的广告监督管理机关依据法律法规，代表国家对广告活动进行监督管理的国家行政行为。广告监督管理的内容主要包括三方面：一是审查广告主、广告经营者、广告发布者是否具有从事广告活动的资格；二是监督管理具体广告活动；三是对违法广告行为进行行政处罚等。

对广告活动进行监督管理是国家行政行为，它具有三个特征：第一，广告监督管理必须依法进行；第二，广告监督管理是具有强制性的国家行为；第三，广告监督管理具有综合性。

（一）广告监督管理机关及管理范围

国务院市场监督管理部门主管全国的广告监督管理工作，县级以上地方市场监督管理部门主管本行政区域的广告监督管理工作。广告监督管理机关对广告的监督管理主要集中于对广告市场的管理和对广告经营单位的登记管理两个方面，具体职能包括：

（1）根据立法机关授权进行法规解释。国家市场监督管理总局受国家立法机关和国务院委托起草广告法律法规，单独或会同有关部门制定广告行政管理规章，制定各类广告发布标准。

（2）批准广告市场准入，依法进行广告经营登记，确认广告经营者、广告发布者是否具有广告从业资格，确认各类广告活动是否符合法律法规的要求，定期进行经常性监督检查工作。

（3）组织指导特殊商品的广告审查工作，组织监测各类媒介广告发布情况，组织查处虚假广告等违法行为。

（4）负责研究制定全国及地方广告行业的发展方针、政策、规划并负责组织实施工作。

（二）广告经营单位的注册登记

1. 国家市场监督管理总局负责下列广告公司的登记

● 国务院授权部门批准设立的股份有限公司。

● 国务院授权投资的公司。

● 国务院授权投资的机构或部门单独投资或共同投资设立的有限责任公司。

● 外商投资的有限责任公司。

● 依照法律规定或按照国务院规定，应当由国家市场监督管理总局登记的其他公司。

2. 省级市场监督管理局负责本辖区内下列广告公司的登记

● 省、自治区、直辖市人民政府批准设立的股份有限公司。

● 省、自治区、直辖市人民政府授权投资的公司。

● 国务院授权投资的机构或部门与其他出资人共同投资设立的有限责任公司。

● 省、自治区、直辖市人民政府授权投资的机构或部门单独投资或共同投资设立的有限责任公司。

● 国家市场监督管理总局委托登记的公司。

3. 市、县市场监督管理部门负责的广告公司登记范围

市、县市场监督管理局负责本辖区内除国家市场监督管理总局和省级市场监督管理局负责登记的广告公司之外的广告公司的登记。

4. 广告公司的登记事项和程序

广告公司营业执照应当载明的具体事项包括：名称、住所、法定代表人姓名、注册资本、公司类型、经营范围、登记机关、成立日期及统一社会信用代码。广告公司登记所需程序，依据《中华人民共和国市场主体登记管理条例》及其实施细则的相关规定。

第四节　外国及我国港台地区的广告管理概况

“他山之石，可以攻玉。”在提升我国广告管理质量和水平的过程中，有必要了解和学习发达国家以及我国发达地区的广告管理体系与自律机制，从中获得经验、总结教训，在不断变化的广告业发展进程中持续、动态、精准地提升广告管理能力。

一、美国的广告管理

美国的广告管理主要由政府管理和行业管理两大体系构成。除此之外，消费者监督在广告管理中也起着重要作用。

（一）政府管理

与中国类似，美国政府涉及广告管理的机构较多，包括联邦贸易委员会、联邦通信委员会、食品药品监督管理局、邮政管理局、烟酒税收和贸易局、证券交易委员会、专利局等。其中，联邦贸易委员会是至关重要的监管机构。

联邦贸易委员会（Federal Trade Commission，FTC）成立于1914年9月26日，其使命是通过执法、宣传、研究和教育保护公众，使他们免受欺骗性或不公平的商业行为以及不公平竞争手段的侵害。正是基于这一机构使命，它也被称为美国广告管理中最综合、最权威的机构。该机构下设的消费者保护局将“广告和营销”列为主要关注领域，对全国广告进行管理。联邦贸易委员会可以制定广告规章、接受关于虚假广告的申诉并实地调查，同时有权发布禁令或修改法令、公布处理决定、罚款、冻结银行存款、封存商品、责令发布更正或认错广告等。如果广告主体对FTC的判决不服，则可向联邦法院起诉。

联邦通信委员会（Federal Communications Commission，FCC）于1934年创立，旨在管理州际和国际广播、电视通信工作，同时也负责颁发广播电台、电视台的执照。另外，FCC还负责制定商业广告的调解标准及调解内容。当消费者认为广告播放时间不当、内容不雅或低俗、存在垃圾广告问题或者广告噪声影响生活时，均可向FCC投诉。

食品药品监督管理局（Food Drug Administration，FDA）负责行使1938年通过的《联邦食品、药品和化妆品法》，主要负责管理食品、药品、化妆品等的使用，以防止有害商品进入市场。

另外，邮政管理局负责查验邮寄广告中的欺诈行为；烟酒税收和贸易局负责检查烟酒广告；证券交易委员会负责股份和证券广告；专利局负责检查商标广告；粮食局负责管理种子广告；国会图书馆管理涉及版权的图书和资料的广告；等等。

除管理机关较多之外，美国也存在较多的广告管理法律法规。联邦层面的法律包括1914年通过的《联邦贸易委员会法》和《克莱顿反托拉斯法》，前者要求FTC作为虚假广告的管理机关对虚假广告进行执法，后者旨在禁止企业经营过程中可能出现很大程度削弱竞争的行为和潜在的垄断问题。1938年，美国国会通过了《联邦食品、药品与化妆品法》。该法授权食品药品监督管理局禁止制造、贩卖或运送变质、掺假及冒牌的食品、药品及化妆品。同年，美国国会又通过《惠勒-李法》，进一步严格了虚假广告的界限，赋予FTC更大的广告仲裁权，在原有禁止“不公平的竞争方法”之外，还禁止“不公平的以及带欺骗性质的销售行为及做法”。1965年制定的《联邦高速公路美化法》则对户外广告行业造成重大影响。该法规定未经批准而设立的广告牌以及会引起公众反感的广告牌必须移走。2000年生效的《儿童在线隐私保护法》对针对儿童和青少年的广告营销行为进行了严格限制。例如，通过收集儿童和青少年数据进行定向广告的做法被认定为违法。

值得注意的是，美国政府对虚假广告（deceptive advertising）、不实广告（false advertising）和不公平广告（unfair advertising）等三类违法广告采取严厉打击的态度。对违法进行广告传播的公司、个人，一旦发现将予以重罚。例如，美国对药品广告的管理就非常严格，若发现有违法广告，甚至可能惩罚到违法者倾家荡产的地步。

（二）行业管理

美国广告行业中，广告公司、媒体、行业协会以及经营规模较大的广告主均建立了比较完善的自我管理、自我约束机制，行业自律意识相对较强。

就作为广告主的企业来说，它们在经营过程中极力避免与政府管理机构产生矛盾，因此一般建立了较为严格的审查和合规机制。部分企业的广告部门或广告代理商制作的广告作品需要提交到研究制作部，基于调查和其他方式获取掌握的数据资料经综合分析后再交由法律部审批，通过后才会推进发布。与此同时，美国广告主协会几乎吸纳了全美主要的广告主作为成员，每年广告费支出占全美广告费80%的200多家企业均参与该协会活动。该协会代表广告主利益，为广告主提供各类信息，进行广告业务培训并介绍推荐各种审查机构，成为驱动广告主自律的重要力量。

就媒体来说，美国的广告传播媒体最早提出对广告进行管理。早在1865年，《纽约先驱报》就发表拒绝刊登不可靠药品广告的宣言。1880年《农场杂志》、1892年《妇女家庭杂志》等都拒绝刊登成药广告。1911年，广告研究权威刊物《印刷者油墨》杂志刊登了旨在抑制骗人广告的规则——《普令泰因克法令》，这标志着美国广告媒体机构自律体系建立的开始。《纽约时报》的广告规约提出，对凡是“有欺诈嫌疑的广告”“内容空泛、足以使人误解的广告”“攻击他人的广告”“保证能治百病的广告”“淫秽、粗俗、邪恶、憎恶或侮辱人的广告”等，一概拒绝刊登。美国广播事业协会1975年制定的《美国电视广告规范》，也是美国广告行业自律的一个样板。媒体在美国的广告监督中具有特殊地位，它们可拒绝刊登或播放一些它们认为不适宜刊播的广告，而无须说明任何理由，这样也有效地阻止了那些法律无法制约但对社会和消费者可能产生不良影响的广告的传播。

就广告公司来说，美国广告公司成立了多种行业协会组织，并通过这些协会组织协调各方面关系，为协会会员制定行为规范，对会员单位的广告进行审查。例如，美国广告联合会、美国广告学会、美国广告协会曾共同制定了《广告业务准则》，提出了广告六戒：不准刊登虚伪夸张的广告，不准刊登与事实不符的广告，不准刊登影响优良风俗的广告，不准刊登危害广告同行和竞争企业的广告，不准刊登容易使人对商品价格产生误解的广告，不准刊登曲解事实或专家言论的广告。①

美国广告自律委员会（Advertising Self-Regulatory Council，ASRC，前身为全国广告审查委员会）是美国最重要的广告自律组织之一，它由美国广告联合会、美国广告协会、美国广告主协会和美国商业改进局理事会于1971年成立。目前，其由四个部门组成：（1）儿童广告审查组，负责监控所有媒体渠道针对儿童的广告内容。（2）电子零售自律监管组，负责处理直接反应类型广告涉及的相关问题。（3）全国广告部，负责处理所有其他类型广告涉及的相关问题。（4）国家广告审查委员会，负责处理对其他三个组织所做决定的上诉。美国广告自律委员会的主要任务包括对有关广告的投诉进行调查，对立法者与行政者的立法及执法提供建议。此外，它还可以结合具体情况向联邦贸易委员会和其他监管部门移交虚假广告案例，移交后往往能够获得监管部门的优先处理。

① 郝树人．广告学．大连：东北财经大学出版社，2011：244－245.

（三）消费者监督

美国消费者监督广告活动的最主要团体是商业改进局。其前身是全国广告监督委员会，1915 年改现名。它拥有 130 多个地方商业改进局，接受消费者的投诉和质询，并提供详细解答，调查虚伪与欺骗性广告并予以揭发，保护消费者利益。1970 年 8 月，各地商业改进局的全国性协调机构商业改进局理事会成立。该机构除对广告业和广告主进行监督外，还对国家的广告管理提出建议。美国消费者联盟是目前美国最大的消费者组织，进行经常性的商品比较实验，将实验结果向消费者公布，以便消费者购买商品时做出决策。它还设立了最差广告奖，每年评选一次。

二、英国的广告管理

英国是世界上广告业发展较早的国家之一，其广告管理的特点主要是广告法律法规的健全和自我管理体系的完备。由于拥有全面的广告法律法规体系和有效的广告自律体系，它们极大地减少了英国政府对行业的行政干预，减轻了政府管理的压力。同时，英国广告业重视行业内部的约束和来自消费者、受众的监督。这种依托行业自我管理为主的广告管理体系，成为许多国家广告自律体系建设的榜样。

（一）法律控制

英国通过两类法律对广告进行管理和控制。一类是未成文法，即习惯法和私法（处理私人关系、财产等的法律）；另一类是成文法。这里主要介绍成文法。

英国有专门的广告法，即 1907 年颁布的《广告法》。这起初是规范户外广告的法律，目的是禁止广告妨碍娱乐场所、公园、风景地带的自然美；1925 年经修订后扩大了规范的范围，即凡影响交通、乡村风景和有历史价值的建筑物及场所的，均禁止设置广告。广播方面最重要的法律是英国独立广播局 1973 年制定的《独立广播局广告标准和实务法》，该法主要对广播和电视广告进行管理。为履行独立广播局的社会责任，该法非常严格，就广告活动实务中涉及的 36 个方面做出了全面系统的具体规定，与《英国广告职业行为准则》有相似之处，但具有法律效力。1968 年颁布的《医疗条例》和 1975 年实施的《香烟法规》，对医疗、药品和香烟等商品广告的表现和发布做出了规定。2008 年施行的《保护消费者免受不公交易条例》及《商业保护免受误导性营销条例》再次重申所有营销和广告必须合法、得体、真实、诚实、对社会负责任地描述自己的商品或服务。随着广告产业在不同时期的快速变化，英国在广告监管方面注重与时俱进，涉及广告的关联法律法规数量日益增多。

（二）自我管理

英国的广告自律体系是目前世界上发展较早也较为完善的，对美国、日本等国家的行业自律有较大影响。1926 年，英国成立广告协会。1961 年，广告协会与其他行业讨论后一致决定成立广告实践委员会（Committee of Advertising Practice，CAP）并制定了第一版《英国广告实践准则》。与美国通过设立联邦贸易委员会进行广告监管的思路不同，英国政府及立法者确信广告问题应该通过行业的有效自律来解决。1962年，英国广告实践委员会成立了作为独立广告监管机构的广告标准局（Advertising Standards Authority，ASA），对广告主、广告媒体、广告公司等广告主体参与的广告活动进行监管。整体来看，目前英国广告的相关规范主要由广告实践委员会以及广告实践广播委员会等两个委员会负责，并由广告标准局独立管理。两个委员会负责制定和修订广告实践准则，广告标准局旨在确保媒体广告遵守准则的相关规定。其中，广告实践委员会拥有来自广告协会、电影广告协会、数据与营销协会等16个协会或机构的代表，广告实践广播委员会则拥有来自广告协会、商业广播和点播服务协会、英国电子零售协会等13个协会或机构的代表。值得注意的是，英国还在协会与行业之间搭建了沟通管道，以确保自律的质量。例如，广告实践委员会的工作受到来自行业咨询小组、促销和直接反应小组以及在线出版物媒体小组等三个小组的支持。虽然这些小组的意见对广告实践委员会的工作不具有约束力，但作为协会和行业之间沟通的桥梁，这些小组能够保证英国广告行业自律的质量。值得注意的是，英国广告行业的自律体系重视与广告产业实践接轨，如广告实践委员会于2018年宣布名为“在线上更具影响力”（More Impact Online）的五年战略，又于2024年宣布启动新的五年战略“人工智能辅助下的集体广告监管”（AI-Assisted，Collective Ad Regulation）。

三、日本的广告管理

日本的广告管理体系既受欧美国家影响，同时也具有本土化特征。日本在广告管理上采取以企业和行业的自律为主、相关法律法规为辅的做法，通过三个方面进行。

（一）涉及广告管理的国家立法及其体系

日本对广告进行直接或间接管理的法律比较多，分门别类可有六种：

1. 公法

宪法是其他法律的基础，日本广告法律法规体系都是以宪法为出发点的。例如：宪法第21条有关表现自由的规定；第22条、第29条有关在不违反公共秩序和良好的风俗，不违反消费者的利益，不违反各种法制条件下保障广告表现自由的内容。

2. 民事法

日本民事法中有少数条款，如《民法》第529至532条正式规定了广告主、广告公司和媒体之间的权利和义务，为调节这三者关系确立了基本法律规范。

3. 刑事法

日本刑事法中有《轻微犯罪法》《禁止卖淫法》等，对涉及广告的方面做出了相应规定。

4. 经济法

这类法律与广告管理有着更直接的关系，主要有1953年颁布的《禁止私人独占及保证公正交易的有关法律》，简称《独禁法》。它旨在维护和发展合理的自由的竞争，排除限制竞争的不合理的交易和私人独占，以保证消费者的一般利益，促进国民经济民主的、健康的发展。1962年，日本制定了《不正当赠品及不当表示防止法》，简称《赠表法》。它重在防止在有关商品或服务的交易中出现用不正当的赠品及表示引诱顾客的行为，确保公正的竞争，保护消费者的一般利益。1975年实施的《不正当竞争防止法》则从防止经济活动中不正当竞争行为的角度对广告活动做了禁止性规定。

5. 社会法

如《消费者基本法》对国家、地方公共团体、企业经营者和消费者四个方面所负的责任和应尽的义务分别予以明确规定，同时对虚假广告制定了惩罚措施。此外，日本还有《药物法》《食品卫生法》等。通过这些法律，规范相关广告活动。

6. 无形财产法

如《商标法》《专利法》《意匠法》《版权法》等都对有关广告活动做出规定和限制，《户外广告物法》对设置户外广告做出了具体规定。

（二）自我管理及其体系

日本广告界成立了各种各样的行业组织，每个组织都制定了广告伦理纲领、业务准则、条例、公约等作为自己的行为规范，进行自我约束。这些被日本广告界视为具有半法效力的伦理纲领和业务准则等的约束力很强，它们在广告活动计划期内产生影响，对于广告行业自律发挥了积极作用。

1. 广告界方面

在日本，最早推进广告自律的是日本广告会，其成员包括广告主、广告媒体、广告公司等，它自1947年成立后就致力于广告的净化和道德活动。在此基础上，全日本广告联盟（简称“全广联”）于1953年10月成立，成为日本广告界的全国性组织。在其推动下，日本广告界修订了《广告伦理纲领》，并制定了《广告伦理实践要领》等，为广告自我管理奠定了基础。全日本广告联盟在1975年对该联盟的广告纲要进行全面修改，最后将其命名为《全日本广告联盟广告纲要》。同时，全广联1974年制定的《新广告概念》还沿用至今。此外，全日本商业广告协议会制定有《商业广告伦理纲领》，日本商工会议所推出了《提高广告的指南》。这些都是日本广告界共同遵循的伦理纲领。

2. 媒体方面

报纸主要通过《报纸广告伦理纲领》明确拒绝刊登和保留的标准。日本《朝日新闻》《日本经济新闻》等报社和五家以代理报纸广告为主的广告公司，共同出资成立了审查报纸广告的机构——报纸广告审查协会，每天对报纸送来的广告进行审查，将审查结果分成A、B、C、D、E五个等级，处于D、E级的广告则拒绝刊载。此外，还有日本新闻协会发表的《报纸夹页广告标准和细则》，杂志有日本杂志广告协会制定的《杂志广告伦理纲领》《杂志广告刊登标准》等。20世纪50年代初，日本广播电视业开始有了较大发展。日本民间放送联盟成立后，随即在1951年10月制定《日本民间放送联盟广播播放标准》，之后对该标准进行了多次修改，1958 年 1 月又制定《日本民间放送联盟电视播放标准》，随后又把这两个标准合并成现行的《日本民间放送联盟播放标准》（1993 年修订），规定商业广告播出时间不能超过一周总播放时间的 18%。

3. 广告主方面

1957 年，日本仿照美国广告主协会成立日本广告主协会。日本广告主协会于 1960 年发表《正确的广告》，表明广告主对广告的方向和注意点；1961 年又发表《企业与消费者》，表明广告主的基本态度，即正确传送信息，接受和处理各种投诉。这些文件为广告主加强自律打下了基础。此后，日本各个行业纷纷建立团体组织，制定有关广告的规约、标准、注意事项等，自我约束广告行为。例如，日本制药团体联合会制定了《有关医药品广告自慎纲要》，电影伦理管理委员会制定了《电影宣传广告标准》，东京百货店协会制定了《东京百货店协会自慎协定》等。

（三）消费者监督和广告审查

日本的消费者组织在广告的监督管理方面也起到了较大的作用（见图 12-1）。日本民间的主要消费者组织是主妇联合会和消费者协会。其主要职责是：确保公正的竞争，保证消费者自由选择商品，保证正确的商品知识的传播和普及，尊重消费者的意志和保证消费者的社会责任。

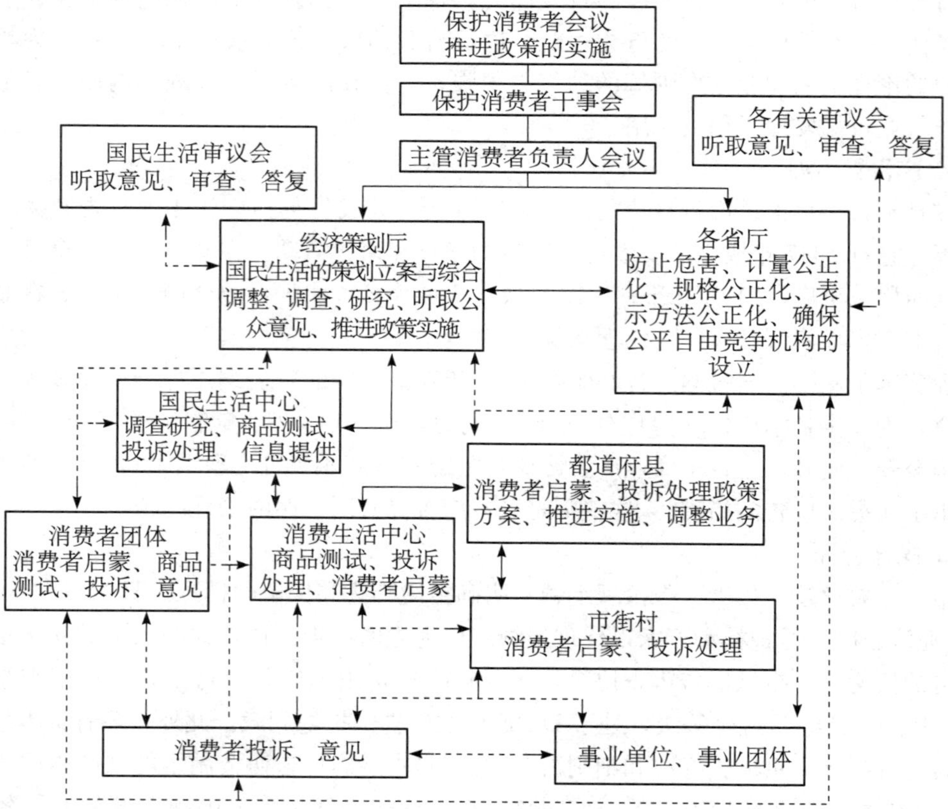

图 12-1　日本保护消费者的组织机构职能图

日本还通过广告审查机构、国民生活中心和消费生活中心的工作，进一步加强广告的自主限制体系。广告审查机构仍以美国为蓝本，由广告主、广告公司和广告媒体三方组成。该中立机构负责审查广告内容和实际商品或服务内容的一致性，受理对有关广告的任何投诉，有权停止某商品广告的继续发布或者要求其刊载更正广告、道歉广告等。国民生活中心是一个特殊的法人团体，主要站在消费者的立场对消费者和企业之间的纠纷进行调解，同时指导消费生活中心解决难以处理的磋商事项。消费生活中心是地方政府为了与居民直接接触，加强对消费者服务而设置的办事机构。这几个机构之间形成一个网络、互通信息，以便尽快解决消费者提出的问题。

四、中国港台地区的广告管理

中国香港特别行政区和台湾地区都没有统一的广告监管机构，也没有颁布成形的广告法规。但它们坚持行政管理和行业自律相结合的原则，也为广告业发展提供了良好的保障。

（一）香港特别行政区的广告管理

香港特别行政区目前已经形成广告行业自律和行政部门的行政管理有机结合的良好体系。香港没有一部专门的广告法规，主要是在其他专业法规中有涉及广告的规定。如《广播条例》《商标条例》《版权条例》《公众娱乐场所条例》《药剂业及毒药条例》《诊疗所条例》《吸烟（公众卫生）条例》《不良广告（医药）条例》等 20 多项法规。也有一些专项的广告管理法规，如《电视通用业务守则——广告标准》《电台业务守则——广告标准》等。

目前，通讯事务管理局（简称“通讯局”）是香港特别行政区广告监管的主要机构。另外，食物及卫生局、香港金融管理局、竞争事务委员会、消费者委员会等机构也承担部分广告监管职责。然而，香港特别行政区的媒体广告审查主要采取的是自我检查制度，电视台、电台需根据通讯局发布的《电视通用业务守则——广告标准》《电台业务守则——广告标准》自行审查广告内容，但通讯局保留最终裁决权。消费者如对播放的广告不满，则可向通讯局投诉。经过一定的审议程序后，由通讯局决定该广告能否继续播放。通讯局如果认定投诉成立，那么按问题轻重向电视台或电台发出处罚意见，最重的处罚是暂时吊销或撤销营业牌照。对于专业广告，还要送请相关部门审查，如医药广告须受卫生署约束，教育广告须受教育局约束，房地产广告须受地产代理监管局约束等。

香港特别行政区的广告行业组织主要有三家：香港广告商会、香港广告客户协会和香港广告业联会。

香港广告商会（Association of Accredited Advertising Agencies of Hong Kong，HK4As）于 1957 年成立，目前由 23 家主要广告公司组成，以行政事务委员会为领导核心，委员会从会员公司的管理层代表选出。其宗旨在于为香港广告业及公众树立和维持高标准的广告行为，确保所有广告合法、廉洁、诚实和真实。具体做法包括制定及维持广告行业操守，执行业务守则，出任广告公司的纠纷仲裁人及为广告公司和广告从业人员提供交流机会等。

香港广告客户协会（Hong Kong Advertisers Association，HK2As）成立于 1961

年，由一群广告专业人士组成，主要作为会员交流意见的平台，意在保护广告客户的利益，促进广告从业人员的职业水准和道德素养的提升，协助广告客户向其他行业机构、媒体与政府表达意见，以及举办会议、研讨会、交流考察等活动，促进会员之间经验的分享。

香港广告业联会（Hong Kong Commercial Publicity Association，HKCPA）于1974年成立，由香港主要报社、电视台、电台、新媒体、平面或影视广告制作公司、户外广告公司等成员组成。该组织的主要职责是加强会员联系、组织会员社交集会及加强与内地、台湾、澳门同行的交流合作等。

这些广告行业组织是香港特别行政区与广告经营单位联系的中间环节。一方面，政府利用这些组织贯彻广告管理标准，引导广告行业遵守相关法律法规；另一方面，这些组织又代表广告行业向政府反映广告行业的意见和要求，维护广告行业的利益。各广告行业组织普遍设有业务守则或自律条文，加强对自身的管理。它们在加强行业自律、提高服务水平、防止不正当竞争方面发挥着重要作用。

利用消费者对广告业进行监督，也是香港特别行政区广告管理的一个重要内容。1974年4月，香港成立消费者委员会，负责接受消费者投诉，对工商企业的不法买卖行为和欺骗性广告宣传进行监督和揭露，维护消费者利益。

（二）台湾地区的广告管理

台湾地区的广告业起步于20世纪60年代，90年代后进入成熟期，广告管理随之逐步得到加强。

台湾地区利用配套的相关规定形成了以针对某一方面广告活动或某一类广告媒体的单项广告管理规定为主的广告规范体系。台湾地区制定有所谓的“广播电视法”“食品安全卫生管理法”“化妆品卫生安全管理法”“医疗法”“药事法”“建筑法”等与广告管理有关的规范文件。另外，主管部门“通讯传播委员会”（简称“通传会”）也制定了《电视节目广告区隔与置入性行销及赞助管理办法》《广播节目广告区隔与置入性行销及赞助管理办法》等。这些相关规定确立了台湾地区广告的基本原则和发布标准，规定了处理违法广告的程序和处罚原则，授权有关部门加强广告管理。

台湾地区的广告管理主要由台湾当局各主管部门实施。药品、食品广告由卫生行政主管部门管理，实行内容审批制度；房地产广告由内政主管部门管理；报纸广告由文化主管部门及地方政府新闻局监管；广播、电视广告由“通传会”等机构管理。

台湾地区的广告行业自律组织非常活跃，主要机构有台北市广告业经营人协会、台北市广告代理商业同业公会、台湾广告主协会、国际广告协会中国台北分会以及各新闻媒介的专业协会等。主要的自律准则有《广告人自律纲要》《报业道德规范》《无线电广播道德规范》《电视道德规范》《新闻事业广告规约》《会员承揽广告协约》《综合广告业经营者自律纲要》《新闻记者信条》《净化电视广告规范手册》等。这些自律准则要求组织成员遵守广告方面的有关规定，坚持广告的真实性原则，坚持新闻与广告不得混淆等。自律组织在促进台湾地区广告管理、引导广告健康发展上起着较大作用。

另外，消费者保护组织的事后监督也得到了充分重视。1994年1月，中国台湾地区颁布了所谓“消费者保护法”。

五、国际性广告管理机构

从世界广告发展的视角来看，各个国家都高度重视排斥虚假夸大的广告，消除公众对广告的不信任感，提高广告活动水平，由此也成立了大量的国际性民间管理组织，以加大广告自律的力度。

（一）国际消费者联合协会

国际消费者联合协会（International Organization Consumers Unions，IOCU）成立于1960年，总部设在荷兰海牙，由美国、澳大利亚、英国、比利时、荷兰五国为在一起交流产品试验和消费者事务方面的经验而酝酿成立。该中央机构设有15个常务委员，由其中6个执委组成委员会，处理日常事务。最高权力机构是全体会议，每3年举行一次世界代表大会。

国际消费者联合协会的任务是交流各国消费者工作情况并协助建立新的消费者组织，向联合国等国际性组织陈述消费者的利益，监督跨国公司。它被认为是对抗国际商业集团的一股力量。

国际消费者联合协会的成员分为两类，即正式成员和通讯成员。凡一个组织为消费者利益工作，不受政治团体或生产、商业集团控制，具有独立性，不接受可能影响消费者利益的资助，其出版物不接受商业广告，就可申请成为该组织的正式成员，不具备上述条件的组织只能成为通讯成员。

（二）国际商会

国际商会（International Chamber of Commerce，ICC）创建于1919年，其秘书处设在巴黎。该组织于1937年通过并于1973年修订了《国际广告行业准则》。该准则从保护消费者利益出发，其主要规定如下：

（1）广告的基本原则：广告要合法、公平、诚实和真实。

（2）广告准则：对广告活动中的公平、诚实、如实描述、比较、证明、贬低、保护人身权、信誉宣传、模仿，广告的识别、安全等问题，都做了详细解释，并做出相应规定。

（3）广告责任：对广告主、广告从业者、广告公司、出版商、媒体和承包商规定了相应职责，并规定广告主对其发布的广告承担全部责任。

这一准则对各国广告自律准则起着指导作用，许多国家依此为范本制定自己的准则。

思考题

1. 试结合实际阐述加强广告管理的重要性。
2. 结合实例思考“真实”为何对于广告业发展至关重要。
3. 结合实际评析广告管理的几种方法。
4. 试述广告准则的内容。
5. 比照广告业发达的国家及我国港台地区的广告管理概况，试析我国广告管理的特点，提出应该进一步做哪些改进。

第1版后记

10 年前，应北京广播电视大学教学之需，刘志明先生、黄升民先生和作者曾编著了《广告传播学》一书，同时也作为校内“广告学概论”课程的教材。此间我国广告业和广告教育都发生了很大变化。就中国人民大学新闻学院来说，不但坚持为新闻学专业和广播电视新闻学专业开设广告方面的课程，而且开办了广告学本科专业，已经培养出毕业生，研究生层次亦有了广告学的研究方向。广告教育事业的发展，向广告学的教学和研究提出了更高的要求，中国人民大学新闻学院广告学专业教材建设需要迈上一个新台阶，作者也有此心久矣。但为琐事所累，迟迟于此时才得以将本书完稿，在松一口气的同时，也深有愧意。

本书在编写过程中，得到了同事们的热情关怀和帮助，我国近几年广告学的研究成果也使作者得益不少，在此恕不一一列举致谢。中国人民大学出版社陈萍、司马兰两位编辑为本书能够顺利出版，付出了很多心血，特表谢意。

第2版后记

2003年国庆长假，使本人终于有一个比较完整的时间，做好本书修订的收尾工作。本书最终修订完毕，得益于近年广告学研究的新成果，广大广告从业人员的辛劳与智慧，在此不一一致谢。所有给予本书营养和启迪的专家、同事、朋友，本人都会铭记在心。感谢中国人民大学出版社给予本书的支持以及司马兰和李学伟两位编辑所付出的心血和所提出的宝贵意见；感谢我的同窗好友刘志明先生，无私地提供他的最新研究成果；感谢我的几位研究生韩玉红、陈韵博、王少男、曹一鸣等，帮我搜集查找资料，还参加部分内容的编写。所有这些，使本书增色不少。

第3版后记

《广告学教程》(第3版) 终于能与读者见面了。这次改版，相距上一版近五年的时间，修订越是向后拖延，越是有畏惧之感。随着信息化、数字化进程的加快以及我国当代社会转型的加速，广告事业正在蓬勃向前，广告的理论与实践水平不断提高，既为本书提供不竭活水，也使教材修改的难度增大。感谢广告业界和学界的先贤同仁，是大家的智慧、研究和践行，滋养了本书的修订工作，又使本版次能够顺畅付梓。感恩之心，不能向诸位一一表白了。中国人民大学出版社的司马兰女士、李学伟先生，因为本书的原因，已经与我成为至交好友，他们的职业精神和水平，都堪称我的楷模。骆骁编辑为完善本书倾注了许多心血，在此也深表谢意。笔者目前任职学校图书馆，利用资料得“近水楼台”之便，又有学生们帮助查找资料，同事们提供便利，亲友们关切问询，应该说，本书改版最终完成，与大家的支持、理解是分不开的。

本版次付梓之际，恰是笔者有可能履新之时。行笔至此，想起郑板桥晚年的《板桥润格》，老人家以坦荡胸襟，以广告形式吐露些许心声。其中写道：“画竹多于买竹钱，纸高六尺价三千。任渠话旧论交接，只当秋风过耳边。”表面上是以银易画的公开告白，实则“富贵之于我，如秋风之过耳”的精神写照。笔者从事新闻传播教育已近三十载，唯愿此书能为广告教育、莘莘学子尽些绵薄之力。其他，也不过“秋风过耳”！

倪宁

于中国人民大学图书馆

2009 年夏日

第4版后记

《广告学教程》(第4版)与上一版相隔五年之久才付梓，心中一直惶惶不安。五年间，新闻传播事业发生着巨大的变化，以互联网为主的网络传播冲击着新闻信息传播各个层面，也连带着社会的各个层面，使得人们不得不花很大气力来关注这种变化，学习和研究其变化的规律和特点。本人一方面身处杂乱的行政事务中，一方面还要躬身做互联网时代的学生，难是难矣，幸有中国人民大学出版社翟江虹女士，一再关心、催促，终使本书修订完成。骆骁和汤慧芸编辑细心至微，使得本书尽可能地少出瑕疵。在此，谨表感谢。

本书修改完稿之时，正是万紫千红的五月。不知怎的，想起白居易在庐山所做的诗："人间四月芳菲尽，山寺桃花始盛开。长恨春归无觅处，不知转入此中来。"本版次奉献给读者，可能是完笔之作，而本人也即将转入人生的另一个阶段。期待广告教育繁荣发达春常在，祝愿莘莘学子成长成才成栋梁。

倪宁

于中国人民大学明德新闻楼

2014年5月

第5版后记

《广告学教程》（第 5 版）终于在上一版十年之后付梓。十年间，随着数字化浪潮席卷全球，媒介环境和广告业生态都发生了巨大的变化。现如今的广告业仍处于高速发展中，各界都在探索新时代广告的整体面貌和发展规律。在这样的背景之下，希望本书的修订出版能够对广告业界的创新发展和学界的教学科研提供一定帮助。

一代人有一代人的事业，一代人有一代人的使命，本书的修订工作主要由新生代的广告学人根据目前正在教授的课程和专长分工完成：

首都经济贸易大学谭宇菲：第一章，第三章前三节，第四章，第五章前四节。

中国人民大学王树良、谢军：第二章，第七章，第九章。

中国人民大学王菲：第六章。

中国传媒大学董俊祺：第八章，第十章。

首都经济贸易大学董玮：第三章第四节，第五章第五节，第十一章。

首都经济贸易大学王水：第十二章。

全书由倪宁、王树良、谭宇菲统稿。

“山重水复疑无路，柳暗花明又一村”，对于广告学专业来说，当下毫无疑问是一个机遇与挑战并存的时代。在这种情况下，广告学专业教学必须不断创新，探索新的突破口。广告学的研究和实践也务必紧密结合，才能真正做到理论指导实践，实践反哺理论。秉持开放的心态，积极应对挑战，把握机遇，广告学依旧会充满发展空间与蓬勃朝气。

倪宁

于中国人民大学新闻学院

2024 年夏

图书在版编目（CIP）数据

广告学教程/倪宁主编；王树良，谭宇菲副主编．5版．-- 北京：中国人民大学出版社，2025.7.
（新编21世纪新闻传播学系列教材）．-- ISBN 978-7-300-34051-7

Ⅰ．F713.80

中国国家版本馆CIP数据核字第2025RW8854号

普通高等教育“十一五”国家级规划教材
中国人民大学“十三五”本科规划教材
新编21世纪新闻传播学系列教材
广告学教程（第5版）
主　编　倪　宁
副主编　王树良　谭宇菲
Guanggaoxue Jiaocheng

出版发行	中国人民大学出版社		
社　　址	北京中关村大街31号	**邮政编码**	100080
电　　话	010－62511242（总编室）		010－62511770（质管部）
	010－82501766（邮购部）		010－62514148（门市部）
	010－62511173（发行公司）		010－62515275（盗版举报）
网　　址	http://www.crup.com.cn		
经　　销	新华书店		
印　　刷	北京市鑫霸印务有限公司	**版　　次**	2001年6月第1版
开　　本	787 mm×1092 mm　1/16		2025年7月第5版
印　　张	23.75 插页6	**印　　次**	2025年7月第1次印刷
字　　数	543 000	**定　　价**	59.80元

关联课程教材推荐

书号	书名	第一作者	定价	出版时间
978-7-300-30839-5	广告学专业导论	何玉杰	39.90	2022.08
978-7-300-30671-1	新媒体广告（第2版）	黄河	68.00	2022.07
978-7-300-31971-1	广告策划实训教程（数字教材版）	宋瑾	69.80	2023.07
978-7-300-29946-4	计算广告学	林升梁	59.80	2021.09
978-7-300-28093-6	广告效果测评	杨雪睿	39.90	2020.05
978-7-300-27053-1	广告文案写作教程（第四版）	郭有献	65.00	2019.07
978-7-300-26146-1	广告创意概论（第二版）	刘建萍	78.00	2018.08
978-7-300-20943-2	广告调查：理论与实务（第2版）	［美］乔尔·戴维斯	89.90	2016.01
978-7-300-21414-6	广告伦理与法规	陈绚	45.00	2015.08
978-7-300-32870-6	中外广告史（第3版）	何玉杰	69.80	2024.05
978-7-300-05068-3	广告美学：原理与案例	祁聿民	49.80	2013.12
978-7-300-13768-1	广告策划与创意（第二版）	蒋旭峰	48.00	2011.06

配套教学资源支持

尊敬的老师：

衷心感谢您选择使用人大版教材！

相关的配套教学资源，请到人大社网站（www.crup.com.cn）下载，或是随时与我们联系，我们将向您免费提供。

欢迎您随时反馈教材使用过程中的疑问、修订建议并提供您个人制作的课件。您的课件一经采用，我们将署名并付费。让我们与教材共成长！

联系人信息：

地址：北京海淀区中关村大街31号　　龚洪训 收　　邮编：100080

电子邮件：gonghx@crup.com.cn　　电话：010-62515637　　QQ：6130616

如有相关教材的选题计划，也欢迎您与我们联系，我们将竭诚为您服务！

选题联系人：周　莹　　zhouying@crup.com.cn　　010-62511612

俯仰天地　心系人文

人大社网站　www.crup.com.cn

专业教师QQ群：

723715191（全国新闻教师群2群）

欢迎您登录人大社网站浏览，了解图书信息，共享教学资源

期待您加入专业教师QQ群，开展学术讨论，交流教学心得